KB053527

無痛文明

MUTSU BUNMEI RON
by MORIOKA Masahiro
Copyright © 2003 MORIOKA Masahiro
All rights reserved.
Originally published in Japan by TRANSVIEW, Tokyo.
Korean translation rights arranged with
TRANSVIEW, Japan through THE SAKAI AGENCY
and BOOKPOST AGENCY.

無痛文明

Painless Civilization

모리오카 마사히로 지음 | 이창익 · 조성환 옮김

고통 없는 문명

모멘토

# 책머리에

지금 우리의 현대사회는 '무통문명'이라는 병리(病理)에 삼켜지고 있는 것은 아닐까?

끝없는 쾌락 속의 불안, 기쁨을 잃은 반복, 출구 없는 미로 속임에도 불구하고 인생을 후회 없이 살고 싶다고 생각하는 분들에게 이 책을 드리고 싶다.

제1장에서 6장까지는 1998년에서 2000년까지 잡지에 연재한 것을 바탕으로 새로 쓴 것이다. 이 연재는 나의 사상에 관심을 갖고 있는 사람들 사이에서 큰 반향을 불러 일으켰다. 제7장과 제8장은 이 책을 만들기 위해 썼다. 제8장에서 '무통문명'의 비밀이 마지막으로 해명된다.

풀솜에 싸인 것 같은 막연한 불안을 느낄 때, 우리들은 직관적으로 '무통문명'의 존재를 감지하고 있는지 모른다. 이 책은 독자가 한번쯤은 느꼈음직한 감각의 언어를 빌어 풀어 썼다.

모리오카 마사히로

# 차 례

# 제1장 고통 없는 문명이란 무엇인가

## 1. 고통 없는 문명

괴로움과 아픔이 없는 문명은 인류의 이상처럼 보인다. 그러나 괴로움을 멀리 할 방법을 잘 알고 있고 즐거움이 넘치는 사회에서 사람들은 오히려 기쁨을 잃고, 삶의 의미를 잊고 있는 것은 아닐까.

'무통문명(無痛文明)'이라는 말이 처음 떠오른 것은, 어떤 간호사의 이야기를 들었을 때였다. 그 간호사는 큰 병원에 근무하고 있었다. 어느 날 그 간호사가 일하는 중환자실에 고령의 여성 환자가 실려 왔다. 그 환자는 뇌에 손상을 입은 상태였다. 모니터가 설치되고 영양제와 약이 주사액으로 투여되며 적정 온도가 유지되는 병실에서 환자는 아주 세심한 보살핌을 받았다. 환자의 상태는 더 이상 나빠지지 않은 채 안정 상태로 들어갔다. 그러나 그 간호사는 간호를 하면서 뭐라고 말할 수 없는 기분에 빠져 들었다고 한다. 환자의 몸을 닦거나 체위를 바꿀 때마다 "대체 무엇을 하고 있나" 하는 의문이 들었다. 왜냐하면 그 환자는 의식이 또렷하지 않았지만 그렇다고 죽은 것도 아닌, '편안하게 잠자는' 상태였기 때문이다. 적절한 치료와 간호를 받고 있었기 때문에 환자는 아주 행복한 듯 계속 잠을 잤다. 아마 눈을 뜨고 일어나는 일은 없을 것이다. 이대로 계속 영양 섭취와 약 처방을 받으며 온도가 쾌적한 방안에서 기분 좋게 잠만 자게 될 것이다.

완벽하게 조절된 환경에서 편안한 표정으로 계속 잠만 자는 인간. 일할 필요도 공부할 필요도 없고, 인생의 고뇌도 없다. 주위의 귀찮고 잡다한 일 때문에 쫓기지도 않는다. 아픔도 불안도 공포도 없다. 모든 것으로부터 보호되고 기분 좋게 쾌적한 잠 속에 빠져 있는 것만으로 충분하다.

그 간호사는 말했다.

"결국 현대문명이 만들어내고 있는 것은 이와 같은 인간의 모습이 아닐까."

현대문명이란 중환자실에서 편안하게 잠자는 인간을 대량으로 만들어내는 것은 아닐까. 활기차게 일하고 즐겁게 노는 것처럼 보여도 실제로는 단지 편안하게 잠자는 인간들을 도시라는 이름의 중환자실 속에서 조직적으로 만들어내는 것은 아닐까. 그렇다면 도대체 누가 그와 같은 함정을 만든 것일까. 왜 문명은 이러한 방향으로 나아간 것일까.


## 2. 스스로를 가축으로 만드는 사람들

중환자실에 누워 있는 인간은 가축공장의 가축처럼 보인다. 좁은 우리에 갇혀 빛과 온도가 인공적으로 조절되고, 음식은 자동공급 장치를 통해 충분히 제공되며, 먹고 자는 것만이 생활의 전부인 닭을 상상해 보기 바란다. 인간이 가축에게 하는 짓과 똑같은 짓을 인간에게도 한 것은 아닐까. 그것을 문명이라고 말하는 것은 아닐까.

　인간이 인간 자신을 가축으로 만든다는 의미에서 '자기가축화(自己家畜化)' 라는 용어가 생겼다. 자기가축화란 말은 1930년대에 폰 아이크슈테트(von Eickstedt)가 사용하기 시작했다. 그는 인간이 인공 환경 속에서 인간 자신을 가축과 같은 상태로 만들고 있다고 생각했다. 그 증거로 인간의 몸에서 가축과 마찬가지로 독특한 변화가 일어나고 있음을 지적하였는데, 그런 생각은 콘라트 로렌츠(Konrad Lorenz)와 오하라 히데오(小原秀雄)에게 계승되었다. 고통 없는 문명에 대해서 깊이 생각하기 위해서라도 이들이 말하는 자기가축화론을 우선 검토해 볼 필요가 있다. 자기가축화론을 독자적으로 제시한 오하라의 저서 1)를 참고로 간단히 살핀 다음에 현대사회와 인간의 문제로 돌아오기로 하겠다.

　인간은 약 7,000년 전에 야생 염소와 양을 사육하여 가축으로 삼았다. 염소와 양을 방목하는 것과 닭을 닭장 속에서 기르는 것은 많이 다르지만, 통틀어서 오하라는 가축화의 특징을 다음과 같이 정리하였다.

　첫째, 가축을 인공적인 환경 안에 둔다. 가축은 인간이 관리하는 공간에서 생활하며, 인간이 만든 시스템 밖으로 나갈 수 없다.

　둘째, 사료가 자동으로 공급된다. 가축은 스스로 먹이를 찾지 않아도 된다. 사육하는 사람이 준비해 주기 때문이다. 가축은 스스로 먹이 찾는 능력을 쓸 필요가 없게 된다.

　셋째, 자연의 위협에서 멀어진다. 말하자면 천적의 습격이나 가뭄, 기후 변동 등으로부터 보호를 받는다. 가축이 죽으면 인간에게 큰 손해이므로, 인간은 가축을 가능한 지키려 하고, 그러기 위해서 다양한 연구를 한다.

　넷째, 가축의 번식을 관리한다. 인간은 암컷과 수컷을 인공적으로 조합시켜 새끼를 만들고, 새끼의 수와 출산 간격을 조절한다. 이와 같은 생식의 관리가 가축화의 본질이라고 말할 수 있다. [2]

다섯째, 가축은 인간에 의해 품종개량(인위적으로 도태)된다. 예를 들면 야생 늑대는 인간에 의해 가축화하여 개가 되었다. 인내심 강한 인간의 말을 듣는 새로운 종으로 바뀐 것이다. 인간에게 도움이 되는 동물로 끊임없이 개량되는 것이 가축의 운명이다.

여섯째, 가축화되면 동물은 신체의 모양이 변한다. 예를 들면 멧돼지를 가축화한 것이 돼지인데 주둥이가 짧아지고 몸에서 털이 빠지는 대신 지방이 붙었다. 긴 이빨도 퇴화했고, 성(性) 주기도 변했다.

이상은 오하라가 지적한 것으로 나는 여기에 두 가지를 덧붙이겠다.

일곱째, 가축은 죽음이 조절된다. 인간은 쓸모 있는 가축이 병이 들면 온 힘을 기울여 살리고, 죽여야 할 때가 되면 강제로 죽인다. 돼지는 크고 맛있는 살이 붙을 때까지 살려 놓았다가 식용으로 팔 때 강제로 죽인다. 가축에게 '예기치 않은 죽음'이란 없다. 인간에 의해 죽을 때가 정해져 있는 것이다.

여덟째, 가축은 인간에게 '자발적인 속박'의 태도를 취하기도 한다. 가축은 먹이를 받아먹으면서 일을 하고, 순종하게 되고, 도망가지 않고 재주를 부린다. 먹이로 가축을 지배하는 것이다. 일단 그 상태를 받아들이면 거기서 빠져 나오기 매우 어렵다.

인간의 '자기가축화'는 자기 자신을 가축의 상태로 몰아가는 것이다. 순서대로 살펴보자.

첫째, 인공적인 환경. 인간은 도시를 조성해 자신들이 살아갈 공간을 대부분 인공적인 환경으로 만들어 버렸다. 우리들은 집, 도로, 상하수도, 자동차, 전철, 전기 등에 둘러싸여 생활한다. 아침 일찍 일어나 전철을 타고 출근해 에어컨이 잘 가동되는 사무실에서 일하는 모습은 가축공장의 닭과 비슷하다.

둘째, 식료품의 자동공급. 도시 주민 중에서 자기가 먹을 것을 산에서 캐내고 바다에서 잡아 오는 사람이 얼마나 있을까. 거의 모든 사람들은 재료나 제품을 슈퍼마켓 등에서 사 단시간에 조리해 먹는다. 돈이 있는 한 거의 자동공급에 가깝다.

셋째, 자연의 위협. 인간은 문명화와 함께 자연의 위협을 극복해 왔다. 범람하는 하천을 정비하고, 태풍에도 부서지지 않는 집, 농작물의 대량 생산과 비축으로 식료품을 안정적으로 공급하는 데 성공했다.

넷째, 생식의 관리 또한 현대 과학기술이 자신하고 있는 분야다. 인공수정, 체외수정, 불임수술 등에 의해 생식에 개입하는 것이 최근 들어 심각한 생명윤리 문제를 일으켰다. 그 기술들은 우선 가축을 이용해 개발한 다음 인간에게 적용한 것으로, 불임치료라는 이름으로 지금은 중요한 산업을 형성하고 있다.

다섯째, 인간은 일관되게 품종개량을 해 왔다. 19세기 말에 우생학(優生學)이 나타나 '불량한 인간'을 낳지 않도록 하기 위한 정책이나 입법이 많은 선진국들에서 실시되었다. 가축의 '생명의 질' 관리와 같은 일을 현대의학이 인간에게 하고 있다. 오하라는 언급하지 않았지만, 선택적 중절이나 유전자 진단 등의 현대 생식기술만큼 인간의 자기가축화를 직접적으로 드러내는 것은 드물다.

여섯째, 신체의 형태 변화. 오하라에 의하면, 가축에게서 나타나는 변화 같은 것을 인간에게서도 볼 수 있다. 예를 들면, 곱슬머리의 출현, 추(椎)간판뼈 수, 사지뼈 수의 변화, 피부색소의 증감 등은 인간과 가축에게서만 뚜렷하게 나타나는 형태 변화다.

그러면 내가 덧붙인 두 가지 점은 어떨까.

일곱째, 죽음의 통제. 현대문명은 확실히 인간의 죽음을 통제하는 방향으로 나아가고 있다. 늙어서 쇠약해지기까지 가능한 병을 치료하고 수명을 늘리려고 하지만, 더 이상 목숨을 이어갈 수 없음을 깨달았을 때에는 아픔이 적은 안락사를 택하려는 흐름이 강해졌다. '예기치 않은 죽음'의 철저한 배제를 목표로 문명이 진행되고 있는 것처럼 보인다. '죽음의 자기 결정권'도 이 흐름 위에 있다.

여덟째, 자발적 속박. 인간은 먹을 것과 안정·쾌적함을 공급해 주는 사회 시스템과 자발적인 속박관계를 맺으려는 듯이 보인다. 예를 들면 지구 환경문제는 아무리 떠들어도 지금의 경제성장을 멈추거나 줄이지 않는 한 해결책이 나오지 않는다. 사람들은 시스템에 묶여 사는 것이 불편해도 지금의 생활수준과 안락함을 보장해 주는 시스템 속에서 계속 살아가고 싶다고 생각하기 때문이다.

이상과 같이 가축화의 특징 중 거의 모든 것은 현대문명 속에서 살고 있는 인간에게도 해당된다. 인간은 스스로를 가축화하는 것으로서 문명을 건설하였다. 그리고 가축의 안락함과 비애를 한 몸에 짊어지게 된 것이다.

자기가축화론은 매우 흥미롭다. 그러나 오하라는 자기가축화론 다음에 무엇이 기다리고 있는지 아직 꿰뚫어 보지 못한다. 그것은 오하라가 "현대문명 속에서 살고 있는 인간의 모습이 우리 속에 사는 가축과 비슷하다"고 지적하는 데 머물기 때문이고, 자기가축화로 나아가는 우리들의 '신체'와 '생명'의 관계에 대해서는 깊이 생각하지 않기 때문이다. 그것을 깊이 인식해야만 '무통문명론'으로 나아가게 된다.

## 3. 신체의 욕망

　인간이 스스로를 가축으로 만들고 있다고 주장하는 이들은 문명을 인간에 의한 인간의 가축화라고 주장한다. 이 주장을 받아들인다면, 우리 사회가 안고 있는 막연한 불안감과 초조감을 설명할 수 있을 것 같기도 하다. 우리들은 인간이지만 동시에 가축이기도 하다. 음식은 풍성하지만 생명의 빛을 빼앗긴 돼지가 돼지우리 속에서 꼼짝 못하고 슬픈 표정을 짓고 있는 것을 상상해 보라. 현대사회에 사는 인간은 도시라는 축사에 에워싸여 음식과 안전보장을 대가로 생명의 빛을 빼앗긴 돼지다. 자기가축화론은 이와 같은 문명의 관점을 제시해 준다.

　이제부터 오하라 히데오가 설명한 자기가축화론을 극한상황까지 밀고 갔을 때, 현대문명이 어떤 모습을 나타내는가를 살펴보자. 나는 우선 문명을 끌고 온 우리들 자신의 '욕망'에 대해서 생각한 다음, 그 욕망에 의해 묵살당한 우리들의 '기쁨'에 대해서 생각할 것이다.

　그러면 '욕망'에 대해서부터 생각해 보자.

　우리는 고통이 적고 쾌락이 가득한 인생을 원한다. 아픔과 고통은 적을수록 좋다. 쾌락과 쾌적함, 자극이 넘치는 것이 좋다. 꼭 강한 자극만을 원하는 것은 아니다. 기분이나 상황에 따라 마음 편한 쾌적함과 자극을 얻을 수 있는 인생.

　그리고 우리들은 자기 예상대로 이루어지는 안정된 인생을 바란다. 뜻밖의 사고를 당해 계획이 완전히 헝클어지지 않는 순조로운 인생, 소중한 사람을 도중에 잃지 않는 인생, 자신이 새로 그려낸 인생의 설계를 달성해 갈 수 있는 인생, 복잡한 일이 많이 닥치더라도 마지막은 해피 엔딩이라고 좋아하며 가슴을 쓸어내릴 수 있는 인생. 착실히 저축하여 노후대책을 하고 예정된 일을 매일 하나씩 해 나가는 안정된 인생.

그리고 하고 싶은 일을 많이 하고, 갖고 싶은 것을 많이 갖고, 하기 싫은 일은 하지 않아도 되는 인생을 바란다. 하고 싶은 일을 많이 한다는 것은 인간이 갖는 큰 욕망이다. 예를 들면 전자동세탁기가 집에 들어와 이제까지 세탁하는 데 쓰던 시간을 자신을 위한 시간으로 돌릴 수 있게 되었다. 고속전철과 비행기의 등장으로 짧은 시간에 멀리 갈 수 있다. 또 좋아하는 스포츠나 취미에 많은 시간을 소비하면서도, 잡무는 적을수록 좋다고 생각한다.

문명을 끌고 온 것은 이와 같은 욕망이었다. 물론 욕망은 무척 다양하다. 그 여러 가지 욕망 가운데 지금까지 서술한 것들은 근원적인 욕망이라고 생각한다. 그것은 인간이 신체를 가지고 있다는 사실에서 생겨나는 것이다. 이러한 욕망을 나는 '신체의 욕망'이라고 이름 붙인다.

'신체의 욕망'은 다음과 같은 다섯 가지 측면으로 나누어 생각할 수 있다.

(1) 쾌락을 찾고 고통을 피한다. 우리 속에는 쾌락이나 쾌적함이나 안락함을 찾고 고통이나 아픔, 쓰라림을 가능한 피하려는 욕망이 있다. 이것은 종종 인간의 본능적인 욕구라고 할 정도로 뿌리 깊은 것이다. 아무리 이성으로 막으려 해도 기분 좋고 안락한 쪽으로 우리들은 흘러간다.

(2) 현상유지와 안정을 추구한다. 모처럼 얻은 기분 좋은 상태를 가능하면 그대로 유지하려고 한다. 외부의 방해로 기분 좋은 상태가 무너지는 것을 무슨 수를 써서라도 막고 기득권에 매달려 그것을 지켜내려고 한다.

(3) 틈새가 보이면 확대 증식한다. 모처럼 얻은 기분 좋은 상태를 지키면서 틈이 보이면 그 좋은 기분을 더욱 확대하려 하고, 자신의 기득권을 더욱 증식시키려고 한다. 이 욕망이 자본주의와 경쟁 사회를 지탱하고 타

인을 지배하고 싶은 지배욕과 권력욕을 지탱하는 것이다.

(4)타인을 희생양으로 삼는다. 자신의 기분 좋은 상태를 지키거나 확대하려면 어쩔 수 없이 타인과 충돌하게 되는데, 그 때 타인을 희생양으로 삼아도 괜찮다고 생각하는 욕망이다. 이것 또한 우리에게 뿌리 깊게 심어진 욕망이다. 이 욕망 때문에 사회적 격차는 끊임없이 벌어진다.

(5)인생·생명·자연을 관리한다. 자신의 인생을 다시 그려보고, 생각대로 통제하고 싶은 욕망이다. 또는 이제부터 태어날 생명의 본질을 관리하거나, 자연환경을 인간이 편의에 맞추어 관리하고 싶은 욕망이다. 이것도 또한 '신체의 욕망' 중 하나다.


이상 다섯 가지 '신체의 욕망'의 유형이 인간의 행동 패턴을 아주 깊은 곳에서부터 결정한다. 이 '신체의 욕망' 이야말로 우리의 문명을 움직이는 원동력이다.

현대사상은 '좀 더 가지고 싶다'는 확장운동을 중심으로 '욕망'을 받아들여왔다. 왜냐하면 스스로 경계를 계속 확장하여 무한정 증식해 가는 자본주의가 뿌리에서부터 작동되어 왔다고 생각하기 때문이다. 사에키 게이시(佐伯啓思)는 "욕망은 끊임없이 새로운 것, 아주 자극적인 것, 아직 개척하지 않은 것을 찾는 것"이라고 말한다. 이렇게 욕망은 끝없이 확장해 나가고 경계를 넓혀 가는 운동이다.[3]

'신체의 욕망'은 현재의 자신의 쾌적한 '틀'을 유지한 채, 쾌락을 추구하면서 고통을 피하고, 물건을 계속 사들인다. '틀'을 유지한 채 받아들이니까 내용물은 끝없이 불어나고 비대해져 간다. 다른 사람과 충돌해도 자기의 '틀'을 바꾸려 하지 않으므로 대화는 기대할 수 없고, '타인을 밀어내면서까지' 자기 자신을 확장해 가게 된다. 현대사회의 뿌리에 자리잡고 있는 것은 이와 같은 욕망의 행동방식이다.

그렇다면 왜 이러한 욕망에 '신체'라는 이름을 붙인 것일까. 애초부터 '신체'에는 고통을 피하고 안락함을 좋아하는 성질이 있다. 뜨거운 것에 닿으면 손을 빼고, 기분 좋은 환경에 가능한 오래 있으려고 한다. '신체'는 외부에서 침투하는 이물질을 내보내고 면역에 의해서 자기를 유지하면서, 영양분을 흡수하여 점점 성장한다. 현상유지와 안정이 중심이지만, 틈이 보이면 자신의 영역을 확대하려는 욕망이 있다.

'신체'란 이와 같이 몸을 중심으로 성립하는 개념이면서 동시에 기분 좋은 것에 언제까지라도 매달리고 싶어 하는 마음의 작용을 포괄하는 개념이다. 이성과 양심에 따라 아무리 억제하려 해도 억제할 수 없는 충동이나 욕구가 몸에서 끓어올라 우리들의 감정을 지배하고 이성과 양심을 잠재운다. 뿐만 아니라 자신의 욕망을 실현시키기 위해 스스로에게 그럴 듯한 이유를 대면서 자신을 포장하려 하고, 육체의 쾌락을 얻기 위해 다른 사람을 희생양으로 삼기도 한다. 우리의 신체 속에 감춰져 있는 이 같은 욕망이야말로 현대문명을 움직이는 욕망인 것이다.

'신체'에 이러한 성질이 있다고 하더라도 그것만으로 '신체'에 대한 이미지를 너무나 부정적으로 보는 것은 아닐까. 물론 '신체'에는 우리를 잠에서 깨어나게 하는 긍정적인 측면이 있다. 나는 옛날부터 '몸이 먼저 안다', '몸이 주는 깨달음', '인간의 껍데기를 부수는 신체활동' 등의 말이 있다는 것을 알고 있다. 그와 같은 적극적인 힘에 의해 인간의 내면이 크게 바뀔 수 있다.

나는 그것을 '신체'가 아닌 '생명'이라는 말로 표현하고 싶다. '신체'라는 단어에서 연상되는 의미 중에서 쾌락을 얻고 고통을 피하는, 쾌적한 현상태를 유지하고, 틈이 생기면 확대하려는 것을 특히 '신체'의 의미로 강조하고 싶다. 그렇게 함으로써 인간을 내면에서부터 바꾸어 가는 힘, 스스로 속박을 뛰어넘는 힘을 가리키는 데 '생명'이라는 새로운 개념을 사용할 수 있을 것이다. 앞의 것을 '신체'라 하고 뒤의 것을 '생명'이라고 부르고 싶다. 이 책에서는 '신체'라는 말을 이렇게 특별한 의미로 사용하겠다. 이 점을 특히 유의해 주기 바란다.[4]

인간은 신체의 욕망에 따라 움직이고, 욕망을 꽃피우기 위한 장치를 만들어냈다. 그 때 인간은 바깥 세계와 인간 자신을 조절하기 위해 '콘트롤(Control) 이성'을 사용했다. 콘트롤 이성이란 미리 예상된 틀 속에 일들의 운행방식을 담아 두는 지혜와 기술을 생산하는 능력이다. 인간은 자연환경과 인간 자신을 관리하기 위한 이성을 지니고 있었으며, 그 이성을 신체의 욕망을 만족시키기 위해 사용했던 것이다. 막스 호르크하이머(Max Horkheimer)는 "인간 안팎의 자연을 인간이 지배하기 위한 도구"로서의 '이성'의 역할을 지적하고, 이것을 '도구적 이성'이라고 불렀다.[5]

'콘트롤 이성'은 '도구적 이성'과 깊은 관계에 있다. 콘트롤 이성과 그것을 하인처럼 부리는 신체의 욕망은 문명 형성의 최강의 짝이다.

현대문명은 "인간이 자연을 지배한다"는 생각에서 "인간이 자연을 관리한다"는 생각으로 이미 이행하기 시작했다. '지속가능한 개발 · 발전'이란 지구 환경을 철저히 관리하는 것이고, 그 연장선 위에 '혹성 관리'라는 단어마저 나오고 있다. 자연보호도 관리의 일종이다. 인간 자신의 관리는 '의료'나 '교육'의 형태를 띠고 있다. 자연 관리에 관해서는 다른 장에서 자세히 생각해 보기로 한다.

## 4. '생명의 기쁨' 이란 무엇인가

지금까지 나는 '관리' 와 '가축화' 라는 두 단어를 사용했는데, 두 단어 사이의 미묘한 차이를 검토함으로써 고통 없는 문명의 핵심으로 접근해 보자.

'관리' 란 미리 예상한 틀 속에 일의 운동방식을 담아 두는 일이다. 이것 과 비교하면 '가축화' 는 더 강한 의미를 지니고 있다. 가축은 인간에게 관리당해 자기 마음대로 살 수 없다. 가축은 좁은 우리를 벗어나 맘껏 돌아다니고 싶을지 모른다. 튼튼한 다리와 근육을 갖고 태어났으므로 자유롭게 뛰어다니고, 신선한 공기를 마시고 먹이를 찾기 위해 온 신경을 집중시키는 삶을 살고 싶을 것이다. 그러나 그것은 금지되어 있다. 왜냐하면 가축의 삶은 가축 자신을 위해 존재하는 것이 아니기 때문이다. 가축의 삶은 기르고 있는 인간을 위해 존재한다. 가축이 자기 자신의 삶을 위해서 자신의 육체를 쓰는 것은 허용되지 않는다.

가축이 살아 있는 이유는 가장 맛있을 때 죽어 인간의 음식 재료로 쓰이기 위해서, 또는 털이나 가죽을 제공하기 위해서다. 계속 살려둘 가치가 없는 가축은 인간이 죽인다. 말하자면 가축화란 단순히 동물을 관리하는 것이 아니라 동물의 생명을 인간이 일방적으로 강제로 빼앗는 일인 것이다.

그렇다면 스스로 가축이 되어 버린 인간은 도대체 누가 누구로부터, 무엇을 강제로 빼앗는다는 것인가. 나는 이렇게 생각한다. 인간의 '신체의 욕망' 이 인간 자신에게서 '생명의 기쁨' 을 강제로 빼앗는 것이다. 이것이 자기가축화의 가장 깊은 의미이고, 문명 속에서 진행되고 있는 가장 근원적인 문제다. '신체' 가 '생명' 을 강제로 빼앗는 것. '욕망' 이 '기쁨' 을 강제로 빼앗는 것. 이것이 문명의 심층 구조다. 지금 사회를 덮고 있는 모든 문제를 이 차원에서 다시 파악해야만 한다.

어쩔 수 없는 고통에 직면해서 발버둥치다가 자신의 내면에서부터 무너져 전혀 예상하지 못했던 새로운 존재로 바뀌는 경우가 있다. 이 때 다가온 예기치 않은 기쁨이 '생명의 기쁨'이다. 그것은 자신의 내면에서 오래된 낡은 껍질을 벗어 버리고 지금까지 알지 못했던 새로운 자신이 뚜렷하게 솟아날 때 "아! 살아 있어서 행복하다"라고 느끼는 기쁨의 감각이며, 자신이 이런 식으로 다시 태어나거나 바뀔 수 있음을 알았을 때 나타나는 상쾌한 기쁨의 감각이다. 그것은 또한 성장과 변화와 죽음을 본질로하는 생명이라는 형태를 띠고 존재하며 마음 깊숙한 곳에서부터 우러나오는 자기 자신을 긍정할 수 있는 감각이다. 이것은 실패했을 때 자신을 위로하는 '합리화'와는 전혀 다른 마음의 작용이다. '생명의 기쁨'을 느낀 후에는 두 번 다시 이전의 상태로 돌아가고 싶다고 생각하지 않는다.

고난에 직면했을 때, 자신은 바꾸지 않고 외부 상황만 바꾸려 한다면 생명의 기쁨은 나타나지 않는다. 이 점은 매우 중요하다. 생명의 기쁨은 고통이나 괴로운 일에 직면했을 때 도망가지 않고 자기 자신을 해체하고 바꾸고 재생시킬 때 다가온다. 만약 어떤 힘이 외부의 원인을 없애 버리면 눈앞의 고통이 사라질 뿐, 자신에게는 아무 일도 일어나지 않는다. 안도감을 가질 뿐이다.

외부에서 오는 고통을 줄이면 줄일수록 마음 편한 상태가 끝없이 이어진다. 이것이야말로 신체의 욕망이 노리는 일이다. 신체의 욕망은 고통을 줄이고 쾌락을 추구하며, 현상유지와 안정을 꾀하려 한다. 우리들 내부에 있는 신체의 욕망은 "고통 속에서 스스로를 바꾸어 갈" 때 나타나는 생명의 기쁨을 강제로 빼앗아 간다. 그렇게 되면 우리들은 생명의 기쁨을 느끼지 못하게 된다. 그것이 자기가축화의 진정한 의미다.

신체의 욕망을 충족시키는 것은 자신에게 아무런 변화도 가져다주지 않는다. 간단한 예를 생각해 보자. 담배를 피우고 싶기 때문에 담배를 피운다. 그것 때문에 주체에 근본적인 변화는 나타나지 않는다. 욕망이 충족되기 전과 후에 주체의 변화는 없다. 갈증이 해소되었을 뿐이다. 그런데 어떤 이유로 담배를 피울 수 없게 되었을 때, 인간은 큰 벽에 부딪친다. 담배를 피워서 욕망을 충족시키는 대신에 자기 자신을 바꾸어 새로운 상황에 맞설 수밖에 없게 된다. 담배를 피우지 않고도 살 수 있을까 하는 두려움을 안고 니코틴 금단증상에 계속 괴로워하면서, 담배에 의존하지 않고 정신의 흔들림과 갈증을 함께 해소할 새로운 자신을 발견할 수밖에 없다. 이렇게 해서 지금까지의 자기가 붕괴되고 새로운 자기가 새로 태어날 때, 불현듯 뭐라 형용할 수 없는 기쁨이 나타난다. 이것이 예기치 않은 기쁨이다. 고통 속에 있을 때는 이런 상쾌한 상태가 오리라고는 전혀 상상하지 못한다. 생명은 이러한 형태로 전개된다.

'생명의 기쁨'은 다음과 같은 경우에 단적으로 나타난다.

나는 어떤 조직에서 일을 하므로 안정된 생활을 유지하고 있다. 이 안정을 잃어 버리고 싶지 않기 때문에 지금 일을 그만둘 수 없다. 지금의 일이 가져다주는 수입과 안정을 지키고 싶은 것은 '신체의 욕망'이다. 그런데 일을 계속하면서 발생하는 여러 모순이 자신의 안팎에서 축적되면, 나는 점차 어찌할 수 없는 불안이나 초조함에 직면하게 된다. 그것을 얼버무리기 위해 일의 양을 늘리거나, 술에 빠지거나, 혼외정사를 하거나, 자해행위를 반복한다. 일시적으로 괴로움이 사라져도 또 엄습한다. 일이 가져다주는 수입과 안정을 확보한 채, 거기서 비롯되는 괴로움을 얼버무리기 위한 선택을 끊임없이 준비하는 것이 고통 없는 문명이다.

그러다가 자기모순으로부터 계속 도망 다니는 일을 멈추고, 어느 날 작심하여 일을 그만두거나 일자리를 잃었다고 가정해 보자. 일자리를 잃으면 끝장이라고 생각해 왔다면 실제로 일자리를 잃은 직후에는 큰 절망과 허무감이 엄습한다. 또한 생각지도 않는 상황이 벌어지기도 하는데 즉 일자리를 잃어 버리면서 그 때까지 유지해 온 자신이 해체되고, 새로운 자신이 내면에서 출현해 예상치 못한 세계가 눈앞에 전개되는 것이다. 이 때 다가온 느닷없는 기쁨, 이제까지 몰랐던 새로운 자신이 내면으로부터 꽃을 피워 상쾌한 바람을 맞는 것처럼 다시 태어나는 기쁨, 이것이 '생명의 기쁨'이다. 생명은 그런 형태로 전개된다.

신체의 욕망은 주체를 바꾸려 하지 않는다. 반면에 생명의 기쁨은 예기치 않게 주체가 바뀌면서 생겨난다. 여기에 결정적인 차이가 있다.

생명이란 현재 자신을 지탱하고 있는 '틀' 자체를 해체하고 초월하려는 움직임이다. 틀을 넘어서서 자신이 지탱하던 것을 없앴을 때의 불안은 무척 뿌리 깊은 것이다. 이제부터 어떻게 하면 좋을지 모르겠다는, 다른 사람의 뒤에 숨어 버리고 싶은 불안. 눈가리개를 하지 않으면 똑바로 서 있을 수 없을 것 같은 불안이다. 그러나 생명은 그와 같은 불안과 함께 빛난다.

생명이란 신체에 내재하면서 신체를 넘어서는 것이다. 생명은 신체에서 결코 벗어날 수 없다. 그런 의미에서 생명은 신체의 일부이지만 신체라는 틀을 뛰어넘어 먼 밤하늘로 넘어가려고 한다. 생명이란 신체를 넘어서려고 하는 신체다. 그 때마다 생명의 힘은 신체의 틀을 안에서부터 바꾸어 놓고, 그 때문에 예기치 않은 생명의 기쁨이 나타난다.

여기서 몇 가지를 덧붙여 두고 싶다.

생명의 기쁨은 내가 얻으려 한다고 얻을 수 있는 것은 아니다. 고통과 직면해서 나를 바꿔 가는 중에 '예기치 않은 형태'로 나에게 다가온다. 구하려고 해서 얻을 수 있는 것이 아니고, 전혀 예기치 않았을 때 예기치 않은 형태로 나타나는 것이다. 이것이 대단히 중요하다. 구하려고 해서 얻은 충실감은 '달성감'이지 '기쁨'이 아니다.

현재의 자신을 유지한 채 어떤 과제에 도전하고 그것을 극복하면 생생한 충실감이 내면에서 솟아오른다. 이 감각을 '기쁨'이라고 표현하는 경우가 있는데, 그것은 내가 말하는 '생명의 기쁨'이 아니다. 그것은 달성감이 가져다주는 활성화와 고양감(高揚感)에 불과하다. '생명의 기쁨'이란 고통과 괴로움에 맞서 자기를 해체하고 다시 태어났을 때, 예기치 않은 형태로 나타난다. '생명의 기쁨'은 달성감 또는 고양감으로 자주 오해를 받는데, 정확히 구별할 필요가 있다. 무엇인가 완성되었을 때, 생각지도 못한 일이 벌어졌을 때, 승리했을 때, 쾌락을 맛보았을 때 엄습하는 흥분이나 고양감도 '생명의 기쁨'이 아니다.

자신을 스스로 바꾸어 가면 생명의 충실감이 다가온다고 생각하기도 한다. 그러나 그것이 내가 말하는 생명의 기쁨과 같은 것인지는 신중하게 생각해야만 한다. 지금의 자기 자신을 유지한 채, 그것이 커지는 형태로 자신을 바꾸어 가는 것이 충실감을 의미하는 것이라면, 그것은 '생명의 기쁨'이 아니다. 자신이 성장해서 변한다고 무조건 좋은 것은 아니다. 이런 맥락에서 해석된 '자기실현의 기쁨'은 '생명의 기쁨'이 아니다. 또 명상하면서 우주의 숨결로 자신을 바꾼다고 해도 좋은 것은 아니다. 뉴 에이지(New Age) 사상인 "내가 변하면 세계가 변한다"라는 사고방식에 따라 내가 말하는 '생명의 기쁨'을 이해하면 위험하다.

자기해체와 재생 속에서 생명의 기쁨이 다가온다는 말이 컬트(cult) 종교에서 말하는 세뇌(마인드 콘트롤) 과정과 닮아 보일지도 모르겠다. 혹

은 '자기변용' '사는 의미' '삶의 보람' 등을 강조하는 자기계발 세미나와
도 비슷하다. 그러나 이것들은 자기해체와 새로 태어남을 누군가가 밖에
서 유도하는 것이고, 자기를 해체시킨 후에 새로운 가치를 밖에서 주입,
프로그래밍 하는 것이므로, 이 때 생겨나는 안도감은 생명의 기쁨이라고
말할 수 없다.

생명의 기쁨은 외부 누군가의 가르침이나 권유에 의해서가 아니라, 자
신의 내부에서 솟아나는 힘에 의해서 자신을 바꾸고 재생시켰을 때 생긴
다. '생명의 기쁨' 을 설명하면서 '내부에서' 라고 쓴 것은 이런 의미에서
다. 외부의 가르침이나 권유가 아닌, 스스로의 의지와 필연성에 의해서
스스로 충실하게 자기 변용했을 때 예기치 않은 형태로 다가오는 것이야
말로 '생명의 기쁨' 이다.


## 5. '무통문명' 으로의 진화

자기가축화에 대해서 다시 생각해 보자. 자기가축화란 '신체의 욕망' 이
우리에게서 '생명의 기쁨' 을 빼앗아 가는 것을 말한다. 우리가 살고 있는
문명은 그런 의미에서 자기가축화로 넘쳐 있다. 그와 같은 모습을 우리들
은 사회 여기저기서 찾아낼 수 있다.

현대사회에서 우리들은 쾌락을 찾고, 고통을 피하고, 손에 넣은 것은
놓지 않는 '신체의 욕망' 에 속박되어 있다. 그 결과 고통을 헤쳐 나가 자
신을 해체하고 변용시키고 재생시켰을 때 예기치 않은 형태로 나타나는
'생명의 기쁨' 을 경험하는 일이 아주 어렵다.

자기가축화하는 문명은 다음 단계를 향해 전개되어 가는데, 그것이 바

로 '무통문명'이다. 무통문명이란 '신체의 욕망'이 '생명의 기쁨'을 빼앗는 구조가 사회 시스템 속에 잘 정비되어 있고, 사회 구석구석까지 온통 스며들어 있는 문명이다. 거기에는 쾌락과 자극과 쾌적함을 만들어내는 여러 사회장치가 그물처럼 정비되어 있고, 우리는 그것들에 에워싸여 '생명의 기쁨'을 잃어 왔다. 그리고 우리들의 존재를 마음속에서부터 위협하는 듯한 진짜 고통과 예기치 않았던 듯한 진짜 해프닝은 거의 존재하지 않는다. 이들 진짜 이물(異物)들은 우리의 인생에서 아주 용의주도하게 배제되어 있고, "그 이물과의 충돌을 통해 우리들은 자신을 다시 바꾸었다"는 줄거리가 교묘하게 배제된 듯한 문명이 무통문명이다. 자기가축화하는 문명은 '무통문명'으로 진화한다. 여기에 질적인 비약이 있다. 무통문명은 우리의 미래에 놓인 달콤한 덫이다.

'무통문명'에 대해서 좀 더 엄밀하게 생각해 보자. 나는 무통문명에서는 진짜 괴로움, 진짜 해프닝, 자신이 원하지 않은 것 등이 철저히 배제된다고 말했다. 그러나 그것은 그리 단순하지 않다. 상상해 보면 금방 알 수 있는데 고통과 해프닝, 자신이 원하지 않은 일이 모두 완벽하게 배제된 듯한 세계에서 살면 즐거울까. 고통이 전혀 없고 예측대로 일이 잘 풀리고, 정말로 자기가 원하는 일만 하면 되는 세계에 산다면 인간은 어떻게 될까. 아마 인간은 사는 일에 싫증을 낼 것이다. 완전한 예정조화만으로 진행되는 세계에서는, 처음에는 전능감(全能感)이 즐거울지도 모르겠지만 사는 일이 점점 재미없어지고 틀림없이 사는 의미를 잃어 버릴 것이다.

무통문명의 기본은 고통과 해프닝, 자신이 원하지 않은 일이 배제되는 것인데 그러나 그 위에 교묘한 덫이 쳐 있다. 즉 무통문명에서는 문명의 기반과 자기 자신의 존재를 무너뜨리지 않을 정도로 약해진 '고통', '해프닝', '자신이 원하지 않은 일'을 우리 자신이 선택할 수 있도록 되어 있다.

　예를 들면, 단지 괴로워서 무의미하게 여기저기 돌아다니는 것은 좋지 않지만 "이를 꽉 깨물어 고통을 참고 최선을 다한 후에 맛보는 승리의 기쁨"이라는 시나리오가 무통문명에서는 오히려 환영받는다. 승리의 기쁨을 위해 지금 여기서 자신의 의지에 의해 괴로움을 맛보는 일을 무통문명은 적극적으로 장려한다.

　'해프닝'이나 '자신이 원하지 않은 일'에 대해서도 같은 말을 할 수 있다. 무통문명 속에서 유행하는 것은 진짜 모험이 아니라 짜여진 모험이다. 생각지도 못한 일이나 예기치 못한 일이 엄습해 오는데, 그것 때문에 자신이 갑자기 죽어 버리는 일이 없는 모험. 마치 거대한 유원지의 형형색색의 놀이기구처럼, 또한 생각지도 않은 홍수가 닥쳤다고 해도 겨우 물보라가 치는 정도이지 타고 있는 배가 침몰하여 전원이 죽어 버리는 일은 절대로 일어나지 않는 그런 식으로 짜인 모험. 그와 같은 모험을 사회 구석구석에서 끊임없이 계속 짜가는 것이다. 사고가 결코 일어나지 않도록 감시 속에서 진행되는 카누놀이, 결혼제도를 전제로 해 일어나는 '불륜' 게임. 그런 종류의 것들이 여기저기에서 흘러넘치는 것을 무통문명에서는 흔히 볼 수 있다.

　무통문명에서 고통과 괴로움이라는 것은 우리가 스스로 취할 수 있는 하나의 선택으로서만 존재하지 어쩔 수 없는 고통으로서 휘말리지는 않는다. 고통은 항상 문명의 기반을 부수지 않을 정도로 약해진 '자극'과 '취미'이며, 하나의 선택으로서 제시된다. 무통문명이란 '진짜 고통과 괴로움'을 '하나의 선택으로서의 고통과 괴로움'으로 끝없이 바꾸어 가는 운동이다.

　예를 들면 죽음의 문턱에서 '안락사'나 '품위 있는 죽음'을 요구하는 운동을 펼치는데, 이것이야말로 무통문명에 이르는 하나의 길이다. "끝이 좋으면 모든 것이 좋다"는 것은 예정조화를 노리는 무통문명의 표어다.

천 년에 한 번밖에 홍수가 일어나지 않는 하천 관리를 하면서 상류에서는 모험이라는 이름 아래 카누놀이를 하는 인간의 발상이야말로 무통문명을 밀고 나가는 힘이다. 무통문명이 진짜 고통을 내면화시키고 없애는 방법으로서 '존재 말소' '눈가리개' '해독' '예정조화'가 있다. 그 수법들이 구사됨에 따라 무통문명에는 진짜 고통이 없다.

우선 '존재 말소'인데, 이것은 가장 단순한 방법이다. 괴롭고 고통스런 일이 있을 때 그 원인을 소멸시켜 버리면 된다. 예를 들면, 매일 보살펴야 하는 노인이 고통스럽다면 그 노인을 죽여 버리면 된다. 그러면 고통의 원인이 사라진다.

또는 출생 전 진단에 의해 태아가 중증 장애자임을 알았을 때, 그 아이의 장래와 자신의 인생에 대해서 생각하는 일이 아주 고통스럽다면, 인공 임신중절을 하여 태아의 존재를 없애면 된다. 고통을 없애는 데 그 기본은 고통의 원인이 되는 존재를 없애는 일이다.

이처럼 무통문명에서 고도로 발달하는 것은 '예방적 무통화'의 시도다. 즉 지금 존재하는 고통을 없애는 것뿐만 아니라 이제부터 엄습할 고통도 용의주도하게 예측하여 미래에 생길 그 고통을 지금 여기서 하나씩 존재를 말소시켜 가는 예방조치를 취하는 것이다. 그 시스템에 놓여 있는 한 우리들은 결코 '외부'와 만나지 않는다. 눈앞은 항상 깨끗하고 조화롭다. 이리하여 사회가 구석구석까지 예방적 무통화가 되어 가는 것이다. '예방적 무통화'야말로 이와 같은 사회의 기본 정책이 된다. '예방적 무통화'는 무통문명론의 가장 중요한 개념의 하나다.

존재 말소하는 변형의 하나로서 고통의 원인을 자신이 보이지 않은 곳에서 쫓아내는 방법이 있다. 예를 들면 손길이 많이 필요한 노인을 깊은 산 속의 노인시설로 쫓아버린다. 그렇게 되면 일상에서는 사라지는 것이어서 노인을 돌보는 괴로움은 없다. 대도시 번화가에 있던 홈 리스들은 어느새 어디론가 사라져 갔다.

물론 존재를 말소하거나 멀리 쫓아내도 자신들이 그런 행위를 했다는 기억이 남아 있으면 고민스럽다. 그리고 그 기억이 계속 자신을 괴롭힐 수 있다. 그것을 피하기 위해서는 존재를 말소하거나 멀리 쫓아낸 후에 그 일 자체를 기억에서 지울 필요가 생긴다. 우리는 종종 자신의 힘으로 그 기억들을 지운다. 이것이 '눈가림'의 시작이다. 스스로 눈을 가릴 수 있다면 노인을 깊은 산 속으로 쫓아낸 사실을 잊고 친구들과 즐겁게 놀러갈 수 있다. 그렇게 되면 눈앞의 고통은 사라진다.

나의 책『종교 없는 시대를 살기 위해서 宗教なき時代を生きるために』에서, 지구 환경문제에 대해서 쓰면서 담배를 도로변 도랑에 버리는 사람에 대해서 소개했다. 그 사람은 자신이 지금 담배를 도랑에 버려서 환경이 오염되고, 그 행위를 자신이 보고 있지만 담배를 버리는 행위와 자신이 주장하는 생태(ecology)사상이 모순된다는 것은 보지 못한다.

주디스 하먼(Harman, Judith)은『심적 외상과 회복』[6]에서 알고 있으면서도 모른 척하는 것을 '더블 싱크(double think)'라고 부르고 그 심적 작용에 대해 서술하고 있는데 이는 좋은 예다.

거의 모든 사람들이 "보이는데 보이지 않는 것으로 한다"는 상황을 한 번쯤은 경험하지 않았을까. 눈앞에 그것이 있지만 그런 것이 없다고 자신에게 타이른다. 그것을 계속하면 점차 정말 그런 일이 눈앞에 없는 것처럼 생각되기 시작한다. 더 나아가면, 눈앞에는 있지만 보이지 않는 지경에 도달한다. 이것은 실제로 보이지 않는 것과는 전혀 다르다. 눈앞에 그것이 있는가를 물으면 "그런 것은 없다"라고 자신 있게 대답하는데, 대답하면서도 실제로는 그 대답이 거짓임을 의식 어디에서인가는 알고 있는 그런 상태다.

이 상태가 더욱 악화되면 "자신이 아픔을 통하여 해결해야만 할 문제의 핵심 부분을 항상 비켜 가면서 시행착오를 몇 번씩이나 거듭한다"는 행동 패턴이 나타난다. 이것이야말로 가장 세련된 '눈가림 구조'다. 무통문명이란 이러한 눈가림 구조가 사회 구석구석까지 온통 둘러쳐진 문명이다.

자기 자신을 되돌아보고 잘 생각해 보자. 이와 같은 일을 실제로 어디에선가 하고 있지 않은가. 여러 형태를 취해서 부인할 수밖에 없었던 일들 중 적어도 하나는 그럴 가능성이 없는가. 그런 일이 없다고 호기를 부리는 사람들이야말로 더욱 그럴 가능성이 높다. 우리들은 이와 같은 눈가림 구조를 스스로 해체해야만 한다.

눈앞에 괴로워하는 사람이 있을 때, 자신도 문득 거기에 빨려 들어가 같이 괴로워지는 경우가 있다. 또는 괴로워하는 사람을 보았을 때에 그 사람에 대해서 아무런 도움을 줄 수 없는 자신을 발견하는 것이 너무나 괴로운 경우도 있다. 그 사람에게 손을 내밀려고도 하지 않는 이기적인 자신의 모습을 들키는 것이 괴로운 경우도 있다. 존재를 말소하고 눈가림이 완료되었다고 해도 이 고통이 남는 경우가 있다. 그것을 없애 가는 구조가 '해독(解毒)'과 '예정조화'다.

눈앞에 고통 받는 사람이 있었을 때, "아, 이 사람은 아주 괴로워하고 있구나" 하고 담담하게 방관자로서 인식할 수만 있으면 괴롭지 않다. 아픔으로 경련을 일으키는 환자를 앞에 둔 의사가 냉정하게 그 아픔의 원인을 진찰할 때와 같다. 이 때, 그 사람의 고통은 그것을 보고 있는 내 감정에는 거의 영향을 미치지 않을 정도의 '단순한 사실'로서 해독되어 나에게 전해진다. 타인의 고통과 맞닥뜨렸을 때 항상 이와 같이 해독할 수 있으면 아주 편안하다. '고통'이라는 것이 본래 가지고 있는 소리 없이 휩쓸리게 하는 힘, 인간 존재의 근원을 뒤흔드는 힘이 해독되고 뼈만 남는다. 타인의 고통은 이미 나에게 위협적이지 않다. 타인의 고통은 나를 덮치는 것이 아니라 내 이성에 의해 단순히 묘사될 만큼의 것이다.

무통문명에서는 그와 같은 해독 장치가 인간의 마음속에 내면화되어 인간의 사고나 행동 속에 문화로 파묻히고, '당연'한 것으로서 학습 · 전승되어 갈 것이다. 길가에서 괴로워 신음하고 있는 사람을 냉정히 내려다보고 그 원인을 이것저것 분석하고 있을 뿐인 단순한 방관자와 같은 시선이 사회에 충만해지는 것이다.

그와 동시에 타인의 고통과 마주쳤을 때 그 사람들을 어떻게든 돕고 고통을 줄여 주려는 행동 또한 무통문명에서는 확대될 것이다. 그러나 무통문명에서 원조행동의 기본은 어디까지나 '예정조화'에 두게 된다. 즉 그괴로워하는 사람들을 돕는 일이 결국은 돌고 돌아 내 자신을 위한 것이라는 동기로 원조행동이 이루어지는 것이다. 예를 들면 괴로워하는 사람들을 도와줌으로써 진정한 자신과 삶의 의미를 발견할지도 모르는, 또는 자신이 사랑을 아는 인간임을 확인할 수 있을지도 모른다. 그런 생각으로 원조한다. 괴로워하는 사람들을 돕는 일이 그들을 위한 일이 되고, 그 이상으로 자기 자신을 위하는 셈이 된다. '예정조화'다.

이와 같이 무통문명에서는 타인의 고통을 해독하여 방관자적으로 관련지으면서 다른 한편에서는 괴로워하는 타인을 내 자신을 위해서 돕는다는, 극단적인 두 행동 패턴이 발생하게 될 것이다. 이 둘은 동전의 양면이다. 타인의 고통으로부터 거리를 두고 싶을 때에는 앞의 것이 되고, 타인의 고통을 함께 하고 싶을 때에는 뒤의 것이 된다. 이들 행동 패턴에서 빠진 것은 타인의 고통과 관련된 일이 자신을 지옥으로 떨어뜨리는 일일지도 모르지만 그럼에도 불구하고 그 타인과 어쩔 수 없이 관련된다는 패턴이다.

　무통문명은 그와 같은 패턴을 사회 속에서 교묘하게 배제시켜 간다. 괴로워하는 타인과의 관련 때문에 자신이 어쩔 도리 없이 진짜 고통에 휩쓸리는 위험성을 사회 속에서 없애는 것이다. "원조(援助)에 의해 당신 자신도 치료되는 것"이라며 원조행동을 유지시키는 사람이 있는데, 그런 자세야말로 문명의 무통화를 자기도 모르는 사이에 밀고 나가는 것이다. 그와 같이 말하는 사람의 선의를 나는 의심하지 않는다. 하지만 무통문명은 그와 같은 선의를 교묘하게 이용하면서 전진한다. 물론 원조행동을 하는 사람이 원조과정에서 자기 붕괴와 재생을 경험하고 생명의 기쁨을 얻을 수는 있다. 그러나 무통문명은 그 가능성을 한없이 축소시키려고 한다. 그 결과 자기 붕괴와 재생을 이끄는 원조행동이 무통문명 속에서는 절멸하는 것이다.

　고통을 없애는 이들 장치가 사회 구석구석에 온통 둘러쳐지고 개인 속으로 내면화되어 감에 따라 사회 전체의 무통화가 진행되고, 그 속에 사는 인간들은 고통에 의해 자기를 붕괴시키는 일 없이 쾌적한 삶을 유지할 수 있게 된다. 무통문명은 이 무통화 작업을 세포의 대사(代謝)작용처럼 자동적으로 하게 될 것이다. 그 결과 무통문명의 내부에서는 자기를 붕괴시킬지도 모르는 진짜 고통은 제거되거나 내면화되며, 인간들은 신체의 욕망의 함정에 빠져 생명을 서서히 마비시켜 가는 것이다.

## 6. 무통문명 속의 인간

무통화하는 현대사회에서는 외부에 존재할지도 모르는 고통이나 호소에 대한 감수성이 극히 저하된다. 자기들 사회 바깥에서 들려오는 고통의 신음소리나 호소를 빈둥거리면서도 듣지 않고, 자기 다리로 그들을 짓밟아 죽이면서도 모른 체하며 공허한 노래를 부르는 문명인. '존재 말소' '눈가림' '해독' '예정조화' 라는 갑옷으로 자기의 약점을 철저히 가린 무장한 왕자에게 두꺼운 갑옷 속으로 들어오지 않는 외부의 목소리는 존재하지 않는 것과 같다. 갑옷을 입고 들판으로 나가는 전사(戰士)에게는 무거운 군화에 짓밟힌 벌레의 절규 따위가 결코 들리지 않는다.

자신의 고통을 철저하게 무통화한 자는 타인의 고통을 잘 느끼지 못하고, 타인의 호소를 들으려고 하지 않고, 타인을 일방적으로 눌러 짓밟으면서도 전혀 눈치 채지 못한다. 그러므로 무통화한 문명사회와 그 속에 사는 인간들이야말로 아마 지구상에서 최대 폭군이 될 것이다. 그들에게 희생되는 존재는 아직 무통화에 깊이 빠져들지 못했거나, 고통이나 괴로움 속에서 스스로의 존재를 맛보고 그 속에서 삶의 의미를 찾기도 하고 또는 그곳에서 기어 나오려고 발버둥치는 사람들일 것이다. 폭군들은 그 사람들 소리를 듣지 못할 뿐만 아니라 그 사람들이 발아래 존재하고 있다는 사실조차 눈치 채지 못할지도 모른다. 아니, 어쩌면 실제로 보고 있음에도 불구하고 보이지 않는 것으로 여기고 있는지도 모른다.

무통문명은 사람들을 차츰 눌러 짓밟으면서 서서히 확대되어 갈 것이다. 무통문명의 내적 세계는 완전한 조화가 예정되어 있고, 외부의 소리 없는 목소리는 차차 눌려 짓밟히지만, 그것을 눈치 채지 못하는 선인(善人)이라는 이름의 폭군들이 자신들의 존재와 행위를 합리화시키면서 지구상에 아메바처럼 넓혀 가는 운동이 무통문명이다.

스스로 가축이 되는 길을 선택한 문명인은 그 길을 선택하지 않았던 인간들을 힘에 의해 정복하고 지배하고 종속시킨다. 가축이 되는 것과 반대로 남을 지배 종속시킬 수 있다니 이 무슨 역설인가. 그러나 냉정히 생각해 보면 당연한 일인지도 모른다. 신체의 욕망에 져서 생명의 기쁨을 잃은 자만이 다른 사람들을 가장 철저히 지배한다.

우리들이 이미 무통문명 쪽에 있음을 결코 잊어서는 안 된다. 고통을 없애고 내면화시켜 가는 무통문명의 자기운동을 멈추게 할 수는 없다. 외부의 모든 세력은 늦든 빠르든 이 무통문명의 운동에 먹혀 그 일부가 되어 간다. 그리하여 얼마 가지 않아 지구상의 많은 인간사회가 무통문명으로 덮이게 될 것이다. 가난한 사람들이나 힘든 일을 하는 사람들은 그 가난함이나 힘들어 하는 것을 보지 못하게 하는 여러 가지 도구를 무통문명으로부터 제공받고, 무통문명의 뒷문으로 들어간다. 반무통문명운동의 희생자들도 또 무통문명에 적응하지 않을 수 없으므로, 누구도 순수하게 무통문명의 바깥에 설 수 없다.

무통문명에 먹힌 사람들은 안전, 쾌락, 안락함, 자극을 얻는다. 그것을 얻을 수 없는 경우는 존재 말소나 눈가림 등으로 고통에서 도피한다. 그러나 무통문명을 향해 질주하는 흐름 속에서 우리들은 결코 마음의 평안을 얻지는 못할 것이다. 그뿐인가, 역으로 우리는 무슨 일인지도 모르는 불안에 떨고 어떤 폭력 충동에 휩싸여 무통화에 가담하는 모든 사람들을 죽여 버리고 싶은 충동에 사로잡히게 될 것이다. 왜냐하면 우리 내부에는 아직 '생명'의 반항심이 끈질기게 살아남아 있기 때문이다.

그렇지만 신체의 욕망은 생명의 저항을 쉽게 누르고 무통화로 향하는 흐름을 더욱 가속시킨다. 우리의 생명은 철저하게 억눌리고 우리들은 신체적 욕망의 꼭두각시가 된다. 신체의 욕망으로 움직이는 우리는 자신들의 틀을 부숴 버릴지도 모르는 진정한 고통이나 기쁨을 피하려고 한다. 그 결과 우리는 "진정한 고통을 계속 피하도록 짜여 있는 '모험이나 역경'을 추구하고, 진정한 기쁨을 계속 피하도록 짜여 있는 '쾌락과 자극'을 추구하는" 일에 몰리게 된다.

구체적으로는 신앙에 몰입하고, 연애에 빠지고, 성애(性愛)에 몰두하고, 마약에 빠지고 나아가 모험에 몸을 맡기고, 정신적 상처를 스스로 자극하고, 이유 없이 폭력을 휘두르는 등의 행위에 빠질 것이다. 그런 행위는 그 자체로만 보면 기분 좋은 자극이나 편안함을 가져다주지만, 결코 길게 지속되지 않는다. 그 결과 새로운 자극을 추구하여 사람들은 정처 없이 헤매게 된다. 그리고 자극으로 넘치는 지금의 상태가 왜 끊임없는 불안으로 채색되는지에 대한 근본적인 물음 때문에, 극히 용의주도하게 계속 눈을 딴 데로 돌리는 것이다.

만약 우리의 생명을 완전히 마비시켜 신체적 욕망이 승리하면 우리는 이미 공중에 매달려 있는 것 같은 불안을 느낄 수조차 없게 될 것이다. 단순한 욕망충족 기계가 될 것이고, 최적의 쾌락충족 시스템을 목표로 운동할 뿐인 공허한 놀이기구가 되어 버릴 것이다. 만약 무통문명이 완성되었다고 하면 그 때 사람들은 모두 욕망충족 기계가 되고 그곳에서 이루어지는 일은 모두 쾌락 게임으로 결과적으로는 모든 것이 반드시 조화가 예정된 상태가 될 것이다. 무통문명이란 예정조화를 꿈꾸는 모든 사상을 위한 유토피아이다.

그러나 무통문명에 이르는 길 한복판에서도 우리의 '생명'은 아직 완전히 죽지 않았다. 아무리 신체의 욕망에 의해 억눌려 있는 것처럼 보여도 인간 존재의 깊은 곳에 아직도 '생명'은 끈질기게 살고 있다. 신체적 욕망과의 싸움에 연전연패를 계속해 그 역할이 마비되었으면서도 인간 존재의 깊은 곳에서는 아직도 최후의 불꽃을 태우면서 스스로를 빛내려고 한다.

무통화하는 현대사회 속에서 이와 같은 최후의 '생명'을 위해 몸부림치는 사람들에게 (1) 자폐 (2) 반복 (3) 중독 등의 행동이 나타나게 된다.

그들은 우선 자신의 세계에 틀어박혀 자신이 완결시킨 의미세계의 안에서 또 한 사람의 자신과 대화하는, 말하자면 타인이 없는 게임에 빠져든다. 그러나 마음 한구석에서는 동시에 자폐를 통해 무엇인가 '초월적인 존재'와 연결되기를 바란다. 초월적인 존재와의 대화를 통해서 밖으로 나갈 수 있을 거라고 느낀다. 자폐는 이렇게 해서 종교적인 것으로 접근해 간다. 자폐는 자신 이외의 존재와 만나는 것을 거부하는 것처럼 보이지만, 실제로는 자기와 초월자와의 대화를 통해 이 무통세계의 외부와 연결되려는 의지를 몰래 감추고 있다. 그 배후에는 생명 최후의 몸부림이 있다. 단지 그 초월자가 나만 봐 주는 '나만의 신'인 경우에는 강렬한 자기정당화를 생성한다. 이것이 닫힌 공동체로 퍼지는 경우, 그것은 새로운 종교집단이거나 '병 치료'를 강조하는 집단이 되기도 한다. 자폐가 '병 치료'라는 형태를 취하는 것도 무통문명의 특징이다. '병 치료'의 유혹이 무통문명으로의 길을 마련해 준다.

또 그들은 자신의 행위를 '반복'한다. 연애에 빠졌다고 생각하는 순간 연애를 그만두고 빠져 나온다. 그리고 또 다시 연애에 빠질 다른 상대를 찾아 나선다. 이것이 무한적으로 반복된다. 거기에는 단지 두 지점 사이를 왔다 갔다 하는 반복만 있을 뿐 아무런 진전도 없다. 반복하는 그 자체가 목적인 듯하다. 어떤 행위에 몰두한 뒤 갑자기 거기에서 몸을 빼려고 할 때, 그 순간 생명의 힘이 발동한다. 쾌락추구 게임에 빠져 생명을 점점 마비시켜 가는 것에 대한 위기감이 그 사람을 행위에서 분리시킨다. 그러나 거기서 몸을 뺀 사람은 그 다음에 무엇을 하면 좋을지 알지 못한다. 잠시 동안은 쾌락 게임에서 몸을 빼고 일 자체에 의미를 부여하는데 점차 그것도 오래 가지 못한다. 그렇게 해서 다시 같은 게임에 빠져 들어 반복이 거듭된다.

생명력의 발동이 약해지면 '중독 상태'가 된다. 성애나 마약이나 도박에 빠져 거기서 나오려고 하지 않는다. 거기에 빠져 복을 얻는 것도 아닌데 그것을 계속 추구한다. 문득 정신을 차려 보면 그곳에 손을 대고 있는 자신이 있다. 빈 시간과 돈을 전부 거기에 쏟아 부어 버린다. 이제 거기에서 빠져 나올 수 없다.

중독 상태에 빠진 사람은 마음 한구석에서 "무언가 이상하다" "어딘가 이상하다"고 생각하면서도 그 행위에 몰입한다. 아무것도 켕기는 일 없이 건강하게 몰입하는 것이 아니라 항상 의문과 망설임이 있는 지점에서 생명의 절규가 나타난다. 후회를 계속하지만 멈출 수 없는 중독 현상은 생명의 절규를 끊임없이 짓누르면서 신체의 욕망이 인도하는 무통문명의 길을 멋지게 반영하는 것이다.

중독은 "그렇게 하고 싶은 것도 아닌데 결국 해 버린다"든지 "하고 싶지만 나중에는 반드시 후회한다"는 형태를 띠는 경우가 많다. 이와 같은 행동 패턴이 "하고 싶은 일이 많이 생기고, 하고 싶지 않은 일은 가능한 하지 않아도 되는" 것을 목표로 하면 이런 일이 일어나지 않을 것이다. 그렇기 때문에 신체의 틀을 부수고 초월하려는 생명력의 존재를 상정하지 않을 수 없다. 생명이 아직 끝나지 않았기 때문에 중독이 되는 것이다.

테라피(therapy) 병이라는 현상이 있다. 여러 가지 치료(테라피)를 하나씩 섭렵하면서 이곳저곳을 다니는 사람들을 가리키는 말이다. 그들은 치료를 통해 일시적으로 얻는 쾌락과 해방감을 늘 찾아다닌다. 치료가 주는 쾌락과 해방을 맛보았다고 해도, 그것이 그 사람 자신의 틀을 전혀 바꾸어 놓지 않기 때문에 똑같은 종류의 쾌락이나 해방감을 맛보려고 돌아다니는 것이다.

중독에 빠진 사람들은 어떤 의미에서는 쾌락을 얻는 데 성공한 경우다. 그렇지만 그 쾌락은 밑바닥에 불안을 감추고 있다. 기분 좋지만 불안하고, 불안하지만 기분이 좋다. 그들도 중독이 제일 좋은 상태라고는 생각하지 않지만 다른 방법이 떠오르지 않는다. 왜 떠오르지 않는 것일까? 그것은 무통문명이 그들의 생명을 마비시키고 있기 때문이다. 중독 상태에 빠진 사람들은 불안을 안은 채 쾌락을 추구하다 죽는다. 어떤 사람은 자기도 모르는 충동이 생기면 갑자기 사회에 칼을 들이대 자신과 남에게 상처를 입히려고 할 것이다. 그러나 그들 자신도 왜 그런 짓을 하는지 모른다. 무통문명을 이해할 수 없다면 모를 것이다. 무통문명으로 향하는 과도기 시대의 사람들은 고통이 사라지고 대치되면서 쾌락으로 보이는 불안과 목표를 잃은 충동 속에서 살지 않으면 안 된다. 달콤한 설탕 바다 속에 빠져 질식해 가면서 무통문명에서 사는 사람들.

이 '병'을 고치기 위해서 어릴 때 부모에게서 받은 정신적 상처를 지금 다시 되살려서 어릴 때의 존재를 인정하고 긍정시키는 치료가 있다. 프로이트(Sigmund Freud)의 영향을 받은 그 치료가 효과를 보는 경우도 있지만, 여기서 말하는 문명차원에서 발생하는 마음의 '병'을 해결할 수는 없다. 왜냐하면 환자뿐만 아니라 치료자도 이 문명 안에 살고 있고, 무통화하는 문명의 '병'을 앓고 있기 때문이다. 그뿐인가. 무통화하는 현실세계에 환자가 적응하도록 도와줌으로써 치료자도 현대사회의 무통화를 오히려 돕고 있다고까지 말할 수 있다. 무통화는 마음의 보살핌이라는 형태로 파고든다. 집안에 틀어박히는 것, 등교하지 않는 것, 거식증 등을 치료하기 위해 받는 전문가의 카운셀링이나 치료야말로 현대사회의 무통화를 한층 진전시키는 결과가 되는 것이다.


## 7. 무통문명론 말하기

여기에서 문명의 무통화가 언제부터 시작되었는지를 생각해 보고 싶다. 어떤 시대, 어떤 지역의 인간사회든 그 집단을 특징짓는 하나로 짜여진 제도와 조직과 생활습관과 가치와 기술체계가 있다. 이것들이 시대와 지역을 넘어서 크게 널리 퍼져 가기 시작하고 힘을 가졌을 때, 그것을 '문명'이라고 부른다.[7]

알프레드 베버(Alfred Weber)와 오스발트 슈팽글러(Oswalt Spengler), 그리고 그 뒤로 나온 문명론은 여러 갈래인데, 크게 인류사의 발전 단계에 따라 문명을 설명하는 방식과 세계 각 지역의 문명을 나누어 설명하는 방식이 있다.

우선 무통문명을 인류사의 발전 단계에 놓고 생각해 보자. 무통문명은 아주 최근에 등장한 문명이라고 생각할 수 있다. 즉 인류가 도구를 발명한 석기문명, 농업을 시작한 농경문명, 도시를 형성한 도시문명, 공업화가 시작된 산업문명을 거쳐 지금 우리들은 무통문명이라는 다음 단계의 문명에 돌입하려 하고 있다고 생각해 보자. 그러면 무통문명은 자본주의와 정보화에 의해 20세기에 태어난 새로운 형태의 문명이 된다.

각도를 달리해서 인류문명이라는 것은 석기시대부터 무통문명을 향해서 진화해 왔으며, 우리들은 계속해서 무통문명 안에서 살고 있었다고 생각할 수도 있다. 고통의 회피, 쾌락의 추구, 쾌적한 틀 유지, 자연환경의 통제는 아득한 옛날부터 인류가 추구해 온 것이고, 문명은 처음부터 무통문명을 목표로 했다. 문명은 각 시대에 각기 다른 모습을 띠고 나타났지만, 가장 핵심에 있었던 것은 무통문명에 대한 동경이다. 이 두 가지 설명은 모두 정확한 측면이 있다. 무통문명의 추구는 옛날부터 있었음에 틀림없다. 그렇지만 우리들이 지금 보는 형태의 무통화는 고대에는 있을 수 없었다.

다음으로 무통문명을 지역 문명별로 보자. 고대 인도문명과 고대 로마문명의 왕궁생활은 어떠했을까. 노예를 많이 부리던 왕족과 귀족의 생활은 오늘날 무통화하는 사회와 비슷한 상황에 빠져 있었을 가능성이 있다. 귀찮은 일은 노예가 해 주고 다음날 식사에도 어려움이 없었다. 그 대신에 그들은 살아갈 의미를 잃고 그들 나름의 반복과 중독 상태에 빠져 있었던 것은 아닐까. 왕국의 왕자로 불편하지 않은 생활을 하고 있었던 고타마 싯다르타는 고통 없는 왕궁생활에서 탈출을 꾀했던 것인지도 모른다. 그렇다면 고대문명에서는 아주 소수의 인간만이 경험할 수 있었던 무통화가 20세기에 와서 선진국 중산층을 휩쓸면서 대중화했다고 말할 수 있다. 현대 유럽문명, 미국문명, 이슬람문명, 아시아문명 등 모든 지역 문명은 각기 다른 저마다의 색깔과 속도로 도시를 중심으로 나란히 무통화하고 있다고 생각할 수 있다. 무통문명을 인류 역사 속에서 설명하기 위한 무통문명의 역사학이 필요하다.

한편 무통문명론에서의 '고통(痛)'과 '무통화'라는 단어가 정확하게 무엇을 가리키는지 생각해 보자.

'고통'에는 육체와 정신의 아픔이 다 들어 있다. 많은 글에서 '고통'이라는 단어는 그런 의미에서 사용된다. 한 인간에게 무엇이 아픔과 고통이 되는가는 다른 사람이 외부에서 정의할 수 없다. 무엇이 아프고 괴로운지를 결정하는 권한을 갖는 사람은 아픔과 고통을 겪는 당사자뿐이다.

다음으로 '무통화'에 대해서다. 나는 지금까지 '무통화'는 비판되어야 한다는 것을 전제로 말했다. 그러나 내 견해는 정말로 올바른 것일까. 예를 들면 말기 암으로 고통 받고 있을 때, 그 아픔을 없애 주는 일도 비판받아야만 할 것인가.

아픔을 피하는 일이나 줄이려고 연구하는 일을 '무통화'라는 이름으로 비판할 생각은 없다. 내가 '무통화'라는 이름으로 비판하는 것은 '예방적 무통화'와 '눈가림 구조' 등의 장치를 교묘하게 이용하여 쾌락을 추구하고, 지금의 쾌적함을 유지하기 위해 귀찮은 문제를 먼저 없애고, 괴로운 일을 다른 사람에게 떠넘기고, 자신의 모순에서 눈을 돌려 견딜 수 없는 아픔과 고통에서 계속 도망가려는 것과 그것을 뒷받침하는 사회 속에 넓게 뿌리내린 시스템이다.

그렇다면 '무통화'에는 두 종류가 있는 셈이다.

하나는 '확실히 비판해야 하는 무통화'다. 그것은 '예방적 무통화'와 '눈가림 구조'를 이용하여 고통에서 계속 도망치는 무통화다. 나는 그런 무통화와 싸우는 것을 의무라고 생각한다.

또 하나는 단지 지금의 고통을 덜어내려는 것으로, 말기 암처럼 고통을 제거하지 않으면 의미 있는 인생을 살아갈 수 없는 경우다. 이에 대해서 나는 "비판할 수밖에 없다"든가 "비판하지 않아도 좋다"는 그 어느 쪽으로도 말하지 않겠다. 나는 이와 같은 무통화와도 싸워야 하지 않을까 하고 '끊임없이 의심하는' 일을 스스로 하려고 한다.

이렇게 나는 "비판하지 않아도 좋은 무통화"라든가, "비판해야만 하는 것은 아닌 무통화"라는 표현을 조심스럽게 피하려 한다. 왜냐하면 이와 같은 표현을 사용하는 순간에 쳐졌던 그물이 열리기 때문이다. 그런 표현들이 하나의 범주가 되고, 모든 무통화 행위에 차차 교묘한 이유가 붙여지면서 합리화되어 성난 파도처럼 범주 안으로 밀려 들어올 것이 틀림없기 때문이다. 지금 내가 말하는 무통화가 "비판하지 않아도 될 무통화"라든가 "비판해야만 하는 것은 아닌 무통화"라고 생각하려는 우리들 마음의 틈새를 노려 무통문명은 공격준비를 시작한다. 무통화를 두 종류로 구별하는 사람은 이 함정을 조심스럽게 피해야만 한다.

이런 점을 깨달은 후에 좀 더 생각하고 싶다. 인간이나 자연을 관리하는 일을 비판하는 것이 아니다. 예를 들면 고대문명에서는 인류가 삶을 늘려 가기 위하여 하천 홍수를 관리할 필요가 있었다. 나는 그와 같은 상황에 있는 인간이나 자연의 관리를 '무통화'의 이름 아래 비판하는 것은 아니다. 또한 현 사회에도 자신(과 친한 사람)의 생활을 철저하게 관리하지 않으면 최저한의 생활조차 보장되지 않을 정도로 빈곤과 불운에 처해 있는 사람들이 있는데, 그들이 하는 관리를 '무통화'의 이름으로 비판하는 것은 아니다. 자신의 병이나 육친에 대한 간호 등으로, 자신이 무엇 때문에 살고 있는지 모를 정도로 피곤에 절은 사람이 그 고통을 어떻게 해서든 덜어 보려고 하는 시도를 '무통화'의 이름 아래 비판하는 것도 아니다.

내가 분명히 비판하는 것은 "오늘의 삶을 연장하지 않으면 안 되는" 상황을 미리 벗어났음에도 불구하고 여러 이유를 붙여 신체 주변을 무통화하고 그것과 맞바꾸어 사는 의미를 잃어 버리는, '생명의 기쁨' 불감증에 걸린 사람들에 대한 것이다. 그리고 그와 같은 상황을 시스템으로 만들어 내는 현대사회에 대한 것이다.

내가 화살을 날리는 표적은 계속 가지려는 자, 눈을 계속 감으려는 자의 병리(病理)이고, 그 병리를 병리로서 인식할 수조차 없는 데까지 몰린 자들의 병리이고, 병리를 병리로 인식하지 못하게 만드는 현대사회다. 따라서 이 병리는 이 책을 쓰고 있는 내 자신이 걸렸던 병리이고, 또한 아직까지도 거기서 빠져 나오지 못하고 있는 병리다. 그리고 아마 이것을 읽고 있는 많은 독자들도 거기서부터 자유로워져야 하는 것이 아닐까 싶은 병리다. 이 『무통문명론』에서는 무통화의 병리를 하나씩 철저하게 추적해 가겠다.

이 책에서는 '무통문명 철학'에 집중하겠다. 이 책은 나중에 쓰일 '무통문명의 역사학' '무통문명의 사회학' 등에 의해 보완되어야 한다. 현대사회는 이해가 다른 여러 사회집단과 계층으로 이루어져 있고, '무통화'가 현대사회의 집단이나 계층 속에서 만들어내는 역할은 아주 다양하다. 이 책에서는 '사회 전체'라는 큰 틀의 수준에서 고찰할 수밖에 없지만, 그것에 덧붙여 하위집단과 모든 계층을 대상으로 한, 좀 더 정밀한 사회학적 분석이 필요하다는 것은 더 말할 필요도 없다.

무통문명론은 독자를 향하여 '이렇게 살자'는 규범을 제시하는 책이 아니다. 무통문명론은 다른 사람들을 바깥에서 끌어들여 해체시키고 바꾸기 위한 도구로 이용되어서는 안 된다. 무통문명론은 어디까지나 자기와 대화하고 자기를 안에서 바꾸면서 다른 사람들에게 호소하고, 사회를 조금씩 바꿔 나가기 위한 지혜로서 성립될 수밖에 없다.

무통문명의 징후는 우리들이 살고 있는 이 사회에 벌써 나타나기 시작해 이미 우리 주위에서 조용히 진행되고 있다. 지금의 사회를 둘러보면 여기저기에 무통문명의 징후가 보이지 않은가. 그리고 당신 자신이 그 덫에 걸려 있지 않은가. 우리 사회가 무통문명의 선두를 달리고 있는 것은 아닐까.

무통문명론은 선인(先人)들의 사색에 많은 힘을 입고 있다. 인간은 도구적 이성에 의해 '내적 자연'과 '외적 자연'을 지배하려고 했지만, 그 결과 삶의 목표를 잃어 버렸다고 한 아도르노(Theodor Adorno), 호르크하이머 등 프랑크푸르트학파의 사상은 그야말로 무통화하는 현대사회를 포착한 것이다. 나중에 이 학파를 이탈하게 된 에리히 프롬(Erich Fromm)은 근대의 고독과 불안에서 등을 돌리기 위하여 큰 조직에 몸을 맡기는 현대인의 모습을 예리하게 묘사하였다. 거기서 사람들은 조직의 톱니바퀴가 되고 찰나적 쾌락을 얻는 대신에 기쁨을 버리고, 삶으로의 기대가 아닌 죽음으로의 기대에 가슴을 두근거린다. 같은 사태를 SF의 형태로 묘사한 것으로서 올더스 헉슬리(Aldous Huxley)의 『멋진 신세계Brave New World』가 있다. 사람들은 생식 기술에 의해 다시 선별되어 태어나고, 가능한 젊음과 쾌락이 주어진다. 현상(現狀)으로의 비판 능력은 여러 조작에 의해 빼앗기고 있다. 그와 같은 사회에서는 어떤 반항도 오락 이상의 것이 되지 않는다. 미셸 푸코(Michel Foucault)의 권력론도 현대사회의 무통화를 받아들이고 있다. 사회 구석구석에서 익명의 권력이 매일 재생산된다고 하는 그의 생각은 '신체의 욕망' 아이디어를 선취하는 것이다.

그들의 생각에 관해서는 뒤에서 다시 검토하기로 하고 여기서는 후지다 쇼죠(藤田省三)의 논문에 대해서 간단히 언급해 두고 싶다. 후지다는 1985년에 「'안락'으로의 전체주의」라고 하는 짧은 글을 썼다. [8]

후지다는 지금 우리를 지배하고 있는 것을 '안락주의'라고 부른다. 사람들은 고통을 가져다주는 것을 일소하고 싶다고 생각하여 "불쾌감을 불러일으키는 근원적인 것을 제거"하려고 한다. 그리고 불쾌한 일과 대면하거나 관련되기를 두려워하고, 게다가 그 두려움을 스스로 인정하기를 피하려 한다. 그 결과 우리는 '기쁨'의 감정을 잃어 간다. 그것을 피하기 위하여 필요한 것은 "일 정한 인내를 포함한 평정과 자기 극복의 기쁨"에서 발생하는 '충실'을 되찾는 것이라고 말한다.

이와 같이 후지다는 1980년대의 사회를 관찰하여 거기에서 무통화 냄새를 민감하게 맡고 있다. 후지다의 현상인식은 훌륭하다. 그러나 그는 '기쁨'이라 는 것을 "한발 한발 걸어 올라가는 자기 극복"의 끝에 도달하는 '환희'로서 포 착하고 있고, 이것은 무통문명론에서 말하는 '생명의 기쁨'과는 다른 발상이 다. 무통화와의 싸움은 충실을 다시 찾는 것만으로는 끝나지 않는다(4장 참 조).

## 주(註)

1) 小原秀雄 『ペット化する現代人』, NHKブックス 1995/『教育は人間を作れる か』, 農文協 1989 /『自己家畜化論』, 群羊社 1984.
2) 다니 야스시(谷泰)는 새끼 낳는 일과 새끼에게 젖을 주는 일에 인간이 개입 하면서 가축화가 이루어졌다는 점을 설득력 있게 보여 주었다. 『神・人・家 畜』, 平凡社 1997, 참조.
3) 佐伯啓思 『「欲望」と資本主義 ― 終わりなき擴張の論理』, 講談社 1993, 92~93쪽.
4) 나의 저작 『生命觀を問いなおす』(ちくま新書 1994)에서 '생명의 욕망'이라 는 단어를 사용했다. 그러나 그 정의는 잠시 철회해 두겠다. 제5장에서 그 단어 에 새로운 의미를 부여하고 싶다. 또 욕망을 추상화된 신체와 연관지어 이해하 는 일은 아주 기묘한 것이다. 예를 들면, 들뢰즈와 가타리가 욕망을 분절화 이 전의 '기관(器官) 없는 신체' 차원의 욕망으로서 파악했던 것을 상기해 주었으 면 한다. 우리말 번역은 쥘르 들뢰즈・펠릭스 가타리 『앙띠 오이디푸스』, 최명 관 옮김, 민음사 1994.
5) 호르크하이머 『理性の腐食』, せりか書房, 30, 208쪽/호르크하이머・아도르 노 『啓蒙の弁證法』, 岩波書店, 136쪽. 우리말 번역은 『계몽의 변증법』, 김유동 옮김, 2001.
6) ハーマン, ジュディス L. 『心的外傷と回復〈增補版〉』, 中井久夫 譯, みすず書 房 1999. (Harman, Judith Lewis, *Trauma and Recovery*, New York, Basic

Books 1992)

7) 神川正彦・川窪啓資 編『比較文明學の理論と方法』, 朝倉書店 1999.

8) 藤田省三『全體主義の時代經驗』, みすず書房 1995, 3~15쪽.

# 제2장 무통문명에서의 사랑의 조건

## 1. '생명의 품질관리학' 등장

이 장에서는 '사랑'과 '문명'의 관계를 인간의 심리적 측면에서 생각해 보고 싶다. 이를 위한 소재로 '생식기술'과 '친밀한 애정관계'를 예로 들겠다.

무통문명의 기반은 자기가축화이며, 자기가축화가 가장 직접적으로 나타난 것이 우생학(優生學)이다. 19세기 말 영국의 프란시스 골턴 (Francis Galton)이 시작한 우생학은 20세기가 되자 전 세계로 퍼져 나갔다. 인류의 질을 '떨어뜨리지 않기 위해서'는 증상이 심한 유전병을 가진 사람이나 정신장애가 있는 사람이 아이를 낳지 않도록 하는 것이 좋다는 것이다.

20세기 후반이 되자 양수검사 등으로 태아에게 선천적 장애가 있는지를 조사할 수 있게 되었다. 즉 태어날 아이의 생명의 질을 검사해서 바라는 생명이면 낳고, 바라지 않는 생명이면 중절할 수 있게 된 것이다. 이와 같이 태어날 아이의 생명의 질을 검사해서 그 결과에 따라 생명을 선택하도록 하는 사상과 행동을 나는 '생명의 품질관리학'이라 부르기로 한다.

19세기 말에 시작된 우생학은 지금 생명의 품질관리학으로 새롭게 전개되고 있다. 생명이 시작되는 시기에는 태어날 인간의 생명의 질을 선택하고, 살아 있는 동안에는 검사와 치료에 의하여 치밀하게 건강을 관리하며, 생명이 다하는 시기에는 죽음으로 가는 인간의 육체적 고통과 마음의 평화를 관리한다. 현대 의료는 인간이 태어나면서부터 죽을 때까지 모든 과정을 계획하고 예측한 틀 안에서 용의주도하게 품질관리하는 기술로 변모하기 시작했다. 그것은 사회 전체의 관리화와 '지구의 정원(庭園) 관리'(제6장 참조)와 짝을 이루는 것으로 보인다.

생명의 품질관리학이 안고 있는 근본 문제가 매우 급진적으로 나타나는 것은 태어날 아이를 선별해서 없앨 때이다. 태아가 심각한 장애를 갖고 있을 때 낳을 것인지 아니면 중절시킬 것인지 하는 선택적 중절문제로 고민한다. 많은 사람들이 자기 아이는 정상아였으면 좋겠다는 생각을 마음속에 가지고 있으므로, 심각한 장애가 있다는 것을 알았을 때 그 아이를 낳고 싶지 않다고 생각할지도 모른다. 그러나 동시에 뱃속에 있는 아이를 장애가 있다는 이유만으로 없애 버려도 좋은가 하는 의문도 마음속에서 생긴다. 자기 아이는 정상아였으면 좋겠다는 생각과 장애가 있더라도 아이의 존재를 없애고 싶지 않다는 생각이 마음속에서 충돌한다.[1]

태아에게 심한 장애가 발견되었을 때, 대부분의 사람들은 중절을 택한다. 이유는 "장애를 가지고 태어난 아이는 불행하다" "아이가 불쌍하다"는 것이다. 심정적으로는 정말 이해할 수 있는 면도 있다. 그렇지만 "우리들은 결코 불행하지 않다"는 장애자들의 목소리도 있고, '다른 사람의 인생을 불행하다든가 불쌍하다고 미리 정해 놓는 사고방식이야말로 문제'라는 반론도 있다. '장애아가 불행하다'는 생각을 냉정하게 분석해 보면

실제로는 거의 설득력이 없음을 알 수 있다. [2]

뿐만 아니라 장애아를 갖고 싶지 않다는 부모의 이기심을 덮어 감춰 버릴 위험성이 있다.

오히려 생각해야 할 것은 장애아를 키울 때 부모를 짓누르는 여러 가지 부담이다. 많은 사람들은 이 사회에서 장애아 키우는 일을 아주 어렵고 괴로운 일이라고 생각한다. 돌보는 일에 '쓸데없는' 시간과 돈이 들고, 그것 때문에 자기의 시간과 인생을 빼앗긴다. 그런 점을 견딜 수 없다고 생각한다.

그렇지만 생각해 보자. 만약 이 사회가 훌륭한 복지사회가 되어 금전적으로 부모가 충분한 도움을 받을 수 있다면, 장애아를 키우는 것이 그리 큰 일은 아닐 것이다. 그런 사회가 오면, 장애아를 돌보기가 힘들기 때문에 낳고 싶지 않다는 사람은 지금보다 줄어들지 않을까. 따라서 지금 필요한 것은 보통 아이를 키우는 것과 같은 정도의 어려움과 부담으로 장애아를 기를 수 있도록 이 사회를 바꿔 가는 일이다. 페미니스트와 장애자들은 그렇게 호소해 왔다. 나도 그 방향에는 찬성한다.

그러나 좀 더 중요한 문제가 있다. 훌륭한 복지사회가 도래했다고 해도 장애아를 낳고 싶지 않다고 생각하는 사람들은 여전히 많이 있을 것이다. 어째서 그럴까. 그 사람들이 장애아를 낳고 싶지 않다고 생각할 때, 가장 중요한 것은 손이 많이 간다든가 돈이 든다든가 하는 문제가 아니다. 그들이 양보할 수 없는 것은 "내가 장애아의 부모가 될 수밖에 없다"는 것을 견딜 수 없는 것이다. 즉, "나는 이런 사람이다" "나는 이런 인생을 보낼 것이다" "나는 이런 가정을 만들어 나갈 것이다"와 같은 자신의 존재를 받쳐 주는 정체성과 그것을 바탕으로 한 인생계획이 장애아의 탄생 때문에 힘없이 무너져 내리는 것이 견딜 수 없는 것이다.

바람직하지 않은 아이를 중절시키려고 하는 마음가짐 뒤에는 몹시 부담스러운 선택권을 행사하지 않겠다는 생각과, 본인의 정체성이 장애아에 의해 깨지는 것을 원하지 않는다는 두 감정이 숨어 있는 것이다. 그러한 생각을 지탱하고 있는 것이야말로 현상유지를 하고 안정된 인생을 보내고 싶다는 '신체의 욕망'이다.

지금의 생활 틀과 인생 설계와 본인의 정체성을 유지한 채 아이를 맞이하고 싶다는 바람이 '신체의 욕망'이다. 아무리 아이를 가지고 싶어도 자신의 틀을 뿌리부터 깨는 아이라면 필요 없다는 것이다.

## 2. 선택적 중절과 조건부 사랑

물론 사회복지의 질을 높여 부모의 부담을 아주 가볍게 하거나, 자신의 아이덴티티를 한 번 더 질문하도록 만드는 방법도 있다. 그렇지만 무통화하는 현대사회는 이와는 정반대 방향, 즉 신체의 욕망을 기본적으로는 만족시킨 채 앞으로 일어날 고통과 괴로움을 줄이는 방향으로 가고 있다. 괴로움이나 고통에 직면했을 때 자신을 직시하는 것이 아니라, 고통이나 괴로움을 눈앞에서 치워 마치 그런 일이 없었던 것처럼 만드는 방법이다. 이처럼 고통이 발생할 가능성을 미리 지워 버리는 것이 '예방적 무통화'다.

다시 한번 생각해 보자. 왜 많은 사람들이 중절을 기쁜 마음으로 선택할 수 없을까. 그것은 '중절'을 꺼림칙하게 생각하기 때문이다. 세상에 태어나지는 않았지만, 뱃속에서 성장하는 아이의 존재를 지워 버리는 일은 우리들을 불편하게 한다.

장애아가 태어나게 될 것 같다는 검사 결과를 듣고 "내가 바라는 건 장애아가 아니다. 이 아이는 나에게 필요 없다"라고 생각하는 자신을 인정해야 하는 일은 우리를 불편하게 만든다. 이것은 "조건에 맞지 않으니 너는 필요 없다"고 말하는 자신을 직시해야만 하는 고통이다. 그것이 괴로운 이유는 자신이 태어날 아이의 존재에 대해서 조건을 붙이는 천박한 인간, 사랑을 모르는 인간이라고는 생각하지 않기 때문이다.

선택적 중절의 결단이 말할 수 없이 괴로운 것은 본인이 스스로 자기 상(自己像)을 무너뜨리기 때문이다. 본인은 인간을 무조건적으로 사랑할 수 있는 사람인데 마치 조건부로 사랑할 수밖에 없는 인간이 되어 행동한다는 것, 그리고 그것을 눈앞에 노골적으로 드러내는 것, 그 결과로서 본인이 사람을 진실로 사랑할 수 없는 인간이라는 사실을 확실하게 알게 되는 이 고통은 매우 깊다.

장애아가 태어나면 생활과 정체성이 무너진다. 그렇다고 해서 장애아를 뱃속에서 지워 버리면 자신이 사랑을 모르는 인간임을 분명하게 드러내게 된다. 어느 쪽을 택해도 모두 괴로운 구조다. 물론 얼마나 고통스러울지는 사람에 따라 다르겠지만, 정상아를 기다리고 있던 많은 사람들은 이와 같은 고통의 구조 한가운데에서 어느 쪽인가의 선택을 해야만 한다.

그러나 무통문명은 이 같은 고통의 구조를 피하기 위해서 다른 선택을 제공해 왔다. 선택적 중절로 고통을 받는 이유는 양수검사를 할 때 태아가 이미 임신 15주 정도까지 성장해 있기 때문이다. 태동도 느낄 수 있고 헛구역질도 나고 초음파 진단을 하면 인간의 모양을 하고 움직이는 것이 보인다. 그와 같은 태아를 중절시키면 살인을 저지르는 것 같은 생생한 느낌에서 벗어날 수 없을 것이다. 그렇다면 중절 시기를 좀 더 앞당길수록 좋다. 예를 들면 임산부의 혈액 속에 들어 있는 미량의 태아세포를 검사해서 아주 빠른 시기에 태아의 장애를 알 수 있다면, 아직 태아가 작고 존재감이 작을 때에 중절시킬 수가 있다. 다른 방법도 있다. 체외수정을 하여 어머니의 신체 밖에서 수정란을 검사해 장애가 없는 수정란만을 자궁에 넣어 임신시킨다면, 중절과 같은 야만스러운 일을 하지 않아도 된다. 수정란은 아직 태아라 볼 수 있는 상태가 아니므로 태아를 죽였다는 감정을 가지지 않아도 된다. 임신에 대한 부담도 고통도 거의 없다. 수정란이 자궁에 착상되지 않고 자연유산 되는 일은 종종 있는 일이므로 그와 비슷한 것이라고 생각하면 된다.

무통문명이 우리에게 제공하는 이와 같은 선택이야말로 고통이 생길 것 같은 사태를 미리 예상하고, 그 가능성을 예방적 차원에서 없애는 '예방적 무통화'의 방법이다. 무통문명은 이렇게 우리들 눈앞에서 고통의 싹을 용의주도하게 잘라 간다.

예방적 무통화가 안고 있는 가장 큰 문제는 그것이 나에게서 고통의 가능성을 빼앗아 가기 때문이 아니라, 생명의 가능성을 빼앗아 가는 데 있다. 말하자면 오른쪽으로 가도 고통, 왼쪽으로 가도 고통인 상황에 직면한 나머지, 왜 그와 같은 고통이 내 앞에 나타났을까를 필사적으로 되묻고, 이제까지 직시하는 일을 피해 온 자신의 감춰진 모습과 마주하고, 자신을 해체시키고, 그 과정을 거쳐서 새로운 자기를 재생해 일어설 수 있는 가능성을 빼앗아 가는 것이 문제다. 현재의 자신을 해체하여 새로운 모습으로 변신하는 생명의 가능성을 빼앗는 것이 문제다.

생명의 품질관리학이 훨씬 더 발전한, 바라지 않는 아이는 모두 없앨 수 있는 사회를 상상해 보자. 그와 같은 미래사회를 상상해 보면, 현재 발달하고 있는 생식기술이 도대체 어떤 점에서 우리들을 불안하게 하는지 확실해질 것이다. 미래사회에는 체외수정이나 출생 전 진단 기술이 비약적으로 발달 보급되어 모든 아이들이 태어나기 전에 생명의 질을 검사받고 태어날 것이다. 안전한 유전자 조작과 태아 치료도 보급된다. 태아가 커지면 중절은 거의 불가능하다. 그들은 수정란 단계, 아니면 가장 초기의 태아 단계에서 엄마의 신체와 정신에 부담을 주는 일 없이 지워진다. 그리고 정기검진을 받듯이, 임신한 거의 모든 여성은 수정란 진단과 치료를 거쳐 아이를 낳는다. 그 검사를 하지 않고 낳은 경우는, 공적인 보조가 나오지 않는다.

이렇게 해서 유지되는 사회는 도대체 어떤 사회일까. 그것은 거의 모든 사람들이 태어날 때에 생명의 질 검사를 받고, 부모가 생각하는 어떤 조건을 만족시켜야 이 세상에 태어날 수 있는 사회다. 만약 부모와 사회가 요구하는 어떤 조건을 만족시키지 않는다면, 자신은 이 세상에 존재하지 않을 것이라는 사실을 거의 모든 사람들이 암묵적인 전제로서 양해하고 있는 듯한 사회. 자신은 어떤 조건을 만족시켰으므로 부모와 사회의 축복을 받아 여기에 존재하게 된 것이라는 사실. 이 사회 속에서 만나는 거의 모든 사람들도 또한, 어떤 조건을 만족시켜 존재하게 된 인간들이라는 사실. 그러한 의식을 암묵적으로 전제한 사람들에 의해 구성된 사회.

그러한 사람들과 만나고, 친구가 되고, 연인이 된다. 결혼해서 아이를 가지고 싶다고 생각했을 때, 그들은 그들 부모가 해 왔던 것과 마찬가지로 자신들의 수정란을 검사한다. 그리고 모두가 해 온 것과 같이 심한 장애나 유전병, 성인병의 위험이 없음을 확인하고 나서 그 아이를 자궁 속에서 키운다. 그리하여 그들의 아이 또한 부모가 정한 조건, 같은 시대의 상식적인 요구조건을 만족시켜 이 세상에 태어나는 것이다. 탄생의 순간, 그것은 아이가 태어나기를 고대하던 부모에게는 축복해야만 할 순간이다. 그러나 그 축복은 그 아이가 어떤 조건을 만족시켰기 때문에 받는 축복이다. 조건부 축복. 조건부 존재의 승인. 부모도 또 그것을 이상하게 생각하지 않는다. 왜냐하면 부모 자신이 그와 같은 과정을 밟고 세상에 존재하게 되었기 때문이고, 게다가 그들 부모도 그와 같은 과정을 거쳐 세상을 밟았기 때문이다.

이렇게 모두 검사받으니 나도 검사받는 것이 당연시 된 사회에서는, 검사를 거부하고 공적인 지원을 거절하면서까지 장애아를 키우려는 사람들이 기묘하고 이상한 사람으로 취급받게 될 것이다. 그들의 선택은 존중되지만, 정상이 아닌 이상한 사람으로 보이게 된다.

이와 같은 사회에 사는 사람들은 이 시스템을 어떻게 생각할까. 그들은 바라지 않는 아이나 사회에 과도한 부담을 주는 아이가 태어난다는 것은 이치에 맞지 않는 일이라고 생각할 것이다. 약간의 착오로 태어난 장애인은 사회에 의해 충분한 복지 지원을 받게 되고, 도중에 장애인이 된 사람도 복지 대상이 된다. 그러므로 현존하는 장애인처럼 불리한 대접을 받는 일은 없다.

그러나 이 미래사회가 안고 있는 가장 큰 문제는, "나는 조건부로 이 세상에 존재하게 되었다"는 원초적 감각이 사회 심층부에 축적되어 간다는 데에 있다. 자신은 조건부로 삶을 얻었다. 자신은 조건을 충족시켰기 때문에 축복받았다. 이 원초적 감각은 인간에게서 어떤 감정을 빼앗는다. 그것은 사랑의 감정이다. 사랑받는다는 것은, 어떤 조건을 만족시키지 않아도 자신이 누군가에 의해 존재 자체를 인정받는다는 확신이다. 지금 이대로의 모습으로, 여기에 있는 것만으로 나의 존재를 인정받는다는 확신. 그와 같은 확신을 받는 것이 사랑받는 것이다.

이 미래사회는 사람들의 마음 깊은 곳으로부터 이런 의미의 사랑의 확신을 체계적으로 빼앗아 가는 것과 같은 사회다. 사랑의 가능성을 빼앗아 고통과 부담을 최소화시켜 가는 사회다. 모든 사람들이 마음 깊은 곳에

"나는 정말 누구에게서도 사랑받지 못하는 것은 아닐까"라는 막연한 불안을 안고 있으면서 매일 생활과 인간관계를 해 나가고 안정된 인생을 유지해 가는 그런 사회다. "나는 정말 누구에게서도 사랑받지 못하는 것은 아닐까"라고 생각하는 것이 이 사회 깊이 침전된 원초적 감각이다.

이 미래사회는 사람을 사랑한다는 사실을 빼앗는다. 이 사회는 사람이 태어날 때, 그 사람에게 조건을 달아 탄생시킨다. 이 사회는 사람이 탄생한다는 가장 근원적인 장면에서도 사랑을 주지 않도록 하는 시스템으로 짜여 있다. 사람이 사람을 사랑하기 위해서는 조건을 만들지 않고 존재를 긍정하는 방식을 암묵적으로 전승해 가야 하는데, 이 사회에는 그것이 결정적으로 부족하다. 따라서 사람이 사람을 사랑하는 것을 보는 일도 적고, 사람이 그곳에서 무엇인가를 배우는 일도 적다. 조건을 뺀 사랑을 받은 적이 없는 사람은 조건을 빼고 타인의 존재를 긍정하기 어렵다.

정말로 누구에게서도 사랑받지 못한다는 감각은 바꿔 말하면, 여기에 존재하는 것은 나 아닌 누구라도 좋지 않았을까 하는 감각이다. 생각해 보면 내가 태어났을 때 나 아니면 안 된다는 근거는 없었다. 만약 내가 어떤 조건을 만족시키지 못했다면 나라는 존재는 없었을 것이기 때문이다. 그때 내 존재는 말소되고, 다른 수정란이 나 대신에 선택되었을 것이다.

즉, 다른 누가 아닌 바로 내가 이 세상에 태어나 좋다는 생각을 강하게 가지는 사람이 아무도 없다는 것이다. "여기에 있는 것이 나 아니면 안 되는 것은 아니다. 조건만 충족시킨다면 누구라도 좋았다." 그런 생각이 많은 사람들 의식에 침전된 듯한 사회.

이와 같은 미래사회를 상정해 보면 알 수 있는 것이 있다. 현재 진행되고 있는 '생명의 품질관리학'의 가장 큰 문제점은, 사람들에게서 '사랑의 확신'을 빼앗아 가는 데에 있다. 이 점이 우리들이 선택적 중절에 대해서 느끼는, 아무런 말도 할 수 없는 초조함의 핵심이다. 선택적 중절에 찬동하는 사람들에게조차 많든 적든 이 감각이 있다. 첨단 의료기술에 대한 비판은 이것을 토대로 개시되어야만 한다.

물론 태어날 자에게 조건을 붙이는 행위는 예부터 우리 사회 속에 있었고 계속 이어져 온 것이다. 아이를 버리고 솎아내는 예는 얼마든지 있다. 그러나 생명의 품질관리학은 그와 같은 일을 더욱 교묘하고 세련되게 하기 위해 아주 미세한 기술을 발전시키고, 다시 돌아올 수 없는 곳까지 밀고 나간다. 그리고 그것은 어느 시대에서도 어려웠던 '사랑의 확신'을 더욱 철저하게 우리의 생활에서 사라지게 한다.

나는 졸저 『생명학으로 무엇을 할 수 있을까』에서 '사랑의 확신'을 '근원적 안심감' 이라는 말로 설명하였다. '근원적 안심감' 이란 인간이 이 사회에서 살아가기 위한 기반이 되는 것이고, 인간의 존재를 지탱하는 세계와 사회에 대한 신뢰 같은 것이다.

'근원적 안심감' 이란 한 마디로 말하면, "지적으로 모자라거나 밉거나 장애가 있더라도 나의 '존재' 만은 평등하게 세상에 받아들여지고, 성공하거나 실패하거나 흔들거리는 노인이 될지라도 나의 '존재' 만은 평등하게 세상에 계속 받아들여지고 있다고 확신할 수 있다"는 안심감이다. 물론 추(醜)하면 외견을 중시하는 사람은 싫어할지 모르지만, 그러나 결코 자신의 '존재' 가 부정되거나 말살되지는 않는다는 안심감이다. 내가 어떤 인간이든 "태어나지 않았으면 좋았을 텐데" 라든가 "없어지면 좋을 텐데" 라는 시선으로 보이는 일이 없고, 그런 태도로 대접받지 않는다는 안심감이다. 이것은 사람이 이 사회에서 온당하게 살아가기 위한 생의 기반이다. [3]

'생명의 품질관리학'은 이 '근원적인 안심감'을 이 사회에서 체계적으로 말살해 간다. 거기에 '생명의 품질관리학'의 위험성이 있다.

나는 여기에서 옛 사회에는 '조건 없는 사랑'으로 넘쳤는데 현대사회에 그것이 없어져 버렸다고 주장하고 싶은 것은 아니다. 하물며 '조건 없는 사랑'으로 넘쳤던 옛날로 돌아가자는 것도 아니다. '조건 없는 사랑'이 가능하기 위해서는, 조건을 붙이지 않고 사랑했다 해도, 자신의 최저 생활이 가능한 사회·경제적 환경이 잘 갖춰지지 않으면 안 된다. 옛날에 그와 같은 환경이 갖춰진 경우는 그리 많지 않았다고 생각한다. 그러나 사회의 근대화와 무통화가 진행되고 생산력이 증대되어 대중사회가 출현한 결과, 조건 없는 사랑을 가능하게 하기 위한 사회·경제적 환경은 오히려 서서히 정비되었다고 말할 수 있지 않을까. 내가 주목하는 것은, 그러한 환경이 이전보다 잘 갖춰진 현대사회에서 왜 사람들은 아직까지도 사랑에 조건을 다는 것에서 탈피하지 못하고, 역으로 사랑에 조건을 다는 기술개발에 필사적으로 매달리는가 하는 점이다. 물질적 '풍요'에도 불구하고, 사랑에 대해서는 철저히 조건을 붙이려고 하는 우리 자신들의 모습을 보고 있자면, 그 배후에는 '사랑의 확신'을 철저하게 인간사회 속에서 배제시키지 않으면 못 견디는 어떤 세력의 존재를 느끼지 않을 수 없다.

따라서 사회가 무통화한다는 것은, 사람을 조건 없이 사랑할 수 있는 사회 경제적 환경이 서서히 갖추어져 감에도 불구하고 실제로는 '조건 없는 사랑'과 '근원적인 안심감'을 체계적으로 빼앗기고, '사랑의 확신'이 말살돼 간다는 것을 의미하는 것이다.

## 3. '조건 없는 사랑'이란 무엇인가

　무통화하는 현대사회의 밑바탕에 '사랑'의 문제가 깔려 있는 것은 확실하다. 그러나 우리들은 사랑의 '가능성'을 정면에서 말하는 것을 부끄럽게 여기거나 상관없다는 태도를 갖고 있지 않은가. 그렇게 함으로써 스스로 안고 있는 가장 심각한 문제점에서 눈을 딴 데로 돌리는 것은 아닐까. 사랑의 '가능성'을 말하는 자에 대하여 어떤 부류의 '지식인'들이 갖는 이상한 감정적 반발을 볼 때마다 나는 그렇게 생각하게 된다. 에리히 프롬(Erich Fromm)도 이런 종류의 감정적 반발에 대해 다음과 같이 말하고 있다. "우리 사회에서는 사랑과 평범한 세속적 생활이 애초부터 양립하지 않는다고 생각하는 사람들도 있다. 그런 사람들은 현대의 사랑에 대하여 말하는 일은 전반적인 속임수에 가담하는 것일 수밖에 없다고 주장한다."[4]

　물론 그들이 반발하는 이유도 이해가 된다. 사랑의 가능성을 소리 높여 말하는 담론에는 어딘가 수상쩍은 구석이 있다. 아무도 정면에서 부정할 수 없는 '사랑'이란 단어를 이용하여 사람들을 짓누르고, 반론의 기회를 빼앗고, 내면을 지배하려는 불쾌함이 있다. 또한 자신의 취향에 따라 파트너를 고를 때의 해방감과 희열까지도 엄하게 가두려는 경찰 권력과 같은 억압성이 있다. 나도 이런 담론은 싫다. 사랑을 말하는 담론의 억압적 측면은 충분히 이해하지만 그래도 나는 사랑의 가능성에 대해 계속 말하고 싶다. 왜냐하면 높은 자리에서 하는 설교와는 전혀 다른 모습이고, 사랑에 대하여 생각해 나갈 길을 열어두지 않는 한 우리들이 무통문명에서 탈출할 수 없기 때문이며, 기분 좋은 불안 속에서, 쾌락이 넘치는 반복 속에서, 무엇이든지 허용된 '부자유한 세계' 속에서 계속 잠들어 있어야만 하기 때문이다.

좀 더 말한다면 사랑은 옛날부터 종교에서 이야기되어 왔지만, 그것이 인간관계의 근본 문제로서 본격적으로 사람들에게 인식되기 시작한 것은 근대 이후의 일이다. 사람과 사람 사이의 사랑이 이 같은 방식으로 이야기되기 시작한 것은 극히 최근의 일이다. 그런 의미에서 무통문명론도 근대의 산물이고, 무통화의 산물이다. 우리들은 자신들이 그 큰 흐름에 잘 길들여져 있음을 항상 자각하면서, 무통문명과 대결할 길을 찾을 필요가 있다.

사랑이란 무엇인가. 당신이 좋아하고 소중하게 대하고 싶다든가, 껴안고 싶다고 마음으로 생각하는 것이 사랑의 첫걸음이다. 그러나 거기에 머물러서는 아직 사랑이라 부를 수 없다. 사람을 사랑하기 위해서는 그 사람을 누구도 대신할 수 없는 존재로 인정하고, 긍정하고, 축복하는 것이 필요하다.

사랑이란 무엇인가를 종합적으로 생각하는 작업은 다른 책에서 다루려고 한다. 이 장에서는 무통화하는 현대사회에서 "사랑에 조건을 다는 것"을 어떻게 생각하면 좋은가 하는 문제로 테마를 좁히기로 한다. 또 바로 앞부분에서, 나는 '조건부 사랑'은 사랑이라고 부를 수 없다는 암묵적 전제를 달고 설명해 왔다. 그러나 그 전제를 일단 백지화하고, 앞으로는 사랑의 개념을 조금 넓혀 '조건부 사랑'도 사랑의 일종으로 생각하려고 한다. 그리고 '조건부 사랑'에서 '조건 없는 사랑'으로 이어지는 하나의 좁은 길이 있음을 보여준 다음에, 그 길을 걷는 것이 무슨 의미인지를 집중적으로 생각하기로 한다.

'조건부 사랑'과 '조건 없는 사랑'은 지금까지 여러 가지로 논의되어 왔다. 예를 들면 고대 그리스 사상의 영향을 받아 형성된 기독교 신학은 조건 없는 사랑, 즉 아무 대가 없는 사랑을 '아가페'라 부르고, 이것을 신의 사랑이라고 했다. 인간끼리의 사랑인 '에로스'는 조건이 붙는 상대방에 대한 사랑이다. 기독교에서는 '조건 없는 사랑'인 아가페로 가까이 가는 것을 인간의 목표라고 했다. 다만 이를 위해서는 기독교 신앙이 반드시 필요하다고 보았다. 깊은 신앙심이 있다면 그 때부터 사람은 어떤 타인이라도 그 모습 그대로 축복하고, 받아들일 수 있다는 것이다. 정말로 신앙심으로 그와 같은 행위를 했던 사람들이 있다. 그렇다면 이 말은 신앙심이 없으면 '조건 없는 사랑'에 가까이 갈 수 없다는 말일까? 심리학 분야에서는 프롬이 아버지의 사랑을 '조건부 사랑', 어머니의 사랑을 '조건 없는 사랑'으로 보고, 이 둘이 하나가 되는 것이 정신적 성숙이라고 설명하고 있다.[5] 현대에서는 카운셀링이나 교육론 분야에서 '조건 없는 사랑'의 필요성이 자주 강조된다.

'조건부 사랑'이란 당신이 이런저런 조건을 만족시킨다면, 나는 당신의 존재를 긍정하고 받아들인다는 것이다. 당신이 나의 바람과 어긋나지 않는 한, 당신의 존재를 인정하고 축복해 주겠다. 선택적 중절의 핵심에 있는 것은 이런 의미에서 조건부 사랑이다. 첨단 의료기술은 이와 같은 조건부 사랑을 뒷받침하는 기술이다.

무통문명을 살고 있는 사람들은 그들이 현재 지니고 있는 아이덴티티와 생활, 그리고 삶의 틀을 무너뜨리지 않는 범위 내에서 타인을 받아들이려고 한다. 타인이 자신이 세운 틀을 부수지 않는 한, 타인의 존재를 승인하고, 긍정하고, 축복한다. 그러나 만약 타인이 나의 틀을 파괴하고, 내가 쌓아 올린 것을 밑바닥부터 부술지도 모를 때는 어떻게 할 것인가. 그 경우에 내 속의 '신체의 욕망'은 그 타인을 거부한다. 나는 내 틀을 부수려는 타인을 받아들이고 싶지 않다. 내가 좋아하는 사람은 "내 틀을 부수지 않는 타인"이다. 그와 같은 조건을 만족시키는 것이 사랑의 전제 조건이 된다. 즉 여기서의 사랑은 '조건부 사랑'이다.

무통문명에서의 인간관계의 기본은 자신의 틀을 파괴하지 않는 범위 내에서 서로의 존재를 인정하고, 예절과 절도가 있는 멋진 '대인(大人)' 관계다. 그리고 상대방의 틀을 일방적으로 부수지 않을 정도의 거리감을 유지한 채 모든 사람들과 관계를 맺고, 거기서 샘솟는 외로움과 허전함을 조용히 견딜 만큼의 도량을 몸에 익히는 것을 '성숙'이라고 부르게 될 것이다. 한편 성숙에 이르지 못하고, 사랑과 생명을 되풀이해서 말하는 인간들을 미성숙한 사람이라고 불쌍히 여기고 업신여기게 될 것이다.

이렇게 무통문명에서는 현재 자신의 쾌적한 틀을 유지하는 일이 가장 중요하고, 서로 그것을 깨뜨리지 않으면서 다른 사람과 관계를 맺으려 한다. 그러므로 만약 서로의 조건이 맞지 않을 때는 부분적으로 관계를 조정한다. 물론 각자의 쾌적한 틀은 손대지 않아야 한다. 그래도 안 될 경우는 상대방과의 관계를 청산한다. 지금의 쾌적한 틀을 깨뜨리지 않으려고 조심하면서 기분 좋은 자극만을 골라 서로 제공하려는 사랑의 관계.

그럼 이것과 비교할 때, '조건 없는 사랑'이란 어떤 것일까.

그것은 무통문명에서는 가능하면 존재하지 않기를 바라는 정념(情念)이다. 이 정념이야말로 지금의 쾌적한 틀을 일격에 부수어 버릴지도 모를 파괴력을 지닌 것이기 때문이다.

내가 어떤 사람을 무조건적으로 사랑한다는 것은 그 사람이 어떤 사람이라도 나는 그 사람의 존재를 인정하고, 긍정하고, 축복한다는 것이다. 만약에 그 사람이 내가 바라는 사람이 아닐지라도, 또 그 사람이 내 틀을 파괴하려는 존재이고 현재의 쾌적한 생활과 인생을 송두리째 뽑아 버리려는 존재라 할지라도 나는 그 사람의 존재를 인정하고, 긍정하고, 축복한다. 아무리 내가 괴롭고 고통스럽고 절망스러운 상태가 된다 할지라도,

나는 결코 눈앞에 있는 그 사람을 일방적으로 피하거나, 어디론가 숨지 않고, 그 존재를 지우지 않는다는 것이다.

'조건 없는 사랑'이란 이와 같은 태도를 일관되게 보여 주는 것이다. 무통화하는 현대사회에서 이와 같은 태도를 지속하는 것이 정말 가능할까. 선택적 중절을 예로 들어 생각해 보자.

출생 전 진단으로 뱃속의 아기에게 장애가 있음을 발견했다고 하자. 이미 서술한 대로 대부분의 부모들은 중절을 택한다. 그 가운데에는 장애아를 기를 수 있을 만큼의 경제적 여유가 없는 경우도 많다. 경제상황을 무시할 수 없다는 점을 새겨둘 필요가 있다. 낳고 싶어도 낳을 수 없는 사람들이 있는 것이다.

그것을 안 상태에서 또한 생각해야 할 것은, 태아의 장애를 알았음에도 불구하고 태아를 출산하는 부모들에 관한 일이다. 그들은 여러 가지로 많은 어려움을 거친 후, 아기에게 장애가 있다 해도 아이와 인생을 함께 하겠다며 주위의 도움을 얻어 출산을 결심한다. 이 부모들은 "장애가 있으니 낳지 않겠다"는 조건을 최종적으로 버리는 데 성공했다. 이것이 '조건 없는 사랑'의 한 형태다. 이와 아주 비슷하지만, 첫 아이에게 선천적인 장애가 있었던 경우나 고령출산의 경우, 태어날 어린아이에게 장애가 발생할 확률이 높다고 한다. 그러나 이와 같은 경우라도, 태아의 출생 전 진단을 의도적으로 받지 않는 부모가 있다. 그들은 태어날 어린아이에게 장애가 있거나 없거나에 상관없이 그 결과를 받아들이겠다고 결단한 것이다. 이것도 또 '조건 없는 사랑'의 한 형태일 것이다.

그들이 결단을 내리는 하나의 이유는 자신들의 의심을 넘어서서 얻는 새로운 존재가 둘도 없는 존재이며, 그대로 받아들이는 일이야말로 생명의 존엄이라고 생각하기 때문이다. 왜냐하면 무통문명이 권장하는 '생명의 조절'에 맞선 이러한 작은 저항이야말로 생명을 부여받은 존재에 대한 사랑이라고 생각하기 때문이다. '조건 없는 사랑'을 선택한 부모들은 태어날 어린아이와의 사이에서 큰 시련에 직면한다.

장애아의 존재 때문에 자신이 생각한 인생길이 흐트러지고, 자신의 시간을 끝없이 뺏기고, 일상을 조절할 수 없는 자신의 마음과 생활에 한숨 짓고, 그러나 그래도 이 아이가 태어난 것은 전혀 잘못되지 않았다고 작은 목소리로 잘라 말할 수 있는 것, 여기에 '조건 없는 사랑'의 핵심이 있다.

그러면 수정란 유전자 조작이나, 초기 태아 치료는 어떻게 생각할 것인가. 이에 대해서는 조금 신중하게 생각해 보자. 아이가 선천적인 병을 가지고 태어나지 않도록, 혹은 키나 지능이 높도록, 또는 예쁘게 태어나도록, 수정란과 초기 태아를 조작하는 것이 가능하다고 예상한다(이것을 '신新 우생학'이라고 부르기도 한다). 수정란이나 태아에게 그와 같은 조작을 한 경우, 뱃속에서 정말 생각대로 자라고 있는지 정기검사를 받아야 한다. 순조롭게 자라면 좋은데, 만약 바라는 대로 자라지 않는다는 것을 알았을 때는 어떻게 할 것인가. 그럴 때 선택으로서 '중절'을 당연히 생각할 수 있다.

"자신들이 바라는 대로 태아가 자라지 않기 때문에 중절시킨다"는 것은, "조건을 충족시키지 않아서 이 아이를 축복할 수 없다"는 것이므로, 명백한 '조건부 사랑'의 태도다.

여기서부터 이야기가 미묘해지는데, 아무리 중절을 하지 않았더라도 애초에 부모가 조건을 붙여 수정란이나 태아를 조작한 것이므로 그 지점에서 아이에 대해 '조건'을 붙여서는 안 될까? 애초에 '조건'을 붙인 것은 나중에 중절하지 않았다고 해서 상쇄되는 것일까? 이는 대단히 어려운 문제다.

　결론부터 말하자면, 중절을 선택하지 않는다고 해도 애초의 선택이 상쇄되지는 않는다고 생각한다. 그러나 생각대로 자라지 않는 아이를 양팔로 껴안고, 이 아이와 새로운 출발을 하려고 결심하고, 그 아이를 소박한 존재로 사랑하고, 괴롭고 즐거운 인생을 함께 보내는 과정에서, 처음의 '조건부 사랑'은 정반대인 '조건 없는 사랑'으로 접근해 갈 가능성이 있다. 여기에 열려 있는 아주 작은 가능성을 결코 무시해서는 안 된다.

　되돌아보면 같은 일이 앞서 서술한 통상적인 선택적 중절에도 적용된다. 검사를 해서 태아에게 장애가 없음을 알았기 때문에 낳는다는 것은 '조건부 사랑'이다. 그러나 낳겠다고 결심한 후, 그 아이가 어떻게 자라든 그 아이를 무조건적으로 받아들이고, 그 아이가 소박한 인생을 보낼 수 있다고 믿고, 실제로 그와 같은 인생을 보내는 과정에서 첫 '조건부 사랑'이 그 정반대인 '조건 없는 사랑'으로 접근해 갈 가능성이 있다.

　다시 한번 확인한다면, 처음에 조건을 붙였다 해도 그 아이와의 그 후의 상관관계 속에서 부모의 애정이 '조건 없는 사랑'으로 접근해 갈 가능성이 있는 것이다. 즉, 지금 여기에서 '조건'을 붙인다고 해도 그 인간관계가 미래에 숙명적인 '조건부 사랑'이 된다고는 할 수 없다는 것이다.

　무통화하는 현대사회에 있는 우리들 다수는 사물을 생각하는 사고방식이 이미 무통화되어 있기 때문에 결국 아이에게 '조건'을 붙이는 경향이 있고, 장애를 가진 아이가 태어난다는 사실을 알면 자신이 현재 누리고 있는 쾌적한 생활과 정체성이 붕괴될지도 모른다는 두려움에 당장 중절해 버린다. 선택적 중절을 택하지 않는 부모들은 극소수다. 그러나 아이에게 '조건'을 단 대다수 부모들임에도 불구하고 무통화를 벗어날 가능성은 많이 남아 있다는 사실을 여기에서 꼭 강조해 두고 싶다.

그와 동시에 주의할 것은, 아무리 '조건 없는 사랑' 으로 근접해 갔다고 해도 처음에 그 아이에게 조건을 달았던 사실은 결코 지워지지 않는다는 것, 곧 그 무게를 지울 수 없다는 것이다. '조건 없는 사랑' 으로의 과정은 '근접성' 에 머문다. 다시 말하면, 수정란이나 태아를 앞에 두고 "만약 실패해도 그 때는 그 때대로 받아들이면 되므로 지금은 가능한 조건을 달자" 는 식으로 계산을 하는 순간, 열릴 수 있었던 아주 작은 가능성은 여기에서 단절된다. "일단 조건을 단 후에 그 아이가 어떻게 자라든 그것을 양팔로 껴안고 있는 그대로 받아들인다" 는 것과, "나중에 받아들이면 되므로 지금은 가능한 조건을 달아 두자" 는 견해 사이에는 하늘과 땅만큼의 차이가 있다. 지금 요구되는 것은 무통문명이 은폐하려고 하는 이 결정적인 차이를 자각하는 것이다. 이 결정적인 차이를, 나는 '조건부의 패러독스' 라고 부르고 싶다. 이 논점은 이후 더 연구해야만 한다.

이 사회에 살아가는 우리들은 '신체의 욕망' 에 얽매이고 휩쓸려 행동한다. '신체의 욕망' 에 휩쓸려 행동한 후에 자각적으로 어떤 삶을 살아가는가에 모든 것이 걸려 있다. 기분 좋은 쪽으로, 괴로움이 적은 쪽으로, 모두가 하고 있는 쪽으로, 우리들은 어떻게든 흘러간다. 나를 포함한 대다수 사람들이 놓여 있는 그와 같은 지평에서 철학을 이야기해야만 한다. "신체 건강한 아이를 갖고 싶다" 고 지금 생각하는 이 지점, "미운 아이보다는 귀여운 아이를 갖고 싶다" 고 생각하는 이 지점에서 철학은 시작되어야만 한다. 그리고 그와 같은 '조건' 을 아이에게 다는 일이 어떤 의미를 가지는가를 자기 자신에게 되물어야 한다. 현재 자신의 생각, 느낌, 태도가 정말로 이제부터 자기 자신이나 주위 사람들을 행복하게 만들 것인지에 대해서 깊이 검토해 보는 것이다. 졸저『종교 없는 시대를 살기 위해서』(法藏館, 1996)에서, 나는 이것을 '번뇌의 철학' 이라 불렀다. '신체의 욕망' 차원으로부터 출발하면서도 그것에 의해 휘둘리는 인생에서 어떻게 탈출할 수 있을 것인가를 생각하고, 상대방에게 '조건'을 다는 자신으로부터 출발하면서도 어떻게 그와 같은 상태에서 탈출할 수 있는 것인가를 생각해야만 하는 것이다.

이것은 중요하다. 왜냐하면, '조건 없는 사랑'이란 테마는 높은 곳에서 규범을 강압하는 만큼 '정론의 윤리학'으로 빠지기 쉽기 때문이다. 그와 같은 목소리는 번뇌가 많은 우리들에게는 전달되지 않고, 자신이 하는 실질적 행위는 오히려 온통 눈가림 하는 쪽으로 연결된다.[6] 내가 원하는 것은 그와 같은 것이 아니다. 애욕과 에고이즘과 조건부 쾌락에 빠진 채 나는 살고 있다. 이 진흙탕과 같은 삶이 어떤 쾌락과 자유와 악덕과 잠과 망각을 나에게 가져다줄지 나는 충분히 안다. 그리고 그와 같은 삶에 멈춰 있는 한 나는 타인을 희생으로 삼아 계속되는 이 끝없는 눈가림의 쾌락 게임에서 빠져 나올 수 없다는 것도 잘 안다. 그런 내가 여기에서 탈출하기를 바란다. 탈출할 길을 수단과 방법을 가리지 않고 찾아내고 싶다. 번뇌를 껴안은 채, 하나님을 향한 신앙과는 관계 없이 나는 이 잠의 세계에서 해방되고 싶다. 내가 바라는 것은 '하나님의 사랑'도 '부처님의 자비'도 아니다. 내가 바라는 것은 이 진흙탕 세계 속에서 나와 함께 진흙투성이가 되면서도 출구를 찾는 사람들과 함께 만들어내는 '인간의 사랑'이다.

장애아에 대해서 말해 두어야 할 또 하나의 케이스가 있다. 그것은 출산 후에 처음으로 아이에게 장애가 있음을 안 경우다. 부모들은 예상치도 못했던 많은 걱정을 하게 된다. 장애아를 정말로 키워 나갈 수 있을까 하는 불안, 일손과 돈에 대한 걱정, 꿈이면 좋겠다는 탄식, "건강하고 훌륭한 아이의 부모가 되어 행복한 가정을 만든다"는 정체성의 붕괴, 이런 것이 자신에게 일어났다는 부조리에 대한 분노와 초조함과 절망. 그러나 아이는 이미 태어나서 존재한다. 그 존재 전체에 "자, 어떻게 할 것인가"라는 물음을 내밀기 시작한다. 주위의 도움 없이 '조건부 사랑'이 폭주하는 경우 죽이거나 버리는 행위로 발전된다. 또는 반전되어 장애아의 치료와 능력 개발에 정열을 쏟는 경우도 있다. 거기까지 가지 않아도 "이럴 생각은 아니었다"는 회한을 계속 안고 아이를 길러야만 하는 일도 많다. 그러나 주위에서 도움을 받고 이 심각한 부조리와 싸워 가는 가운데 그때까지 가지고 있던 자신의 정체성이 해체되고, 세계와 인생의 태도가 서서히 변하며, 자신 속에 있었던 '조건부 사랑'이 조금씩 변화해 갈 가능성도 열린다. 고통과 회한의 한복판에 나타나는 이 작은 가능성을 키워 갈 길이 확실히 있다(그것을 위해서는 원조체제를 사회 속에 더욱 충실히 해야 한다는 것은 더 말할 필요도 없다).

이 점은 어른끼리의 성교나 연애에서도 크게 부각된다.

물론 어른끼리는 앞에서 생각한 부모 자식 사이와는 큰 차이가 있다. 어른 사이에서 '조건 없는 사랑'은 좀체 이루어지기 어렵다. 좋아하는 사람을 고를 때 그 사람에 대해서 어떤 조건을 틀림없이 붙일 것이다. 얼굴이 예뻐서 좋아하게 되었다든가 상냥해서 좋아하게 되었다든가. 부모가 정한 결혼에 따르는 경우, 어쩌다 가까운 사람과 성관계를 맺게 된 경우, 성관계를 맺고 싶어 관계한 경우 등을 제외하면 어른끼리의 성관계나 연애의 시작은 '조건부 사랑'이다.

그러나 처음에 '조건'이 있다는 것이 반드시 어른끼리의 사랑이 영원히 '조건부 사랑'에 머문다는 것을 의미하지는 않는다. 최초에는 '조건'이 있었다고 해도 두 사람 사이의 역사가 거듭됨에 따라 그 '조건'의 농도가 엷어져 최종적으로는 상대가 어떤 모습이었든 그 존재 자체를 마음으로 감싸안을 수 있다.

두 사람 사이에는 최초에 '조건'이 있고 '타산'이 있다. 그것이 가져다 주는 모순이 분명해지는 것은 두 사람의 이해가 정면으로 충돌했을 때, 또는 "상대가 자신을 정말 소중하게 생각하고 있다"는 확신이 흔들리는 사건이 일어났을 때이다. 이 때, 두 사람의 관계에 큰 틈이 벌어진다. 그때까지는 흐지부지 처리할 수 있었던 자잘한 오해가 크게 부상하고 상대에 대한 불신감으로 감정이 폭발하여 수습하지 못하게 된다. 상대를 비난하고 매도하고 싫은 소리를 한다. 계속 침묵한 채, 무언의 비난을 받는 일도 있다. 이와 같은 응수가 반복되는 가운데 서로의 마음속 가장 아픈 곳을 찌르게 된다. 그 같은 공격을 받음에 따라 자신이 보고 싶지 않다고 생각했던 일이 눈앞에 분명하게 나타나 갈팡질팡한다. 그 동요를 감추기 위해서 더욱 격렬한 말로 반격한다. 이리하여 두 사람 모두 상대가 유지하려던 틀을 무의식적으로 부수게 되는 것이다.

　실은 이것이 기회다. 자신의 틀만을 사수하면서 문제가 일어났을 때에는 항상 상대방이 머리 숙이게 하려고 고심해 온 나라는 사람이 붕괴될 기회인 것이다. 또한 자신을 꺾고 상대에게 끈질기게 맞추는 것과는 반대로 은밀한 자학적 쾌감을 감춰 온 나라는 사람이 붕괴될 기회인 것이다. 이제부터 상대방과 마주 보고 살아가기 위해서는 지금의 편한 생활을 무슨 수단을 써서라도 유지할 수 있도록 상대에게 자신이 좋아하는 모습이나 행동을 강제하던 자신의 방자함을 폭로하고 해체하지 않으면 안 된다.

　좋아하는 사람과의 사이에 이와 같은 정면충돌을 반복하고 자기 틀의 해체를 반복하는 가운데 우리들은 긴 우회도로를 통과하면서 조금씩 '조건 없는 사랑'의 세계로 접근해 가는 것이다. 그리하여 두 사람의 관계는 다른 어떤 것도 바꿔 놓을 수 없는 '둘도 없는' 것이 되어 간다. 여기에 조건을 벗어날 단서가 있다.

나는 당신을 우연히 만났다. 그리고 한 번뿐인 인생 속에서 서로 인연을 맺고, 같은 눈높이로 상대방을 알고 좋아하고 미워하고 쓰러뜨리면서도 결코 일방적으로 달아나지 않았다. 그러한 과정 속에서 당신도 이전의 자신을 해체시켜 변용하고, 나도 또한 이전의 나를 해체시켜 변용하기 시작했다. 그와 같은 시공(時空)을 둘도 아닌 한 번뿐인 인생 속에서 공유해 온 당신이 지금 내 눈앞에 있다. 다른 누구와도 경험하지 못했던 깊이까지 내려가 자기와 상대방의 존재를 다시 묻고 온전히 맛보고 서로 부대끼던 그 시공과 역사는 다른 누구에 의해서도 바꿀 수 없다. 그 당신이 지금 내 눈앞에 있다. 그런 당신을 앞에 두고 나는 당신을 사랑하고 있다고 말한다. 이와 같은 관계성을 계속 유지한 모든 과정의 필연적 결과로서 지금 이 시공간에 나와 당신이 있다. 그런 당신이 지금 어떤 인간이라고 해도 나는 나와 당신의 역사성의 전 과정의 결과로서 여기에 있는 당신의 존재를 승인하고 긍정하고 축복한다. "어떤 조건을 충족시키는 사람이면 누구라도 좋다"는 첫 발상은 이제 어디에도 없다. 이와 같은 시공간과 역사를 공유해 왔기에 당신이 아니면 안 된다. 내 생에 결정적으로 끼어들고, 내 존재를 무너뜨리고, 당신 또한 나로 인해 무너져 간 그런 당신이 아니면 안 되는 것이다. 두 번 다시 반복할 수 없는 서로의 관계 속에서 자신들이 빠져 들어간 어떤 벽을 지나치기 위해서 자신과의 싸움, 상대방과의 싸움, 갈기갈기 찢기고 누더기가 되어 이제 그만하려고 생각하지만 끈질기게 그 싸움을 헤쳐 나가는 가운데 어떤 확신이 드는 것. 존재를 건 싸움 속에서 당신의 핵심과 만나고 새로운 나 자신과 만나는 것. 그와 같은 싸움을 공유할 수 있던 당신이라는 존재를 지금 나는 무조건 긍정한다.

이와 같은 둘도 없는 역사성을 공유하는 것에 의해 비로소 나는 '조건 없는 사랑'에 한없이 접근할 수 있다. 당신의 존재를 무조건 긍정한다는 것은 당신 앞에서 일방적으로 사라지거나 무시하거나 폭력으로 겁을 주거나 하지 않고, 당신과 함께 삶을 만들어 가는 행위를 하는 일이고, 당신 자신에 관해서는 정말로 당신 중심으로 생각해 행동하는 일이다. 나는 그와 같은 당신의 존재 전체를 둘도 없는 것으로 아주 사랑스럽게 생각하고, 그와 같은 당신의 존재 그 자체가 내 자신의 기쁨이고, 그와 같은 당신과 시공간을 공유할 수 있다는 것이 내 자신의 기쁨이다. 이 긴 과정을 분노·안타까움과 함께 공유해 온 당신이 눈앞에, 또는 어딘가 멀리, 또는 이미 아무 데도 없다는 것을 생각함으로써 내 마음은 깊이 충족된다. 이것이 '조건 없는 사랑'의 근원적인 의미다. 당신의 존재는 내 존재와는 철저히 다른 개별적인 독립체다. 그 분단이 지금 이렇게 나에게 아주 사랑스럽다. 분단되어 있기 때문에 나는 당신과 격렬하게 서로 연결되려고 한다. 분단되어 있기 때문에 나는 당신 그대로의 모습을 긍정하고 축복하고 싶다고 생각한다.

그리고 그런 다음에 나는 당신에게 "이상한 일은 이상하다"고 말하고 "이거는 이런 식으로 해 달라"라고 말한다. 그만두어야 할 일은 "그만두라"고 확실히 말한다. 그렇지만 이것은 조건부가 아니다. 만약 당신이 그것을 그만두지 않는다 해도 나는 당신을 버리지 않을 것이고, 결코 일방적으로 사라지지 않을 것이다. 나는 당신과 계속 주고받기를 하고 내가 왜 당신에게 그만두기 바라는지를 가능한 전하려고 할 것이다. 이 주고받는 일은 다시 두 사람 사이에 틈을 벌릴지도 모르지만 그것이 두 사람 관계의 끝을 의미하지는 않는다. 서로 상대방을 소중하다고 생각하는 기분이 남아 있는 한 대화 시간은 생긴다. 그러나 '조건 없는 사랑'의 길을 걷고 있던 두 사람의 관계에도 종말은 올 수 있다. 그 때에는 두 사람 사이에 성립했던 둘도 없는 역사성을 긍정하고 존중하고 계속 감싸면서 두 사람의 관계를 자발적으로 풀어 간다. 애정관계가 끝나는 것 자체는 나쁜 일이 아니다. 아이나 파트너를 찾는데 얻을 수 없는 것 또한 넓은 관점에서 보면 반드시 절망적이지 않다.

여기에서 서술한 것과 같은 과정이 '조건부 사랑'에서 '조건 없는 사랑'으로 건너가기 위한 하나의 좁은 다리다. 그것은 최초에 상대방에게 붙인 '조건'을 서로의 관계 속에서 한 장씩 벗겨 가는 일이다. 나는 이 과정을 '조건 탈피'라고 부르고 싶다. 곤충이 스스로 낡은 껍질을 벗어 던지는 것처럼 두 사람의 관계 위에 덮여 있던 '조건'의 표피를 상대와의 관계 속에서 자신부터 한 장씩 벗겨 가는 것이다.

다시 한번 처음부터 생각해 보자. 아이를 낳고 키울 때, 어른끼리 애정 관계를 맺을 때, 부모를 간호할 때, 나는 상대방에게 조건을 달고 자신의 기분이 좋아지는 관계를 만들려고 한다. 나의 내부에 '신체의 욕망'이 있고 그것은 자신의 인생을 미리 예측 범위 내에서 조절하려는 것이므로 최초의 관계가 이와 같이 되는 것은 오히려 당연하다고 할 수 있다.

그러나 이와 같은 조건부 태도를 계속 취하고 있으면 언제 어디서나 반격을 당한다. 상대방으로부터 "정말 당신은 나를 둘도 없이 소중하다고 생각하는가"라고 추궁당한다. 이것이 계기가 되어 싸움이 시작된다. 만약 내가 폭력이나 권력이나 거래로써 상대방을 정복시켰다면 나는 표면적인 승리와는 반대로 한층 더 무통문명에 먹혀 버려 쾌락의 바다 속에서 두 번 다시 벗어날 수 없게 될 것이다. 그런데 만약 내가 싸움의 방향을 전환시키면 거기에서 기회가 생긴다. 나는 반격해 올 상대방과 싸우는 것인데, 그 때 상대방의 반격이 나의 아픈 구석을 찌르고 있음을 직시하고 왜 그것이 아픈지를 생각해 본다. 그러면 상대방의 반격이 내 속에 있는 "상대방에게 조건을 달려고 하는 마음"을 부수려 하고 있음을 알아챈다. 나는 반격할 상대방과 싸우면서 그와 동시에 상대방과의 관계가 변해 내가 상대방에게 달았던 '조건'을 한 장씩 탈피할 수 있게 된다. 이 과정을 거치면서 나와 상대방 사이에 '둘도 없는 역사성'이 축적된다. 조건을 탈피할 때마다 역사가 공유되어 간다. 이와 같이 해서 나는 '조건부 사랑'에서 '조건 없는 사랑'을 향하여 조금씩 나아갈 수 있다. 어른끼리인 경우, 자기와 싸우려고 하는 그 사람의 숨소리를 아주 가까운 곳에서 느끼고 그 사람에게 감정을 싣고 그 사람의 감정을 정면에서 받아내는 일을 거듭함에 따라 다른 쪽의 사람도 같은 길을 걸을 수 있다.

이상과 같이 서술한 일을 실현하는 것은 용이한 길이 아니다. 왜냐하면 자신 속에 있는 '상대방에게 조건을 달려는 마음'과 싸운다는 것은 자기 자신의 '신체의 욕망'과 싸우는 것이고 무통화하는 현대사회의 큰 흐름과 싸우는 것이기 때문이다. 다시 말하면 무통화하는 현대사회 속에서 '조건부 사랑'에서 탈출하려는 것은 혼자서 폭풍 속을 향해 나아가는 것과 같은 것이다.

여기서부터 다음 과제를 도출해낼 수 있다. 우선 현대사회의 무통화를 방치한 채 두 사람만의 닫힌 세계에서 '조건 없는 사랑'을 향하여 나아가는 것은 불가능하다. 왜냐하면 두 사람이 마주 보고 있을 때는 서로 조건을 달지 않지만 사회로 나가면 완전히 바뀌어 사회의 무통화에 적응할 정도로 인간은 약삭빠르지 않기 때문이다. 사회 속에서 자라난 무통신체는 두 사람의 관계에도 반드시 영향을 준다. 따라서 '조건 없는 사랑'에 계속 가까이 가기 위해서는 반드시 무통문명과의 싸움이 필요하다. '사랑'이 무통문명론의 주제가 되는 이유가 여기에 있다. 무통문명에서 탈출하기 위해서는 조건 없는 사랑으로의 접근이 필요하고, 조건 없는 사랑으로 접근하기 위해서는 무통문명과의 싸움이 필요하기 때문이다.

무통문명론에서 '사랑'을 생각하는 특징은 여기에 있다. 무통문명론에서 보았을 때, 사랑이란 싸움하는 과정 속에서 조건 탈피를 해 감에 따라 접근할 수 있는 것이다. 상대방과의 싸움, 자신과의 싸움, 자신의 틀을 해체시키고 상대방에게 조건을 달려는 마음을 한꺼풀씩 벗겨 가는 과정 속에서 싹트는 사랑이 무통문명론에서 보여 주는 사랑의 모습이다. 주의해야 할 것은 싸움 그 자체가 사랑은 아니라는 것이다. 싸움과 사랑을 혼동했을 때 그것은 사랑과는 정반대인 단순한 파괴 찬미에 빠질 위험성이 있다. 싸움이란 사랑에 접근하기 위하여 필요한 것이고 싸움 자체가 목적은 아닌 것이다.

무통문명론이 '싸움'을 강조하는 또 하나의 이유는, 사랑을 친절함과 자상한 마음으로만 생각하는 사람이 많기 때문이다. 예를 들면 고바야시 쓰가사(小林司)는 다음과 같이 서술하고 있다. "사랑이란, 개인 또는 복수의 사람에 대해서 상대방의 행복과 성장에 마음을 쓰고, 상대방의 일에 공감하고, 친절하며, 친밀감과 애착을 가지고 모든 것을 있는 그대로 수용하고, 용서하고, 무조건적으로 자신을 주고 함께 성장하는 것".[7] 무통화하는 현대사회 속에서 이와 같은 미사여구를 반복하는 것만으로는 결코 '상대방에게 조건을 달려는 마음'을 자신의 마음속에서 떼어 놓을 수 없다. 자기 자신의 '신체의 욕망'과 사회의 무통화를 뿌리에서 묻지 않는 사랑의 이론은 쓸모없다.

그러면 자신과 싸우고 조건 탈피를 반복하는 것에 의해서 내면의 '상대방에게 조건을 달려는 마음'은 사라지는 것일까. 답은 아니다. 그것은 내 내면에 있는 '신체의 욕망'과 밀접하게 연결되어 있으므로 결코 사라질 수 없다. 나와 상대방의 관계가 '조건부 사랑'에서 점점 멀어진다고 해도 내 속에는 끊임없이 상대방에게 조건을 달고 싶다는 마음이 끓어올라올 것이다. 필요한 것은 끊임없이 끓어올라오는 그 마음을 나와 상대방의 주변부로 지속적으로 이동시키는 것이다. 두 사람은 주변부에 위치시킨 그 마음을 자극과 약간의 아픔을 동반하는 에로스의 문제로서 음미하며 즐기게 될 것이다. 그리고 주변부에 머무는 노력을 게을리 하지 않는 것을 전제로 현재의 조건에 조금씩 맞는 상대방의 성질이나 언동을 하늘에서 내려준 선물로 맛보아야만 할 것이다. 내일의 당신은 오늘의 당신이 아닐지도 모르고 내일 두 사람의 관계는 존재하지 않을지도 모르기 때문이다. 사회 여기저기에서 이와 같은 조건 탈피가 행해지지 않으면 안 된다. 투명한 해파리들이 심해에서 해변으로 조용히 떠오른다. 해파리들은 자기 자신의 낡은 껍질을 벗으면서 해면으로 접근하려고 한다. 깊은 해류의 여기저기에서 그들이 벗어놓은 투명한 표피가 하얗게 빛을 발한다. 해파리는 스스로 빠져 나온 해저를 향하여 신호를 보낸다. 지금 여기에서 하나의 '조건'이 해체되었다고. 어떤 것은 해상을 향해 나아가고 어떤 것은 힘을 다 쏟고 해류를 타고 흘러가 버릴 것이지만.

'조건'을 해체한다는 것은 서로를 속박에서 해방시키는 일이고, 조건 탈피의 과정에서 공유되어 온 '신뢰'를 토대로 서로를 자유롭게 하는 일이다. 껴안는 것이 아니라 오히려 던지는 것. 조건 없는 사랑의 관계는 투명하고 통풍이 좋게 될 터이다.

'조건 없는 사랑'이란 사랑받는 사람과 사랑하는 사람을 함께 속박에서 해방시키고 '자유'롭게 만들어 주는 것이 아닐까? 사랑받는 사람이 '자유'롭게 되어 가는 것을 통해 사랑하는 나도 '자유'롭게 되는 것이 사랑인 것은 아닐까? 사랑한다는 것은 꺾일 듯하다가도 다시 일어나 나아가는 끝없는 과정 아닐까? 그리하여 "이 사람이 어떤 조건을 충족시키고 있기 때문에 좋아하는 것"이라고 하는 '속박'에서 내 자신이 해방되어 가는 일.

내 속에 아직 남아 있는 그와 같은 '속박'을 그 사람과의 관계 속에서 풀어 가는 일. 그리고 상대방을 '자유'롭게 하고 자신도 '자유'롭게 되어 가는 일. 그런 길을 향하여 걷는 일이야말로 사랑의 관계가 아닐까?

여기서 말하는 '자유'란, 무통문명 속에서 조절 가능성을 확대함에 따라 얻어지는 자유, 다시 말하면 하고 싶은 일은 무엇이나 할 수 있다는 의미에서의 자유가 아니다. 그와 동시에 자유롭게 여러 가지 것을 하고 싶다는 욕망을 없앰으로써 얻어지는 종교적 차원의 마음의 자유도 아니다. 그것은 자신을 해체함에 따라 지금 자신을 속박하고 있는 속박장치도 동시에 해체되고 그 결과로서 자기 자신을 깊은 곳에 묶고 있던 속박장치에서 근원적으로 해방되어 간다는 의미에서의 자유다. 무통문명의 속박에서 탈피하는 길은 이 방향으로밖에 열려 있지 않다.


## 4. 무통문명에서의 사랑

그러나 무통화하는 현대사회를 신선하게 채색하는 것은 '조건부 사랑' 쪽이다. 자신이 조건을 충족시키려 하기 때문에 당신도 또한 조건을 충족시키기를 바라는 게임으로 휩쓸려 간다. 조건을 달지 않고 새로운 생명을 받아들여 가는 길이나 처음에 단 조건을 천천히 탈피시켜 가는 길을 무통문명은 교묘하게 차단한다.

무통문명은 조건 없는 사랑의 모습을 싫어한다. 왜냐하면 그것은 무통문명의 근간에 있는 '신체의 욕망'을 부술 위험성을 안고 있기 때문이다. 조건 없이 상대방을 사랑한다는 것은 지금 자신이 기대 서 있는 틀을 상대방이 부술지 모르는 위험성을 전적으로 받아들이는 일일 수도 있기 때문이다. 그런 위험한 상대방의 존재를 전부 인정하고 긍정하고 축복하는 일이다. 신체의 욕망에서는 이와 같은 사랑의 모습이 설 자리가 없다. 이 사랑은 지금의 틀을 유지한 채 커지고 싶다는 무통문명의 근간에 반한다. 그런 것이 제멋대로라면 무통문명의 전개에 방해가 될 뿐이다. 그뿐인가, 무통문명이 성에 차지 않는 사람들의 마음을 자극해서 묘한 반란을 일으킬지도 모른다.

그러므로 무통화하는 현대사회 속에서 자주 볼 수 있는 것은 "내 기본적인 틀을 부수지 않는 한 나는 당신을 사랑하겠다. 그러나 만약 당신이 나를 부수려 한다면 나는 당신을 버린다"는 형태의 사랑이다. 혹은 "내 바람을 당신이 채워 주는 한 나는 당신을 사랑하겠지만, 만약 당신이 채우기를 포기한다면 나는 당신을 버린다"는 형태의 사랑이다. 물론 이와 같은 사랑의 형태는 현대사회에 들어와 등장한 것은 아니다. 그러나 자기가 축화가 고도화되고, 생명과 자연의 관리가 확대되며, 예방적 무통화나 정보 조작기술이 급속히 발전한 현대사회에서 '조건부 사랑'은 이제까지와는 또 다른 무게를 가지고 우리의 삶과 사회를 지배하기 시작했다고 말하지 않을 수 없다.

'조건부 사랑'은 세 가지 형태를 취한다.

우선 첫째로 그것은 '지배적인 사랑'이 된다. 이에 대해서는 이 장에서 반복해서 서술하였고 이미 많은 사람들에 의하여 지적된 것이므로 여기서는 길게 서술하지 않겠다. 내가 당신에게 바라는 일을 당신이 해 주는 한 나는 당신을 긍정하고, 당신에게 친절하고, 당신을 돕겠다. 그와 같은 조건을 붙임에 따라 나는 당신의 행동을 지배하고 느낌이나 사고를 지배한다. 그리고 만약 당신이 내 바람을 거부하면 나는 성을 내고 협박하고 욕하고 때로는 폭력적으로 내 말을 듣게 하려고 한다. 그래도 당신이 따르지 않으면 나는 당신 눈앞에서 연약한 모습으로 눈물을 흘리면서 당신 눈을 바라보며 "제발 그런 말 하지 말아 줘. 당신이 사라지면 나는 이제 혼자 남게 돼. 아무도 내 편이 되어 주지 않아. 제발 내 앞에서 사라지지 말아 줘." 그렇게 말하고 당신 앞에 쓰러져 당신의 반항을 멈추게 한 후, 나는 다시 같은 지배행위를 반복한다.

두 번째 형태는 '친절한 사랑'이다. 친절한 사랑이란 당신의 희망을 그대로 받아들이고 껴안아 주려는 사랑을 말한다. 당신이 괴로웠다고 말하면 괴로웠겠지 하고 긍정적으로 말하고, 당신이 위로의 말을 해 달라고 하면 바로 위로의 말을 해 준다. 그렇게 해서 당신이 추구하는 친절한 행위를 바로 당신에게 돌려주는 사랑.

무통화하는 현대사회 속에서 친절한 사랑을 추구하는 것은 당연한 일일지도 모르겠다. 나를 껴안아 주었으면 하고 생각해도 어떤 조건을 충족시켰을 때에 한한다는 것을 알아차렸을 때, 있는 그대로의 내 존재를 누구라도 좋으니까 받아들이기를 바랄 것이다. 이것은 상처 받은 사람의 출발점으로서 결코 틀린 것이 아니다.

그러나 친절한 사랑의 큰 문제점은, 상대방의 존재를 전부 승인하고 상대방의 희망을 그대로 들어 주는 지점에서 멈춰 버린다는 것이다. 친절함을 받은 사람은 친절한 말과 태도에서 얻어지는 쾌감을 몇 번이고 반복해서 맛보고 싶어지고, 거기서 앞으로 나아가는 일을 포기하는 친절한 사랑의 중독 상태가 된다. 사랑을 주는 쪽도 "나는 사람을 치유하고 사랑을 마음껏 줄 수 있는 사람"이라는 감미로운 환상에 언제까지라도 녹아 있을 수 있다. 이리하여 친절한 쾌감을 계속 맛보고 싶은 사람과 사랑을 주는 사람이라는 이미지를 지니고 싶어 하는 사람 사이에 공범관계가 성립한다.

친절한 사랑은 있는 그대로의 나를 승인하고 긍정하고 축복해 주는 것이므로 얼핏 '조건 없는 사랑'인 듯이 보이겠지만 실은 충돌, 대립, 서로의 틀을 부수는 듯한 요구를 결코 하지 않는다는 점에서 '조건 없는 사랑'에서는 가장 먼 지점에 있다.

이처럼 무통화하는 현대사회에서는 '지배적인 사랑'이 충만함과 동시에 '친절한 사랑'도 확대된다. 친절한 사랑은 우리를 아무 데도 데리고 가지 않는다. 그것이 노리는 것은 '반복'이다. 치유와 쾌락이 어디까지라도 반복되는 세계. 공범과 예정조화의 세계. 잠과 체념이 지배하는, 출구가 없고 불안이 넘치는 쾌락의 세계. 상냥하고 부드럽고 살아 있으면서도 죽은 세계.

세 번째 형태는 '정체성을 지키기 위한 사랑'이다. 즉 나는 이런 사람이고, 나와 당신의 관계는 이런 것이고, 내 가족은 이런 가족이라는 정체성을 지키기 위한 듯한 사랑의 형태다('정체성'이란 나에 대한 동일성만이 아니라 나는 이러저러한 존재임에 틀림없다는 내면적 규범을 포함한 개념).

예를 들면 위험한 때에 가족을 지키는 아버지의 정체성으로 가족을 방어하고 외부와 싸우는 사랑의 형태. 가족의 한 사람이 가족을 지키기 위해 더 이상 외부와 싸우지 않아도 된다고 호소해도 "그렇게 제멋대로 말하라고 너를 키우지는 않았다"며 자기 자신의 정체성을 지키기 위할 뿐인 애정 게임에 빠져드는 사랑의 형태. 또는 나는 이렇게 너를 생각하고 있다는 정체성을 자기 자신이 증명해서 거기에 도취되기 위할 뿐으로, 당신의 요구는 무엇이라도 들어 주는 듯한 사랑의 형태.

이것들은 자신이 보전하고 유지하고 싶은 '환상'을 위한 사랑이기도 하다. 예를 들면, "나는 이토록 당신을 사랑하고 있다" "나는 이렇게 헌신적이다" "나는 이렇게 모든 것을 버릴 수 있다" "나는 이렇게 사랑의 포로가 되어 있다" "나는 이렇게 자존심이 세다" "나는 이렇게 훌륭하다" 등의 정체성과 자기 이미지를 지키고, 자기 확신을 위해 애정을 이용하는 것이다. 이와 같은 사람에게는 자신의 정체성을 지키기 위한 소재로 남이 필요하다. 남이 소재로서 이용가치가 없어지면 그 사람은 배신자라는 이름 아래 버림받게 된다. 이 정체성과 무통문명의 관계는 대단히 중요하다. 이것에 관해서는 제4장에서 상세하게 생각해 보기로 한다.

무통문명은 이상의 '지배적인 사랑' '친절한 사랑' '정체성을 지키기 위한 사랑' 이 삼위일체가 되어 인간관계의 구석구석까지 침투하게 될 것이다. 이들 셋이 합쳐졌을 때, '조건부 사랑' 은 더욱더 생생하게 빛나기 시작한다. 이 사회는 '조건을 다는 일' 에 대해 전혀 의심하지 않을 정도로 짙은 농도로 무통화되어 있다. '조건 없는 사랑' 에 대해 진지하게 말하는 사람을 시니컬한 냉소로 대응한다. 사람들은 서로 상대방에게 조건을 달면서 기본적인 틀을 깨지 않는 타협점을 찾아내어 여러 가지 형태의 거래를 반복해서 넓혀 간다.

그러면 다음에는 사랑받는 쪽의 상황을 생각해 보자.

생각을 되짚어 보았으면 한다. 생명의 품질관리학이 철저한 미래사회에는 사람들이 "나는 정말 누구로부터도 사랑받지 못하고 있는 것은 아닐까"라는 기본적인 생각을 품으면서 삶을 살아간다. 무통화하는 현대사회에서도 사람들의 근본적인 불안은 여기에 있다. "만약 내가 지금의 조건을 충족시키지 않았다면 사랑받지 못했던 것은 아닐까" "내가 사랑을 얻을 수 없는 것은 내가 어떤 조건을 충족시키지 못하기 때문은 아닐까" "내가 다른 조건을 충족시키면, 나는 다른 방식으로 더 사랑받는 것은 아닐까" 그와 같은 생각에 쌓여 누군가가 설정한 조건에 맞추는 일 자체가 삶의 의미와 충실감이 되는 듯한 인생.

그리고 조건부일지라도 자신이 누군가에 의해 사랑받고 있다는 감각을 보전하고 유지할 수 있다면 그 사랑을 절대로 놓치고 싶지 않다. 그러기 위해서 나는 어떤 추한 일이나 자신의 도덕성에 반하는 일이라도 할 것이다. 그것은 무통화하는 현대사회에서 사랑받는 사람의 기본적인 감각이다.

그러나 사랑받는 자의 내면에서는 다음과 같은 의문이 반복해서 끓어오른다. 즉 이 사랑을 잃고 싶지 않다고 해도 결국 '조건부 사랑'이지 않을까. 자신이 어떤 조건을 충족시켰기 때문에 사랑을 얻은 것이 아닐까. 정말 내가 바라는 것은 그런 사랑이 아니었을 것이다. 내가 바란 것은 있는 그대로의 나를 긍정하고, 인정하고, 축복해 주는 그런 사랑이지 않나? 지금 가까이에 있는 사랑은 내가 가장 바라던 사랑이 아니라는 것을 우선 자신에게 정직하게 인정해야 하지 않을까. 그 사실에 눈을 감는 한, 나는 이 기분 좋은 불안의 상태에 머물 수 있는 것 아닐까. 조건부 사랑은 아니라는 생각과 조건부 사랑이라도 좋으니 그것을 꽉 잡고 싶다는 생각 사이를 반복할 뿐인 내 마음.

어느 날 문득 상대방에게 "만약 내가 당신이 요구하는 조건을 채우지 못했다면 당신은 어떻게 했을까" 하고 속을 떠본다. 그 순간 상대방은 "그런 말을 듣느니 차라리 너를 버리겠어"라는 메시지를 나에게 던질 것이다. 나는 그 메시지를 받고 몸이 저려온다. 이 사람을 잃을까 봐 공포로 몸을 떨면서 자신 속에서 무의식적으로 몇 번이나 반복한다. "미안해요, 더 이상 그런 말은 하지 않을게요. 미안해요. 내가 나빴어요." 그리고 마음속으로 그 사람 앞에 엎드린다. 그 태도를 본 상대방은 상냥하게 말을 건넬 것이다. "알아 줘서 다행이야. 이제 괜찮아." 그리고 그 사람은 나를 부드럽게 안아 줄 것이다. 나는 그 따뜻함에 온몸이 휩싸이면서 자신이 한 잘못과 어리석음을 깊이 반성하고 이 사람의 사랑을 받으면서 평생 같이 하겠다는 결심을 하는 것이다. 함께 울면서 눈물 속에서 치유되어 간다. 그리하여 나는 출구가 없는 반복의 세계로 영원히 자신을 가둬 간다.

혹은 상대방이 나에게 어떤 '환상'을 심어 준 경우에 나는 사랑을 잃는 것을 두려워한 나머지 필사적으로 자신을 그 환상에 맞추려고 할 것이다. 자신을 상대방의 환상에 맞춤에 따라 상대방의 마음에 들게 되어 상대방이 요구하는 조건을 충족시킬 수 있고, 따라서 사랑을 잡아 둘 수 있다고 생각할 것이다. 실제로 그것을 계속 했다고 치자. 그런 가운데 상대방의 환상에 맞추려는 자신과 본래의 자신 사이에 손쓸 수 없을 만큼 틈이 벌어진다. 그러나 사랑을 잃는 일이 가장 두렵기 때문에 나는 상대방의 환상에 자신을 맞춘다. 그렇게 해서 본래의 자신을 죽여 간다.

그러면 어떻게 될까? 나는 자신이라는 사실을 서서히 잃는다. 이런 내가 인생을 살고 있다는 충실감은 점차 사라지고 로봇과 같이 된다. 나는 나지만 내가 아니다. 나는 거짓 인생을 살고 있는 셈이 된다. 만약 내게 아이가 있는 경우에는 아이가 자신의 인생을 살기 시작하는 것을 보고 부럽게 생각할 것이다. 자신은 자신의 인생을 살지 못하는데 아이는 부모의 영향권에서 벗어나 자기 자신의 인생을 살기 시작한다. 그것을 보았을 때, '용서할 수 없다'는 감정이 솟아오른다. 그래서 아이가 하는 것을 방해하거나 학대하게 된다. 그렇지만 그것은 내 탓이 아니다. 모든 것은 진정한 내 모습을 보려 하지 않는 그 사람이 나쁜 것이다. 나는 나쁘지 않다. 나는 피해자다. 나는 사랑이 필요했을 뿐이다. 조건부라도 좋으니까 영원히 계속되는 극히 작은 사랑이 필요했을 뿐이다.

## 5. 섹스와 자해행위

무통문명 속에서는 조건부 사랑만이 선택적으로 살아남게 되어 있다. 조건 없는 사랑은 무통문명에 의해 쫓겨날 운명에 처해 있다. 무통문명 속에서 살기를 선택한 사람들은, 조건부 사랑을 추구하면서 그 틀 속에서 어떤 타협점을 찾으려고 한다. 그리고 타협하기 어려운 부분은 여러 도착적(倒錯的) 행위나 가공세계로의 도피에 의해 벗어나려고 한다.

그러나 아직 완전히 무통화되어 있지 않은 사람들이 조건부 사랑의 세계에서 사는 것은 그리 쉬운 일이 아니다. 왜냐하면 그들의 신체 내부에 남겨진 '생명력'이 신체의 욕망으로부터 빠져 나오려고 필사적으로 발버둥치기 때문이다. 사람들 속에는 "무조건 자신의 존재가 남에게 긍정적으로 받아들여지고 나서야 비로소 설 수 있는" 구조가 있다. 그것을 지탱하는 것이야말로 '생명력'이라고 나는 생각하고 싶다.

그러나 무통문명에서는 인간의 바탕에 있는 그와 같은 '생명력'이 잘려 버려진다. 무통문명은 지금의 쾌적함과 안정을 지키고, 자신이 기대 서 있는 기본적인 틀을 유지하고, 틈만 생기면 확대 증식하는 것을 선택하여 취한다. 신체의 욕망이 승리를 거둔다는 것은 그와 같은 일이다. 지금의 나를 깨뜨리지 않은 채 자기 확대를 노리는 일이 사회 구석구석까지 침투해 가는 것이다. 그것이 당연하다는 세뇌가 사회 구석구석까지 퍼져 간다.

그러나 아직 완전히 무통화되어 있지 않은 우리들은 이 '조건 없는 존재 긍정'의 소망을 버릴 수는 없다. 그 소망 최후의 발버둥은 어디로 분출될 것인가.

우선 그 소망은 (1) '종교' 쪽으로 활로를 모색할 것이다. 초월적인 사람이나 신에 의해 내 존재는 완전히 긍정된다. 종교란 그것을 약속해 주는 장치이기도 하다. 절대자에 의해, 또는 거대한 생명에 의해 내 생명은 절대 긍정된다. 그것을 실감했을 때의 치유와 충실감. 그것은 정말 생명력을 일순 지탱하는 것이 될 것이다. 그러나 종교는 그 종교가 제공하는 '하나님으로의 신앙' '영원한 생명으로의 신앙' '사후세계로의 신앙' 등이 한 묶음으로 되어 있다. 소위 그것들을 받아들이는 일이 전제가 되는 것이다. 따라서 그 신앙계에 들어가지 않은 사람들은 이런 종류의 종교적 존재 긍정에서 소외된다.

또는 (2) '연애'도 또한 그 소망을 받아들여 주는 것처럼 보인다. 좋아하는 사람이 눈을 바라보며 "지금의 당신만으로 충분하다"는 말을 해 주었을 때의 행복. 이 때 나는 조건 없는 사랑을 드디어 손에 넣었다고 생각해 버린다. 그리고 그 사랑을 잃지 않도록 노력하고 질투하고 독점하려고 한다. 버림받으면 다음 사랑을 찾아 계속 방황한다. 그러나 앞서 서술한 것처럼 많은 경우, 연애는 서로의 틀을 부수고 내면과 싸워 가는 과정을 취하지 않는다. 그러므로 결국 조건부 사랑 게임과 큰 차이가 없는 것으로 끝나 버린다.

(3) '섹스'도 또 그 소망을 달성할 수 있을지도 모르는 선택의 하나로서 부상할 것이다. 성욕을 자각한 사람들끼리 서로 자아의 껍질을 벗어 던지고 암수가 되어 서로의 육체를 탐닉한다. 자기 자신의 성욕과 감각에 충실하여 그 이외의 것은 개입시키지 않고 단지 서로를 쾌락의 도구로 사용하는 듯한 섹스. 단 한 사람의 성적 존재로 인정받아 전력을 다하도록 몸을 요구받는다. 사회적 관계나 지인들의 시선, 인격 등을 벗어 던진 지점에서의 섹스는 더할 수 없는 쾌락과 치유를 제공해 줄 것이다. 성욕뿐인 차원에서 우리들은 처음으로 조건 없는 존재 긍정을 만난 기분이 든다. 그러나 그것은 낙관적인 생각이다. 우리들은 섹스 후에 현실세계로 돌아온

다. 현실세계에서 섹스 상대로부터 조건이 붙는 일은 견디기 어렵다. 이리하여 새로운 존재 긍정을 찾아 성에서 성으로 전전하는 중독의 함정에 빠져 버린다.

생명력은 더욱 (4) '폭력'으로 향할 것이다. 그것도 자신을 소중하게 생각해 줄, 사랑해 줄 가까운 타인을 향한 폭력이다. 예를 들면, 나는 부모에게 사랑받고 싶다. 좋은 자식이 된다든가 좋은 성적을 받는다는 조건을 빼고, 있는 그대로의 나를 무조건 사랑해 주었으면 좋겠다. 그러나 부모는 그런 형태의 애정을 주지 않는다. 부모는 이렇게 말한다. "공부하라고 말하는 것은 너를 사랑하기 때문이다." 거짓말 마. 그게 무슨 사랑이야. 정말로 사랑한다면 좋은 애가 아닌 나를 사랑해 봐요. 자, 나는 이렇게 폭력을 휘두를 거야. 나는 나를 길러 준 부모에게도 폭력을 휘두르는 나쁜 아이야. 어때, 이런 나라도 사랑할 수 있어? 대답해 줘. 이런 폭력을 휘두르는 나를 정말로 사랑할 수 있어. '좋은 아이'라는 조건을 만족시키지 않아도 나를 사랑할 수 있어?

폭력으로 갈 수 없었던 경우 (5) '자해행위'로 가는 경우가 있다. 정말로 나를 사랑한다면, 당신이 바라는 것과 같은 아이가 아니라도 당신은 계속 나를 사랑할 것이다. 그렇지? 그러므로 나는 당신에게 가장 소중한 내 몸뚱이에 상처를 입힌다. 당신이 가장 예쁘고 귀엽다고 말하고 사랑하는 이 육체를 칼로 베고, 거식·과식으로 변형시키며, 음흉한 남자의 페니스로 더럽힌다. 그래도 당신은 나를 사랑한다고 말해 줄 수 있어? 당신의 모든 존재를 걸고 말해 줄 수 있어? 당신이 지금까지 한번도 뱉은 일이 없는 그 말을 나를 향해 뱉어 줄 수 있어?

폭력이나 자해행위가 부모를 향한 메시지인 경우가 많다. 그러나 거기에 쩔쩔맸던 부모가 면피용으로 "네가 어떤 일을 저지르든 어떤 모습이 되든 나는 너를 무조건 사랑한다"고 대답한다 해도 거기에 만족해서 안정될 만큼 아이의 상처는 작지 않다. 아이는 말할 것이다. "그런 것은 다 거짓말이야. 항상 사탕발림이지. 지금은 그렇게 말해도 나중에는 또 같은 일의 반복. 내가 듣고 싶은 것은 그런 것이 아니야. 내가 듣고 싶은 것은 당신은 '네가 어떤 일을 하든 어떤 모습이 되든 나는 너를 무조건 사랑한다' 는 말이야. 눈앞에 있는 나를 사랑하는 것이 아니라 당신이 스스로 만든 자기 이미지와 환상을 당신 손으로 지금 내 눈앞에서 스스로 부수고 갈기갈기 찢고, 당신이 기대 온 가장 소중한 기반을 나를 위해 완전히 포기하는 것을 지금 내 앞에서 보여 줘. 그래. 나를 정말로 사랑한다면 내 눈앞에서 당신의 기둥을 무너뜨려 봐. 지금 눈앞에 있는 나를 위해 당신이 붙들고 있던 소중한 것을 지금 여기서 포기하고 부셔 봐. 당신이 지켜온 틀에서 한 발자국이라도 좋으니까 밖으로 나가 봐." 이것이 최후의 바람이다. 이에 대해 부모가 아무 저항 없이 행동에 나서면 그 때야 비로소 그 아이와의 대화가 시작된다. 오랜 시간이 걸리는 대화가 될 것이다. 그런데 어떤 이유를 달고 지금의 자신을 지키려 한다면 그 순간 대화는 단절될 것이다. 이것은 부모와 자식 사이만의 대화가 아니다. 어른들 사이에서도 같은 일이 일어난다. 이것은 인간과 인간이 서로 만날 때, 항상 열려 있는 질문이다. 조건 없는 사랑이라는 것은, 이 정도로 깊은 차원의 무엇인가를 요구하는 것이다. 그리고 그 길을 열어 가는 것이야말로 무통문명에서 탈출할 최후의 가능성이다.

무통화하는 현대사회에서 우리의 생명은 '종교' '연애' '섹스' '폭력' '자해행위' 등의 형태를 취하면서 스스로에 대한 속박에서 벗어나려고 한다. 병리나 중독 경향이 있는 이 행위 속에 생명의 가능성이 머물러 있다. 그러나 이 길을 지나 탈출하려는 시도는 좌절될 수밖에 없다. 왜냐하면 이 길은 말하자면 무통문명이 파 놓은 함정이고, 그 통로 속을 지나는 한 그 탈출구는 찾을 수 없도록 설계되어 있기 때문이다.

그렇다면 우리들에게 남겨진 것은 무통문명이 파 놓은 그 길을 지나지 않고 자기 내부의 '생명력'에 용기를 주어 자기 자신의 틀을 해체하고 자기 변용을 꾀하는 방법뿐이다. 그리고 친한 사람들 사이에 만들어진 조건의 그물코를 하나씩 풀어 가는 것이다. 그때 필요한 것은 스스로의 존재가 근거 없다는 사실을 직시하는 것이다. 나는 이 세상에 존재하지 않았으면 좋았을 텐데 지금 어쩌다 존재한다, 그리고 나는 언젠가 아주 억울하게 이 세상에서 사라진다. 이런 의미에서 내 존재는 철저히 고독하다. 나는 자신의 삶을 혼자 살아 나가고 죽음을 맞아야만 된다. 내 존재는 아주 고독하다. 그리고 그 철저한 고독 속에서 자기를 되묻고 자기 자신을 해체시키고 변용시키고 재생하는 사람은 자신만이 아니라는 확신을 가진다. 주위에서 쉽게 볼 수는 없어도 어딘가 먼 장소, 먼 시대에 그와 같은 사람들이 많이 있었을 것이다. 그들의 시도가 없었다면 어떻게 내가 지금 이와 같은 책을 쓰고 이와 같은 메시지를 독자들에게 전달할 수 있을 것인가. 자기를 되묻는 과정 중에 "전혀 미래를 알 수 없고, 지옥으로 떨어질지도 모른다"는 근본적인 불안에 휩싸여 몸 하나 까딱할 수 없게 되어 그만두자, 여기서 돌아가자 하면서도 한 발을 내딛는 사람은 당신 혼자만이 아니다. 미래가 보이지 않는데도 스스로를 해체시키면서 한 발짝을 내디뎠다는 메시지를 온몸으로 다른 사람에게 알린 사람들이 있었다는 것을 기억하기 바란다.

## 6. 무통문명의 두 가지 전략

무통문명은 조건 없는 사랑을 이 사회에서 없애기 위해 두 가지 전략을 제공한다. 우선 첫 번째 전략으로서 현실을 잘 보면 본심은 모두 에고이즘으로 움직이고 있다고 부추긴다. 결국 거치적거리는 사람은 잘라 버리고 살아가는 것은 아닐까? 남의 일까지 짊어져서 괴로워할 필요는 없다. 당신이 누군가와 사귀는 것은 결국 당신이 이익을 얻기 때문이다. 사랑과 우정을 말해도 본심은 자신을 위하기 때문이다. 그것을 그렇다고 인정하라. 그것이 모든 사람의 본심이다. 입으로는 여러 가지를 말한다. 그렇지만 모두가 결국 어떤 식으로 행동했는지를 냉정하게 보면 본심을 알 수 있다. 사랑이라든가 우정이라고 말해도 그것이 당신을 즐겁게 해 주기 때문일 뿐이고, 만약 그것이 고통이나 괴로움밖에 주지 않는다면 당신은 여러 가지 이유로 그 사람에게서 도망칠 것이다. 인간이란 그런 것이다. 그것을 인정하라. 당신 자신도 정말로 그런 인간이라는 것을 용서하라. 이제까지 이런 우스운 자존심에 악착같이 매달렸던 것이 바보처럼 생각되지만 그렇게 해서 어른이 된다. 자신의 상태를 정확히 인식할 수 있는 어른으로.

이리하여 무통문명은 사랑에 조건을 붙이고 지금 현재의 자신의 틀을 지키려는 것이 당연하다고 호소한다. 지인의, 부모의, 교사나 상사의 입을 빌려서 그런 설득을 매일 반복한다. 그것이 사람이고 어른이 되는 것이라고 말해 준다. 그것을 인정하면 편안하고 괴로워하지 않아도 된다고 속삭인다.

그와 같이 부추김과 동시에 무통문명은 두 번째 전략으로서 '조건 없는 사랑'의 훌륭함을 미디어 속에서 찬란하게 뿌린다. 소설, 영화, 음악 속에서 '조건 없는 사랑'의 훌륭함이 묘사되고 칭찬받고 숭상된다. 모두 그 메시지를 보고, 듣고, 넋을 잃는다. 좋아, 훌륭해, 나도 이런 사랑의 세계를 체험하고 싶어. 나도 그런 꿈과 같은 세계로 들어가 사랑하거나 사랑받고 싶어.

무통문명은 속삭인다. 그래, 훌륭하지? 이 조건 없는 사랑의 세계는. 이런 일을 당신도 체험해 보고 싶지? 그러나 이것은 이야기고 꿈의 세계야. 당신도 어른이니까 이런 일이 정말로 현실사회에 있으리라고는 생각하지 않지? 현실에서는 이런 일이 거의 일어나지 않으므로 드라마가 되고 영화가 되는 거야. 현실에는 거의 일어나지 않기 때문에 모두 동경하는 것이지. 이것은 전부 꿈이야. 꿈과 이야기 세계에서 마음껏 즐겨. 당신을 즐겁게 해 주기 위해 이런 종류의 이야기를 얼마든지 제공할 테니.

이리하여 무통문명은 미디어 속에 조건 없는 사랑을 현실에서는 일어날 수 없는 꿈의 이야기로 흘려 놓는다. 그리고 많은 사람들은 현실에서는 일어날 수 없는 어른스럽지 못한 이야기를 소비한다. 조건 없는 사랑이라는 테마는 실제로 자신들이 몰두해야 할 것으로서가 아닌 미디어 속에서 소비해 가는 이야기, 멀리서 보거나 듣고 감동해서 눈물짓는 이야기로서 수용된다. 그 결과, 사람들이 '조건 없는 사랑'을 실제로 선택할 가능성과 '조건부 사랑'에서 '조건 없는 사랑'으로 가는 좁은 길을 실제로 걸으려고 할 가능성은 한없이 축소된다. 실제로 그것을 선택하는 예외적인 사람들을 천연기념물로 지정된 동물처럼 칭찬할 때마다 그 가능성은 축소해 가는 것이다.

무통문명의 이와 같은 전략은 우리를 멋지게 세뇌시킨다. "우리는 조건 없는 사랑을, 진심으로 말하면 그다지 경험하고 싶지는 않다. 그러나 감동적인 이야기로서 그것을 소비는 해보고 싶다. 단 이야기는 이야기. 그것을 현실이라고 착각해서는 안 된다." 우리는 이와 같이 생각한다. "조건 없는 사랑? 알지요. 이야기로는 감동하죠. 현실이 그렇지 않으니." 사람들 사이에 이와 같은 의식이 물들어 간다. 이 의식은 가장 밑바닥에 침전되고, 세대에서 세대로 계승되어 간다. 어른들은 조건 없는 사랑을 실천하는 대신에, 조건 없는 사랑에 대해서 쓴 동화나 소설을 아이들에게 건넨다. 감동적이지만 어디까지나 가공된 아름다운 일이라는 암묵적 메시지를 붙여서. 또는 지금이야말로 조건부가 아닌 무조건적인 사랑이 필요하다는 설교가 종교의 이름 아래 엄청나게 재생산된다. 그 메시지를 듣는 사람은 이 말을 맞다고 생각하면서도 그것이 의미하는 것을 용의주도하게 잘라낸 다음에 박수를 치고 서로 껴안으면서 하나님의 사랑을 찬양한다.

또는 무통문명이 흩뿌린 '조건 없는 사랑' 이야기에 감동해도 실제로 자신은 그것을 실행할 수 없다는 사실을 발견하고 현실과 이상의 틈바구니에서 괴로워하는 사람들이 계속 새로 태어나게 된다. 그들은 자신 속의 모순을 혼자 힘으로 해결할 수 없어 거기서 눈을 돌리고, 눈가림으로 인생을 살거나 카운셀링에 기대어 무통문명에 적응하려고 한다. 그들도 또 다른 길을 통하여 무통문명 속으로 빨려 들어가는 것이다. 이처럼 조건 없는 사랑이란 말이 미디어 속에서 용의주도하게 흩뿌려져 가는 광경이야말로 무통문명의 기본적 광경이다. 무통문명이란 조건 없는 사랑을 곤란하게 하면서 그 이면에서 조건 없는 사랑의 '말'을 소리 높여 노래하는 문명인 것이다. 그러므로 사랑에 대한 논의 그 자체가 지극히 무통문명적인 측면을 지니는 것이고, 무통문명에 의해 이용되어도 이상할 것이 없다. 실제로 무통화하는 현대사회는, 여기서 반복해서 강조한 조건 없는 사랑에 대한 논의 그 자체를 아름답고 가공적인, 이상론적인 학자들의 이야기로 변환한 후에 오히려 적극적으로 유통시켜 나의 메시지의 핵심을 지워 갈 것이다.

내가 싸우지 않으면 안 되는 것은 내 말을 표면적으로 적극 퍼뜨리는 세력이다. 무통문명을 뱃속 깊은 곳에 놓아두고 내 말에 찬성하고 도와주는 세력이 나의 진정한 적이다. 무통문명론을 칭찬하는 일에 열중하는 것도 하나의 눈가림이다. 무통문명론을 쓰거나 연구하는 일에 열중하는 것도 하나의 눈가림이다. 내 발밑에는 "무통문명론을 퍼뜨리는 일에 의해 결과적으로 무통문명의 연명을 돕는" 함정이 항상 입을 열고 있다.

이와 같이 해서 '본심' 과 '이야기' 의 이중 공격이 무통화하는 현대사회 구석구석에 끊임없이 장치되어 간다. 그리하여 반복해서 세뇌되는 가운데 사람은 점차 '어른' 이 되어 가고 조건 없는 사랑이 실제로 가능할지도 모른다, 그곳으로 발을 내밀 가치가 있을지도 모른다는 생각을 조금씩 망각해 가는 것이다.

무통문명이 최종적으로 파괴하는 것은 "나는 지금 여기에서 실제로 일어설 수 있다"는 결의의 감각이다. 이것이야말로 무통문명이 우리들에게 주는 가장 잔혹한 처사다. 그와 같은 결의의 감각을 잃음과 동시에 우리 신체의 무통화는 대강 완성된다. 그와 같은 결의를 없애는 무통문명을 근본적인 곳에서 지탱하는 것은 다름 아닌 이 사회에 살고 있는 우리들 개개인이다. 개개인의 마음속 가장 깊은 곳에서 도와주기 때문에 무통문명은 물밀 듯이 전진해 가는 것이다.

지금까지 나는 무통문명이 우리에게 씌우는 함정에 대해 말해 왔는데, 여기서 더 정확하게 다시 말해 두겠다. 우리에게 함정을 씌우는 것은 우리들 개개인의 마음과 신체 깊은 곳에 있는 우리들 자신의 무통문명이다. 신체의 욕망이라고 하는 개개인의 깊은 곳에 자리하고 있는 무통문명의 싹이 우리 자신을 함정에 빠뜨리는 것이다. 자기가 자신을 함정으로 몰아가고, 그 함정을 스스로 보이지 않도록 하고, 만약 그 함정의 존재를 지적하는 사람이 나타났을 때에는 그 인간을 배신자라든가 몰인정한 자라고 철저히 몰아붙이는 일이 사회 전체에 구조화되는 듯한 문명 그것이야말로 우리가 마음에서 기다리고 바라는 무통문명인 것이다.

거기에서 탈출하기 위해서는 스스로를 함정에 빠뜨리는 구조 그 자체를 안쪽에서부터 해체시켜 갈 수밖에 없다. 그를 위해서는 우선 내가 어떻게 해서 자신을 함정에 빠뜨리고 있는가를 스스로 되묻고, 구역질을 일으키면서도 거기서 눈을 떼지 않아야만 한다. 그리고 그것을 어떻게 해체해야 할 것인가를 스스로에게 묻고, 그 길을 이성의 도움을 빌어 해명하고, 그것을 행동으로 옮기지 않으면 안 되기 때문이다.

그러나 신체가 무통화하기 시작한 우리들에게 그것은 아주 어려운 일이다. 왜 그와 같이 어렵고 힘든 일을 여기에서 해야 하는지 그 이유조차 머리에 떠오르지 않을 만큼 우리의 생명은 마비되어 있기 때문이다.

"자신이 기대어 서 있는 틀을 뿌리부터 무너뜨릴지도 모를 타인의 존재를 오히려 인정하고 긍정하고 축복하고 때로는 헤어지면서도 다시 만날 가능성"을 지금까지 이야기했다. 그것을 하나의 '이론'으로만 이해하고, 실제로 자신은 그 길을 밟아 볼 생각조차 없이 책을 덮고 차를 훌쩍 마시면서 "좋은 글을 읽었다"는 희열에 빠지고, "재미있는 철학이 나왔다"고 칭찬하는, 그런 지경에까지 무통화가 진행된 존재가 독자 당신일지도 모른다.

## 주(註)

1) 장애의 유무 이전에, 인공 임신중절 자체를 어떻게 생각해야 할까 하는 문

제가 있다. 이 점에 관해서는 본인의 『生命學に何ができるか』(勁草書房 2001)의 제3장~제5장에서 자세히 검토했으므로 참조하기 바란다. 중절은 "슬프고 괴로운 일"이지만, 중절할 것인가 하지 않을 것인가의 최종 결정권은 여성에게 있다.

2) 졸저 『生命學に何ができるか』에 자세히 다루었다.

3) 『生命學への招待』, 勁草書房 1998, 344쪽.

4) *Escape from Freedom*(1941). 우리말 번역은 『자유로부터의 도주』(이용호 역, 백조출판 1974)와 『자유로부터의 도피』(이규호 역, 1976) 그리고 『자유로부터의 도피』(권미영 역, 일신서적출판사 1991)이 있다.

5) 같은 책.

6) 『生命學への招待』, 제10장 참조.

7) 小林司 『愛とは何か』, 日本放送出版協會 1997.

# 제3장 무통격류(無痛激流)

## 1. 큰 소용돌이 속에서

많은 사람들이 수영장에서 놀고 있다. 물은 잔물결을 일으키면서 오후의 태양을 머금고 있다. 수영장에 있던 아이들이 천천히 오른쪽 방향으로 돌기 시작한다. 그들을 따라 다른 아이들도 같은 방향으로 돌기 시작한다. 그들의 움직임에 맞춰 수영장의 물도 천천히 같은 방향으로 물결친다. 물 속에 서 있던 사람들도 그 물결에 휩쓸린 듯 같은 방향으로 움직인다. 그리하여 물 속에 있던 모든 사람들이 몸을 물 흐름에 맡기거나, 나서서 소용돌이를 가속시킨다.

처음에는 완만했던 물의 회전은, 곧 눈에 확실히 보일 만큼 큰 소용돌이를 만든다. 아이들은 소용돌이에 휩쓸리면서 환성을 지르고, 어른들도 기분 좋은 듯 미소 짓고 있다. 수영장 구석에서 손잡이를 잡고 그 광경을 바라보는 사람도 있다.

그런 가운데 소용돌이의 회전은 점점 세어진다. 사람들은 흐름을 거슬러 헤엄칠 수 없다. 아이들이 지르는 환성이 조금 공포를 띤 소리로 변해 간다. 소용돌이의 흐름이 강해져서 벗어나지 못하는 것이다. 몇몇은 소용돌이에서 벗어나려고 물가로 헤엄치지만 흐름에 휘말려 다시 소용돌이 속으로 끌려 들어간다. 소용돌이에서 벗어나려고 시도한 사람들의 표정은 환희에서 공포로 그리고 절망으로 변한다. 이제 여기서 벗어날 수가 없다. 왜 이렇게 되어 버린 것일까.

소용돌이에 휩쓸리면서 주변 사람들을 본다. 빠져 나오려고 필사적으로 발버둥치는 사람들이 있다. 빠질 듯한 공포로 얼굴이 굳어진 아이, 손발을 쉴 새 없이 허우적대는 사람도 있다. 그러나 그런 사람들은 소수다. 대부분의 사람들은 금방 빠져 죽을 듯한 사람이 주위에 있음에도 불구하고 의연하고 황홀한 듯 눈을 감고 물살에 몸을 맡긴 채 소용돌이에 밀려 다닌다. 그들은 주위에서 무슨 일이 벌어지고 있는지 모르는 것일까. 그들은 빠져 죽을 것 같은 사람에게 손을 내밀지 않는다.

강한 소용돌이에 휘말려 발버둥치는 사람들은 그곳에서 탈출하려고 상당한 노력을 계속한다. 파도 속에 잠길 듯하면서, 몇 차례나 손을 위로 내밀어 아무것도 없는 공간을 필사적으로 휘젓는다. 그런 가운데 어떤 사람은 소용돌이에 내동댕이쳐진 다음 벽에 부딪쳐서 의식을 잃고, 어떤 사람은 소용돌이에 휘말려 두 번 다시 떠오르지 않는다. 수영장 구석에는 소용돌이에 휘말리지 않으려고 있는 힘을 다해 손잡이를 잡고 있는 사람들이 있다.

나는 소용돌이 속에서 발버둥치면서 밖으로 나오려고 한다. 양손을 휘저어 소용돌이 밖으로 몸을 빼내려고 한다. 그러나 아무리 노력해도 소용돌이에 밀려 다시 물살 한가운데로 되돌아와 버린다. 밖으로 나오려고 해도 되돌아온다. 이와 같은 노력을 계속하는 중에 그만 몸에서 힘이 빠져나간다. 아, 이대로 소용돌이 속에 몸을 맡겨 버리면 얼마나 편할까. 물살에 역행하지 않고 몸의 균형을 잡아 눈을 감고 수면에 떠 있으면 얼마나 편할까. 눈을 뜨고 주변을 둘러본다. 행복한 듯 떠다니는 많은 사람들. 그들은 빠져 죽을 일도 없고 몸을 위험에 빠뜨리는 일도 없다. 물 흐름에 몸을 맡기기만 하면 된다. 물살을 거스르기 때문에 물에 빠지거나 벽에 부딪쳐 괴로워진다. 왜 그것을 모르는 것일까. 지금까지 무엇 때문에 발버둥쳤을까.

나는 몸에서 힘을 빼 물 흐르는 대로 맡겨둔다. 지금까지의 고통이 거짓말 같다. 왜 이렇게 즐겁고 편한 것일까. 뒤로 몸을 젖히고 누워서 눈을 감아 본다. 물 흐르는 소리가 날 뿐 주위는 적막하다. 중력감이 사라지고 우주를 유영하는 듯한 기분이 된다. 그래, 이것이 안심(安心)일지도 모르겠다. 이것이 깨달음일지도 모르겠다. 이것이 고민을 푸는 일일지도 모르겠다. 이런 세계가 있다. 지금까지 나는 무엇을 하고 있었던 것일까. 발버둥치면서 대체 무엇을 추구하려 했던 것일까. 출구가 없는 길을 찾아 어디로 나가려 했던 것일까. 나아가 고통을 찾고, 몸이 내는 소리를 역행하지 않으면서, 대체 무엇을 바랐던 것일까. 물 흐름에 그냥 몸을 맡기고 나서 처음으로 느끼는 것이 있다. 자신이 물 흐름에 의지해야만 존재해 나갈 수 있다는 것. 흐름에 역행하는 것을 멈췄을 때 비로소 안락과 편안함이 찾아온다는 것. 괴로움에 발버둥치는 것을 멈췄을 때 비로소 격류 속에서 떠오를 수 있다는 것.

떠 있으면서 나는 생각한다. 처음부터 이렇게 하였으면 좋았을 텐데. 자신의 작은 자존과 영광을 위해, 흐름에 역행하여 발버둥칠 필요는 없었다. 자기 자신에게 솔직하게 안락과 편안함을 바란다고 했으면 좋았을 것이다. 모든 것을 버렸을 때야말로 진실의 길이 열린다는 것은 바로 이것이다. 소용돌이에 역행하면서 얻을 수 있는 것은 아무것도 없다. 우리들

한 사람 한 사람이 소용돌이를 만들어내지 않았나. 우리들 한 사람 한 사람이 바랐던 일에 역행하려고 했기 때문에 고통과 절망이 생기는 것이다. 자, 흐름에 몸을 맡겨라. 자신들이 정말로 바라던 것은 흐름에 몸을 맡기는 일이었음을 솔직하게 인정하라. 쓸데없는 겉멋이 아닌, 당신의 본심을 확실히 보라. 그리고 조용히 눈을 감고 흐름 속에서 몸이 해방되어 감을 느껴보라. 자신에게 솔직하여라. 그것이야말로 당신이 정말로 찾고 있었던 것이므로.

사람들의 움직임이 어느새 무통화의 흐름을 만들어낸다. 그것은 얼마 가지 않아 많은 사람들을 휩쓸리게 하고 문명을 밀고 나가는 거대한 소용돌이로 성장해 소용돌이를 만들어낸 사람들 개인의 의지를 넘어 작동하기 시작한다. 한 곳에 계속 서 있기 위해서는, 그 흐름에 의식적으로 역행해야만 한다. 계속 역행하는 일은 괴롭다. 그러므로 한 사람, 또 한 사람이 탈락해서 흐름 속으로 회유되어 간다.

무통화의 물결은 사람들의 몸을 무통화하고, 무통문명적인 사고로 사람들을 세뇌시키고, 무통화 흐름이 가속되도록 제도를 차차 만들어낸다. 무통화의 물결은 스스로를 유지해 가기 위한 가치관, 행동 패턴, 제도 등을 스스로의 내부에서 끊임없이 만들어내고 그 속으로 사람들을 삼킨다. 사람들은 그 속으로 회유되면서 불안하게 넘치는 쾌락으로 번민하고, 안심과 편안함이라는 이름의 잠에 끝없이 빠져 가는 것이다. 저항을 멈추고 흐름에 맡겨 끝없이 낙하해 갈 때의 쾌감과 편안함. 눈을 감고 있는 그대로의 자신을 인정하고 긍정해 갈 때의 잠과 닮은 안심감. 사람들은 무통화의 물결에 회유되면서 그 대신에 달콤한 벌꿀과 같은 과일을 손에 넣는다. 거대한 자폐의 세계, 잡음이 닿지 않는 예정조화의 세계. 지금 이곳만을 의심 없이 보면 좋은 세계. 지금 여기에 있는 자신의 존재를 있는 그대로 긍정하고, 그 무어라 말할 수 없는 충실감과 안심감의 맛만 보고 있으면 좋은 세계. 지금 이 세계보다 좋은 세계가 있다는 생각마저 빼앗는 그런 세계.

나는 그곳으로 떨어져 간다. 떨어지면서 자신이 떨어지고 있다는 것조차 잊어버린다. 떨어지고 있는 일을 잊어버리면, 나중에 남는 것은 무중력의 세계. 저항도, 마찰도, 파열할 것 같은 중력의 아픔도 없는 쾌락과 죽음과 잠의 세계. 무통화하는 신체에서 배어나오는 수액(水液)은 쾌락과 잠과 죽음의 맛이 난다.


## 2. 칼은 누구를 향해 내미는 것일까

무통화 물결에 역행하려 하는 일. 그것은 '병' '일탈' '바보 같은 일' '어린애 같은 짓' 등으로 불린다. 무통화 물결에 몸을 맡기기를 거부하고 거기에서 빠져 나오는 것을 무엇인가 대단한 것을 발견한 것처럼 생각하거나, 무통화한 문명 속에는 존재하지 않는 '무언가' 에 계속 집착할 때 그 일은 병, 일탈행동이라 하여 사회에서 배척당한다. 또는 과도하게 미화되어 실질적으로 알맹이가 모두 빠져 버리고 무력화된다.

무통문명에서 '치유' 는 가능성이 아니다. '치유' 란 무통문명의 흐름에 스스로를 적응시켜 가는 일이다. 그리하여 자신 내부에 존재하고 있던 '생명력' 을 두 번 다시 일어설 수 없도록 무력화해 가는 일이다. 무통문명에서는 '병' 에 그 가능성이 감춰져 있다. '병' 을 짊어진 채, 무통화 흐름에 역행하여 쉴 새 없이 출구를 찾으려는 고독한 싸움에 진정한 가능성이 있다. 병을 앓는다는 것은 절망이 아니다. 병을 치료해서 치유에 도달하려는 것이야말로 절망이다.

몰이해의 시선과 조소와 경멸을 받으면서 그들을 향해 칼을 휘두르고, 안 나오는 목소리로 목청껏 '틀려'라고 신음하고, 자신의 몸에 칼을 몇 번이나 대 보고, 그리하여 고독하고 황량한 벌판에 뿌리내리듯 서 있는 당신에게 진정한 희망이 있다. 친한 사람, 신뢰하던 사람이 당신 영혼을 가장 이해하지 못한다. 당신이 몸으로 잘 느끼는 그 절망감에 진정한 희망이 있다. 자신을 치료하려 하고, 좋은 사람이 되려 하고, 더 이상 폐를 끼치지 않으려고 노력했음에도 불구하고 언제나 자신을 배반하고, 자신은 쓸모없는 인간이며, 아무리 노력해도 안 된다는 절망의 늪에 빠져 있는 당신의 존재 깊은 곳에 확실한 '생명력'이 머물고 있다. 무통문명이 요구하는 '좋은 인간'이 아무리 해도 될 수 없는 것은, 당신 속의 '생명력'이 무통문명의 노예가 되는 일을 최후의 최후까지 거부하기 때문이다. 아직 마비되지 않은 당신 속에 존재하는 '생명력'에 희망이 머문다. 무통문명이 요구하는 방향으로 '치유'해서는 안 된다. 무통문명에서 보았을 때 전혀 이해할 수 없는 것과 같은 방향으로 '병'을 뚫고 나가는 일. 그곳에서만이 희망의 문은 열린다.

내가 말하고 싶은 것은, 병이나 광기만이라면 그곳에서 가능성이 열리지 않는다. 스스로를 바닥에 깔린 '생명력'에 완전히 맡기고, 무통화의 흐름에 계속 거스르며, 그곳으로부터 새로운 지평으로 가능성의 문이 열리도록 병이나 광기를 뚫고 나갈 때 비로소 무통문명이 해체될 희망이 열리는 것이다. 내 주장은 단순한 병이나 광기에 대한 긍정적인 담론이 아니다. 병이나 광기를 단지 긍정하는 것은 가장 가벼운 대처법이다. 왜냐하면 병이나 광기는 무통문명의 틀 속에서 정당한 위치를 차지하기 때문이다. 스스로 병이나 광기라고 단순히 규정하는 것은 병이나 광기를 무통문명의 손바닥에 놓는 것을 의미한다. 무통문명에 의하여 정의되고, 제 위치를 차지한 병이나 광기에는 가능성이 없다. 무통문명으로 보았을 때 그것이 광기인지 정상인지를 판별할 수 없고, 그 다음에 무통문명을 마음 속에서 위협하는 듯한 '뭔지 모를' 사상이나 언어나 행동 속에 비로소 가 능성이 있는 것이다.

그 뭔지 모를 사상이나 언어·행동이라는 것은, 무통문명에서 보았을 때 이해가 불가능할 뿐만 아니라 당사자에게도 이해하기 어려운 일이 많 을 것이다. 왜냐하면 당사자도 무통문명적 발상에 의해 사고방식이 한정 되기 때문이다. 그것을 이해하기 위해서는 무통문명을 상대화하는 지점 에 계속 서 있을 필요가 있다.

아이들의 집단따돌림이나 폭력행동을 예로 들어 생각해 보고 싶다. 1990년대에는 '새로운 황폐'라고까지 말하고 있다. 그 때까지는 학교나 교사 등에 대한 '반항'이 이유였는데, '새로운 황폐'는 무엇에 대해서 폭 력이 이루어지는지 확실하지 않다. '초조하다' '치밀어 오른다'는 말을 아이들은 빈번히 사용하는데, 무엇 때문에 초조하고 치밀어 오르는지 그 들 자신도 모른다. 모르는 채 그들의 폭력은 친구, 교사, 부모를 향한다. 어른도 그 이유를 모른다. 물론 특정 인간에 대한 복수심이라든가 단순한 욕구불만 해소를 위하여 약한 사람을 집단따돌림 하는 케이스도 많다. 그 러나 그것만으로는 그들의 폭력적인 충동을 이해할 수 없는 경우가 많은 것이다.

하마다 스미오(浜田壽美男)는 다음과 같이 쓰고 있다.


이런 상황 속에서 많은 아이들이 무엇을 향해야 좋을지 모르는 초조함에 화 가 났다 해도 하나도 이상하지 않다. 그것은 분노가 아니다. 분노는 밖의 특정한 무언가(혹은 누군가)에 의해 자극 받아서 일어나고, 그 표적에 부딪치는 것으로 해소한다. 화는 가슴의 화와 같이 이유도 모른 채 내면에서 끓어올라와 작은 계기에 의해 마구 내뱉는다. 화의 뿌리가 없어지지 않는 한, 그것은 뱉어도 뱉어도 끝이 없다(「집단따돌림 회로를 단절시키기 위해서」, 佐伯胖 외).[1]

하마다는 그 원인을 아이들이 학교에서 학습에 대한 실감을 맛보지 못하는 일, 학교에서의 평가가 아이들에게 반복해서 상처를 주는 데에서 찾고 있다. 하마다의 분석은 거의 옳다고 생각한다. 그러나 '이유 모를' 화에는 더욱 깊은 이유가 있다고 나는 생각한다.

하마다가 말하듯이, 화란 외부의 특정한 적에 대한 것이 아니라 자신의 내면에서 마구 토해내는 것이다. 결국 그들의 화가 '이유 모를' 화가 되는 것은 대상을 특정할 수 없기 때문이고, 특정할 수 없는 이유는 그 대상 속에 다름 아닌 자신도 포함되어 있기 때문이다.

이 말은 사춘기에 들어선 아이들의 화에 대해 가장 잘 표현하고 있다고 생각한다. 아이에서 어른으로의 이행시기에 있는 그들은 변모하는 자신의 몸에서 '어른'의 싹을 느낀다. 그리고 어른이 된다는 것은 어떤 일인가, 어디를 향하여 성장해 가는 것인가, 산다는 것은 어떤 의미인가 하는 문제에 직면한다. 그들은 부모나 교사 등 어른들을 향해 "당신은 어떤 인생을 살아 왔나" "당신이 사는 의미는 무엇인가" "당신에게 가장 소중한 것은 무엇인가" "당신에게 내 존재는 무엇인가"라는 물음을 알아듣기 어려운 말과 태도로 묻는다. 어른들은 그들의 물음에 정면으로 답하지 않는다. 그 대신에 "그런 말 하지 말고 공부나 잘해"라든가 "인생은 쉽지 않아"라는 등의 설교를 하거나 질문을 빈정거리며 일축하기도 한다.

또한 어른들이 자신의 의견을 말했다 해도 아이들은 거기서 기만의 냄새를 느낀다. 왜냐하면 아이들은 어른이 하는 말과 행동 간의 모순을 잘 보기 때문이다.

　"말과 행동이 다르다." 그것이 어른을 보는 아이들의 시선이다. 예를 들면 "자기 몸을 소중히 여겨라"고 말하는 남자 어른들과 교사들이 소녀들과 원조교제라는 이름의 매춘을 한다는 사실을 그들은 알고 있다. 혹은 학교에서 집단따돌림에 의한 자살이 일어났음에도 "우리 학교에서 집단따돌림은 없었다"고 반복하는 교장의 모습을 그들은 보고 있는 것이다.

　그뿐만이 아니다. 어른들은 자신을 위한 인생을 살고 있지 않다. 아버지는 가족을 위해 회사에 나가 과로사 직전 상태이고, 어머니는 불만 가득한 생활을 하면서 아이를 위해 매일 참고 산다. "누구 탓에 자신은 원하는 삶을 살지 못한다"는 불만을 안은 채 매일의 생활을 단지 소모하는 것이다. 어른들은 자기 인생의 의미에 대해 생각하지 않는다. 최후에 지금 자신의 삶의 방식에 근본적으로 이상이 있을지 모른다는 사실에 직면하기 때문이다. 그런 질문에 직면해서 지금보다 더 힘든 일은 하고 싶지 않다. 그러므로 어른들은 사는 의미에 대한 생각을 정지시킨다. '사는 의미'를 생각하는 것을 그만둠으로써 사람은 '어른'이 되어 가는 것이다.

　아이들이 어른을 향해 당신이 사는 의미는 무엇이냐고 묻고, 당신의 기만에 넘친 삶이 좋으냐고 물었을 때, 어른들은 그 물음 자체를 막으려고 한다. "그런 말을 하기 전에 공부나 잘 해." "그런 건 어른이 돼서 물으면 돼." "네가 인생에 대해 알 턱이 없어." "그런 것 묻는 것 보니 학교에서 집단따돌림당하는 것 아냐?"

　가장 받고 싶지 않았던 질문을 아이에게서 받은 어른들은 분노에 가까운 감정으로 아이들을 제재하려고 한다. 아이에게 반복해서 설교하거나 협박하거나 체벌을 가하기도 한다. 교사는 교육이라는 이름 아래 '정론'을 밀어붙이고, 그 '정론' 대로 살고 있지 않은 자기 인생을 철저히 감추려고 한다. 혹은 그와는 반대로 "그런 일로 고민하다니 정말 불쌍해"라고 눈물을 흘리면서 아이를 껴안기도 한다. 그리하여 어른은 교묘하게 그 질문에서 벗어나는 것이다.

어른들 말 속에 감춰진 메시지는 이런 것이다.

"더 이상 내 눈가림을 파헤치지 마라. 우리도 자기 인생살이를 체념했으니 너도 네 인생을 체념해. 우리도 인생의 의미, 말과 행동의 모순에 눈 가리고, 회사나 가정이나 사회에 적응하며 살아갈 것을 선택했으니 너도 그렇게 살기 바란다. 우리는 네가 편안하고 안정된 인생을 보내기를 바란다. 그것이 인생이라고 생각하고 체념하고 있으니까 우리의 이 같은 자기 합리화를 부수지 마라. 그리고 너도 빨리 사회에 적응해서 우리들과 마찬가지로 기만과 체념에 넘친, 그리고 편안하고 안정된, 떳떳하지 못한 배덕(背德)을 탐하는 것이 인생의 보람인 이중기준으로 인생을 살기 바란다."

사춘기 아이들 마음속에 끓어오르는 감정은, 기만에 넘치고 거짓으로 칠해진 사회를 사는 어른들에 대한 '분노'다. 어른들을 힘으로 굴복시켜 "정말 우리는 거짓뿐인 인생을 살아 왔다"고 털어놓게 하고 싶은 폭력적인 충동이다. 소년들은 칼을 어른들에게 내밀며 내뱉고 싶다. "자, 털어 봐, 당신이 하는 말은 전부 거짓말이지? 당신은 자신의 말과는 정반대 인생을 살고 있지?" 그리고 "자, 결국 당신들은 내 몸뚱이만이 목적이지? 멋있는 말을 해도 우리들 행복 따위는 생각도 하지 않지? 자기 욕망을 채우는 일밖에 생각하고 있지 않지? 전부 거짓말뿐이야."

소년 폭력사건이나 소녀 매춘 등의 동기의 하나는 여기에 있다고 생각한다. 이들의 폭력적인 충동은, 거짓 인생을 사는 어른들에게 확실히 겨누어져 있어 결코 '이유 모를' 폭력적인 충동이 아니다. 그것이 '이유 모를' 폭력적인 충동으로 바뀌기 위해서는 다른 한 가지 요소를 덧붙일 필요가 있다.

거짓 인생, 기만에 가득 찬 인생을 사는 어른들의 모습을 가까이서 본 사춘기 아이들은 마음 속 깊이 어떤 생각을 할까. 자신은 어른사회의 일원이 되어 가지만 거짓말뿐인 그런 어른은 되고 싶지 않다. 그리고 아이들은 곧 안다, 그런 어른들에게도 젊은 시절이 있었다는 것을. 젊은 시절에 그들은 자신들과 같이 어른사회에 대해 반항했음에 틀림없다. 그들이 더러운 어른사회의 일원이 된 것처럼, 지금 어른사회가 더럽다며 화를 내고 있는 나도 어른이 되면 지금 눈앞에서 거짓뿐인 인생을 보내는 그들과 전혀 다르지 않을 것이다.

자신을 들여다본다. 내 안에도 안락함과 안정을 찾는 마음이 있다. 귀찮은 일은 모른 체하고, 자기모순에서 눈을 돌리고 살아가는 것을 선택해 적당하게 타협하는 내가 있다. 신념에 따라 사는 것이 정말 괴롭고 힘들어 "편안하게 살면 그게 제일 좋은데"라고 생각하는 내가 확실히 있다. 그래, 내가 가장 싫어하는 거짓말쟁이 어른은 내 자신의 마음속에도 존재한다. 더러운 어른은 다름 아닌 내 자신 내부에도 가라앉아 있는 것이다.

아이들은 말로는 할 수 없어도 이런 일을 예리하게 직감하고 있는 것은 아닐까? 그들은 손에 넣은 칼을 눈앞의 어른들에게 내밀고 있다. 그러나 그 칼끝은 눈앞의 어른들만이 아니라 자신에게도 겨누고 있다. 그들은 그것을 말로 표현할 수는 없지만, 칼을 겨눌 대상 속에 다름 아닌 자신이 들어 있다는 것을 알아차린다. 도대체 '누구'를 찌르려는 것일까.

내민 칼은 하늘에 뜬다. 분노의 상대가 누구인지 모른다. 그러나 분노는 진정될 줄 모른다. 누구에게 터뜨리면 좋을지 모를 분노가 칼을 타고 하늘을 자른다. 그 칼 앞에 교사가 있었다면 그 칼은 교사를, 부모가 있었다면 부모를, 마음에 들지 않는 친구가 있었다면 그 친구를 찌를 것이다. 그리고 칼 앞에 아무도 없다면 그 때 그 칼은 자신을 깊이 찌를 것이다.

'이유 모를' 폭력적인 충동이란 이런 것이다. 정말로 누구를 겨누어야 할지 모르는 상황에 그들은 놓여 있는 것이 아닐까? 그리고 대상을 잃은 '이유를 알 수 없는' 폭력적인 충동만이 몸 전체에서 떨리듯이 일어서고, 혹은 '이유 모를' 불덩이가 몸의 저 안에서 끓어오르는 그런 상황인 것은 아닐까? 물론 이와 같은 상황은 많든 적든 옛날부터 있었다. 그러나 부모나 교사의 권위가 실추하고, 정보화에 의해서 어른들의 행동이 아이 눈앞에 노골화된 현대사회에서 아이들은 유례없이 심각하게 이런 종류의 문제에 직면해 있다.

진정한 적이 누구인지 모르고 어느 적을 쓰러뜨리면 좋을지 모른다. 그리고 자기 자신이 적일지도 모른다. 어른들은 그 같은 난감한 질문에 직면할 일은 적다. 왜냐하면 어른들은 그런 질문에 눈을 감음으로써 사회에 적응했고 '어른'이 되었기 때문이다. 거짓이 아닌 인생을 살려면 어떻게 해야 할까 따위의 질문에서 눈을 돌림으로써 어른들은 무통문명을 지탱하고, 그 속에서 계속 죽고 사는 인생을 보내기 때문이다.

그와 같은 물음에 직면해 있는 사람은 아이에서 어른으로 이행돼 가지 않을 수 없는 사춘기 아이들이다. '어른'이 된다는 것이 어떤 일인가를 스스로 삶의 과제로 삼아야 할 그들이야말로 '어른' 사회의 기만을 가장 민감하게 받아들인다.

그리고 그들의 눈으로 보았을 때 무통화하는 현대사회의 모습이 가장 선명하게 나타난다. 부모와 교사로 대표되는 어른들의 모습. 직장이나 가정에서 죽은 듯한 표정을 지으면서 매일의 잡무를 재미없어하고, 안락함과 안정 유지를 위해서 자신을 죽이고, 몸의 생기를 잃고, 일단 직장이나 가정을 떠나면 순간의 자극을 찾아 평소 말하는 것과는 정반대의 일을 하고, 자신이 획득한 것을 사수하고, 자신의 틀을 지키기 위해서 아이에게 여러 조건을 붙이고, 자신의 삶의 방식에 대해서만은 결코 바꾸려 하지 않고, 사태를 항상 애매하게 수습하려고 하는 어른들의 모습.

  그와 같은 눈가림 인생이 이상하지 않은지 자신에게 물을 수조차 없을 정도로 신체가 무통화한 어른들. 아이들에게는 그와 같은 어른들의 통증 없는 신체가 잘 보인다. '어른'이 되는 일을 의심하며 거부하는 아이들일수록 '어른'들의 무통신체의 모습이 리얼하게 보인다. 그리고 그들의 '이유 모를' 폭력적인 충동은 '어른'들의 무통신체로 향한다. 아이들은 무통신체를 계속 자극하여 다시 아픔의 감각이 되돌아오기를 바라는 것은 아닐까? 이것저것 계속 찌르고 피를 흘리고, 그 피의 아픔에서 '어른'들이 각성해 주기를 바라면서 칼을 내미는 것은 아닐까. 그리고 그들이 '어른'들의 무통신체를 찌르고, 한 번 찌를 때마다 그 칼끝은 천천히 돌아 아이들 자신의 내부에 존재하는 무통신체도 찌른다. 이것이 소년들의 '이유 모를' 폭력적인 충동의 기본 구조라고 나는 생각한다.

  그리고 무통신체를 찌르는 원동력이 되는 것은 소년들 내부에 아직 숨을 헐떡거리고 있는 '생명력'이다. 무통화해 가는 흐름 속에서, 신체의 욕망에 의해 눌려 찌부러지고 마비되면서도, 그러나 아직 아슬아슬하게 잔존해 있는 '생명력'이 '이유 모를' 폭력적인 충동의 모습을 취하여 우리의 무통신체를 찌르고 꿰뚫으려는 것이다. 물론 폭력은 긍정할 수 없지만, 이 '이유 모를' 폭력적인 충동에 소년 자신도 눈치 채지 못하는 어떤 가능성이 있을 것이다.

무통신체를 껴안고 있는 사람을 찌르고 공격하고 파괴하고 피투성이를 만들어 눈앞에 쭈그려 앉게 하는 것이 아니라 그 사람의 중추 부분을 해체하고 그들과 자신의 신체구조를 조금씩 녹이면서 생명력에 재생 에너지를 줄 방법이 있는 것은 아닐까? 묶고 찌르는 것이 아니라 풀어내고 해방시키는 길이 있는 것이 아닐까? 아이들의 폭력에서 볼 수 있는 '이유 모를' 충동에 무통문명을 해체시키는 진정한 가능성이 있는 것이 아닐까? 자신의 속 밑바닥을 관통하는 저항하기 어려운 욕망을 직시하고, 거기서 눈을 떼지 않고 자기를 변화시켜 무통화를 다른 방향으로 전개시킬 가능성, '어른'이 다 된 사람이 아직 갖지 못한 이 같은 가능성을 퍼 올리는 방법이 어딘가에 있는 것이 아닐까?

## 3. 무통문명의 여러 가지 공격 형태

그러나 무통화하는 현대사회는 그 가능성을 건져 올릴 수 있도록 허락하지 않는다. 그 대신 그들의 '이유 모를' 폭력행위나 자해행위를 힘으로 막고, '마음의 보호'라는 이름으로 그들을 무통문명의 규칙에 적응시키려고 공격하고 있다.

아이의 폭력을 예로 들어 생각했지만, 무통문명에서 이 같은 공격을 받는 사람은 아이만이 아니다. 무통문명에 거슬리는 사람은 모두 공격을 받는다. 자신의 삶의 방식에 의문을 갖고, 무통화의 함정에서 벗어나기 시작한 어른들에게도 무통문명은 용서 없이 공격을 준비한다. 그들 마음속의 가장 약한 곳을 공격해서 반항의 의미를 잃게 하고, 무통문명에 대한 의문을 머릿속에서 제거시키고, 그들을 다시 무통문명 쪽으로 전환시키려는 것이다.

이 공격은 친한 사람들의 입을 통해 이루어지기도 하고, 도시 전체가 메시지의 샤워를 맞아 이루어지기도 한다. 무통문명에 반항하는 자는 친한 사람들이나 도시 전체에 꿈틀거리는 실체를 모르는 괴물을 상대로 싸워야만 한다.

무통문명은 우선 거기에 거슬리려는 사람이 안고 있는 '신체의 욕망'에 목표를 정한다. "무통문명에 사는 사람들은 말과 실천이 다르지 않은가, 눈 가리고 살고 있지 않은가"라는 비판에 대해, 무통문명은 그러면 그런 당신 자신은 어떠냐고 묻는다. 당신 자신은 정말로 말과 실천이 일치하는가. 당신 자신은 자신이 시선을 돌리고 싶어 하는 것을 직시하며 살고 있는가. 당신 자신 내부에도 무통문명은 확실히 존재하지 않는가. 그것을 뒤로 미루고 어떻게 남을 비판할 수 있나. 무통문명을 비판하려면 우선 자신 내부에 있는 무통문명을 극복한 후에 하기 바란다. 이 세상에 오염되지 않은 사람은 한 사람도 없다. 지금 당신에게 필요한 것은 자신의 모습 그대로를 발견하는 일이다. 그리고 그것을 그대로 긍정해 주는 일이다. 그러면 지금까지 미운 적이었던 사람이 당신의 동포임을 깨닫게 될 것이다. 그리하여 그들과 당신은 진정으로 통하게 된다.

무통문명은 더욱 추격한다. 그렇게 혼자 버텨서 무슨 이득이 있나. 아무것도 좋을 일은 없다. 그리하여 버티는 것이 점점 힘들고, 어렵고, 괴롭게 되어 갈 뿐이다. 그리고 왜 자신이 이렇게 힘든 일을 하고 있는 것인지 점점 알 수 없다. 하고 싶다면 언제까지라도 계속 할 텐데 싫증이 난다. 싫증이 나서 그만두고 싶어도 그만둔다고 말하지 못한다. 정말 그만두고 이쪽 세계로 돌아오고 싶은데 결코 그 말을 할 수 없는 데까지 밀려나 있다.

무통문명은 가장 사랑하기를 바랐던 사람의 입을 통해 공격해 오기도 한다. 가장 사랑하기를 바랐던 사람. 예를 들면 어머니. 무통문명에 흠뻑 빠져 살고 있는 어머니는, "너를 사랑하니까 부탁한다. 그렇게 멋대로 말하지 말고 이쪽으로 돌아와 줘"라고 설득한다. 어머니는 나를 가장 많이 생각하므로 이렇게 부탁한다. 누구 때문도 아니라 너를 위한 거야. 그런 고집 피우지 말고, 춥고 외로운 곳에서 이쪽 따뜻하고 그리운 곳으로 돌아와 줘. 그것도 싫다면 엄마를 위해서라고 생각하고 말을 들어 줘. 생각을 끄집어내 봐. 모두가 서로 웃었던 단란함을. 즐거웠던 그런 날들을. 엄마는 이제 화 안 내. 모든 것을 용서하고 있어. 그러니 너도 엄마가 했던 일을 용서해 줘. 돌아오기 바란다. 엄마는 네가 옛날처럼 말 잘 듣고 효도하는 좋은 아이가 돼서 돌아오기를 바란다. 엄마를 편안하게 해 줘.

어머니뿐만 아니라 친했던 사람들로부터도 "무통문명에 대한 반항을 포기하라"는 무조건의 항복 권유를 받을 것이다. 그 권유는 그리워했던 사람들이나 노스탤지어, 추억 속에서 생생하게 되살아나는 인간관계를 교묘하게 이용한다. 그런 상냥한 마음을 가진 사람들의 애정과 호의를 없는 것으로 하는 자신이 얼마나 어리석고 냉정한 사람인지를 생각하게 한다. "미안해요, 반항해서 미안해요"라고 엎드리고 싶은 기분이 들게 한다. "전부 내가 잘못했어요. 두 번 다시 안 그럴께요"라고 맹세하고 싶어지게 한다.

존경하던 교사나 나이 많은 친구의 입을 통해 무통문명으로 돌아오도록 권유받는 일도 있다. 이 경우, 도덕적인 단어가 사용될 것이다. 예를 들면 "당신의 반항은 결코 나쁜 것이 아니다. 그러나 반항하는 것은 좋은데 주위 사람을 곤란하게 해서는 안 된다. 반항에도 한도가 있다. 해서 좋은 일, 나쁜 일을 판단하는 것이 중요하다. 의심하고, 반항하고, 해도 좋을 일과 나쁜 일의 경계를 알고, 그렇게 해서 모두 어른이 돼 가는 것이다. 성장이란 어른에게 반항하는 동시에 어른에게 배워서 훌륭한 사회의 일원이 되는 일이다. 그것을 잘못 알아서는 안 된다. 단지 반항을 계속하는 것은 어리석음이다. 반항하면서도 어른의 말에서 배우고, 자신의 인격을 높이고, 그렇게 성장해 가야만 한다. 네가 현명한 선택을 할 것이라는 것을 나는 가장 잘 알고 있다."

또 이같이 말할 것이다. "당신이 어떻게 살든, 어떤 주의주장을 펼치든 그것은 네 일이다. 그러나 당신 마음대로 하는 행동에 의해 주위 사람들이 얼마나 상처 받고, 힘든 기억을 갖게 되는가를 생각해 본 일이 있는가. 자신은 만족할지 모르지만 주위 사람들의 아픔을 당신은 상상할 수조차 없다. 당신이 윤리적으로 살고 싶다면 그 점에 유념해야 할 것 아닌가. 당신이야말로 실은 남의 아픔을 생각하지 않는 진정한 이기주의자가 아닌가."

게다가 무통문명은 이 세계에 격렬한 자극과 쾌락과 욕망 충족이 있다는 것을 미디어를 통해 선전한다. 무통문명에 머물러 있기만 하면 이런 즐거운 자극에 둘러싸여 지낼 수 있다. 괴로운 일 어려운 일은 흐릿해지고, 용의주도하게 눈 가려져 눈앞에 나타나지 않게 되는 것이다.

자신의 존재가 괴롭거나 살기 어렵다는 것은 당신이 무통문명의 흐름에 거슬려 발버둥치는 까닭이다. 물질적으로는 아무것도 부자유스럽지 않은데 어찌 해볼 도리 없이 '괴로움' 과 '어려움' 에 들볶이고 있다면, 그것은 당신이 "이것저것 다 잊고 치유 받고 싶다"는 자신의 본심을 정직하게 인정하지 않기 때문이다.

정확한 모습이 보이지 않는 괴물 같은 것에서 다중 공격을 계속 받는 사람은 자기 자신의 내면과의 싸움으로 기진맥진한다. 자기 자신의 욕망에

질 듯하다. 그리하여 어느 지점에서 자신을 포기하고 무통문명에 몸을 기대게 된다. 무통문명은 그곳에서 탈출하려고 시도하는 모든 사람들을 이렇게 개별 격파한다.

무통문명의 기반에는 '신체의 욕망'이 있다. 즐겁게 살고 싶다, 안정된 인생을 보내고 싶다, 진짜 괴로움을 맛보고 싶지 않다, 손에 넣은 것을 놓치고 싶지 않다, 자신을 바꾸지 않고 계속 확장시키고 싶다 등의 '신체의 욕망'이 사람들의 거래, 사고, 제도 속에서 단련되고, 타협하고, 격류가 되어 개인의 힘으로는 제어할 수 없는 거대한 힘으로 사람들을 움직이고, 사람들의 신체에 흘러 들어갔다 흘러 나가고, 사람들의 사고와 행동을 관통한다. 그 흐름은 눈에 보이지 않고, 만질 수도 없다. 그러나 그것은 우리 행동을 움직이고 마음을 교묘하게 묶는 힘을 가진 유동체다. 무통문명에 반항하는 사람이 싸워야만 할 곳, 정확한 모습이 보이지 않는 괴물이 바로 이것이다. 우리는 그것을 물질로서 측정할 수 없다. 그러나 감각을 잘 다듬으면 생생하게 실감할 수 있다. 우리는 실제 그것에 들어가거나 행동을 속박당하거나 싸운다. 마치 수영장 속에 만들어진 빠져 나가기 어려운 소용돌이처럼, 우리는 그 속에서 발버둥치고 싸우고 떠내려가고 끌려 들어가는 것이다.

사회심리학에서는 군중들의 집단행동의 배후에 그와 같은 힘이 존재한다고 가정해 왔다. 나는 전자미디어 속에도 그 같은 의식의 흐름이 있다고 생각했다. [2] 이 차원에 시선을 두지 않는 한 문명의 모습을 포착할 수 없다. 문명은 물질과 사회제도만으로 만들어진 것은 아니다. 무통화하는 현대문명의 모습을 정확하게 포착하기 위해서는 물질과 사회제도만이 아니라 집합적인 심적 차원의 제도나 그것이 인간의 집단행동에 미치는 영향에 대해 깊이 이해해야만 한다.

무통문명 속을 끊임없이 흐르고, 거기에 사는 사람들의 사고와 행동을 지배하고, 무통문명에서 벗어나려는 사람이 있으면 전력을 다하여 무통문명의 내부로 다시 되돌리려는 이 유동체를 '무통격류(無痛激流)'라고 부르기로 하자. 무통격류는 사람들을 무통문명 속으로 끌고 가서 핵심 부분에 안치해 두려고 한다. '무통격류'는 무통문명론의 가장 중요한 중심 개념의 하나다.

'신체의 욕망'과 '무통격류'의 차이는 어디에 있나. 신체의 욕망이란, 고통을 피하고 싶다든가 쾌적하게 살고 싶다는 등의 개개인의 욕망이 내부에서 끓어오르는 일이다. 이에 대해 '무통격류'란 신체의 욕망이 사회로 유출된 것이고, 예방적 무통화, 눈가림 구조, 이중관리구조(제6장 참조) 등의 장치를 교묘하게 이용해 괴로움에서 체계적으로 벗어나려는 흐름으로 신체의 욕망이 성장한 것이다.

무통격류의 흐름에 의해 무통문명은 '무통중력'이라 불러야 할 일종의 중력장(重力場)을 만들어낸다. 피로에 절은 사람들이 스스로의 체중을 지탱하지 못하고 힘없이 쓰러지듯이, 무통문명과의 싸움에 찌든 사람들은 얼마 못 가 힘없이 무통중력의 벡터에 따라 붕괴해 가고, 무통격류에 휩쓸리면서 무통문명에 자동적으로 되돌아가는 것이다.

따라서 무통문명과 싸우려는 사람이 맞서야 할 것은 파상공격을 해 오는 무통격류이고, 싸울 자신의 신체의 욕망에 그물을 쳐 무통문명 측으로 걷어올리려는 무통중력인 것이다. 무통격류는 싸우려는 사람의 힘을 꺾고, 발밑을 들어올려 밀어내려고 한다. 무통중력은 싸울 사람의 신체의 욕망에 달라붙어 싸울 사람을 자멸시키려고 한다. 무통문명은 그것을 밑바닥부터 의심하거나 밖으로 벗어나려고 하는 사람에게 이와 같은 내면으로의 파상공격을 집요하게 장치하는 것이다.

무통문명과의 싸움이란 무통문명을 살아가는 개개인을 상대로 한 싸움이 아니고, 자기 자신을 포함한 모든 사람의 마음에 흐르는 '무통격류'와 '무통중력'을 상대로 한 싸움이다. 이 의미에서 무통문명과의 싸움은 우리가 아직 체험한 적이 없는 새로운 차원의 싸움이다. 이와 같은 신차원의 싸움을 우리는 어떤 방법으로 이겨야 하는가. 애초 이 싸움에 승리라는 것이 있는가. 그 이전에 이것들과 싸워야만 할까. 싸움이란 도대체 무엇인가.

## 4. '신체의 욕망'과 '생명력'의 싸움

싸움이 있다고 한다면 그것은 무통문명을 확대 재생산하려는 '신체의 욕망'과 그것에 의해 잠들고 마비되는 '생명력'과의 싸움이다.

쾌적함과 안락을 유지하고 싶다, 쾌락과 안정을 바란다, 자신의 틀을 유지한 채 확장하고 싶다, 손에 들어온 것을 잃고 싶지 않다, 하고 싶은 일을 될수록 많이 하고 싶다, 될 수 있는 한 오래 살고 싶다는 '신체의 욕망'이 사회차원에서 편성되어 눈가림 구조나 예방적 무통화 등의 장치를 하고, 무통문명의 파도를 사회 구석구석, 그리고 사람들의 마음 구석구석까지 넓혀간다.

이 같은 '신체의 욕망'의 전략을 가로막는 것이 '생명력'이다. '생명력'은 인생을 예측 불가능한 방향으로, 타인이 있는 방향으로, 자기를 끊임없이 변용시키는 방향으로 열어 가고, 이 세상을 후회 없이 살려는 원동력으로서 작용한다.

그런데 무통문명을 밀고 나가는 원동력인 '신체의 욕망'은 우리 속에 존재하는 이 '생명력'을 여러 수단을 써서 잠재우고 마비시킨다. '생명력'을 무력화하고, 신체를 무통화해서 우리를 무통문명 속으로 완전히 잠기게 한다. 그러나 우리 밑바닥에 있는 '생명력'은 저항한다. 생명력은 모두가 갖추고 있는 것이므로, 무통문명의 공격에 의해 어떤 부분이 잠들었다 해도, 다른 곳이 일어난다.

따라서 무통문명에서의 싸움은 '생명력'을 잠재우고 마비시키려고 여러 함정을 장치해 온 '신체의 욕망'의 공격을 전력을 다해 피하면서 후회 없는 인생을 모색하려는 '생명력'의 반격이라는 형태를 취하게 된다. 한 편에서는 무통적 관리가 사회 구석구석, 그리고 인간의 마음 구석구석까지 확대되고, 다른 한편에서는 '이유 모를' 반항과 파괴가 여기저기서 분출한다. 그리고 강력한 소화력(消火力)을 가진 무통문명의 공격대가 여기저기서 일어서는 '이유 모를' 반항의 불기둥을 끄기 위해 뛰어든다.

그 싸움은 압도적으로 '신체의 욕망'이 유리하다. 왜냐하면, 현대문명 전체의 구조가 신체의 욕망을 뒤에서 밀도록 편성되어 있기 때문이고, 무통화의 파도가 이미 사회 구석구석까지 밀고 들어갔기 때문이다. 그리고 그뿐 아니라 사회에 침투한 무통화의 물결은 반항하고 싸우려는 인간의 근원을 관통하고 있기 때문이다. 무통화의 물결에 대항해서 싸우려는 사람은 자신의 외부에 있는 무통격류와 싸워야 할 뿐만 아니라, 무통화의 물결에 호응하는 자신의 내부에 있는 '신체의 욕망'과도 싸워야 하는 것이다.

자신의 외부에 있는 무통격류와 내부에 있는 신체의 욕망은 떼기 어렵게 묶여 있다. 즉 무통격류는 끝없이 외부에서 흘러 들어와 나를 관통하고, 내 내부에 있는 '신체의 욕망'을 활성화시키고, 내 외부로 흘러 나가는 것이다. 내 내부의 무통문명은 내 외부의 무통문명과 하나의 수류(水

流)에 의하여 꽉 묶여 있는 것이다. 내 내부와 외부를 관통하는 강한 수류 전체를 상대로 나는 싸움을 하지 않으면 안 된다.

내 내부에 존재하는 '신체의 욕망'을 무통문명의 물결은 강한 하나의 수류가 되어 관통한다. 그 수류는 내 신체를 관통하여 내부에 있는 '신체의 욕망'을 활성화시키고, '생명력'을 마비시키고, 내 외부로 나와 두꺼운 그물이 가는 실 다발로 해체될 때처럼, 몇 개의 세세한 무통격류가 되어 사회 속의 무통화 장치로 환류(還流)되고, 타인의 신체로 침입하거나 다른 수류와 합체해서 새로운 먹이를 찾으러 가는 것이다. 무통문명에 의문을 던지는 사람이 직면한 싸움이란 이 같은 구조를 가진 싸움이다. 무통화하는 현대문명의 근본 문제가 여기에서 노출된다. 이것은 무통화하는 현대문명이 일으키는 문제를 해결하려고 맞서는 사람이 반드시 직면하는 기본 상황이다. 예를 들면 어떤 장애인들은 "장애인은 없는 것이 좋다"는 건강한 사람들의 이기주의를 비판하는 운동을 한다. 그러나 자신들에게 아이가 생길 때는 "자신의 아이는 장애인이 아니었으면 좋겠다"고 생각하기도 한다. 이 운동을 하는 자신이 안고 있는 '내적인 우생(優生) 사상'의 문제야말로 싸워야 할 무통격류의 한 예다.


## 5. 자승자박의 세 가지 차원

'신체의 욕망'과의 싸움에 대해서 좀 더 생각하기 전에 우리가 '신체의 욕망'과 '생명력'의 틈새에서 어떻게 쫓기고 있는지를 봐 둘 필요가 있다. 앞서 서술한 것처럼 무통화하는 현대문명에서는 '신체의 욕망'이 우리에게서 '생명의 기쁨'을 빼앗아 간다. 생명의 기쁨을 빼앗긴 '생명력'은 우리들 속에서 서서히 잠들어 가고 마비되어 간다. 그 종착역은 '기쁨 불감증'이다.

'기쁨 불감증'이란 "고통 속에서 자기 붕괴와 재생을 경험했을 때에 찾아오는 예기치 않은 생명의 기쁨"에 대한 감수성이 현저하게 저하하는 일이다. 예측의 틀을 뛰어넘는 일이 가져다줄지 모를 기쁨을 보려고 하지 않는다. 그 대신에 새로 예측된 코스로 쾌감과 충실감만을 추구하도록 한다.

무통문명에서의 인간의 쾌감은 '기쁨 불감증'의 지반 위에 쾌 자극의 집짓기를 거듭해 가는 과정이다. 거기에는 보다 많은 자극이 주어지고, 그 자극에 반응하지 않으면 다른 종류의 자극이 주어지며, 자극에 지치면 안락함이 뒤따른다. 그 같은 쾌 자극과 안락함 사이의 왕복운동에 의해 죽어가는 것이 '생명력'이다.

'신체의 욕망'을 가까이 하면 할수록 우리는 '기쁨'에서 멀어진다. 조절이성을 이용하여 쾌락을 의도대로 손에 넣으려 할 때마다 우리는 '기쁨'에서 멀어져 간다. 무통문명이란 그 안쪽에서부터 '기쁨'이 말살된 세계다. 만약 '기쁨'이 찾아왔다고 해도, 기쁨 불감증에 걸려 무통문명에 살고 있는 사람들은 그 감각을 지금까지 체험한 적이 없는 큰 '불안'으로서 감수할 것이다.

무통화하는 현대문명에서 '신체의 욕망'은 '생명력'을 잠들게 하고, 마비시키고, 우리를 기쁨 불감증 상태로 몰아넣으려고 한다. 끈으로 목이 졸린 사람이 점점 의식을 잃고 반항할 힘을 잃으면서 몸 전체가 마비되고, 잠든 상태로 떨어져 가는 것과 같은 일을 '신체의 욕망'은 '생명력'에 대해 행사하는 것이다. 즉 '신체의 욕망'은 '생명력' 위에 덮치고, 이불 속에서 아이를 죽일 때처럼 몸을 움직일 수 없도록 부드럽게 묶는 것이다. 묶고, 움직일 수 없게 하고, 질식시키고, 마비시키고, 잠으로 이끄는 일.

이것을 '신체의 욕망'이 하는 것이다. '생명력'을 묶어 질식시킬 때, '신체의 욕망'은 우리에게 달콤한 꿀을 준다. 이런 유혹을 당해도 좋을지 모른다, 이렇게 기분 좋으면 '생명력' 따위는 버려도 좋을지 모른다, 이렇게 즐거운 것이라면 이쪽의 삶을 선택하여 취하는 것이 좋을지도 모른다. 그런 생각이 들 정도로 강하고 달콤한 꿀을 분비하면서 '신체의 욕망'은 '생명력'을 잠재워 간다.

'신체의 욕망'이 '생명력'을 잠재워 가는 이 드라마는 우선 첫째로 개인의 내면에서 진행된다. '내' 신체가 '내' 생명을 묶어 간다. 결국 내가 나를 묶는 셈이다. 무통화하는 신체가 놓인 기본 상태는 '자승자박(自繩自縛)'이다.

가장 간단한 예는, 하려고 생각하면 새로운 도전을 할 수 있는데도 귀찮아서 하지 않는 경우다. '생명력'이 무언가를 돌파하려고 하고, 지금까지 시도해 본 적이 없는 한 발자국을 내디디려 하는데 안락함을 찾아 괴로움을 피하려는 '신체의 욕망'이 그것을 묶고 발을 내딛지 못하게 하는 것이다. 그에 따라 나는 소중한 것을 잃고, 대신 안락과 쾌락과 안정을 손에 넣는다.

누군가 나 이외의 인간이 나로부터 무언가를 빼앗아 가는 것이 아니라 다름 아닌 내가 자신을 묶고, 자신 속에 존재하는 아주 소중한 것을 잠재우고 마비시키고 자신의 내부에 묻어 가는 것이다.

'신체의 욕망'이 '생명력'을 잠재워 가는 드라마는 둘째, 친한 인간관계 속에서 일어난다. 그것은 '공범관계'다.

예를 들면 샐러리맨과 전업주부의 관계가 공범관계가 되는 일이 종종 있다. 샐러리맨은 일을 해 돈을 벌어온다. 전업주부는 그의 주변 일을 모두 처리하는 것으로 그의 돈을 쓸 수 있다. 남자는 가사나 세탁 등에 노동력을 쓰는 것이 싫기 때문에 여자가 그 일을 계속해 주기를 바란다. 여자도 밖에서 돈을 벌어 오는 괴로운 일을 하지 않아도 되므로 이 관계를 잃고 싶지 않다.

이 같은 의존관계에 있는 두 사람이 서로의 삶의 방식에 대해 의문을 갖기 시작했다고 하자. 남자는 여자가 집에서 빈둥거리는데 자신은 회사에서 비참한 생활을 하면서 돈을 벌어 오지 않으면 안 되는 사실에 불만을 갖는다. 여자는 남자가 주변의 하찮은 일도 스스로 하지 않아 자신이 가정부처럼 일을 하는 것에 대해 불만을 갖는다. 이리하여 서로 불만을 토로하게 된다. 서로 상대방 탓에 자신이 비참한 상황으로 몰렸다고 주장한다. 상대방의 태도가 바뀌면 자신의 상황도 바뀌어 두 사람의 관계는 진지해질 것이라고 말한다.

그러나 그런 주장을 하면서도 두 사람은 실제로 아무것도 행동에 옮기지 않는다. 왜냐하면 두 사람은 지금의 상황을 정말로 바꾸고 싶지 않기 때문이다. 남자는 여자에게 자립심을 갖도록 권하나 본심은 언제까지나 자신이 번 돈을 주어 집에 남겨두고 싶다. 여자도 남자에게 자신의 일은 자신이 하라고 말하나 "내가 없으면 이 남자는 만족스런 생활을 할 수 없다"는 것을 스스로 확인하는 것으로 큰 만족을 얻는다. 그러므로 서로 입으로는 불만을 내뱉으면서도 실제로는 지금의 상호의존 상태를 바꿀 마음이 전혀 없다. 이런 상태의 일을 '공범관계'라 부른다. 두 사람의 공범에 의해 서로의 '생명력'을 죽이는 범죄인 것이다. 무통문명론에서 '공범관계'는 아주 분명하다.

공범관계가 성립하면 자신이 극복해야 할 일과 스스로 보아야 할 일을 대면하지 않아도 된다. 혼자 있으면 반드시 직면할 자신의 괴로운 문제를 눈앞의 상대방의 존재가 잘 덮어 가려 주는 것이다. 인간관계에는 많든 적든 상호의존적인 측면이 있다. 그러나 공범관계는 자신이 바라보고 싶지 않은 것에 뚜껑을 덮어 주는 도구로서 상대방을 이용하고 있다는 점과 지금의 자신을 바꾸고 싶지 않기 때문에 그 관계를 유지하고 있다는 점에서 자립한 사람들 사이에서 볼 수 있는 상호부조와는 아주 다르다. 자립한 인간은 두 사람의 관계 그 자체를 무언가의 필연성에 의해 계속 바꿔 가고, 그에 대응해서 자신도 계속 바꿔 간다. 그와 같은 활력이 공범관계에는 없다. 공범관계 속에 있는 것은 필연성을 동반한 '변용'이 아니고, 계속 서로를 속이는 '반복'이다.

이 같은 공범관계야말로 무통문명에서 친밀한 인간관계의 기반을 이룬다. 무통문명은 사람들을 눈앞의 고통에서 멀게 하고, 민첩하게 무통화를 방치함으로써 공범관계를 차츰 확대해 갈 것이다. 그것은 사람들에게서 자기 변용의 가능성을 빼앗고 같은 상태를 영원히 반복시켜, 고통이 적은 안락과 쾌락과 안정된 인생을 보장할 것이다.

공범관계란 한쪽의 '신체의 욕망'이 상대방의 '생명력'을 교차해서 묶는 것과 같은 관계다. 내가 당신의 '생명력'을 묶으니까 당신도 내 '생명력'을 묶기 바란다는 식이다. 공범관계는 서로 상대방에게 밧줄을 옭아맨다는 점에서 자승자박의 일종이라고 생각할 수 있다. 두 사람이 세트가 된 자승자박이다. 다른 누가 묶는 것도 아니다. 상호 양해 아래에서 서로를 묶는 것이다. 불만을 아무리 상대방 탓으로 돌려도 설득력이 없는 것은 여기에 원인이 있다(남녀 사이의 비대칭적인 권력에 근거한 공범관계적 지배에 대해서는 제4장에서 상술하겠다).

'신체의 욕망'이 '생명력'을 묶는 세 번째의 형태는, 사회 전체에 퍼진 무통분류가 내 안에 흘러 들어와 '생명력'을 잠재우고 마비시키는 일이 되어 나타난다. 무통격류나 무통중력에 취한 우리에게서 생명의 기쁨을 빼앗아 가는 무통문명의 물결도 발원지를 보면 우리들 한 사람 한 사람의 내면에 존재하는 '신체의 욕망'이 사회 규모로 편성되어 거대한 흐름이 된 것이다.

우리들 한 사람 한 사람으로부터 발생한 '신체의 욕망'이 무통격류라는 큰 파도가 되어 외재화(外在化)하고, 다시 우리들 한 사람 한 사람을 묶으려 하는 것이다. 내 '생명력'을 묶으려고 하는 무통격류도 근본을 보면, 일부분은 자신의 내부에 있는 '신체의 욕망'에 원류(原流)가 있고, 무통문명의 유지 발전에 자신도 가담해 왔다는 점에서 내가 던진 밧줄에 내 자신이 걸렸다고도 말할 수 있다. 사회차원에서 생각한다면, 무통화 사회에 적응해서 사는 모든 사람이 던진 무수한 밧줄이 그물코처럼 펼쳐져 모든 사람을 묶고 있는 것이다. 사회차원에서의 자승자박이다(사회 전체에 퍼진 자승자박의 그물코를 사회 구석구석까지 침투한 '권력'의 작용이라고 생각할 수도 있다. 실제로 오늘날의 권력론은 '미세한 권력'에 대해 말한다. 그러나 그 권력이 어디에서 발원하여 우리를 말려들게 하는지 정확하게 포착하기 위해서는, 이 같은 '권력론'에서 '자승자박의 욕망론'으로 담론을 옮길 필요가 있다. 무통문명론에서 이런 이행은 결정적이다〈제8장 참조〉. 또, 자승자박의 모양은 사회를 구성하는 여러 계층이나 하위 집단에 따라 크게 다를 것이다. 다음의 과제로서 계층이나 하위 집단 사이의 자승자박은 세밀한 분석을 할 필요가 있다).

정리하면, 우리는 무통화하는 현대사회 속에서 세 가지 차원에서 자승자박의 함정에 빠져 있다고 할 수 있다. 개인차원, 공범관계라고 하는 친밀한 인간관계 차원, 그리고 무통문명의 물결이라는 사회차원. 우리는 이 세 가지 차원으로 복잡하게 얽혀 있는 자승자박의 함정에 칭칭 감겨 있는 것이다. 이상 세 가지 자승자박의 내용에 대해서는 제4장 이후에서 새로운 각도로 다시 한번 깊이 검토해 보기로 한다.


## 6. 적은 어디에 있나

현대문명의 저변에는 자본주의가 있다. 자본주의의 발전에 의해 인간
은 소중한 것을 잃어 가고 있다는 것을 처음 명확하게 주장한 사람은 마
르크스(Karl Marx)다. 그는 이것을 '소외'라고 불렀다.

소외란 본래 자신이 속해 있을 곳에서 쫓겨나 외재화(外在化)되고, 추
방되는 일이다. '소외'는 헤겔(Georg Hegel)과 포이어바하(Ludwig
Feuerbach)가 생각해낸 개념이다. 그것을 마르크스가 문명의 과제로서
다시 사용했다. 마르크스는 말한다. 자본주의 사회에서 노동자는 소외된
다. 왜냐하면 노동자가 만들어낸 생산물은 그 자신의 것이 되는 것이 아
니라 그를 고용하고 있는 자본가의 것이 되기 때문이다. 그러므로 노동자
가 뼈와 살을 깎아 일하면 일할수록 보다 많은 것을 그들로부터 빼앗기는
셈이다. 이 같은 일이 계속되면 "그는 자신의 노동에 의해 부정되고, 불행
을 느끼고, 자유로운 육체 정신적 에너지를 전혀 발전시키지 못한 채 그
의 육체는 소모되고 정신은 피폐해진다." 3) 이리하여 노동자는 생산물에
서 소외될 뿐 아니라 자기 자신에게서도 소외된다. 마르크스는 이것을
'자기 소외'라고 불렀다. 그것은 "인간으로부터 인간의 소외"이고 "각자
가 인간적 본질로부터 소외되고 있다"는 것이다. 4) 결국 자본주의 사회에
서 노동자는 자신이 만들어낸 생산물에서 소외되고, 더더욱 의미 없는 노
동을 계속함으로써 자유·행복·생명 등 인간이 인간이기 위한 본질에서
소외되어 가는 것이다. 마르크스가 말하고 싶었던 것은, 자본주의적 노동

이 인간의 본질을 소외시켜 간다는 것이다.

마르크스는 인간이 진정한 자유를 되찾을 수 있는 사회를 만들어내야 한다고 생각했다. 그러기 위해서 자본가가 노동자를 착취하는 구조를 폭력혁명에 의해 파괴하고, 계급을 해체하고, 각자의 자유로운 발전이 만인의 자유로운 발전의 조건이 되는 사회를 만들어야 한다고 생각했다. 마르크스는 노동자(프롤레타리아)의 입장에서 자본가와 자본주의적 생산관계의 타도를 목표로 하였다.

초기 마르크스의 이 같은 사상은 후세에 큰 영향을 미쳤다. 그 과정에서 사상은 통속화되었고, 다음과 같은 두 가지 발상을 새로 만들어내는 계기가 되었다(이와 관련하여 중기 이후의 마르크스는 어떤 의미에서 이것을 극복한 사상 전개를 하고 있다).

하나는, 문명의 발달에 의해 인간은 본래 있어야 할 장소에서 추방되었다고 생각하는 문명론이다. "인간은 옛날부터 자연과 하나였는데 자연을 정복하는 문명을 발전시켰기 때문에 자연에서 분리되고, 자연의 존엄함을 잊어버렸다." "근대화가 진행됨에 따라 공동체였던 따뜻한 인간관계가 사라지고, 서로에게 무관심하고 고독한 인간이 되었다." "과학기술을 생명에 개입시킨 탓에 현대인은 옛날 인간이 가지고 있던 생명의 존엄 감각을 잃어 버렸다."

이들 문명론은 인간과 자연이 일체였던 시절로 돌아가자든가, 옛날처럼 따뜻한 인간관계를 회복시킬 것을 제창한다.

또 하나의 발상은, 좋은 사회를 만들어내기 위해서는 지금의 나를 억압하고 있는 외부의 큰 세력을 타도해야만 한다는 것이다. 우리가 지금 풍요로운 삶을 보낼 수 없는 것은 외부에 있는 강한 세력이 우리에게서 정당한 수입과 안전한 환경과 생활보장, 생활을 윤택하게 하는 여러 가지 것들을 일방적으로 빼앗아 부당하게 독점하기 때문이다. 때로는 불공평한 경제 시스템으로, 때로는 폭력과 무력을 동원하여 착취구조를 유지하려고 한다. 그러므로 지금 필요한 것은 학대받고 착취당한 사람들이 단결하여 외부의 강한 세력을 타도하는 일이다. 외부의 강한 세력이란 자본가, 자본주의, 체제, 세계화 등이다.

이들 두 가지 사고방식과 무통문명론은 엄중하게 거리를 둔다.

우선 첫째, 인간은 본래 있을 장소에서 추방되었다는 사고방식. 우리가 해야 할 일은 "일찍이 전체성이 보장되어 있던 행복한 장소"로 되돌아가는 것이 아니고, 혹은 그 시대나 장소에 성립했을 상황을 지금 이쪽에서 회복하려는 것도 아니다. 우리가 해야 할 것은, 우리의 자승자박을 스스로 푸는 일에 의해서 전혀 새로운 미지의 세계로 한발 내딛는 일이다. 옛날의 좋은 시절로 되돌아가고 싶다는 발상은 현대사회에 대한 성실한 사색을 무너뜨리기 쉬운 최대 함정의 하나다. 그 함정에 떨어지지 않기 위한 지혜가 꼭 필요하다.

둘째, 외부에 있는 강한 세력을 타도하려는 사고방식. 무통문명론은 우리 외부에 있는 강한 적이라는 것을 인정하지 않는다. 모든 것은 우리 한 사람 한 사람이 내면에 가지고 있는 것에서 발생하는 것이고, 적은 항상 우리 자신 내면에 존재한다.

무통문명론에서 우리는 자승자박 상태에 있다고 생각한다. 우리를 묶고 있는 것은 다름 아닌 우리 한 사람 한 사람의 '신체의 욕망'이고, 그것이 사회적으로 편성된 것이 '무통격류'다. 그러므로 우리가 해야 할 것은 외부에 있는 적을 타도하는 것이 아니라 우리를 안과 밖에서 묶고 있는 '자신의 밧줄'을 정성껏 풀어 가는 일이다. 해야 할 일은 '타도'가 아니라 '풀기'다. 다른 누구도 아닌 내가 자신을 묶었던 밧줄들을 자신의 손으로 풀어 가는 일이 필요하다. 외부의 강한 세력에 신경을 집중한 나머지, 그 강한 세력이 자신의 내면에 존재하고 외부와 서로 공통점을 가지고 있다는 사실을 간과해서는 안 된다. 물론 이 사회에서 권력과 재물을 가진 한 무리의 사람들이 신체의 욕망을 다른 사람보다 넘치게 지니고 있는 것은 사실이고, 또 여러 가지 가능성에 도전할 기회가 많은 것도 사실이다. 그러나 이들은 스스로 강한 세력을 확대하고, 유지하고, 안정시키고, 전락을 예방하는 데 집중한 나머지 자신의 인생을 후회 없이 살아가는 일은 망각하게 된다. 그리고 권력과 재물을 껴안은 채 죽어 가면서 사는 화석의 인생으로 어느새 유도되는 것이다.

이에 대해 권력과 재물을 가지지 않은 사람들은, 내일을 살기 위한 일에 집중한 나머지 자신의 인생을 후회 없이 살아가기 위한 환경을 빼앗긴다. 마르크스는 그들 속에서 혁명의 희망을 보았지만 지나치게 낙관적이라고 말하지 않을 수 없다. 그들 가운데 진지하게 사는 사람도 많지만 그와 동시에 출세한 사회의 권력자로서 군림하는 것에 욕심내기도 하고, 보다 힘없는 사람에게 폭력을 휘두르기도 함으로써 지배와 착취 구조를 지탱시키는 사람도 적지 않기 때문이다.

좀 더 말하면, 사회에 현존하는 지배·착취와 싸우려는 사람 역시 자신의 내부에 있는 권력욕에 시선을 돌리거나, 싸움이라는 쾌락과 자극을 찾는 자신의 신체의 욕망에서 시선을 돌림으로써 이 구조를 유지시키고 있다고 말할 수 있다.

따라서 지배층을 직접적으로 겨누어도 자승자박의 구조는 해체되지 않는다. 그것을 해체하기 위해서는, 무통화하는 현대사회에 사는 모든 사람들이 우선 자신의 삶의 방식을 점검하고, 자신의 내면에 있는 무통문명을 각자의 위치에서 풀어 가야만 한다. 그리고 다음으로, 사회 속의 자승자박 구조와 그것을 지탱하는 사회장치를 구체적으로 해체해 가지 않으면 안 된다.

그러나 그 작업은 엄격하고 괴로운, 고독에 넘친 싸움이 되지 않을 수 없다. 무통화하는 현대문명은, 자신을 향하여 대항하려는 우리를 잠재우러 올 것이다. 무통문명과의 싸움은, 따라서 '잠'과의 싸움이 될 것이다. 추운 겨울날에 이불을 뒤집어쓰고 자는 편안함. 배불리 식사를 하고 침대 위에서 음악을 들으면서 조는 듯한 기분. 그런 기분에 질질 끌려 들어가면서도 결코 잠에 빠지지 않고, 끊임없이 의식적으로 눈을 뜨려고 계속 노력하는 것과 같은 싸움이 된다. '잠'의 극복이야말로 무통문명과의 싸움에서 최대 난관이다. 왜 눈을 떠야만 하는가 하는 물음에 끊임없이 직면하면서, '잠으로의 유혹'에 대항해야 하기 때문이다.

그러나 피로에 절었을 때, 잠의 유혹에 계속 버틸 수 있을 정도로 인간은 강하지 않다. 싸우려고 하면서도 문득 정신을 차리면 유혹에 빠져 희미한 잠에 떨어지고 있는 자신을 발견한다. 그리고 마침 수영장의 소용돌이에 휩쓸리듯이 '생명력'을 잠재운 인간들이 체념과 안락에 몸을 녹이고, 무통문명의 소용돌이 속으로 한 사람 한 사람이 빨려 들어가 물에 뜬 짚인형처럼 소용돌이를 따라 단지 힘없이 회전해 가는 것이다.

나는 그 인간들을 옆눈길로 바라보고 소용돌이 속으로 휘말리면서 생각할 것이다. 모두가 안락함과 안정을 구하고, 매일 자극을 찾고, 무통문명에 적응해서 살고 있는데, 어째서 나만이 혼자 오기를 부리고 있는 것인가. 그들의 유혹을 받아 그들과 함께 무통문명의 쾌락 속에서 몸을 해방하고, 마음을 치유하고, 그리고 잠자고 싶다. 그렇게 하면 얼마나 즐거울까, 얼마나 쾌적할까, 얼마나 기분 좋을까. 정말로 나도 즐기고 싶다. 힘든 일과 괴로운 일은 회피하고 안심할 수 있는 생활을 즐기고 싶은 것이다.

저쪽에는 따뜻한 온기가 있는 세계가 기다리고 있다. 거기에 비해 이쪽 세계는 고독하고 냉정하다. 왜 이쪽에 머물러야만 하는가. 이 냉정하고 황량한 무인(無人)의 지평에 언제까지 머물러야만 하나. 다리에서 힘이 빠져 간다. 몸이 무겁다. 이대로 누워 버리면 얼마나 편할까. 내 신체가 온기와 단란함과 친절함을 찾는다. 내 신체는 지금 무통문명에 껴안기기를 바란다. 기분 좋은 잠에 빠지기를 바란다. 무엇이 무통문명인지 모르게 되었다. 무통문명에서 무엇이 나쁜지 모르게 되었다. 이미 어찌할 수 없게 익숙해졌다. 몸이 무거워졌다. 춥다. 온기가 필요하다. 우유가 필요하다. 나는 무너져 내린다. 나는 내가 아닌 내가 되었다가 원래의 나로 되돌아온다. 그리운 내 모습으로 되돌아온다. 나는 녹아 간다. 내면에서부터 녹아 간다.

나는 기분 좋은 꿈을 꾸면서도 때로는 악몽에 시달린 듯 중얼거릴 것이다. 여기에 있어서는 안 된다. 여기서 벗어나야만 한다. 그렇지만, 그렇지만 왜 여기서 벗어나야만 할까. 여기 있는 그대로 좋지 않은가. 왜 싸우지 않으면 안 되나. 이대로의 세계가 계속되어도 좋은가. 이대로는 안 될 것 같은 생각이 든다. 그렇지만 왜 안 되는 것일까. 옛날에는 알고 있었다는 생각이 든다. 그러나 지금은 이미 그것을 생각해 낼 수 없다. 왜 나는 자신의 일을 의심하는 것일까. 자신의 인생이 이대로 좋은지를 의심했다. 그 이유를 나는 이미 생각해 낼 수 없다. 기분 좋다. 내가 어떤 사람이었는지를 이미 생각해 낼 수 없다. 내가 고집부리고 있던 것은 무엇인가. 내가 아직 완전한 어른이 되지 않았을 때, 나는 무엇을 생각했던가.

내가 왜 싸워야만 하는가. 그 답은 하나다. 나는 이 유한한 한 번뿐인 인생을 후회 없이 살고 싶다. 그리고 보다 잘 살고, 보다 잘 죽고 싶다. 그러므로 나는 싸운다. 무통문명 속에 머무는 것만으로는 한 번뿐인 인생을 스스로 납득할 수 있는 형태로 살 수는 없다. 그래서 나는 싸운다. 무통문명의 물결에 휩쓸리면서도 아슬아슬한 곳에 멈추어 서서 나는 사는 의미를 계속 묻는다. 왜냐하면 아무리 무통화에 의해 눈을 가리고 기분 좋은 잠에 빠졌다 해도, 이것이 나의 가장 납득할 만한 인생이 아니라는 것을 나는 의식 밑바닥에서 확실히 인식하고 있기 때문이다. '생명력'이 잔존하고 있는 한, 이 점을 속이는 일은 정말로 할 수 없다.

사실은 알고 있어, 누구나 알고 있어, 이것이 거짓 인생이라는 것을. 그리고 그것을 알고도 모르는 체하면서 자신을 속인다는 것을. 그래서 싸우는 것이다, 자신을 위해서. 누구를 위해서도 아니다. 자신이 후회 없이 살아가기 위해서.

## 주(註)

1) 浜田壽美男「いじめの回路を斷つために」, 佐伯胖 외 편 『いじめと不登校』, 岩波講座 1998, 139쪽.
2) 졸저 『意識通信』, 筑摩書房 1993.
3) 칼 마르크스 『경제학·철학 수고』, 김태경 역, 이론과 실천 1987.
4) 같은 책.

# 제4장 암흑 속에서의 자기해체

## 1. 나로부터

고층건물을 부수는 방법에는 두 가지가 있다. 하나는 건물 각 층에 폭약을 장치하여 단번에 폭파시키는 방법으로 이 경우 건물은 한순간에 무너지고 주위는 온통 잿더미가 된다. 다른 한 가지는 천천히 시간을 들이는 방법이다. 건물에서 유리창을 떼어내고 내부 장식물을 제거해 엘리베이터로 순서대로 운반해 낸다. 건물을 지을 때와는 반대 순서로 볼트를 풀고 철근을 끊는 식으로 건물 전체를 조각 부품으로 분해해 마침내 지상에서 사라지게 한다. 전자의 방법을 '파괴' 혹은 '붕괴'라고 한다면, 후자의 방법은 '해체'다. 해체는 다음 단계로 나아가기 위한 적극적인 의미에서의 재창조의 시작이다.

고통을 없애는 쪽으로 나아가는 현대문명의 방향을 바꾸기 위해 필요한 것은 현대문명을 외부에서부터 파괴하는 작업이 아니라, 현대문명 안에서 삶을 이어가면서 현대문명을 지탱하는 볼트 하나하나를 서서히 푸는 작업이다. 현대문명을 내부에서 해체하는 것. 고통을 없애는 쪽으로 진행되고 있는 현대문명을 자기해체와 정면으로 맞서게 하는 것. 현대문명의 뇌수 부분에 살며시 다가가 결정적인 접합 부분에 있는 작은 볼트를 핀셋으로 집어 푸는 것. 이것이야말로 우리들이 목표로 삼아야 할 방향이다.

그 작업에는 통증이 따른다. 왜냐하면 볼트를 풀 때마다 작업을 하는 우리 자신에게 그 영향이 바로 돌아오기 때문이다. 현대문명을 해체한다는 것은 현대문명에 적응하여 살고 있는 우리 자신의 살아가는 방식을 해체하는 것이다. 현대문명을 해체한다는 것은 현대문명의 급소에 있는 미세한 신경마디 하나하나를 끊어 내는 것이며, 이는 동시에 우리들 자신의 뇌수 속으로 끝이 뾰족한 핀셋을 들이밀어 현미경으로 확인하면서 뇌 속에 있는 신경세포를 하나씩 잘라내는 수술인 것이다. 신경세포를 하나씩 떼어내면 어떻게 되는가. 예를 들어 시각계통의 신경세포를 제거하면 제거된 만큼 세상을 바라보는 방식이 달라질 것이다. 처음에는 잘 보였는데 수술할 때마다 초점이 틀려질지도 모른다. 또는 시야가 점점 좁아질지도 모른다. 그렇게 해서 지금까지 가능했던 일들이 불가능해지고, 갖고 있던 것들을 조금씩 잃어 간다. 잃어 버리면 다시 되돌아오지 않는다.

문명 해체작업은 커다란 불안과 공포를 불러일으킨다. 스스로 자신을 수술하면서 이제 아무것도 보지 못하는 어둠 속으로 빠져들어 두 번 다시 돌아오지 못하는 것이 아닌가 두려움에 떨게 된다. 앞이 전혀 보이지 않는 암흑 속에서 자기 자신을 해체시켜 가는 것. 자신을 해체시키면서 내 안에 둥지를 튼 무통문명도 해체되어 가는 것이다. '암흑 속에서의 자기해체', 무통문명에서 탈출하는 길은 이 방향으로만 열려 있다.

오른쪽을 보아도 암흑, 왼쪽을 보아도 암흑, 어둠에 싸여 앞이 전혀 보이지 않는다. 그런 가운데 자신을 자기 손으로 해체한다. 해체한 후에 자신이 어떤 식으로 바뀔지 모른다. 그런데도 자신을 해체하는 도박을 할 수 있을까. 이것이 무통문명에 대항할 수 있는지에 대한 갈림길이다. 왜냐하면 무통문명은 자신의 미래를 빈틈없이 정해 놓고, 큰 테두리에서 벗어나지 않도록 통제하려는 성질을 갖고 있기 때문이다. 그러므로 무통문명의 큰 테두리에서 탈출하기 위해서는 자신이 어떻게 될지 전혀 모르는 어둠을 향해 나아가는 일을 스스로 선택하는 것이 필요하다. 예측할 수 없는, 결과를 모르는, 어둠에 싸인, 지옥에 떨어질지도 모르는 길을 향해 가면서 자기 자신을 해체하는 것. 그럴 때 비로소 고통을 없애려고 하는 현대문명에서 탈출하는 문을 찾을 수 있다.

무통문명을 발전시키는 것은 우리들 안에 있는 '신체의 욕망'이다. 신체의 욕망은 지금 내가 서 있는 곳에서 기본 틀을 유지한 채 고통을 회피하고 쾌락을 추구하며, 인생의 큰 테두리 속에서 이미 획득한 것을 손에 쥐고 살찌워 간다. 무통문명에 자극을 주어 움직이게 하는 것은 이와 같은 정열이다. 우리들 안에 있는 신체의 욕망과 싸우기 위해서는 신체의 욕망이 나아가려는 방향과 정반대의 방향으로 자신을 끌고 가야 한다. 이는 자신의 기본 틀을 유지하지 않고, 소유물과 기득권을 끊임없이 버리는 방향일 것이다. 즉 자신이 손에 쥐고 있는 것을 끊임없이 버리고, 자기 자신의 기본 틀을 깊이 있게 해체하는 삶의 방식이다.

'암흑 속의 자기해체'는 '자기파괴'와는 다르다. 자기파괴의 밑바닥에는 자기부정이 있다. 이는 죽음과 파괴의 정열이지 고통스러워하면서도 살려는 정신이 아니다. 옛날부터 '자기부정의 사상'이 있는데 이는 예측할 수 없는 앞날의 자기가능성에 내기를 거는 시도다.

자기해체를 시작하기 전 내 주변은 완전한 암흑이다. 해체된 후 내가 어떻게 될지 전혀 모른다. 죽을지도, 미쳐 버릴지도, 울부짖을지도 모르고 두 번 다시 일어설 수 없을지도, 가장 소중한 것을 잃어 버릴지도 모른다. 그러한 공포에 떨면서 나는 자신의 깊숙한 곳에 있는 볼트를 하나 푼다. 나의 심층을 떠받치고 있던 부품이 사라지면 나의 골조는 크게 흔들린다. 나를 받쳐주던 기둥은 체중을 감당할 수 없어 소리를 내며 무너진다. 그러나 어느 정도 무너져갈 즈음에 남은 기둥들이 새로운 균형점을 발견해 그 지점에서 붕괴가 멈출 것이다. 나는 전과 다른 지점에 간신히 서 있을 수 있다.

이때 나는 깨닫는다. 볼트를 하나 풀면 내가 전부터 갖고 있던 것 중의 하나가 사라지지만, 뼈대의 구성이 바뀌는 바람에 전에는 전혀 몰랐던 새로운 감각이 내 안에 싹트고 새로운 각도에서 세상을 바라볼 수 있게 된다는 것을. 이는 무엇을 말하는가. 무언가를 잃는다는 것은 다른 무언가를 얻는 것이기도 하다. 그리고 무언가를 잃어 버릴 때 그 대신 무언가를 얻을 수 있음은 자기를 해체하기 전까지는 결코 알 수 없었던 사실이다. 고통에서 빠져 나온 후에 전혀 예상할 수 없었던 생명의 기쁨이 찾아오는 것과 마찬가지로 자기를 해체한 다음에 무슨 일이 발생할지 전혀 예측할 수 없다. 나는 암흑 속에서 자신을 해체시키다가 뜻밖의 것을 얻게 된다. 자기해체의 본질은 여기에 있다. 어떤 일이 일어날지 전혀 모른다는 의미에서도 이는 '암흑 속'에서의 자기해체다.

일단 균형점에 도달하면 뼈대에서 또 볼트 하나를 푼다. 나의 뼈대는 다시 무너지고 새로운 균형점으로 옮겨간다. 그 때마다 나는 무언가를 잃고 무언가를 얻는다. '파르르 떨리는 두려움'과 '예기치 못한 기쁨'을 반복하면서 이 과정을 자신의 속도로 납득이 갈 때까지 추진하는 것. 이것이 자기해체의 시도다. 해체 후에 구조가 바뀌고 예기치 못한 새로운 자기 자신이 만들어진다는 점에 생명의 비밀이 숨겨져 있다.

'암흑 속에서의 자기해체'라는 것은 이처럼 붕괴와 재생이 반복되는 과정을 스스로 나서서 실천하고, 고통 받지 않으려는 신체를 붕괴시킨 다음, 무통문명에서 알맹이를 빼내 무통화의 연쇄를 끊는 시도다.

무통화의 현대문명 속에 있는 우리들 한 사람 한 사람이 '자기해체의 사상'을 따라서 살려고 할 때, 우리들은 무통화한 현대문명을 빠져 나와 다른 형태의 문명으로 탈출할 수 있지 않을까. 지구상에 끝없이 확대되어 가는 무통문명 한 가운데에서 새로운 종류의 꽃들이 여기저기 피어 무통문명을 안에서부터 초월할 수 있지 않을까.

그렇지만 자기해체를 실천하면서 산다는 것은 도대체 어떤 것일까. 그것은 정말 가능한가. 욕망과 번뇌 덩어리인 우리들이 할 수 있을까. 의지력이 강한, 초인과 같은 인간에게만 허락되는 것은 아닌가. 아무리 윤리적으로 옳은 일일지라도 그것은 우리들을 거듭 "말과 행동이 다르다"는 이중 잣대에 빠지게 할 뿐이다. 이 점은 마지막까지 주의하지 않으면 안 된다. 그러나 동시에 "우리들은 약한 인간이기에 결국 편안한 쪽으로 흘러갈 수밖에 없다"고 생각하는 한 결코 무통화한 문명에서 탈출할 수 없다는 것도 또한 가슴에 새겨둘 필요가 있다.

그렇기 때문에 이 문제는 결국 당신은 한 번 밖에 없는 인생을 어떻게 살고 죽고 싶은가 하는 문제에 귀착된다. 당신은 무통화한 현대문명의 흐름에 휩쓸려 생명의 기쁨을 빼앗기고, 불안이 가득하면서도 순간적인 쾌락과 안정된 생활이 유지되는 틀에 박힌 일상생활을 죽음 직전까지 반복하면서 그렇게 서서히 죽어가는 삶을 선택하고 싶은가. 그렇지 않으면 지금까지 자신이 획득했던 것들을 포기하고 예측할 수 없는 미래에 자신을 내던져 고난을 미리 무통화하지 않고, 무엇이 일어날지 모르는 인생의 순간순간을 자신의 중심축에 따라 정직하게 살아가겠는가. 이와 같은 차원의 질문에 직면하고 어떻게 하면 좋을지 몰라 고민한다. 그 질문을 피하지 않고 한 번 밖에 없는 이 인생을 후회하지 않고 살아가는 것이 가장 중요하다고 생각하고 살아가는 자세를 취하지 않는 한 결코 무통문명에서 탈출하는 출구를 발견할 수 없다.

우리들에게 지금 필요한 것은 '싸움'이다. 무통문명과 싸우고, 타인과 싸우고, 자기 자신과 싸운다. 현대사회에서 필요한 것은 치유라고 생각하는 경향이 있지만 이것은 오해를 불러일으키기 쉽다. 치유는 지금 이대로 괜찮다는 존재 긍정에서 오는 사고다. 그러나 무통문명에 휩쓸린 자신의 모습을 있는 그대로 긍정해서는 안 된다. 무통문명에서 자신을 떼어내기 위해 싸움은 필수적이다.

사회와 나를 관통하고 있는 무통격류(無痛激流)와 무통중력(無痛重力)을 상대로 하는 싸움. 어느 누구를 위해서도 아닌 바로 내 인생을 살기 위한 싸움. 물론 정신도 신체도 상처투성이라 당장 치유가 필요하다. 그러나 그 치유는 싸움의 끝없는 과정 속에서 때때로 찾아오는 샘물과 같은 것이다. 싸움이 있기에 마음의 평안과 치유가 있다. 마음의 평안을 느끼고 치유된 후 나는 다시 싸움의 여정을 떠나야 한다. 싸움을 그만두었을 때, 나는 무통문명의 달콤한 꿀맛에 발목을 잡히고 무통격류의 소용돌이 속에 말려들어 편안한 잠의 세계로 빠져들 것이다.

그 싸움은 철저한 자기 되묻기에서부터 시작된다. 나는 누구인가, 내가 내 자신에게 숨기고 있는 것은 무엇인가, 나는 왜 지금 가장 중요하게 해야 할 일에서 도망쳤는가. 자기 자신을 향해 이와 같은 질문을 던져 전력을 다해 자신에게 파고들어 지금까지 보기를 꺼려 왔던 현실을 두 눈으로 똑바로 볼 것. 가장 보고 싶지 않았던 나의 모습을, 은폐의 흐름을 거슬러 올라가 계속 발견할 것. 구토가 나올 것처럼 전신이 떨리고 무섭고 도피하고 싶어져도 결코 도망가지 말고, 심장이 찢기는 듯해도 자기의 진실을 파헤쳐 직시하고, 부정하고 싶은 그 진실을 지금 어떤 식으로 만날 것인지, 부정하고 싶은 그 진실을 어떤 식으로 바꾸어 갈 것인지, 바위에 부딪치더라도 결말을 짓는 것이다.

자신에게 질문을 던지는 것은 자신을 드러내고 똑바로 쳐다보고 실제로 바꾸어 가는 것이다. 그 과정을 계속한다. 이것은 자신을 속박하고 있는, 직시하고 싶지 않은 심층의 자승자박을 해체하는 것이다. 그리고 무통문명에 얽혀 있는 자기해체를 통해 나를 내부와 외부에서 속박하는 무통문명을 해체로 몰아넣는 것이다.


## 2. 사회차원의 자승자박의 해체

암흑 속에서의 자기해체는 자승자박의 구조를 자신의 손으로 해체시켜 가는 것이다. 앞장에서 보았듯이 우리들은 세 가지 차원에서 자승자박에 빠져 있다. 세 가지란 개인차원, 공범관계라고 할 수 있는 친밀한 인간관계의 차원, 무통문명의 파도인 사회차원을 말한다. 각각 우리들 자신의 내부에 잠재해 있는 '신체의 욕망'이 다양한 경로로 우리들 자신의 '생명력'을 속박하고 있다. 그러므로 해체해야 하는 것은 내 자신을 속박하는 이 구조 자체다. 스스로 자신을 속박하고 있기 때문에 그 구조를 해체한다는 것은 끝없는 '자기와의 싸움'이 아닐 수 없다.

우선 사회차원의 자승자박의 해체에 대해서 생각해 보겠다. 사회 전체에 퍼져 있는 무통격류가 내 안에 흘러 들어와 나의 '생명력'을 잠재우고 마비시키려고 한다. 무통격류는 '생명력'을 속박하여 반항하는 힘을 빼앗고, 나의 행동을 '신체의 욕망'의 통제 아래 두려고 한다. 나는 이런저런 고민을 하면서도 결과적으로는 '신체의 욕망'이 원하는 대로 행동하게 된다. 나는 고통을 미리 피하고 쾌락과 안락함에 달라붙어 지금의 자신을 유지한 채 욕망을 확장한다. 그 앞에는 불안에 빠진 채 쾌락과 자극, 안정을 보장받는 거짓 인생의 행로가 있다.

여기서 탈출하려면 어떻게 해야 좋은가. 우리들 내부에 잠재해 있는 '생명력'에 힘을 실어 자승자박의 구조를 해체할 수밖에 없다. 우선 전력을 다해서 (1)기득권을 버리고 (2)자신이 매달려 있는 것에서 손을 뗄 필요가 있다.

기득권을 버린다는 것은 내가 소유한 절대로 잃어 버리고 싶지 않은 물건, 환경, 권력, 지위 등을 누군가로부터 요구받지 않아도 자발적으로 버리는 것이다. 누구를 위해서가 아니라 자신을 위해서 포기하는 것이다. 이것이 핵심이다. 가장 간단한 예를 들자면 방안에 넘칠 정도의 물건이 있어 몸을 움직일 수 없게 된 사람이 있다. 물건 중 일부를 자발적으로 버릴 수 있다면 그 사람은 어느 정도 해방될 것이다. 많든 적든 이런 경우가 모든 사람에게 있을 것이다. 이 물건이 없다면 어떻게 된다든가, 갖고 있지 않으면 불안하다든가, 미래의 안전을 위해서 필요하다든가, 다른 사람들이 갖고 있으니까 나도 갖고 싶다는 등의 이유로 많은 물건을 껴안고 유지하기 위해 막대한 노력과 시간을 들이지 않을 수 없었으며, 결과적으로 그것을 소유해서 오히려 살기 불편했던 경험은 없는가.

자신이 지금 소유하고 있는 물건, 환경, 권력, 지위 등을 앞으로도 계속 유지하고 싶어 타인에게 넘겨주지 않으려는 태도를 어떻게 바꿀 수 있을까. 정확하게 말하면 이것들을 독차지하여 실제로는 자신의 삶이 더 불편해지거나 생명의 기쁨을 잃어 버리게 되는데도 그 상태를 과연 해체할 수 있을까. 사실 그것들을 버리고 싶지만 버릴 수 없는 자기 자신을 어떻게 해체할 것인가.

기득권의 자기해체라는 주제는 지금 다양한 영역에서 중요한 과제가 되고 있다. 예를 들어 지구 환경문제에서도 자신이 살고 있는 나라 또는 지역의 생활수준만은 어떻게 해서든지 유지하고 싶다는 기득권을 버리지 않으면 더 이상 앞으로 나아갈 수 없는 단계까지 와 있다. 남북문제, 글로벌라이제이션, 페미니즘의 문제도 마찬가지다. 현대문명의 근본문제 중 하나는 기득권을 갖고 있는 인간, 또는 집단이 어떻게 기득권을 스스로 버릴 수 있는가이다. 기득권을 갖지 못한 자들의 압력에 마지못해서가 아니라 자발적인 결단에 의해서, 기득권자 자신을 위해서 자기를 해체하라는 어려운 요구를 계속 하는 것이다. '기득권의 자기해체' 없이는 무통문명에서 탈출할 수 없다. 그러나 이는 매우 어려운 길이다.

두 번째는 매달려 있는 것에서 손을 떼는 것이다. 우리들은 자주 묵직한 안정감에 집착한다. 안정을 찾아 불안에서 눈을 돌리고 직면해야 할 질문에 눈을 가린 채 무통문명의 파도에 휩쓸려 간다. 기득권은 나 자신이 갖는 경우이지만, 매달리는 경우는 반대로 내가 그 안정감에 휘말려 보호를 받아 안락함을 손에 넣는 것이다.

예를 들어 우리들은 '권위'에 매달리려고 한다. 혼자 서는 것이 불안하고 자신이 하는 일이 무의미하게 여겨져서, 자신감이 없어져서, 타인보다도 위에 서고 싶거나 살아가는 의미를 잃었을 때, 우리들은 권위를 쫓아 동분서주하고 거기에 매달리는 인생을 보내려고 한다.

권위에 매달리려는 우리들의 행동은 현실을 고정시킨 채로 영향력을 확대시키는 무통문명을 지지하게 된다. 한번 손에 넣은 권위를 유지하거나, 더 높은 자리를 노리는 쪽으로만 자신의 인생을 설계해 가기 십상이다. 이렇게 하여 자신의 인생이 무엇 때문에 있는가라는 질문에서 눈을 돌리고 거짓 인생을 쌓아가게 된다.

에리히 프롬은 『자유로부터의 도피』[1]에서 근대화 과정에서 고독과 불안 상태에 내던져진 인간이 권위에 의존하는 메커니즘을 훌륭하게 그려 내고 있다. 프롬은 말한다. 견디기 어려운 고독감을 이겨내려는 시도는 "자기 외부에 있는 보다 크고 강력한 전체의 한 부분이 되어 그 속에 몰입하고 참여하는 것이다. 그 힘은 인간, 제도, 신, 국가, 양심, 혹은 육체적인 강제 그 어느 것이어도 상관없다. 흔들리지 않는, 강력하고 영원하며 매혹적으로 느껴지는 힘의 한 부분이 됨으로써 사람은 그것이 지니고 있는 힘과 영광에서 행복을 얻으려고 한다."[2]

고독과 불안에서 눈을 돌리기 위해 자신을 동화시킬 수 있는 어떤 묵직한 대상을 추구하여 그 대상에 자신을 일치시켜 의존하고 싶은 인간의 마음은 지금도 전혀 달라지지 않았다. 이와 같은 인간의 마음이야말로 무통 문명의 딱 좋은 먹이다.

그렇기 때문에 커다란 것에 달라붙어 항상 매달리고 싶어 하고 그렇게 매달림으로써 뿌리 깊은 불안에서 눈을 돌리는 자신을 지금 여기에서 해체해야 한다. 암흑 속에서 불안에 떨면서도 후회하지 않는 인생을 위해서 자기 자신을 커다랗고 묵직한 대상에서 의도적으로 떼어내 보아야 한다.

기득권을 버린다는 것과 매달리고 있는 대상에서 손을 떼는 것에 대해 말했는데, 그렇다면 구체적으로 어떻게 실천에 옮겨야 하는가. 우선 말해 두고 싶은 것은 구체적인 대답을 내가 독자에게 줄 수 없다는 것이다. 물론 이 주제에 대해 좀 더 상세하게 살펴보겠지만 나는 기본적으로 내 자신에 관한 것밖에 모른다. 나는 나 자신의 인생만을 살아갈 수밖에 없다. 구체적인 대답은 당신 자신이 자기와 싸우는 과정 속에서 발견하지 않으면 안 되는 것이다. 나는 이렇게 할 작정이라고 말하고 적고, 실제로 그것을 실천에 옮기려고 싸우고, 그것을 어떤 형태로든 표현해 갈 것이다. 이것이 내가 할 수 있는 전부다. 당신은 어떻게 할 것인가, 그 질문을 다름 아닌 당신 자신을 향해 던졌으면 한다. 그것이 무통문명론을 쓰고 있는 나의 바람이다.

이 바람이 당신 마음에까지 전달될까. 당신이 내 말을 전적으로 받아들여 줄까. 내가 진심으로 말한다는 것을 알아 줄까. 자신과 싸움을 할 때 나는 완전히 혼자다. 절대 고독의 세계. 내가 내는 소리는 나 자신에게밖에 들리지 않는다. 이 소리가 다른 이에게도 정말 들릴까, 전달될까. 동시대를 살고 있는 사람들이여, 앞으로 태어날 미래의 아직 보지 못한 사람들이여, 그리고 이미 이 세상을 떠나간 조상들이여, 나의 목소리가 들리는가. 나의 말에 의미가 있는가. 나의 생각이 우리들을 정말 전진시켜 줄까. 나의 표현이 당신들의 영혼 깊숙한 곳까지 전해지는가. 당신들을 무기력과 절망의 바닥에서 다시 한번 끌어 올려줄 힘이 될까. 나는 모르겠다. 독자의 소리는 항상 날조되어 있다. 원리적으로 그렇다.

그렇기 때문에 내가 알 수 있는 것은, 당신들이 자신들 인생에서 무통화한 현대문명에 실제로 대항하여 일어섰을 때, 그때뿐인 것이다. 아마도 내가 그것을 이해할 수 있을 법할 때, 나는 이미 이 지상에 존재하지 않을 것이다. 하지만 그래도 상관없기에 온 힘을 다해서 나는 말을 계속한다. 당신들에게 그 말이 전해지기를 계속 기도하면서 나는 나의 지옥을 살아간다. 당신들이 나에게 '전해졌다'고 대답할 필요는 없다. 당신들은 우선 자기의 인생에서 그것을 검증했으면 한다. 그리고 온몸으로 나에게가 아니라 타인을 향해서 당신들 자신의 말과 행동으로 당신이 발견한 것을 전했으면 한다. 당신들이 전력을 다해서 이야기해야 할 대상은 내가 아니라 당신에게 소중한 사람들이다. 그것이 생명의 이어짐 아닐까.


## 3. 공범관계적 지배를 풀어 헤친다

두 번째로 친밀한 인간관계 차원에서 발생하는 자승자박에 대해서 생각해 보고 싶다. 그것은 공범관계라는 형태를 취할 때가 많다. 현대의 심리학은 공범관계에 대해서 다양한 각도에서 이야기하고 있다. 프롬도 이미 『자유로부터의 도피』에서 '공생 symbiosis'에 대해서 이야기했다. "심리학적 의미에서 볼 때 공생이란 자기와 타인이(혹은 그 외부의 어떤 힘과도) 자신의 정체성을 잃고 서로 완전하게 의존하는 것과 같은 방식으로 결합하는 것을 의미한다."[3]

최근에 '상호의존'이라는 말이 자주 사용된다. 자승자박의 자기해체를 수행하기 위해서는 이러한 공범관계를 해체하는 것이 꼭 필요하다. 이제부터 이야기하는 것은 심리학 영역에서의 논의와 겹칠지도 모르지만, 무통문명론의 관점에서 반드시 생각해 두어야 한다. 이와 같은 생각의 길을 통과해야 비로소 새로운 차원으로 들어갈 수 있기 때문이다.

공범관계란 상대방의 '생명력'을 서로 속박함으로써, 2인 1조가 되어 서로에게 '신체의 욕망'의 노예가 되는 것이다. 이 때 서로 "당신 때문에 내가 어쩔 수 없이 이런 꼴이 되었다"는 생각을 품으면서도 어느 쪽도 정작 그 관계를 진짜로 무너뜨리려고는 하지 않는다. 왜냐하면 불평을 늘어놓으면서도 두 사람 모두 지금 그대로의 상태를 유지하는 것이 편하다고 마음속으로 생각하기 때문이다.

공범관계는 대등한 두 사람으로 짜여진 것과 힘이 센 사람이 약한 사람을 복종시키는 두 가지가 있다. 이 중 특히 중요한 것은 후자의 공범관계다. 우선 대등한 두 사람으로 짜여진 공범관계에 대해서 생각해 보기로 하자. 이는 한 마디로 "당신 때문에 내가 이렇게 살고 있다"고 서로에게 말하면서도 정작 그 관계에서 빠져 나오고 싶어 하지 않는 상태다. 이와 같은 공범관계야말로 안락함을 원하기 때문에 지금 이대로 있고 싶다, 고통이 늘어나기 때문에 자신의 틀을 바꾸고 싶지 않다, 안정된 미래를 위해서는 현재를 조금 희생시켜도 좋다는 것이다. 타인을 통제하여 소원을 이루고 싶다는 무통문명의 근본사상을 그 근본에서부터 지지한 결과, 거기서 빠져 나오고 싶어 하는 '생명력'을 용의주도하게 핵심에서 빼 버리는 것이다.

나는 이 두 사람이 공범관계에서 빠져 나오고 싶어 하지 않는다고 했는데, 그러나 더 깊은 밑바닥에는 가능하다면 이 관계를 해체하여 새로운 지평으로 나가 보고 싶어 하는 '생명력'이 꿈틀거릴 가능성이 있다. 그와 같은 '생명력'에 자신을 걸어 보고 싶은 생각은 있지만 어디까지나 선택사항이다. 그 희미한 '생명력'을 원동력으로 공범관계를 스스로 해체하기는 불가능하다. 때문에 우선 "나 자신 한 번 밖에 없는 인생을 어떻게 살고 싶은지" "지금 나는 내가 가장 바라던 방식으로 삶을 살고 있는지" "사는 의미는 도대체 무엇인지"라는 인생의 근본적인 질문을 직시해야 한다. 자기 자신에게 그와 같은 질문을 솔직하게 던지면서, 스스로 지금 내가 사는 방식을 확인해 보아야 한다. 다른 사람을 위해서가 아니라 나 자신이 보다 나은 방향으로 살기 위해서 그렇게 하는 것이다.

그러다 보면 "내가 지금 이 상황에 놓이게 된 것이 꼭 당신 탓만은 아니다. 나도 그렇게 원했기 때문"이라는 사실을 깨달을 것이다. 여기서부터 공범관계를 스스로 해체하는 길이 열린다. 즉 나 자신이 원했기 때문에 내가 공범관계를 만들어 유지해 온 것이라고 인식한 다음에 "공범관계를 계속 유지하고 싶다는 바람은 내 마음 깊은 곳에서 우러나는 진심인가"를 다시 물어볼 수 있을 것이다. 바로 그 지점에 멈춰 서서 생각을 깊이 정리해 보았으면 한다. 나의 진짜 바람은, 진짜 소원은 대체 무엇인가.

내 인생은 당신을 위해 있는 것이 아니다. 당신에게 책임을 떠넘기면서 유지해 온 인생은 내가 정말 살고 싶어 했던 인생이 아니다. 내 인생은 나를 위해 내가 살아가는 것이다. 나는 당신도 당신 자신에게 충실한 인생을 살기 바란다. 그렇기 때문에 서로가 자신의 인생을 후회하지 않고 살아가기 위해서, 서로에게 해왔던 뒤틀린 관여를 직접 자신의 손으로 해체할 필요가 있다. '당신 때문에'라는 변명이 통하지 않는 형태로 관계를 해체시켜 각각의 인생길을 자신이 가장 납득이 되는 형태로 살아간다. 공범관계의 자기해체는 이렇게 시작된다.

물론 '신체의 욕망'은 두 사람의 보고 싶은 마음과 그리운 추억 등을 총동원하여 공범관계를 스스로 해체하는 시도를 계속해서 방해할 것이다. 혹은 "당신은 자신을 해체해서 기분이 좋을지 모르겠지만, 나에게는 피해를 주는 것밖에 되지 않는다"는 비난이 친한 사람의 입에서 쏟아질지도 모른다. 무통문명의 파도는 그것을 여러 가지 방법으로 지원할 것이다. 이러한 공격을 받고 불안해져서 눈물을 펑펑 쏟으며 나는 정말 나쁜 사람이라고 자책하고 밤에 돌연 침대에서 일어나 소리를 지르고 머리를 감싸더라도 끝장을 보고, 싸움을 계속하는 것. 자신을 은근히 무시하는 비난과 용의주도하게 거리를 두는 것. 전진하고 후퇴하면서 그 싸움을 어떻게든 지속시키는 정신력을 우리는 바탕에 갖추고 있다. 나는 그것을 알고 있다. 그 힘을 믿고 앞을 향해 전진했으면 한다.

반면 힘이 센 자가 약한 자를 복종시키는 형태의 공범관계의 경우에는 한층 더 신중한 해체작업이 필요하다. 이 공범관계는 예를 들어 육체적으로 힘이 세거나, 돈 문제에서 약점을 쥐고 있거나, 한쪽이 상대방을 사실상 감금상태에 두거나, 아니면 사회구조에서 한쪽의 사회적 권력이 다른 쪽보다 클 때, 두 사람 사이에는 지배를 토대로 한 공범관계가 성립한다. 즉 그와 같은 힘의 관계를 배경으로 두 사람이 관계를 맺을 때 힘이 센 자는 자신의 의견, 희망, 욕망, 기호 등을 밀어붙여 두 사람 사이의 합의를 얻어 내려고 한다. 힘이 센 자는 둘이서 대등하게 의논한다고 말하면서도 실제로는 자신에게 가장 유리한 결론을 교묘하게 제시하여 "어때, 이것으로 괜찮지"라고 말해서 상대로부터 '좋다'는 답을 이끌어 낸 뒤 두 사람의 합의라고 확인한다. 이는 형식적으로는 두 사람의 합의일지 모르지만 사실은 힘이 센 자가 약한 자를 일방적으로 몰아붙여 자신에게 유리한 의견을 관철시키는 것이다.

이렇게 해서 표면적으로는 두 사람의 합의라는 형태를 취하면서도 사실은 힘이 센 자가 약한 자를 일방적으로 밀어붙여 결론을 유도하는 구조가 완성된다. 왜 그렇게 되는가. 힘이 약한 자는 힘이 센 자로부터 의견을 제시받았을 때, 설령 그것이 자신의 뜻과 달라도 거슬리면 나중에 반드시 자신에게 폭력이 가해지거나 제재를 당하거나 불리한 처벌을 받을 것이라고 예상하여 그럴 바에야 지금 찬성하는 편이 낫다고 판단하기 때문이다. 즉 힘이 약한 자는 자신에게 닥쳐올 위험성이 가장 적은 선택을 한다. 힘이 센 자는 힘을 배경으로 자신의 의견을 합의라는 명목으로 통과시킨다. 힘이 약한 자는 상대방의 의견에 따르는 편이 피해가 적을 것이라고 판단하여 그 의견에 동의함으로써 이와 같은 관계가 완성된다. 이 관계를 '공범관계적 지배'라고 부른다. 왜냐하면 이 관계는 서로를 지지한다는 점에서는 공범관계이지만, 그 배경에서는 힘이 센 자가 약한 자를 사실상 지배하는 것이다. 정신의학에서는 '상호의존'이라는 개념을 사용하지만, 여기에 그 개념을 적용하는 것은 옳지 않다. '지배'의 개념이 빠져 있기 때문이다.

공법관계적 지배가 고정화되는 과정을 보자. 우선 힘이 센 자는 두 사람의 관계에서 자신의 의견이 관철되는 것이 당연하다고 생각한다. 자신의 의견이 관철되는 것은 자신이 옳은 말을 하기 때문이라고 생각한다. 자신의 의견이 관철되는 배경에 학력이라든가, 남자라든가, 체격이 크다든가, 돈이 있다든가, 집안의 도움이 있다든가 하는 사회 속의 권력구조가 있음을 잊어버리기 일쑤다. 그리고 어떤 문제가 일어났을 때 자신의 자세는 전혀 바꾸지 않고 상대방을 바꾸게 하거나, 상대방을 통제하여 해결하거나, 상대방에게 뒤치다꺼리를 시키면서도 당연하게 여긴다.

반면에 힘이 약한 자는 자신의 생각이 관철되지 않는 것은 자신의 판단 능력이 떨어지기 때문이라든가, 자신이 잘못했다든가, 자신은 의견을 말할 자격이 없다는 식으로 자신을 부정하여 간신히 정신의 균형을 유지하게 된다. 힘이 약한 자 또한 그 배경에 권력구조가 있다는 사실을 직시하지 않게 된다. 계속 직시해 봤자 상황이 나아지지 않을 뿐만 아니라 고통이 늘어나기 때문이다. 게다가 힘이 약한 자는 상대방이 바라는 것을 만족시켜 줄 때 스스로 행복하다고까지 여기게 된다. 상대방이 말도 되지 않는 요구를 해 와도 울면서 자기를 희생하고, 불평을 늘어 놓으면서도 상대방을 따르는데 오히려 이것이 자학적인 쾌감이 되는 일까지 있다.

이 관계가 더 진행되면 힘이 센 자는 자기가 상대방을 보호한다고 느끼면서 거기에서 자신의 삶의 의미를 발견한다. 내가 있어서 상대방이 살아가고 있다는 느낌은 무척이나 기분 좋은 것이다. 자신을 보호자라고 느낄 때의 쾌감. 자신이 보호자로 있을 수 있다는 것은 자기가 가치가 있기 때문이라고 여기게 된다. 훌륭한 사람이기 때문에, 또는 다른 사람에게 사랑을 베풀 수 있는 넓은 마음의 소유자이기 때문에, 나는 이렇게 남을 보호할 수 있으며 상대방도 나에게 복종하는 것이라고. 이렇게 해서 자신의 의견이 관철되는 배경에는 권력관계가 있다는 것을 잊어버리고, 근거도 없는 자기 과신의 상태로 빠진다.

그렇지만 마음 깊숙한 곳에서는 자기 과신이 근거가 없다는 사실을 알고 있다. 때문에 근거가 없다는 사실이 언젠가 폭로되지 않을까 끊임없이 불안하다. 그렇기 때문에 의견이 대립될 때나 상대방이 자신을 비판하려고 할 때, 진실이 밝혀질 것 같은 공포에 휩싸여 상대방을 때리고 차고 조롱하는 등의 폭력으로 치닫게 된다.

한편 힘이 약한 자는 두 사람의 배경에 있는 권력관계를 거스르면서까지 상대방에게 저항할 것인지 아니면 상대방이 제공하는 보호의 장막에 몸을 맡겨 상대방 뜻에 따르면서 편안한 길을 갈 것인지의 선택에 직면한다. 그리고 대부분 보호로 포장된 편안한 길을 선택한다. 그러나 이는 스스로 좋아서 선택한 것은 아니다. 어쩔 수 없이 그런 선택을 했다는 생각이 늘 지배하게 된다. 뿐만 아니라 그렇게 선택할 수밖에 없었다 하더라도 자신이 보호받는 안락함을 선택한 것은 다름 아닌 바로 자기 자신이라는 엄연한 사실이 거기에 있다. 이러니저러니 말을 해도 결국은 자기 손으로 선택한 것이다. 그러면 의식도 마음속에서 어찌 해보지 못하고 가라앉게 된다.

나는 결국 보호받는 편안한 쪽을 선택했다. 이러한 생각은 '자기부정'의 느낌을 점점 더 악화시킬 것이다. 나는 홀로 서서 싸움을 계속할 수 없는 약한 인간이다. 살아 있다고 하더라도 별 수 없는, 살 가치도 없는 인간이다. 나는 보호받으며 살아갈 수밖에 없는, 그 정도의 가치밖에 없는 인간이다. 이와 같은 생각이 점점 깊이 파고든다. 나 같은 인간은 고생해도 마땅하다. 고통을 견디고 누군가를 위해서 희생하다가 비참하게 버림받아도 그것으로 그만이다. 나는 얼마나 불쌍한 인간인가. 내 눈에서는 눈물이 흘러넘친다. 불쌍한 나. 이렇게 비참하고 아무도 이해해 주지 않고, 한밤중에 홀로 일어나 울고 있는 불행한 나. 자신을 위해서 울어 주는 일밖에 하지 못하는 작은 나.

이러한 감정은 자신에게 한없는 무력감을 가져다준다. 상대방이 관철시키는 의지를 거스르려고 해도, 관계를 바꾸려고 해도 불가능하다. "인간은 원래 그런 거야" "바꾸려고 해 봤자 뾰족한 수가 없어" 하는 자포자기 심정이 세계관의 토대가 된다. 이 무력감이 나에게서 '생명력'을 빼앗아 간다. 그리고 이 무력감은 자신이 보호받는 안락한 상태에 머물러 있는 데 대한 변명으로 쓰인다.

그러나 지금의 상태가 결코 행복하다고는 생각하지 않는다. 자기부정과 무력감, 그리고 현실에 대한 크나큰 불만. 이 세 가지 감정은 세 가지 태도를 갖게 만든다.

첫 번째는 책임 전가다. 좋지 않은 상황이 벌어지면 그것은 내 탓이 아니라고 도망간다. 왜냐하면 내가 정한 것이 아니라 당신이 정했기 때문에 내가 잘못한 것이 아니다. 둘이서 합의했지만, 사실은 당신의 의지를 밀어붙인 것임을 둘 다 잘 알고 있다. 그렇기 때문에 결과가 좋지 않을 때 책임져야 하는 것은 의지를 밀어붙인 당신이지 억지로 동의한 내가 아니다.

두 번째는 피해자 의식이다. 예를 들어 당신 앞에서 내 의견을 말하지 못하는 것은 우물쭈물 결단을 내리지 못하는 비굴한 나로 '조종당해 왔기' 때문이다. 나는 늘 피해자며 힘이 센 자에 의해 이런 식으로 '조종당해 왔다'는 생각이 들게 된다.

세 번째로 이와 같은 마음이 강한 원망의 감정으로 폭발하는 경우가 있다. 내가 원하지도 않았는데 억지로 이와 같은 상태에 빠졌다. 나를 이 상태에 빠지게 만든 자들을 결코 용서하지 않을 것이다. 이런 식으로 나를 '조종한' 자들을 언젠가 때려눕히고, 비웃어 줄 것이다.

공범관계적 지배란 힘이 있는 자와 약한 자가 2인1조가 되어 서로 불만과 불평을 하면서도 상호관계에서 빠져 나오지 못하는 상태를 말한다. 힘이 있는 자는 약자에게 귀찮은 일들의 뒤치다꺼리를 시키는 편안함에서 벗어날 수 없다. 약자는 보호막 안에서 안심하고, 자기를 희생하면서 흘리는 눈물의 쾌락에서 빠져 나오지 못한다. 공범관계적 지배구조가 대단히 강력한 이유는 그것이 두 사람에게 잃기 아까운 쾌락을 가져다주기 때문이다. 입으로는 이런 관계를 끝내고 싶다고 하면서도 본심은 관계를 끝내면 쾌락도 잃어 버릴까 두려운 것이다. '신체의 욕망'에 뿌리박은 쾌락에 역행하면서까지 관계를 해체하기는 매우 어렵다. 워커(Lenore Walker)가 『학대받는 여성Battered Woman』 [4]에서 명쾌하게 보여 준 것처럼 폭력을 휘두르는 남자가 정기적으로 보여 주는 독특하고 달콤한 꿀과 같은 자상한 태도를 경험한 여자는 이것을 맛볼 때의 쾌락에서 빠져 나오기 힘들다. 이것도 그 하나의 예다. 그러나 이와 같은 상태가 계속되면 두 사람의 관계는 출구 없는 상태에 빠지고 같은 일이 끊임없이 반복되어 그 안에서 생명력이 서서히 죽음에 이르게 된다. 지배당하는 자의 생명이 죽어 갈 뿐만 아니라 지배하는 자의 생명도 죽어 간다. 이것이 핵심이다.

이와 같은 공범관계를 해체하려면 어떻게 하면 좋은가. 공범관계는 양쪽에서 풀어야 한다. 그리고 공범관계적 지배를 풀어 헤치려면 힘이 있는 자가 먼저 자발적으로 앞장서야 한다. 힘이 있는 자가 스스로 자기해체를 시작하고, 이에 호응해서 약한 자도 자기부정에서 벗어나는 길로 들어서야 한다.

강자는 두 사람의 관계에서 자신이 지배자임을 인식하고, 지배하는 자리에 있는 것이 역설적으로 자신의 생명력을 고갈시킨다는 것을 깨달아야 한다. 그리고 "이 상황을 어떻게 해서든지 바꿔야겠다"는 마음을 가지고 상대방이 마음속에서 보내오는 모기 소리 같은 희미한 소리에 귀를 기울이고 그에 대답하려고 해야 할 것이다.

강자에게 가장 필요한 것은 '자기해체 사상' 이다. 자기를 해체하는 자는 다음과 같이 결심해야 할 것이다. 내가 살아가는 방식과 생활습관이 당신의 삶을 속박한다면, 당신의 몸을 꼼짝달싹 못하게 하는 나의 손가락을 내 힘으로 하나씩 당신의 신체에서 떼어내겠다. 그 아픔을 내가 떠맡고, 만약 가능하다면 주체적으로 살기 시작하는 당신의 고통과 기쁨을 지금 여기에서 함께 느끼고 싶다.

진심으로 인생을 후회 없이 살고 싶고 상대방을 소중하게 여기는 마음이 조금이라도 있다면 공범관계적 지배의 닫힌 세계 속에서 상대방을 죽이는 제왕이 아니라, 상대방의 마음속 가장 깊은 곳에서 나오는 소리에 귀를 기울여 상대를 속박하는 관계를 지금 당장 앞장서서 해체해야 한다. 강자가 자기를 해체해야 하는 이유는 강자야말로 상대방의 마음 가장 깊숙한 곳에서 나오는 소리를 들을 수 없고, 자신에게 유리한 결정을 거리낌 없이 관철시키면서도 양심의 가책을 느끼지 않으며, 궂은 일이 생기면 안면 몰수하고 뒤치다꺼리를 시키는 존재이기 때문이다.

강자의 그런 태도가 가능했던 것은 자신이 대단하기 때문이 아니다. 단지 사회와 조직이 그것이 가능하도록 권력을 주었다는 것을 깨닫는 일. 그리고 권력구조에서 벗어나면 벌거숭이 임금님일 뿐이라는 것을 자각하고, 그 권력구조에서 자발적으로 나오는 과정에서 새로운 인생의 방향을 모색해 가는 것. 그렇게 한다면 타인을 지배관계에서 착취하는 쾌락과 안락보다도 자기해체하는 과정에서 찾아오는 '생명의 기쁨'이 자기 인생에서 비교가 되지 않을 정도로 의미 깊은 것임을 깨달을 것이다.

그러나 지배자가 자발적으로 지배의 손가락을 풀기는 매우 어렵다. "나는 당신보다 우위에 서 있다"는 만족감, "당신을 보호하고 있다"는 자존심, "너에게 내 뒤치다꺼리를 시키고 있다"는 우월감, "내가 결정한다"는 쾌감 등을 모두 버려야 하기 때문이다. 이것들을 버렸을 때 나는 지금까지 편안했던 세상에서 추방되어 황야에 혼자 서야 하는 고독감에 시달릴 것이다. 그리고 "자신이 누군가를 지배하고 있다"는 것으로 자신의 고독과 불안을 감추고 있었다는 사실을 처음으로 깨닫게 될 것이다. 내가 당신을 지배하고 보호하고 있었지만, 사실은 그 지배관계로 나 자신을 지켜왔다. 그 방어벽이 내 주위에서 사라질 때 어쩔 줄 몰라 하다가 다시 새로운 희생자를 찾으려 할지도 모른다. 희생자를 찾아 자신에게 엄습해 오는 고독과 불안으로부터 눈을 가리려 할지도 모른다. 그러나 그 유혹에 결코 넘어가서는 안 된다. 아무리 불안하더라도 두 번 다시 다른 사람과 공범관계적 지배를 만들어내서는 안 된다. 불안에 떨고 있는 자신을 인정하고 싶지 않겠지만 사실 지배와 보호의 위치에 서려고 하는 자신의 내면에 고독과 불안이 있다는 것을 직시하고 스스로 눈을 가리는 일 없이 인생을 다시 한번 꾸려나갈 가능성을 찾아야만 한다. 당연히 인간은 고독과 불안을 견딜 수 있다. 눈가리개를 하지 않고도 빛을 볼 수 있다. 인간은 그런 의미에서 강하다.

반면 힘 있는 자가 자기를 해체하기 시작하면, 힘이 약한 자도 자립해서 자신의 인생을 살아가기 시작해야 한다. 바탕에 자신의 힘으로 인생을 살아도 좋다는 '자기 긍정'을 깔고서 말이다. 이는 많은 전문가가 인정하는 바다. 나는 존재해 마땅하다. 내가 존재한다는 사실을 어느 누구로부터도 비난받지 않는다. 자기 긍정을 조금씩 갖게 되는 것. 자신이 빠져 있었던 '책임 전가' '피해자 의식' '원망의 감정'에서 스스로를 구제하는 것. 나는 아무래도 안 돼, 나는 희생자야, 나는 이런 식으로 "조종당해 왔어" "결국은 저 녀석이 나를 이런 식으로 만든 거야"라는 감정이 일으키는 분노와 포기, 무력감과 쾌락에서 신중하게 자기 자신을 분리하는 것.

중요한 것은 힘이 있는 자가 속박의 손가락 하나를 느슨하게 풀었을 때, 무심코 그 손가락을 쫓아가서는 안 된다는 점이다. 자신에게서 떨어져 나가는 속박의 손가락을 쫓지 말고 가만히 참는 것이 중요하다. 그 속박의 손가락이 없더라도, 그 손가락이 주는 보호받는 느낌이 없더라도, 나는 혼자서 충분히 해낼 수 있다고 자신에게 이야기하면서 떨어져 나가는 손가락을 지켜본다. 울고불고 파르르 떠는 자기 자신을 용서하면서. 그렇지만 그 손가락을 결코 쫓지 않아야 하며, 떨어져 나가는 손가락을 대신해줄 다른 속박의 손가락을 쩔쩔매며 찾지 않아야 한다. 속박하던 손가락이 떨어져 나갔다는 그 허전함을 채우기 위해서 대용물을 찾아서는 안 된다. 대용물을 찾으면 결국은 원래의 공범관계적 지배로 되돌아가게 된다.

지배도 보호도 필요 없다. 나는 본의 아니게 속박당하는 일 없이, 스스로 내린 선택의 결과를 받아들이며 나아간다. 이 쓰라린, 괴로운, 찬바람이는 일들을 참고 "나는 당신과 상관없다. 나는 나이기 때문에 좋다"라고 자기를 긍정하는 것이 중요하다. 상대방을 탓하지 않는다, 원한을 터뜨리지 않는다. 이렇게 쓰기는 쉽지만 실제로는 죽을 지경이 되어 울고불고하면서 빠져 나와야 하는 길이다. 자기 자신을 위해서 이를 꽉 물고 기어가는 한이 있어도 앞으로 나아가서 스스로의 다리로 일어설 수 있어야 한다.

　힘 있는 자와 약한 자가 이 공범관계적 지배를 양쪽에서 풀어 헤쳐야 비로소 해체될 수 있다. 그러나 이는 괴로운 여정이다. 시작하더라도 반드시 도중에서 좌절의 위기에 휩싸일 것이다. 왜냐하면 우선 강자는 자기를 해체한 앞에 무엇이 기다리고 있는지 전혀 모르는 '자기해체의 어둠' 에 끊임없이 직면하기 때문이다. 그리고 약자는 지배라는 보호막을 잃었을 때 자신이 정말 혼자 설 수 있는지 '보호 상실의 어둠' 에 직면하기 때문이다.

　'자기해체의 어둠' 은 지금까지 자신이 갖고 있던 아이덴티티가 무너져 버릴지도 모른다는 공포를 갖게 만들며, 지금까지 쌓아 올린 것이 모두 무너져 버릴지도 모른다는 공포를 일으킬 것이다. 때문에 앞으로 어떻게 될지 모르는 어둠 속에서 아무것이든 상관없이 손에 잡히는 대로 미래에 대한 확실한 증거를 구하려 할 것이다.

　'보호 상실의 어둠' 은 아무도 나를 지켜주지 않을지도 모른다는, 그리고 나에게 사랑한다고 말해 주는 사람을 잃어 버릴지도 모른다는 공포를 일으킬 것이다. 그리고 자신을 방어해 주는 보호막 없이 외부의 차가운 냉기를 혼자 견디지 않으면 안 된다는 고독과 외로움이 끊임없이 엄습해 올 것이다.

　그럴 때 우리들이 할 수 있는 것은 하나밖에 없다. 나는 어떤 인생을 보내고 싶은가를 끊임없이 자신에게 물어 보는 것. 그리고 예측할 수 없고 실패할지도 모르는, 고통만 가득할지도 모르는 선택에 자신의 존재를 한 번 걸어 보는 것이다. 자기를 해체하려고 하는 자와 자기를 긍정하려는 자가 각각의 어둠을 직면하면서, 그 안에서 발버둥치면서 다른 누구도 아닌 자기 자신의 인생을 살아가려는 각오를 하지 않는 한 공범관계적 지배라고 하는 이름의 자승자박을 풀어 헤치지 못할 것이며, 무통화한 현대문명의 시스템은 결코 변하지 않을 것이다.

물론 공범관계적 지배를 실제로 해체하기는 매우 어렵다. 우리들은 지배 입장에 선 자가 해체를 위해 첫걸음을 내딛는 것을 어떻게 지지하면 좋을지조차 모르고 있다. 실제 가정 내 폭력을 휘두르는 남자들의 태도를 변화시키기 위한 대부분의 노력은 실패로 끝난다. [5]

그렇지만 절망에 빠지지 말고 상황을 변화시키기 위한 새로운 방법을 찾아가지 않으면 안 된다. 그 때문에라도 우리들은 다음에 이야기할 아이덴티티의 문제를 진지하게 생각할 필요가 있다.


## 4. 아이덴티티와 중심축

사회적 차원과 친한 인간 사이의 공범관계에서 생기는 자승자박의 해체에 대해 살펴보았다. 그러나 이제부터 서술할 개인차원의 자승자박이 해결되지 않는다면, 이 두 가지를 해체하는 것은 불가능하다. 세 차원의 자승자박은 서로 밀접하게 관련되어 있지만 그 중에서도 가장 중요한 것이 개인차원의 자승자박이다.

예를 들어보자. 사회차원의 자승자박을 해체하기 위해서 스스로 기득권을 버리려고 할 때, 이는 결코 간단하지 않다. 기득권을 버리고 거기에 집착하지 않으려 해도 여러 이유를 붙여 언제까지라도 그것을 쥐고 싶어진다. 만약 누군가가 그것을 예리하게 지적했다고 하자. 그러면 나는 왜 그 기득권을 버리지 않는지에 대해서 자기 정당화를 시작할 것이다. 다양하게 가장 그럴싸한 구실을 붙여 그 정당함을 호소할 것이다. 그렇게 했는데도 상대방이 납득하지 않으면, 나는 다시 여러 변명을 늘어놓는다. 내가 생각해도 생떼 같은 억지이지만, 괴로우면서도 그 억지를 계속 만들어낸다. 그렇게 해도 상대방이 납득하지 않으면 마지막 수단으로 상대방과 어떤 거래를 하거나 상대방과 공범관계를 맺으려고 할 것이다. 내가 기득권을 버리지 못하고 이렇게까지 발버둥치는 이유는 무엇 때문일까. 그것은 기득권을 버리면 나의 아이덴티티가 붕괴될 위기에 직면할지도 모르기 때문이다.

공범관계적 지배를 해체하려고 상대방을 속박하던 자신의 손가락을 하나씩 푼다고 하자. 어느 지점에 이르면 더 이상 자기해체가 진행되지 않는다. 아무리 해도 안 되는 지점이 있다. 왜냐하면 속박 주체인 나를 조금씩 해체시켜 가는 도중에 나의 아이덴티티가 크게 동요하기 때문이다. 아이덴티티의 붕괴라는 위기에 직면한 나는 자기해체를 계속하기보다도 자신의 아이덴티티를 지키는 쪽을 우선시 해버릴 것이다. 그리고 공범관계적 지배를 해체하려는 시도를 어떤 구실을 붙여 사실상 중지할 것이다. 다시 아이덴티티에 의한 자승자박이 일어나는 것이다. 그것을 해결하지 않는 한 앞으로 나아가지 않는다.

개인차원의 자기해체의 중심에 있는 것은 '아이덴티티에 의한 자승자박'의 해체다. 세 차원에서의 자기해체가 성공할는지의 여부는 실로 '아이덴티티에 의한 자승자박'을 해체할 수 있는가의 여부에 달려 있다.

아이덴티티라는 말은 철학, 심리학, 사회학에서 다양하게 사용되어 왔다. 예를 들어 철학에서는 자기의 연속성이라는 의미에서 아이덴티티 개념을 사용한다. 어제의 나, 오늘의 나, 내일의 나, 이들을 시간적으로 연결하는 '나'라는 주체가 있다. '나'를 성립시키는 연속성을 가리켜 아이덴티티라고 부른다. 이시카와 준(石川准)은 『아이덴티티 게임』에서 사회학에서의 아이덴티티를 소속, 능력, 관계 세 가지로 나누어 정리하고 있다. 소속이라는 것은 "나는 한국인"과 같은 경우, 능력은 "나는 피아노를 잘 친다"와 같은 경우, 관계라는 것은 "나는 믿음직스러운 아버지"라는 경우다.[6]

사회란 내가 어떠한 인간으로 인정받을 것인가 하는 아이덴티티의 정치가 소용돌이치는 장소다.

이들의 정의를 염두에 두면서 나는 아이덴티티라는 개념을 다음과 같이 정리하였다. 즉 "당신은 누구인가?"라는 질문을 받았을 때 대답하는 내용, 예를 들어 "나는 ○○입니다"라든가 "나는 ○○와 같은 사람입니다"라는 자기 인식을 나는 '아이덴티티'라고 부른다. 물론 이와 같은 자기 인식이 사회에서 통용되려면 사회의 승인이 필요하다. 그러나 사람은 사회의 승인을 받지 않아도 마음 깊숙이 분명한 자기 이미지를 가질 수 있다. 다음은 이와 같은 내부에 숨겨져 있는 자기 이미지에 초점을 맞추어 이야기를 펼쳐 가겠다.

그러면 '아이덴티티에 의한 자승자박'의 해체란 구체적으로 어떠한 것일까.

그것은 우선 자기 인식의 밑바탕에 무엇이 있는가를 신중하게 확인하는 작업에서부터 출발한다. 내 안에 세 개의 자아가 있다. '표층 아이덴티티' '심층 아이덴티티' '내가 나이기 위한 중심축'이 그것이다.

우선 표층 아이덴티티란 무엇인가. 그것은 새로운 인간과 사회에 자신을 소개할 때 사용되는 아이덴티티다. 예를 들어 누군가가 나에게 "당신은 어떤 사람"이냐고 물었을 때 내가 그 사람에게 대답할 만한 내용이 나의 표층 아이덴티티다. 나는 그 질문에 "나는 세상의 유행을 쫓아가는 무리예요"라고 대답한다. 그 대답을 듣고 상대방은 "맞다"고 말할지도 모르고 "그렇지 않다"고 말할지도 모른다. 그러나 내게 있어 그 반응은 기본적으로 중요하지 않다. 왜냐하면 내가 그런 식으로 대답할 때 상대방의 반응을 미리 어느 정도 짐작할 수 있기 때문이다. 상대방의 반응을 예측한 후에 나는 그런 대답을 한다. 상대방의 반응을 예측한 후에 그 기대를 저버리지 않는 범위 내에서 나는 이런 사람이라고 자기를 소개하는 것. 이것이 표층 아이덴티티다. 당신도 자기 자신을 예로 들어 생각해 봤으면 한다. 당신은 어떤 사람이냐고 누군가에게서 질문 받았을 때 자신이 어떻게 대답할지는 대충 예상할 수 있다. 그것이 당신의 표층 아이덴티티다.

한편 그런 식으로 질문을 받고 이런 사람이라고 대답하는 순간 내 안에서 "사실은 나는 그런 사람이 아니에요. 당신이 알 리가 있나요" 하는 소리가 들릴 것이다. "나는 세상의 유행에 휩쓸리는 무리예요"라고 대답할 때 내 안에서는 "사실은 달라. 표면적으로는 유행에 휩쓸리는 것처럼 보일지 모르지만 실은 언제나 나는 프로페셔널을 좇는 아티스트"라고 생각하기도 한다. 그리고 상대방을 향해서 머리를 긁적이면서 "난처하게도 경박한 성격이라서"라고 말하며 동시에 자신의 내면에서는 "그럴 리가 없어. 나는 당신과 달라, 프로페셔널이니까"라고 혼잣말을 한다. 사회를 향해 표층 아이덴티티를 표현했을 때 자신의 내부에서 자각되는 '이것이 진짜 나'라고 하는 의식, 그것이 나의 심층 아이덴티티다.

자신을 예로 들어 생각해 보았으면 한다. 결코 상대방에게 말하지 않은 '이것이 진짜 나'라는 자기 이미지가 자신 속에 선명하게 들어 있지 않은가. 그리고 자신 안에 그 이미지를 소중하게 가두고 있지 않은가. 언젠가 내가 인생에서 성공하면 모두에게 밝혀질지 모르지만 지금은 누구에게도 알리고 싶지 않은 이미지가 있지 않을까. 혹은 이런 내가 있다는 것을 절대로 누구에게도 알리고 싶지 않기 때문에 죽어도 말하고 싶지 않지만 사실 이 모습이야말로 나의 본질이라고 생각하는 자기 이미지가 있지 않은가.

사람들은 자신의 심층 아이덴티티를 조용히 자기 자신을 향해 속삭인다. 때문에 한 사람의 심층 아이덴티티를 다른 사람이 알기는 상당히 어렵다. "당신의 아이덴티티는 무엇입니까"라는 사회학적·실험심리학적 조사를 한다고 해도 조사를 통해 나타나는 것은 사람들의 표층 아이덴티티 밖에 없다. 심층 아이덴티티는 객관적·실증적인 조사에 의해서는 거의 밝혀지지 않는다. 사회학·실험심리학은 심층 아이덴티티의 해명에 대해서 거의 무력하다.

그 사람의 심층 아이덴티티는 그 사람밖에 알 수 없다. 그렇기 때문에 나는 내 자신의 표층 아이덴티티 밖에 모른다. 독자의 심층 아이덴티티는 독자밖에 모른다. 독자들이여, 지금 여기에서 자신의 심층 아이덴티티를 질문해 보았으면 한다. 방법은 간단하다. 지금 말한 상황을 가정하여 거기에 대답해 보고 그 때 자신의 마음의 움직임을 관찰해 보면 된다. 천천히 시간을 들여 몇 번이고 해 보는 사이에 자신의 심층 아이덴티티를 생각해 낼 수 있을 것이다.

이 심층 아이덴티티야말로 나를 가장 깊은 곳에서 속박하고 칭칭 얽어매는 장본인이다. 그렇기 때문에 나는 이 심층 아이덴티티를 스스로 해체해야 한다. "아무도 모르지만 이것이야말로 진짜 나"라고 생각하는 자신의 이미지를 해체해야 한다. 앞서 든 예에서 타인에게 "나는 유행에 휩쓸리는 무리다"라고 대답했을 때 "아니 사실은 나는 프로페셔널을 좇는 아티스트"라고 자신 내부에서 속삭이는 이미지야말로 지금의 나를 지탱해 주는 동시에 나를 뿌리 깊숙한 곳에서 속박하며 나를 숨막히게 하고, 살아가기 힘들게 하고, 나로부터 생명력을 빼앗는 장본인이다. 그렇기 때문에 내가 자기해체의 길로 나아가고 싶다면 '이것이야말로 진짜 나'라고 자신에게만 속삭이는 그 관념을 해체해야 한다. 이 점이 매우 중요하다.

그러나 심층의 자기 이미지를 해체한다면, 자신이 서 있는 마음의 기반을 완전히 잃고 두 번 다시 일어설 수 없지 않을까 하는 의문이 생길 것이다. 과연 그럴 위험성도 있다. 여기에서 조금 더 신중하게 이 점을 생각해 보자.

'이것이야말로 진짜 나'라는 자기 이미지가 심층 아이덴티티라고 했다. 분명한 사실이지만 '이것이야말로 진짜 나'라는 내용에 담겨져 있는 것을 우리들은 좀 더 신중하게 두 부분으로 나누어 생각해 보아야 한다. 즉 '심층 아이덴티티'와 거기에 숨겨져서 알아보기 어렵지만 더 깊은 배후에 존재하는 '내가 나이기 위한 중심축'이다. 이 두 가지는 구별하기 어렵지만 근본적으로 전혀 다르다. 결론부터 말하자면 나는 '내가 나이기 위한 중심축'에 따라 나의 '심층 아이덴티티'를 해체해 가야 한다.

그러면 '내가 나이기 위한 중심축'이란 도대체 무엇인가. 그것은 죽는 최후의 순간에 "나는 잘 살았다. 왜냐하면 이 점에서 나는 성실하게 살아왔기 때문에"라고 자신을 향해 진심으로 말할 수 있고, 자신의 인생 전체를 깊이 긍정할 수 있는 점이다. 죽는 순간에 "다른 것은 몰라도 이 점에서만은 내 인생을 지켜왔기에 지금 나는 내 인생을 후회하지 않는다"라고 마음 깊은 곳에서 자신을 향해 말할 수 있는 것이다. 사실 몇 번이나 잃어 버릴 뻔한 적도 있었고, 실제로 잃어 버렸던 적도 있었지만 최후에는 결국 다시 돌아왔다. 그리고 이겨냈기에 내 인생을 후회하지 않는다고 단언할 수 있다. 이제는 죽어야 한다, 내가 쌓아 올린 것, 얻은 것, 만들어낸 것을 나는 죽음과 함께 잃어야 한다. 그러한 인생의 마지막 시점에서 "이것만은 이루어냈다"고 자신에게 긍정할 수 있는 것. 그리고 긍정할 수 있기에 자신이 쌓아 올린 것과 획득한 것, 만들어낸 것을 지금 여기에서 잃는다고 해도 전혀 후회 없다고 말할 수 있는 한 가지. 이것이야말로 '내가 나이기 위한 중심축'인 것이다. 내가 죽을 때 이것으로 충분하다, 이것이 나였다고 깊이 생각할 수 있는 것, 그것이 '내가 나이기 위한 중심축'이다.

그 한 가지가 무엇인지는 나 말고는 결코 알 수 없다. 그리고 그 '중심축'의 관점에서 지금까지의 자신의 인생을 돌아보면 나는 자신이 '중심축'에 따라 살았을 때 가장 활기 있게 시간을 보냈고, 내가 나임을 실감했으며, 살아 있어서 정말로 좋다고 여겼고, 이러한 시간을 경험했기에 다른 것은 없어도 좋다는 생각이 마음에서 진정 우러나왔다는 것을 깨달을 것이다. '중심축'에 따라 살 수 있을 때 나는 우주의 중심이며, 지금 여기에서 내가 존재하는 그 자체가 지극한 행복이며, 내 주위 사람들과 풀과 꽃, 건물, 물, 공기가 아주 소중하게 느껴질 것이다. 나는 지금 이대로 좋다. 더 이상 어디에 가지 않아도 좋다. 물건을 소유하지 않아도 좋다. 내가 자신의 '중심축'에 가장 어울리게 존재할 때, 나는 이런 지점에 서 있다. 나는 '중심축'에 따르기도 하고 거기에서 일탈하기도 하지만 내 인생은 기본적으로 그 '중심축' 주변을 살아 왔다는 것을 죽을 때 자기 자신에게 긍정할 수 있는 것, 그것이 내가 이 세상을 산 증표가 아닐까. 내가 죽을 때 내 인생을 수용한다는 것은 내가 여기저기 떠돌면서도 인생의 '중심축' 주변을 잘 지켜왔다는 것을 자기 자신이 수용하는 것은 아닐까.

그러면 '중심축'과 '심층 아이덴티티'는 도대체 어떻게 다른 것인가. '심층 아이덴티티'라는 것은 내가 지금 이 상태로 계속 살아간다면 죽음 직전에 "나는 잘 살았어, 왜냐하면 나는 이 점에서만은 성실했었다고 자신을 향해 진심으로 말할 수 있고 자신의 인생 전체를 깊이 긍정할 수 있다"는 생각이 들지 않더라도 내가 진심으로 실감했을 때 매달리려고 하는 '거짓 자기 상(自己像)'인 것이다. 죽음 직전에 최종적인 자기 긍정이 얻어지는 것은 아니라는 것을 알면서도 마치 그것을 깨닫지 못하는 것처럼 자신을 속이면서 그 이미지를 자신에게 반복하여 들려주고 매달리는 거짓 자기 상이다.

내가 거짓 자기 상에 매달릴 때 "이게 진짜 나야" "이게 진짜 나일 텐데"라는가 "나는 이와 같은 인간일 것"이라고 하는 형태의 심층 아이덴티티로 변질한다. 그리고 이 변질된 심층 아이덴티티야말로 나를 가장 강렬하게 속박하는 것이다. 여기에 자승자박의 핵심이 있다.

그때 나는 "나는 이와 같은 인간일 텐데"라고 하는 거짓 자기 상에 자신을 무리하게 맞추기 위해서 사실은 아직 그런 인간이 아직 안 되었다고 하는 사실에 눈을 감은 채 지금의 모습을 긍정하거나 그 모순을 찔러오는 존재를 눈앞에서 말살하려고 한다. 혹은 지금 자신의 모습을 무리하게 정당화시켜 그 결과로서 자신 안에 존재하는 자기 변용의 가능성을 뿌리조차 몰아내고, 자신의 힘으로 일어서려고 하는 타인을 폭력적으로 자신의 위치에까지 끌어내리기도 한다.

왜 그렇게 되는가. 심층 아이덴티티는 내가 '신체의 욕망'에 따라 인생을 살려고 할 때, 삶을 지지하는 기반이 되기 때문이다. 내가 지금까지 획득해온 것을 지키면서 앞으로 전진하려고 할 때, 혹은 자기 방어를 위해 무엇인가에 매달리려고 할 때 그러한 행동을 하는 나를 정당화시켜 주는 아이덴티티다. 나는 자신의 심층 아이덴티티에 매달려서 간신히 서려고 하기 때문에 그것을 지켜내고 방어하지 않으면 안 된다. 그 자세야말로 내 안의 '신체의 욕망'과 결부된다.

"내가 이런 인간이라는 것은 나밖에 모른다"라는 자의식이 심층 아이덴티티의 기본인데, 실제로 자신이 다른 사람에게 어떻게 비춰지는지, 다른 사람에게서 어떤 요구를 받는지, 타인과 비교하여 어떤 위치에 있는지 등 타인의 평가, 타인과의 비교를 통해서 심층 아이덴티티는 성립되고 있다. 예를 들어 '나는 진짜 아티스트'라는 심층 아이덴티티의 내용은 "지금은 아무도 모르지만 언젠가 나라는 인간을 모두가 알아볼 날이 오겠지"라고 설정되어 있는 것이다. 그리고 언젠가 도래할 그날을 위해서 지금 여기서는 이것저것 희생하여 그날의 도래를 방해할지도 모르는 출현을 전력으로 저지하려는 것이다. 그렇기 때문에 심층 아이덴티티에 속박당하는 인간은, 지금 내 자신이 획득한 것을 사수하고 마음 깊숙한 곳에서는 늘 타인의 평가에 신경 쓰고 자신과 타인을 비교하여 일희일비한다.

이와 비교할 때, '내가 나이기 위한 중심축'은 자신이 어떻게 보이는지 하는 타인과의 비교에는 기본적으로 관심이 없다. 왜냐하면 '중심축'이 요구하는 것은 내가 자신의 가장 그럴싸한 중심을 얼마나 성실하게 살아갈 수 있는가의 문제이며 그것으로 자신의 인생을 스스로 깊이 긍정하기 때문이다. 그와 같은 의미에서 자기 긍정과의 관련성에서 타인과의 연관이 주제가 되는 일이 있다고 해도 타인으로부터 받는 평가 그 자체가 제일의 과제가 되는 일은 없을 것이다.

심층 아이덴티티가 '신체의 욕망'을 지지한다면, '중심축'은 '생명력'이 끓어오르는 통로다. 나의 깊숙한 곳에 존재하는 '생명력'은 '중심축'을 따라 넘쳐흘러 전혀 미지의 세계로 나를 끌고 가려고 한다.

나는 '내가 나이기 위한 중심축'을 따라 심층 아이덴티티를 해체한다. 이것이 아이덴티티의 자기해체. 이것은 아이덴티티의 차원을 넓힌다. '신체의 욕망'과 '생명력'의 끝없는 싸움이기도 하다.

'내가 나이기 위한 중심축'에 따라 심층 아이덴티티를 해체하면, 해체한 뒤에는 상처 입고 너덜너덜해진 '중심축'이 있을 것이다. 그 '중심축'을 통과해서 나는 지금까지 몰랐던 새로운 세계를 엿볼 것이다. 그러나 이 자기해체의 싸움은 비참하고 피폐할 것이다. 나는 아이덴티티의 자기해체 앞에 도대체 무엇이 기다리고 있는지 모르는 '자기해체의 어둠'이 다가오고, 또 지금까지 자신을 지켜준 아이덴티티가 붕괴되어 두 번 다시 나를 지켜주지 않을 것이라는 '보호 상실의 어둠'도 닥쳐올 것이기 때문이다. 두 개의 어둠에 직면해 떨면서도 나는 '내가 나이기 위한 중심축'의 힘을 믿고 앞으로 전진해 간다. 내가 내 인생을 후회하지 않고 살 길은 그 방향밖에 없으며 무통문명으로부터 탈출하는 문 역시 그 방향으로만 열려 있다.

그런데 '내가 나이기 위한 중심축'이라는 말을 듣고, 내 마음 깊숙한 곳에 단단한 축과 같은 것이 숨겨져 있는 이미지를 떠올릴지도 모른다. 자기라는 구멍을 파보았더니, 바닥에 중심축이라는 실체가 긴 시간을 뛰어넘어 보물처럼 묻혀 있는 것처럼 말이다. 그러나 중심축은 그런 딱딱한 실체가 아니다. 오히려 그것은 파낼 때마다 새로운 표정을 나타내 다이내믹하다. 굳이 말하면 중심축도 사회적으로 구성되어 있는 면이 있다. 중심축을 찾는 시도는 그냥 이 사회에서 행해지고 있기 때문에, 아무리 중심축이라고 해도 이 사회에 유포되는 가치관과 인식 틀과 제도적인 제약으로부터 완전히 자유로울 리가 없다. 그러나 중심축을 확인하는 작업을 반복하다 보면, 흔들림이 적은 중심축의 모습을 점차 선명하게 그려낼 수 있게 될 것이다. 그렇기 때문에 나는 중심축을 확인하고 음미하고 흔들어 보고 떼어내 보고 다른 각도에서 몇 번이나 그 촉감을 확인해 보는 끝없는 시도를 계속 해야 한다. 중심축은 이와 같은 과정 속에서 계속 발견되지 않으면 안 된다. 중심축은 몇 번이나 다른 각도에서 반복된다. 중심축의 발견 과정에서만 존재가 얻어지는 것이다.


## 5. 나 자신의 경우

'심층 아이덴티티'와 '내가 나이기 위한 중심축'을 서술하였는데 구체적이지 않다. 구체적인 내용은 결국 사람마다 다를 것이기 때문이다. 그렇지만 그 구체적인 내용을 말하지 않으면 짐작이 되지 않을 것이므로, 내 경우를 예로 들어 간단하게 말해 보겠다. 이것은 어디까지나 내 경우일 뿐, 모두에게 해당되는 것은 결코 아니다. 독자는 나의 예를 듣고 상상력을 동원하여 아이덴티티의 자기해체가 어느 정도로 깊이 이루어져야 하는지, 자신의 경우는 어떤지 생각해 보았으면 한다.

누군가로부터 '당신은 어떤 사람입니까'라는 질문을 받았을 때 나는 뭐라고 대답했나. "형편없는 사람"이라든가 "고민이 많은 사람"이라든가 "예술을 좋아해서 예술가가 되려고 했다"든가 "과학자가 되려고 했는데 포기했다"는 식으로 다양하게 대답해 왔다고 생각한다. 이것은 결코 틀리지 않다. 이들은 나라는 인간의 한 면을 분명히 표현하고 있다. 그렇지만 이것들은 '표층 아이덴티티'에 지나지 않는다. 이와 같은 내 대답을 들은 상대방은 우선은 예상 범위 내의 대답에 만족하고 나의 말을 저항 없이 받아 줄 것이다.

이렇게 대답하면서도 내 안에는 그것이 나의 본질은 아니라는 목소리가 늘 울려퍼졌다. 나의 본질이라는 것을 그렇게 간단히 알 수 있단 말인가. 그것은 진짜 나의 모습이 아니다. 그것은 내 내부에 숨겨져 있으며 아직 누구도 알아보지 못했다. 왜냐하면 그것은 말하기 매우 어렵기 때문이다.

내 깊숙이 잠재해 있는 '심층 아이덴티티' 는 내가 표층 아이덴티티를 대답할 때 내부에서 언제나 메아리치는 소리, 즉 "나는 여기 있는 사람들과는 전혀 다른 대단한 사람"이라는 자기 상(像)이다. 한층 더 핵심적으로 말한다면 이렇다. "나는 천재다." 이것이 나의 심층 아이덴티티다. 지금까지의 내 인생을 성실하게 되돌아보면 분명히 알 수 있다. 이해해 주는 친구가 전혀 없었던 10대 시절, 유명해지고 싶었지만 아무도 상대해 주지 않았던 20대 전반, 자신의 한계를 깨닫고 불안해져서 종교에 접근했던 20대 후반, 나는 자신이 천재일 것이라는 아이덴티티를 갖고 간신히 자신을 흥분시켜 일으켜 세우고 살아 왔다.

나는 내 주변의 사람들과는 다른 종류의 인간이다. 나는 천재다. 그러나 내가 너무 지나치게 앞서 가다 보니 동시대의 보통 사람들이 이해하지 못하는 것이다. 이것은 천재의 숙명이다. 내가 항상 고독하며 이해받지 못하고, 사회에서 인정받지 못하는 것은 어쩔 수 없다. 이렇게 생각하면서 나는 자신을 정당화했다. 나에게 잘못이 있는 것은 아니다. 나를 이해하지 못하는 다른 사람들의 잘못이다.

나는 유명해지고 싶었다. 그것도 동시대에 유명해지는 것이 목표가 아니었다. 내가 죽은 후에 나의 이름이 찬란하게 빛나는 것. 나의 이름이 불멸의 영광으로 역사상에 남겨지는 것. 동시대에는 불우해도 개의치 않는다. 그 대신 시대가 바뀌어 내 사상의 진가를 드디어 보통 사람들도 이해할 수 있을 때 나는 시대를 선도하는 천재로서 사람들로부터 칭찬을 받을 것이다. 그러한 관념에 사로잡힘으로써 나는 간신히 자기 자신을 세울 수 있었다.

그러한 심층 아이덴티티를 갖게 되었을 때, 역설적이지만 나는 사람들에게 관용을 베풀 마음이 생겼다. 설령 나를 비난하거나 박해하는 사람이 있더라도 나는 미소를 지으면서 초연할 수 있었다. 왜냐하면 그들은 내가 진짜 천재임을 결코 알아볼 수 없는 지극히 평범한 사람들이기 때문에 불쌍하게도 그런 잘못된 판단을 해 버린 것이다. 진실을 모르는 평범한 사람들을 불쌍하게 여겨야 한다. 그래서 나는 그대들과 같은 평범한 사람들에게는 화를 내지 않는다. 그대들이 내가 한 말을 경박스럽게 조롱하더라도 나는 온화한 미소를 지으며 대답해 줄 수 있다. 그대와 나는 수준이 다르다고. 나와 비교하면 그대들은 정말이지 평범한 존재다. 진실을 아는 것은 나뿐이다. 언젠가 시간이 지나면 진실이 많은 사람들에게 알려질 것이다. 진실은 그때 역사에 의해 밝혀질 것이다.

심층 아이덴티티에서의 차별주의야말로 담론 차원에서 강력한 평등주의자가 되게 해 준다. 왜냐하면 모든 사람에게 귀천의 구별은 없다고 잘라 말하고 이를 실천하기 위해서는 그 사람의 심층부에 "나는 다른 사람과는 달리 참된 의미의 평등이라는 어려운 문제를 실천할 수 있을 정도의 뛰어난 인간"이라는 차별의식이 있어서 그 사람을 강력하게 지지할 필요가 있기 때문이다. 나는 그와 같은 인간이었다. 자신이 숨은 천재이며 다른 사람과는 존재 가치가 다르다는 차별의식에 의해 나는 사는 의미를 발견하였다. 그리고 그것을 교묘하게 마음 심층에 숨겨두고 있었다.

이렇게 반복하여 분석해 보면 재미있는 사실을 깨닫는다. 내 존재는 특별하다는 의식은 "나만이 이 우주에 존재하고 나 이외의 사람들은 사실 로봇에 불과하다"와 같은 독아론(獨我論)과 결부되어 있는 듯하다. 나는 소년 시절부터 이 독아론에 빠져서 좀처럼 헤어 나올 수 없었다. 그리고 그 유일한 존재인 내가 존재하지 않게 되는 사실, 즉 죽는다는 사실이 터무니없이 부조리하게 느껴졌다. 이 특별한 존재, 유일한 존재가 우주에서 사라져 버리는 일이 벌어져서는 안 된다. 그런 공포가 발생해서는 안 된다. 독아론과 죽음의 공포와 자신을 특별시 하는 것은, 내 마음속에서 매우 강하게 결합되었다. 이 점은 좀 더 자세히 설명할 필요가 있다.

나는 천재다, 나는 특별하다는 아이덴티티는 내 인생을 편하게 해 주지는 않았다. 반대로 나의 의식과 삶의 방식을 기묘한 방식으로 속박하고, 나를 터무니없이 숨막히는 지경에까지 몰아넣었다. 만약 내가 숨은 천재라는 아이덴티티를 전적으로 믿고 있었다면 나는 훨씬 편했을지 모른다. 그러나 나는 그와 같은 신뢰를 일관하지 않았다. 나는 확증이 필요했다. 자신이 정말로 천재라는 확증이. 그래서 나는 기묘한 코스에 돌입했다. 내가 천재이며 제 몫을 하는 사람이라면 나는 타인보다도 '힘'을 가져야 마땅하다. 나는 힘에 의해 타인보다 우위에 서서 존경받고, 타인을 보다 좋은 방향으로 이끌고, 내 권위를 우러러 보게 하는 사람이 될 것이다. 나는 사회 속에서 실제 그런 사람이 되어 자신이 천재이며 제 몫을 하는 사람이라는 확증을 얻고 싶었다.

나는 우선 친근한 인간관계 차원에서 공법관계적 지배를 만들었다. 그리고 내가 그 관계를 통제하는 쪽에 섰다. 나는 그렇게 스스로를 우위에 두고 그 위치를 유지하려고 했다.

나는 권위를 얻으려고 했다. 학문의 세계에서의 권위. 나는 자신이 이단이라는 것을 인식하면서도 대학세계의 구조적인 질서의 계단을 결코 헛딛지 않으려고 노력했고, 최종적으로는 이 업계에서 가장 지위가 높은 대학교수가 되고 싶어지기 시작했다. 그것을 염두에 두면서 논문을 대량으로 생산했다. 자신이 권위의 길로 나아가 자신에게 '힘'이 있음을 확인하고, 자신이 특별한 존재라는 확증을 얻으려고 했다. 그와 동시에 나는 매스미디어에 오르게 되었다. 미디어를 통해 유명해지면서 나는 자신이 '뛰어난 인물'이라는 확증을 얻으려고 했다.

　이렇게 하여 원래는 동시대로부터 무시받아야 할 내가, 자신이 천재이며 특별하다는 확증이 필요하다는 생각이 지나치다 보니 어느새 좋은 평가를 얻기 위해 동분서주하게 된 것이다. 심층 아이덴티티는 타인의 평가와 비교에 연연해한다고 썼는데 내 경우에도 그렇다. 내가 천재이고 특별하다는 것은 확실하게 타인과 비교하여 그렇다는 것이다. '천재' '특별'이라는 것은 비교 개념이다. '천재'와 '특별'한 것은 원리적으로 따로 있을 수 없다.

　이렇게 되고 나서 내 삶은 답답해졌다. 나는 인간관계에서, 사회활동에서, 미디어에서 나의 '힘'을 확인하는 작업을 계속해 왔다. 확인하지 않으면 불안해지고 무언가가 내 배후에서 나를 죽이려고 덤벼오는 듯한 감각에 사로잡히게 되었다. 자신의 힘을 끊임없이 확인해야 자신이 천재이며 특별하다는 확증을 얻는다, 그것이 내 삶의 목표가 되었다. 나는 그 길을 계속 달렸다. 하지만 이것은 나를 터무니없이 괴로운 지경에까지 몰아넣었다. 왜냐하면 '동시대에서 힘을 얻는 것'과 '내가 진짜 천재라는 것'이 모순된다는 사실을 처음부터 나는 알고 있었기 때문이다. 그것이 모순이라는 것을 알고 있으면서도 그 길을 계속 달리지 않으면 안 되는 괴로움. 도대체 내가 지금 무엇을 하고 있는가. 이런 자기모순의 극치를 왜 언제까지나 계속 지속해야 하는 것일까.

　그러나 나는 알고 있으면서도 그만둘 수가 없다. 이렇게 할 셈이 아니었다고 외치면서 같은 길을 계속 달리고 있는 나. 왜 달려야 하는지 모르지만 자신의 발을 멈추게 할 수 없는 나. 그런 괴로움이 심해지자, 나는 불합리한 권력행사로 치닫게 되었다. 때로는 폭력이라고 여겨질 정도의 행위를 다른 사람에게 했다. 그때 나의 괴로움은 한꺼번에 치유되었다.

뜻밖이었다. 자신이 손에 쥔 권력을 이용하여 특별히 필요하지도 않은 권력을 행사할 때 나는 스스로 껴안고 있었던 모순에서 발생하는 고통과 괴로움을 잠시나마 잊을 수 있었던 것이다. 차별과 폭력의 근원의 하나는 분명히 여기에 있다.

그러면 왜 자신을 천재라고 여겼던 내가 동시대에 힘을 얻으려고 했던 것일까. 그것은 천재라는 확증이 필요했기 때문이다. 왜 확증이 필요했을까. 그것은 내가 천재도 아니고 특별하지도 않다는 공포를 참을 수 없었기 때문이다. 왜 그것이 공포스러웠을까. 그것은 "나는 천재다" "나는 특별하다" "나는 타인과는 전혀 다른 존재다"라는 아이덴티티를 기반으로 하여 처음으로 나는 자신의 인생에 의미를 부여할 수 있었고 일어설 수 있었기 때문이다. 딛고 서 있는 발밑의 지반을 무너뜨리는 공포였다. 즉, 나는 '천재' '특별' '뛰어난 사람' '타인과의 비교에서 오는 우위'를 비약의 발판으로 삼으면서 처음으로 살아가는 의미를 획득할 수 있었다. 타인이 물어 보았을 때 절대로 말할 수 없는 나의 심층 아이덴티티였다. 그리고 그 우위 감각을 절대 기반으로 삼으면서 나는 타인에게 관대해졌고, 평등 사상을 말하고, 나아가 현대사회의 만연한 '능력주의'와 '경쟁주의'를 비판하였다. 이것이 나의 최대 모순으로 나를 가장 깊은 곳에서 자승자박하게 몰아넣었으며, 그 결과로서 나의 삶은 지극히 괴롭고 쓰리고 위선적이 되었다.

이 답답함과 괴로움과 말과 행동의 모순을 기회로 파고드는 것이 '신체의 욕망'이며 '무통격류(無痛激流)'다. 그것들에 휩쓸려 그 안에 스스로의 신체를 맡김으로써 나는 괴로움과 공포로부터 눈을 돌릴 수 있었고, 신체가 무통화해 갔으며, 무통문명의 거주자로서 변모했던 것이다.

이것이 내가 자기해체해야 할 '심층 아이덴티티'의 내용이다. 지금까지 자신의 내부에 은밀히 숨겨져 있는 심층 아이덴티티를 이렇게 밝은 태양 아래 드러내는 것은 매우 괴로운 일이다. 자기 자신의 가장 깊숙한 곳에 있으면서 자신을 일으켜 세워주었던 것을 대상화시켜 자신의 눈으로 생생하게 알 수 있는 형태로 조형하는 작업이 얼마나 힘든지 독자여 상상해 보았으면 한다. 그리고 당신들이 이와 같은 작업을 할 때 당신도 이 정도까지 자아를 파 내려가야 한다. 나는 당신들이 마음 깊숙한 곳에 안고 있는 것을 결코 볼 수 없다. 작업을 하는 것은 당신들 개개인이다. 자신의 힘으로 여기까지 파 내려갔으면 한다.

독자 중에 나의 예를 읽고 "그런 일로 고민하다니, 특이한 사람이네. 그런 고민은 나와는 상관없어"라고 중얼거리는 사람도 있을 것이다. 그러나 독자여, 그런 식으로 중얼거리며 당신은 당신 자신의 심층 아이덴티티로부터 눈을 돌리는 것은 아닌가. 보고 싶지 않은 모습에 자신을 들이대고 싶지 않을 뿐더러 자기 방어를 하려는 것이 아닌가. 나의 예와는 전혀 상이한 종류의 깊은 어둠을 심층에 꺼안고 있는데도 그것을 자신에게 덮고 은폐시키려는 것은 아닌가.

이처럼 자신의 심층 아이덴티티를 파 내려가다 보면, '내가 나이기 위한 중심축'이 무엇인지도 어슴푸레하게나마 이해하게 된다. 자신이 언제 "아 지금 이 순간이 가장 생기 넘치는 나"라는 느낌을 가졌는지 떠올려 보면 이해가 된다. 생기 넘치는 자신이라는 것은 자신이 이 우주 속에서 자신으로 존재하는 것 자체에서 빛, 기쁨, 즐거움이 솟아오를 때의 자신을 말한다. "내가 나라는 점, 그 자체가 얼마나 근사한 일인지"라는 기쁨이 넘친다. 그 때의 모습이야말로 '내가 나이기 위한 중심축'이다. 즉 다른 사람과 비교해서 자신이 빛나는 것이 아니라 다른 사람과 관계없이 자기 자신이 빛나는 것이다. "나는 천재다" "특별하다"는 의식은 어디까지나

타인과의 비교에서 생겨난 것으로 나의 '중심축'이 될 수는 없다. '천재'라든가 '특별' 등의 별은 자기 자신의 빛으로 빛나는 것이 아니다.

다른 사람들의 평가나 비교와는 상관없이 자신이 빛나고 기쁨이 넘쳤던 적이 있는가. 내게는 있다. 우선 그것은 내가 자신의 인생 속에서 고난에 직면하여 무너지고 그 속에서 예기치 않은 방법으로 재생될 때다. 그때 찾아온 '생명력' 이야말로 지금 내가 여기에서 다시 태어난 기쁨이다. 이러한 실감은 내게 "나는 지금 이 자리에 설 수 있다는 것이 더할 나위 없이 기쁘다"는 자기 긍정의 감각을 가져다준다.

그리고 또 하나, 다른 사람들의 평가나 비교와는 관계없이 기쁨에 넘쳤던 때는 내가 머리와 몸을 써서 생각하고 기획하고 표현하는 그 순간이었다. 창작하기 전에 아무리 힘들었어도 일단 창작에 들어가 손가락 끝에서부터 자신의 말이 샘솟아 나오는 순간 나는 "내가 지금 이 자리에 살아 있을 수 있어 더할 나위 없이 기쁘다"는 마음을 느끼게 된다. 그리고 창작이 가능하다는 것을 초월적인 존재에게 감사드리고 싶은 마음이 든다. 실로 지금 이 자리에 있는 내가 나라는 데에 의미가 있으며 내가 사는 의미다. 이에 비하면 다른 사람으로부터 받는 평가나 비교는 전혀 중요하지 않다. 내가 무엇인가와 이어져 지금 내 안에서 창조의 혼이 일어서고, 그것이 내 머리와 몸과 손가락 끝을 빠져 나와 눈앞에서 말로 만들어져 자리잡고 있다. 지금까지 인생의 시행착오와 싸우면서 형성되어 온 나의 전 존재를 헤쳐 나온 말이 지금 여기에서 살아 움직인다. 나는 내가 갖고 있는 것을 모두 불태워 나의 가능성을 힘껏 꽃피우는 것이다. 나의 '중심축'에서 흘러 넘치는 생명력을 타고 내 안에 숨겨진 가능성을 편안하게 개화(開花)시켜 간다.

이것만 있으면 된다. 내가 나이기 위해서 이것만 실현시키면 된다. 내가 죽을 때 내가 실현시켜 온 '중심축'이란 고통 속에서 자신을 붕괴시키고 그리고 재생시켜 온 것. 그리고 그 인생을 헤쳐 나온 전 존재를 이용하여 생각하고 표현하는 그 행위에 후회가 없는 것, 이것이다. 나는 이것이 나의 '중심축'이라는 것을 이미 알고 있다. 알고 있으면서도 불안과 공포 때문에 모르는 척할 뿐이다.

내가 자신을 재생시킬 때의 기쁨, 자신의 전 존재를 던져 제작할 때의 기쁨, 이것은 다른 사람으로부터 받는 평가나 비교와는 전혀 관계없는 세계다. 다른 사람이 그것을 어떻게 생각하든 상관없다. 왜냐하면 나는 그 기쁨으로 충분히 만족하기 때문이다. 그 기쁨은 내부로부터 끓어올라 나를 충족시키기 때문이다. 기쁨은 나의 '중심축'을 통해 다가온다. 다른 사람의 평가와는 상관없이, 그리고 생각해 보지 못했던 형태로 기쁨이 다가온다. 기쁨과 함께 생명력이 일어선다. 이 기저 부분, 그것이야말로 내가 무통문명에 맞서면서 앞으로 헤쳐 나갈 수 있는 유일한 지반이다.

따라서 나에게 '아이덴티티에 의한 자승자박'의 해체는 고통에 직면해서 무너졌다가 다시 일어섰을 때의 '기쁨'과 그것을 경험한 온몸이 생각과 표현을 해갈 때의 '기쁨'을 인생의 기반으로 삼으면서 내가 천재라든가, 특별하다든가, 뛰어나다는 생각을 스스로 해체해 가는 것이다. 그리고 그 시도를 끊임없이 다른 자리에서도 반복 수행해 가는 것이다. '내가 나이기 위한 중심축'에 따라 '심층 아이덴티티'를 스스로 해체하는 것은 이와 같은 것이다.

이 시도가 성공하여 나의 심층 아이덴티티가 해체되었다고 가정하자. 그때 내게 무엇이 찾아오는가. 대답은 간단하다. 나는 더 이상 천재일 필요도 없고 특별할 필요도 없다. 나는 주변에 흔히 있는 평범한 사람이어도 된다. 나는 더 이상 뛰어난 사람일 필요가 없다. 그런 생각을 하면서 자신이 사는 의미를 발견하지 않아도 된다. "저는 별 볼일 있는 사람이 아닙니다"라고 하면서 내심 자신의 존재는 특별하게 귀중하고 가치가 높다고 믿는 자기모순에 빠지지 않아도 되는 것이다.

나는 더 이상 자신을 다른 사람과 비교할 필요가 없다. 내가 누군가에게 인정받든지 못 받든지 그런 것은 아무래도 좋다. 내 자신 '내가 나이기 위한 중심축'을 삶의 기쁨으로 누리며 살 수 있다면 그것으로 충분하다. 그리고 나의 '중심축'으로 살기 위해서 소중한 사람들과의 관계를 맺으면 되는 것이다. 죽음을 목전에 두었을 때 나는 내게 가장 소중한 것, 즉 사는 증표로부터 눈을 돌리지 않고 자신의 인생을 살아 왔다고 깊이 긍정할 수 있게 되면 그것으로 족하다. 나의 '중심축'으로부터 생명력이 넘치고 스스로 내부로부터 끓어오르는 기쁨에 의해 자기 긍정을 할 수 있다면 그 이외에는 아무것도 내게 필요 없다. 물론 내게는 특수한 전문적 기량이 갖추어져 있을지 모른다. 그러나 그렇다고 해서 내 존재가 특별한 것은 아니다. "나는 지금 지구상에서 나 혼자 밖에 할 수 없는 것을 하는 '그저 평범한 사람'이 될 것이다."

심층 아이덴티티를 해체하면 아주 가볍고 자유스러운 존재가 된다. 정확하게 표현하면 심층 아이덴티티를 스스로 해체하는 것은 해체해 가는 끊임없는 과정으로서만 성립된다. '신체의 욕망'은 내 안에 새로운 심층 아이덴티티를 심으려고 호시탐탐 노릴 것이다. 그 욕망을 억제하면서 아직 보이지 않는 심층 아이덴티티를 해명하고 해체해 가는 가운데서 내게 '기쁨'이 찾아오고, 지금까지 몰랐던 '자유'가 찾아온다. 물론 나는 언제나 '뛰어난 사람'의 환상으로 되돌아간다. 정신을 차려 보면 그렇게 되어 있다. 그 물결에 역행해서 자기와 끊임없이 싸움을 계속하는 과정만이 심층 아이덴티티를 해체할 수 있다.

나의 '뛰어난 인물' 환상은 매우 강하다. 예를 들어 페미니스트와 장애자의 말을 들었을 때 나는 큰 충격을 받았고 내가 지금까지 그들을 억압하고 지배하는 쪽에 있었다는 사실을 진지하게 받아들였다. 나는 지금까지 나를 평등주의자라고 여겼지만 사실은 그들을 억압하고 지배하는 쪽에 서서 위세를 부렸던 것이다. 나는 그들과의 대화에서 다음과 같이 생각하기 시작했다. 잘못은 그들에게 있는 것이 아니다. 지배하면서 그것을 망각해 온 우리들에게 잘못이 있다. 그러므로 이 문제를 해결하기 위해서는 강자의 자기해체, 즉 자신의 해체가 필요하다. 그들이 하는 소리를 여과 없이 받아들이고 억압자인 자기 자신을 해체시켜 가는 자세가 필요하다.

　그 자체는 확실하게 바른 사상이다. 그러나 그들이 내는 소리를 듣고 "그렇구나, 나는 억압자구나. 우선 내가 솔선해서 고통 받으면서 자기 자신을 해체해야겠구나" 하고 자신에게 이야기할 수 있을 때 내 마음 깊은 곳에서 "스스로 자기를 해체했다는, 평범한 사람이라면 도저히 불가능할 것 같은 어려운 일을 할 정도로 나는 뛰어나게 훌륭한 사람"이라는 의식이 숨겨져 있다. 억압자인 내가 자기해체를 할 수 있을 때 내 눈앞에 어떤 풍경이 펼쳐질까. 그것은 전혀 예상할 수 없지만, 아마도 타인을 받아들이는 방식이 바뀔 것임에 틀림없다. 그리고 생산에 대한 사고방식도 바뀔 것이다. 소유와 충실감에 대한 생각도 바뀌지 않을까 싶다. 즉 근대 시스템이 쌓아 올린 것에 대해서 내 자신의 자세가 근본부터 변할지도 모른다. 이들에 대해서는 다음 장에서 생각하기로 한다.

　이상이 나의 아이덴티티의 자기해체에 관한 구체적인 내용이다. 나는 지금까지 다양한 시행착오를 하면서 여기서 서술한 한 부분을 실제로 실천해 왔다. 그렇지만 아직 많은 과제들이 남아 있다. 나를 속박하고 있는

'뛰어난 사람' 환상은 아직도 강하며 그것과 계속 싸우는 것은 지극히 어려운 업보다.

그러나 나는 계속 싸운다. 사색하고 계속 표현한다. 이 점이야말로 실로 나의 '중심축'이라는 것을 지금의 나는 명료하게 자각하고 있기 때문이다. 지금의 나는 이 지점에서 이전으로 돌아가는 일은 없다.

나의 '심층 아이덴티티'와 '중심축'의 내용은 이와 같은 인생을 살아온 나에게만 해당된다. 모든 사람은 각자의 '심층 아이덴티티'와 '중심축'을 지니고 있을 것이다. '뛰어난 사람' 환상이 나의 심층 아이덴티티에 있지만 당신은 전혀 정반대의 것에 속박되어 있는지도 모른다. 무엇을 해도 되지 않아 존재할 가치가 없다는 '인간 실격' 환상이 심층 아이덴티티에 있을지 모른다. 그리고 그것에 매달려 일시적으로 자신을 살게 하고 그것과 맞바꾸어 자신의 인생을 중심축에 따라 살기를 망각하고 있는지도 모른다. 혹은 그 '인간 실격' 환상을 덮고 은폐시키기 위해서 항상 강한 기운을 휘두르고 타인과 거리를 두려고 신경을 소모시키고 있는지 모른다. 당신의 '심층 아이덴티티'와 '중심축'을 파고드는 것은 다름 아닌 당신 자신이다.

당신은 당신 자신의 어둠 속으로 내려가지 않으면 안 된다. 당신 자신의 손으로 내가 발견한 것과는 다른 질의 어둠의 모습을 파헤쳐 가지 않으면 안 된다. "나는 원래부터 약하기 때문에 그런 일 못 해"라는 마음의 소리가 사실은 당신 자신을 속박하는 튼튼한 방어벽이 된다는 것을 믿었으면 한다. 자신이 약하다는 '튼튼한' 방어벽을 만들어내는 당신은 사실 강하다. 자신을 속이는 힘도 당신의 힘 중 하나다. 떨리고 무서워서 외치는 힘도 당신이 갖고 있는 힘의 하나다. 자신은 쓸모없다고 말할 수 있는 것도 힘의 하나다. 당신은 결코 무력하지 않다. 무력하다는 환상까지 사라져 버리면 당신은 자신 내부에 처음부터 계속 존재해 온 다양한 힘을 다시 발견할 것이다. 당신을 가장 밑바닥에서 지지하고 있는 것은 절망이 아니다.

심층 아이덴티티의 자기해체를 시작할 때 주의할 것이 있다. 그것은 심층 아이덴티티는 방심하면 당신을 속이고 도망가 버린다는 것이다. 예를 들어 자신의 아이덴티티를 해체하려고 하면서 구체적으로 어떻게 해야 좋을지를 생각해 본다. 그러면 "우선 이 부분은 건드리지 말고 그대로 두고 이쪽은 쓰리지만 먼저 해체하자"라는 생각이 머릿속에 떠오른다. 이 부분은 손대지 말고 다른 쪽을 바꾸어서 어떻게 해결할 수 없을까 생각한다. 그러나 "이 부분은 건드리지 말자"라고 생각했다면 그 부분이야말로 실로 당신의 심층 아이덴티티를 방어하는 곳이며 그 부분을 제일 먼저 해체하지 않는 한 당신은 결코 심층 아이덴티티의 해체까지 다다르지 못한다. 왜냐하면 심층 아이덴티티는 당신 발밑에 있어 가장 알아보기 어려운, 아주 잘 아는 풀숲 바로 앞에 몸을 숨기기 때문이다.


## 6. '만남'의 의미

심층 아이덴티티에 매달리다가 나는 여러 가지 모순적인 행동을 하게 되었다. 예를 들어 만일 내가 천재라면 지금 세상에서 인정받을 리 없을 텐데 정신을 차려 보니 어느새 인정을 받고, 정상에 오르고 싶어 움직이고 있다. 냉정하게 생각하면 이것은 터무니없는 자기모순이다. 이 자기모순은 내가 심층 아이덴티티에 매달려서 삶의 의미를 발견하려던 자세에서 발생했다. 만약 모순을 직시했다면 지금 상황이 어딘가 이상하다는 것을 눈치 챘을 것이며, 모순의 근원인 심층 아이덴티티에 대해서도 의문을 품었을 것이다. 그러나 나는 그렇게 하지 않았다. 마치 모순이 존재하지 않는 듯이 행동한 것이다.

심층 아이덴티티에 매달리는 인간은 "나는 이런 사람일 텐데"하는 거짓 자기 상과 "현실의 나는 그렇지 않다"는 사실 사이에서 심각한 자기모순에 빠진다. 그리고 자기모순을 보고 싶지 않기 때문에 스스로 강력한 눈가리개를 하고 마치 그런 모순이 존재하지 않는 것처럼 자기 자신을 세뇌시키고 아무 일도 없었던 것처럼 행동을 계속한다. 나아가서는 자기모순을 폭로할지도 모르는 사람이 문 앞에 나타나거나, 자기모순이 드러날지도 모르는 사건이 일어나게 되었을 때, 여러 가지 구실을 갖다 붙여 그 사람을 눈앞에서 사라지게 하고, 그 사건이 발생하지 않도록 모든 방법을 동원해 막으려고 한다. 그렇게 하기 위해서라면 자기 말이 평소의 말과 조금 달라지더라도 상관하지 않는다. 또 자신의 모순이 드러나면 다른 사람이 피해를 받아도 신경 쓰지 않는다. 내 말의 폭력에 의해서 소중한 사람이 아무리 깊은 상처를 받는다고 해도 나는 공격의 손을 늦추지 않는다. 중요한 것은 내가 자기모순에 직면하지 않아도 된다는 것이며, 그에 비하면 다른 일은 어떻게 되든 상관없다. 소중한 사람이 상처를 입고 죽는다고 해도 자신은 자기모순에 직면하지 않아도 되기 때문에 울면서 휴우 하고 가슴을 쓸어내리는 사람을 심층 아이덴티티는 만들어낸다.

이것이 심층 아이덴티티에 매달리는 사람들의 기본적인 발상 패턴이다. 그렇게 눈가리개를 하는 사람이 자기 손으로 자승자박을 해체시키는 것이 과연 가능할까. 자기모순이 보기 싫어 자신의 손으로 자기 눈을 가리고 있는데, 그것을 과연 자신의 손으로 벗겨내 해체시킬 수 있을까.

그것은 불가능에 가깝다. 가장 깊은 곳에서 자신을 속박하는 것을 혼자의 힘으로 폭로하는 것은 정말 어렵다. 왜냐하면 사람은 자기 자신을 자기가 보고 싶은 거울에 비추어서밖에 보지 않기 때문이다. 혼자서 자기를 파 내려가도 나오는 것은 결국 자신에게 유리한 '극복해야 할 자기 상' 밖에 없다. 거기에서 발견되는 것은 설령 그것이 해체되었다고 하더라도 심층 아이덴티티의 해체는 전혀 결부되지 않은 자기밖에 없다. 해체되었다고 하는 자기만족으로 남지 않는다.

자신의 모순을 직면하고 해체해야 할 심층 아이덴티티가 밝혀지는 것은 나를 미워하기 때문에 파괴하러 오거나, 진심으로 사랑하기 때문에 나의 심층 아이덴티티를 죽이러 오는 타인과 만났을 때이다. 내가 서 있는 틀을 목숨 걸고 깨뜨리기 위해 오는 타인만이 나의 눈가리개 구조를 인간 존재 그 자체로 밝히며 나의 심층 아이덴티티를 눈앞에 가차없이 들이댄다.

나는 『종교 없는 시대를 살기 위해서』(法藏館, 1996)에서 그러한 타인으로부터 도망가지 않을 것, 그리고 수수께끼에 맞서 자기 자신을 열 것을 강조했다. 여기에서도 정말이지 그 말이 들어맞는다. 내가 자신의 심층 아이덴티티를 해체해 가는 것은 나와 같은 눈높이에서 목숨을 걸고 싸우는 타인과 만났을 때이다. 상대방이 거기에 존재하는 것만으로, 그리고 상대방이 사정없이 바싹 다가서는 바람에 가장 보고 싶지 않았던 자신의 어두운 면이 마치 해저에서 하수구 폐기물이 심하게 썩은 냄새를 풍기면서 눈앞에 질질 끌려나오는 것처럼 생생하게 진열되는 것이다. 가장 보고 싶지 않은 나의 모습이 폭로되었다는 공포와 부끄러움에 어쩔 줄 모르고, 당황스럽고 충격을 받아 그것을 폭로한 상대방을 죽이고 싶어진다.

이번에는 내가 반격하려고 상대방을 호시탐탐 노리기 시작할지 모른다. 그러나 만약 자신의 눈앞에 폭로된 모순으로부터 다시 눈을 감은 채 상대방을 공격한다면 나는 결코 스스로의 자승자박을 해체할 수 없을 것이다. 그렇지 않고 "그런 당신은 무엇인가"라고 상대방에게 따지고 들면서도 그 상대방에게 폭로된 자신의 진짜 모습을 직시하고 "이것이 나 자신이란 말인가. 왜 나는 이렇게 되어 버린 것일까"하고 자기 자신을 되물어 보아야 할 것이다. 자신의 가장 아픈 곳을 찔려 패닉 상태가 되어 도망쳐 모든 것을 잊어 버리고 싶은 것이 아니라, 상대방에게 폭로된 나의 자기모순에 당황해하면서도 직시하여 자승자박의 해체의 길을 자신의 보폭으로 걸어가려고 시도하는 것. 이것이야말로 무엇보다 중요한 것이다.

자신의 인생을 후회 없이 살기 위해서는 자신과 싸우는 사람이 그와 똑같은 싸움을 하고 있는 또 다른 사람과 만나 자신과 동시에 목숨을 걸고 상대방과 싸울 때 이 두 사람의 심층 아이덴티티는 눈앞에 가차 없이 폭로되어 그 결과 두 사람은 각각의 자승자박에서 탈출하는 문을 발견하게 되는 것이다.

두 사람의 관계는 결코 공범관계가 되지 않는다. 왜냐하면 그 관계는 보고 싶지 않은 모습을 서로 덮어 주어 기분 좋게 하는 관계가 아니라, 가장 보고 싶지 않은 부분을 마지막까지 폭로하여 상대방에게 들이대고 서로 자기 변용으로 연결하려는 관계이기 때문이다. 서로 상대방에게 관심과 흥미가 있으며 상대방을 소중하게 생각하기 때문에 상대방에게 확실하게 싸움을 건다. 그리고 동시에 자기 자신과도 싸운다. 그러한 관계성. 자신의 인생을 후회 없이 보내기 위해 자신을 되물으며, 싸움을 계속하는 사람들끼리 서로의 자세에 공감하여 존경하면서도 철저하게 상대방과 싸운다. 천당과 지옥 사이를 오가면서 상대방과 철저히 상대한다. 사랑이 싹튼다고 한다면 그것은 이와 같은 관계에서가 아닐까.

그렇다면 나는 그와 같은 타인을 어떻게 하면 만날 수 있을까. 그러기 위해서는 우선 자신이 지금부터 후회하지 않는 인생을 살겠다고 각오할 필요가 있다. 그리고 지금부터 실제로 그렇게 살기 시작하고, 어떤 식으로 살고 싶었는가를 소년ㆍ청년 시절을 떠올려 거듭 되새겨 보며 자신의 '중심축'을 발견하고, 지금부터라도 늦지 않았으므로 그 삶을 다시 한번 살기 시작해 보겠다는 결의를 한다. 그리고 그와 같은 삶을 한 발 내디디면서, 이렇게 살게 되었노라고 세계에 메시지를 보낸다. "후회하지 않는 인생을 다시 살기 시작한 인간이 여기에 있다. 나는 자신에게 파고들어 자기 자신과 싸우며 자신에게 주어진 삶의 가능성을 지금 여기서부터 꽃을 피우기 시작했다. 통증 없는 사회에 휩쓸려 죽어가는 것은 더 이상 그만두자고 결의했다"는 메시지를 당신의 삶의 방식 자체를 통해 발신한다. 당신 전신을 사용하여 당신의 동작 하나하나, 표정 하나하나, 목소리 하나하나에 자기 자신을 표현해 간다. 누구를 위해서가 아니다. 자기 자신을 위해서다. 그리고 당신과 서로 싸울 수 있는 소중한 인간과의 만남을 진심으로 깊이 바란다. 살아가는 동안 그와 같은 인간을 절대로 만날 수 없다고 각오하면서 그와 같은 타인을 원하는 메시지를 계속 보낸다. 소유가 목표가 아닌 타인을 찾는 것이 중요하다.

　만남은 당신의 예기치 못한 곳에서 돌연 다가온다. 만남은 결코 예상할 수 없으며 통제할 수 없다. 만약 통제할 수 있다면 그것은 '만남'이 아니다. 불가능하다는 것을 각오하고 만날 수 없어도 개의치 않는다고 각오하면서 안전장치를 모두 버리고 완전히 비운 양손을 펼쳐서 하늘을 향해 만남을 바랄 것. 만남이 찾아올지 어떨지는 누구도 알 수 없다. 그래도 괜찮으니 바랄 것. 어떻게 될지도, 아무 일도 일어나지 않을지도, 절망으로 낙하할지도 모른다. 아무것도 예측할 수 없고, 어느 누구도 보증해 주지 않으며, 안전한 것은 아무것도 없으며, 고통만이 늘어날지도 모르지만 그렇더라도 한층 더 양손을 펼쳐서 계속 바랄 것.

"'만남' 이야말로 무통문명에서 진정한 타인이다."

결코 통제할 수 없는, 예측할 수 없는 '만남' 에 자신의 인생을 거는 것, 거기에만 무통문명의 바깥으로 탈출할 수 있는 길이 열려 있다. 만남을 계속 쫓아라. 거기에만 '희망' 이 있다. 그리고 '만남' 을 통제하려는 무통문명을 그 내부에서 계속 해체해라. 만남은 또 무통문명에서 타인이기도 하다. 무통문명론은 '만남' 을 제시할 수 없다. 무통문명론을 버려라. 무통문명을 자기해체해라. 당신은 자기 자신의 인생을 살아야 한다. 두 번 다시 돌아오지 않는 당신 자신의 후회하지 않는 인생을.


## 7. 끝없는 과정으로서의 사랑

서로 싸우는 상대방과의 만남. 거기에서 싹트는 것이 사랑이다. 무통문명을 해체하는 것은 '만남' 과 '싸움' 과 '사랑' 이다. 사랑에 대해서 제2장에서 상세하게 이야기하였지만 여기에서 더 먼 미래까지 생각하지 않으면 안 된다.

사랑은 상대방을 지배하거나 상대방과 하나가 된다는 환상에 빠지는 것이 아니다. 그 대신에 상대방을 정말로 소중히 여기기 때문에 상대방을 오히려 독립시켜 자유로운 해방감을 느끼는 상대방을 보면서 기쁨을 맛보는 것이다.

우선 첫 번째로 사랑이란 자신이 지금 마주 보고 있는 상대방을 진심으로 소중한 존재라고 여기며 상대방이 지금 그곳에 존재하는 그 자체를 사랑으로 여기고, 그 사람이 그곳에 존재한다는 것만으로 내가 충만해지는 느낌을 받는 것이다. 그 사람이 이 지구상 또는 우주 어딘가에 존재하여 자기 자신의 인생을 후회하지 않고 살고 있다는 것만으로도 내가 충실해져 가는 것. 그리고 만약 내가 당신과 같은 시간과 공간을 경험하는 일이 가능하다면 공유하고 싶다고 생각한다. 서로의 삶의 '중심축'을 따르며 공유해 간다는 마음이 진심에서 우러나오는 관계가 사랑의 기본이다.

두 번째로 두 사람은 각각 자기 자신을 되묻고 후회 없는 인생을 살려고 싸우며, 게다가 서로를 무너뜨리고 서로의 심층 아이덴티티를 폭로하여 망신창이가 되면서 서로 찌르고 상처 받고 죽음에 이르는 직전까지 상대방에게 질문을 던지고, 자신에게도 계속 질문을 던져 지옥 속에서 자기해체를 하면서 새로운 자신과 만난다. 그러한 역사를 거친 두 사람이 필요하다. 이와 같은 역사야말로 내가 당신과 마주하고 있다는 자신감을 갖게 해 준다. 그리고 앞으로도 필요하다면 그와 같은 싸움을 계속할 각오가 되어 있다는, 그와 같은 관계가 뒷받침된 깊은 신뢰가 두 사람 사이에 무르익는 것. 서로를 소중히 여기고 깊이 신뢰하면서 변함없이 서로를 무너뜨려 가는 이 과정 없이는 사랑의 관계는 있을 수 없다.

세 번째로 사랑하는 두 사람은 서로가 빠져 있는 자승자박을 그 싸움의 과정 속에서 끝없이 풀어나간다. 사회차원, 두 사람의 공범관계 차원, 개인차원이라는 세 차원의 자승자박으로부터 자신이 해방되고 상대방이 해방됨을 자신의 기쁨으로 삼는다. 끝없이 서로를 해방시켜 가는 것. 상대방이 속박에서 자유로워지는 것. 그리고 상대방이 나에게 받는 속박에서 자유로워지는 것에서 기쁨을 느낀다. 그것이 궁극적인 사랑의 모습이다. 내가 상대방을 진심으로 소중하게 여긴다면, 상대방이 나에게서 자유로워져 해방의 기쁨을 만끽하는 것을 나는 진심으로 축복할 수 있을 것이다. 아무것도 모르는 다른 사람들이 보았을 때는 무관심과 방임처럼 보일지 모르지만, 사실 나는 상대방을 소중하게 여기기 때문에 기쁨으로 넘치는 관계로 끝없이 다가가는 것이 사랑의 목표라고 생각한다.

사랑이란 서로에게 모순될지 모르는 세 가지의 상황에 몸부림치면서 그 행복과 지옥의 혼란을 실컷 맛보면서 살아가는 끝없는 과정이다.

이 두 사람의 관계를 다른 세 가지 측면에서 살펴보자.

우선 두 사람의 '역사'를 보자. 내가 당신과 관계 맺은 역사는 다른 어떠한 인간관계로도 대체될 수 없다. 완전히 특수한 것이다. 직성이 풀릴 때까지 서로 싸워서 무너뜨리는 두 사람. 그와 같은 역사를 갖고 있다는 의미에서 당신은 나에게 유일한 존재다. 당신이 없다면 지금의 나는 존재하지 않는다는 것을 확신을 갖고 말할 수 있는 역사다. 그 역사에서 당신은 다른 것과 비교가 안 될 만큼 특별한 존재다.

두 번째로 두 사람의 '관계'에서 본다면 각각 독자적이라는 의미에서 나와 당신의 관계 또한 독자적이다. 즉, 나와 X씨, Y씨의 관계는 각각 다르며 독자적이다. 그런 의미에서 나와 당신의 관계도 독자적이다. 나와 당신의 관계가 나와 X씨, Y씨의 관계보다도 더 독자적이라고 말할 수는 없다. 모든 인간관계는 각각 독자적이며 소중하다. 그런 의미에서 나와 당신의 관계도 매우 소중하다.

세 번째로는 서로의 '존재 가치'인데, 당신은 지구상에 존재하는 수십억의 인간 중 한 사람에 불과하다. 당신의 존재 가치는 지구상에 존재하는 다른 모든 사람들과 평등하다. 당신은 특별한 존재 가치를 지니고 있지 않다. 단지 수십억분의 일. 그것이 당신이다. 물론 재해가 일어나 사람들이 위기에 빠졌을 때 나는 가장 먼저 당신을 구할 것이다. 그렇더라도 결국 존재 가치라는 의미에서 당신은 타인들과 완전히 평등하다고 생각해야 한다. 모든 사람의 존재 가치는 평등하게 더할 나위 없이 소중한 것이다.

사랑의 행복과 지옥, 혼란을 다 맛본 두 사람의 관계의 균형은 점점 공유와 싸움의 양식에서 해방과 자유의 양식으로 전환될 것이다. 그리고 그 관계는 상대방이 나로부터 떠나고 싶다거나 다른 사람과 깊은 관계를 맺고 싶다고 생각하기 시작했을 때, 내가 '자기희생 없이' 상대방이 내린 선택을 진심으로 기뻐할 수 있는 단계까지 진행될 것이다.

두 사람의 사랑의 관계가 거기까지 이르렀을 때, 그 관계는 서로의 자유를 한없이 존중하는 참된 의미의 친구관계로 가까워질 것이다. 그리고 두 사람의 관계는 다른 어떤 인간관계로도 대체될 수 없는 특수한 역사성을 갖는 '단지 한 명의 친구'가 될 것이다. 서로 싸우고 자기해체를 한 단 한 명의 친구. 즉 둘의 사랑은 '우애'로 불러야 할 것이며 서로를 한없이 해방하고 자유롭게 하는 새로운 관계로 바뀔 것이다. '우애'는 이미 두 사람에게만 한정되지 않는다. 우애라는 관계는 '두 사람'이 아니라 겹쳐지는 '일' 대 '다수'이다. 우애는 내가 마주한 당신을 포함한 다수이며, 당신이 마주하는 것은 나를 포함한 복수다. 그리고 겹쳐지는 우애의 관계는 네트워크를 통해 한없이 넓혀진다.

'우애'에 이르렀을 때 사람은 '각기 다른 두 사람'이라는 강력한 대인관계의 환상에서 최종적으로 자유로워진다. 두 사람이라는 행복과 지옥, 혼란에서 빠져 나와 두 사람임을 긍정적으로 자기해체 해 온 자만이 그 뒤에 열리는 '우애'라는 세계의 충만한 행복을 마음 깊숙이 맛볼 수 있다. 나와 당신이 서로를 소유할 수 없다는 가슴 미어지는 듯한 애절함 위에서 우애의 행복은 성립된다. 우애라는 것은 소유를 포기한 관계로 해체시켜 나가려는 굳은 의지 속에서 사람들과 만나고 생명을 전하려고 하는 반무통문명적인 행위다.

무통문명은 외부 세력으로부터 공격을 받아 무너지는 것이 아니라 무통문명을 자양분으로 내부에서 떠오르는 반무통문명적인 주체들이 구체적인 행위를 일으키고 무통문명을 지지하는 사회장치를 하나하나 해체시킬 때 극복해 갈 수 있을 것이다. 그 행위를 무통문명 쪽에서 보았을 때는 매우 이해하기 힘든 행동으로 비춰질 것이다(제8장 참조).

## 8. 절대 고독이라는 것

만약 사람들의 사랑이 이와 같은 방향을 향하지 않는 경우 어떻게 될 것인가. 그때 두 사람의 사랑은 닫혀 있는, 출구가 없는 대인관계로 블랙홀처럼 먹혀 버릴 것이다. 나와 당신 둘이서만 마주 보며, 다른 누구도 접근시키지 않고, 당신을 내가 가장 잘 알고 있고, 당신은 나밖에 모르는 그러한 폐쇄된 관계로 바뀔 것이다.

그 길이 도달하는 곳은 "당신이 있기에 나는 존재할 수 있다" "당신이 있기에 나는 행복할 수 있다" "당신이 있기에 나는 전진할 수 있다" "당신이 있기에 나는 활력이 있다"는 세계다. 그리고 그 세계는 "당신이 없으면 나는 존재할 수 없다" "당신이 없으면 나는 행복하지 못하다" "당신이 없으면 전진할 수 없다" "당신이 없으면 나는 활력이 없다"는 세계로 쉽게 전화되어 버릴 것이다. 이렇게 되면 그것은 이미 사랑이라고 부를 수 없다. 당신이 사라지면 나는 끝장이라는 관계는 결코 사랑이 아니다. 사랑이라는 것은 만일 당신이 없어진다고 해도 나는 살아갈 수 있다는 확신을 내게 부여하는 것이 아닐까. 사랑이라는 것은 "당신이 없어지면 나는 끝장"이라는 단계를 거친 후에 "당신 없이도 나는 살아갈 수 있다는 확신을 서로 부여하는" 지점까지 두 사람의 관계가 열리는 것이다.

　어느 한 쪽이 자기희생을 하는 일 없이, 어느 한 쪽이 죽음을 선택하는 일 없이, 각각 우주 속에서 혼자 살아가기 위해 서로에게 힘을 부여하고 서로 상대방으로부터 이해받고 자신의 궤적을 그리며 암흑의 우주로 날아오르는 것. 설령 우주의 끝과 끝으로 헤어져 날아오른다고 하더라도 그 이별을 슬퍼하지 않고 혼자서 계속 날아오르는 그 힘을 서로에게 부여해 두 사람의 관계를 강하게 긍정할 수 있는 것. 그것이야말로 사랑의 궤적이다. 그리고 각각의 여정에서 만난 다양한 사람들에게 둘의 사랑에서 퍼온 힘을 전달하고 주고받는다. 그러면서 '두 사람의 사랑' '두 사람의 관계'라고 하는 관념에서 스스로 완전하게 해방되어 가는 것. 이렇게 해서 나와 당신은 무통문명에서 탈출할 때의 문이었던 '두 사람의 사랑'이라는 관념을 최종적으로 해체할 수 있을 것이다. 우애의 지평선에 도달하여 두 사람의 사랑이라는 관념에서 해방될 때 이 사람들은 처음으로 '우주라고 하는 것'과 '존재하는 것'에 대치할 수 있을 것이다.

　그때 발견하는 것은 대체 무엇인가.

　그것은 '절대 고독'이다. 내 존재에는 근원이 없다는 것. 나는 자신의 인생을 혼자 살고 혼자 죽어야 한다는 것. 내가 지금 보고 있는 세계는 나에게만 열려 있는 세계이며 어느 누구도 그것을 인식할 수 없다는 것. 울고 소리치고 아무리 떨어도 그것들을 경험하는 것은 나 이외에 다른 어느 누구도 아니며, 어느 누구도 나를 대신하여 나의 경험을 살 수 없다는 것. 어느 누구의 인생과도 교차하는 일 없이 단 하나의 길, 나의 죽음이라는 종착점을 향해 컨베이어벨트처럼 무자비하게 떠밀려가는 이것이 절대 고독한 나의 존재다. 나는 어느 누구와도 하나가 될 수 없다. 나는 철저히 혼자 사는 존재이며, 혼자 죽어 가는 것이다. 이것을 단순한 이치로 받아들여서는 안 된다. 나는 절대 고독하다. 그리고 당신 또한 절대 고독하다. 그것이 이 우주의 근원적인 사실이다. 어느 누구도 그 사실에서 도망칠 수 없다. 절대 고독 속에서 살지 않으면 안 되며 죽어가지 않으면 안 된다.

두 사람의 사랑이라는 관념은 이 절대 고독이라는 사실을 덮어 감추기 위한 도구이기도 하다. "나와 당신이 사랑으로 하나가 된다"는 환상을 믿고 우리들은 절대 고독한 존재라는 사실에서 눈을 돌릴 수 있다. 절대 고독하다는 진실에서 집단으로 눈을 돌리기 위해서 우리들은 편안한 사랑의 말을 속삭여 사회 전체로 퍼지게 한다. 아무리 궁극적으로 서로 사랑하고 하나가 될 마음을 갖고 있는 두 사람이라도 어느 한 쪽이 병에 걸려 죽게 되었을 때 다른 한 쪽도 죽는 것은 아니다. 어느 쪽인가가 먼저 죽을 때 뒤따라 자살하는 인간은 자신의 존재가 절대 고독하다는 사실에 직면하지 못하고 그 사실에서 눈을 돌리기 위해 죽음을 선택하는 것이다. 상대가 좋고 소중하고 한시도 떨어지고 싶지 않아 포옹하며 하나가 되어 은밀한 말을 나누는 그 친밀한 행복감의 절정에서도 자신은 절대 고독하다.

어느 정도 그 사실로부터 눈을 돌린다 하더라도 절대 고독하다는 사실은 사라지는 일 없이 끊임없이 내 의식의 배후에서 나를 위협할 것이다. 그래서 나는 그 사실로부터 마음을 달래기 위한 장치를 하려고 한다. 바로 이 순간에 내가 탈출했다고 여겼던 무통문명이 배후에서 숨어 들어와 내 안의 불안과 공포에 달콤한 벌꿀을 내미는 것이다. "이 무통문명의 눈가리개 장치에 매달려라. 그렇게 하면 당신은 절대 고독이라는 최종적인 공포에서 도망칠 수 있다. 다시 그 안락하고 쾌적하고 온화한 인간들로 충만한 세계로 돌아갈 수 있다. 절대 고독이라는, 사람의 힘을 초월하는 것을 왜 직시해야 하는가. 고집 피우는 일은 그만두고 사람들이 사는 이쪽 세상으로 돌아오라."

여기가 최후의 갈림길이다. 스스로 절대 고독을 직시할 수 없는 인간들은 무통문명이 내미는 다양한 눈가리개 장치에 몸을 맡겨 절대 고독의 공포에서 도망치고, 그렇게 해서 다시 무통문명의 소용돌이 속으로 빨려 들어갈 것이다. 그곳은 무통문명의 소용돌이에서도 가장 깊은 바닥 모를 늪의 세계일 것이다. 그들 중 몇 명은 무통문명의 거대한 괴물로 변모하여 외부로 탈출하려는 인간들을 소용돌이 속으로 차례차례 끌어들일 것이다. 자신의 절대 고독을 보지 않으려는 정념은 인간이 가질 수 있는 가장 악한 성질의 하나로 전화한다. 그리고 그 악을 자양분으로 빨아들임으로써 무통문명의 소용돌이는 점점 성장해 가는 것이다.

그러면 그 갈림길에서 스스로 절대 고독을 직시하고 눈을 돌리지 않는 결단을 한 인간들은 어떻게 되는가. 그들은 자신의 인생을 살기 위한 확고한 지반을 획득한다. 인생은 한 번뿐이며 존재는 절대 고독하다. 아무리 타인과 관계 맺으려고 해도 타인과 결코 융합될 수 없다. 울어도 웃어도 혼자서 살고 혼자서 죽을 뿐. 산다는 것은 애초부터 그런 것이며 이것이 절대 고독이라는 사실이고, 우리들은 이 사실에서 눈을 돌리기 위해 여러 가지 관념과 환상에 매달리려고 했을 뿐이다. 그렇기 때문에 "애초부터 절대 고독했지"라고 새삼스럽게 깨달으면서 꿈에서 깨어나는 것이다.

꿈에서 깨어나 자신만의 절대 고독을 살아간다는 것. 애초부터 존재는 절대 고독하기 때문에 절대 고독한 존재가 아닐지도 모른다고 허무하게 몸부림치는 일은 그만두어야 한다. 절대 고독한 인생을 후회 없이 살고 죽을 수밖에 없지 않은가. 무엇에 매달려도, 무엇을 소유해도, 어떤 권위를 획득해도, 아무리 사회에서 성공을 해도 절대 고독은 달라지지 않는다. 절대 고독에서 빠져 나오려고 음악에 몰두하고 마약에 빠져도, 섹스를 엄청 즐기고 연애에 빠져도, 손목에서 몇 번이나 피를 흘려도, 치유의 눈물을 몇 번이나 흘려도 결코 절대 고독에서 빠져 나올 수 없다.

그래서 나는 절대 고독하게 산다. 절대 고독하다는 사실을 내가 살아가기 위한 힘의 근원으로 삼는다. 나는 절대 고독하며 나의 존재는 근원이 없기 때문에 나는 애초부터 자유롭다. 더 이상 누구에게 비위를 맞출 필요가 없고 누구의 평가에 신경 쓸 필요도 없으며, 타인을 향해 자기를 증명할 필요도 없다. 내가 나라는 것. 살아가기 위해 필요한 것은 절대 고독에의 충실과 절대 고독에 대한 안심, 절대 고독이라는 확신뿐이다. 이것이야말로 무통문명이 결코 공급할 수 없는 경지가 아닐까.

절대 고독을 살아갈 때, 나는 두 세계를 본다. 하나는 세계에 존재하는 모든 것이 하나하나 아름답다는 것이다. 눈앞에 놓인 유리병, 단지 거기에 있는, 색다를 것도 없는 물체가 더할 나위 없이 아름답고 사랑스럽다. 외부에서 들어오는 빛에 비춰진 책상 위의 다양한 문방구 하나하나가 매우 사랑스럽게 느껴진다. 창문으로 보이는 집들의 지붕, 빛을 반사하는 창유리, 그 안에서 놀고 있을지도 모르는 아이들. 모든 것이 그 존재만으로도 사랑스럽다. 존재하는 것은 모두 절대 고독하며 모두 같은 무게로 존재한다는 감동. 존재하는 것의 절대 평등이란 이러한 것일지도 모른다. 절대 고독하기 때문에 절대 평등. 이 세계에서의 힘, 지배 착취 관계와는 다른 차원의 절대 평등이라는 것이 있다고 확신할 수 있는 순간이다. 그것은 각각의 존재 내부에서 빛이 떠오르는 느낌일 것이다. 지배하는 것도 지배당하는 것도, 사는 것도 팔리는 것도 같은 빛을 발하고 있지 않은가. 그러한 감각. 사회의 모순과 자연 파괴는 단호히 저지하지 않으면 안 되지만 그것과 다른 차원에서 발하는 존재의 빛에는 평등이라는 것이 있다. 그 차원에서는 그것들이 서로 빛을 발하여 이 우주는 그 빛들의 공명에 의해 충만해지는 것이 아닌가. 그리고 내 안에도 그 빛은 있다. 그 빛은 나

의 절대 고독에서 발하고 있다. 모든 존재의 절대 고독에서 나오는 빛의
공명에 의해 이 우주는 충족되며 그 빛 속에 행복, 착취, 살생이 있고 쾌
락이 있는 것이 아닌가. 그 빛에 비춰지면서 안달하며 괴로워서 뒹굴고 기
쁨에 넘치고 그런 식으로 스스로를 그 존재에 표현하는 것 그것이 '목숨'
아닐까.

절대 고독을 살아갈 때, 내가 보는 또 하나의 세계, 그것은 절대 암흑의
세계다. 주변에 여러 사람이 있지만 이 삶을 사는 것은 나 혼자뿐이다. 그
사실에 파르르 떨며 누군가가 나를 구하러 와 주지 않을까, 누군가가 이
러한 불안과 공포를 제거해 달라고 밤하늘을 향해 외치고 싶어진다. 나의
몸은 싸늘해지고 초조함에 휩싸여 살 의미가 없는 것이 아닌가 하고, 혼
자 있는 것은 외로울 뿐이라고 느끼게 된다. 여기에서 피할 방법을 필사
적으로 찾으려고 한다. 그것은 음악, 영화, 친구에게 거는 전화이기도 하
고, 술이기도 밤거리의 산보이기도 하다. 이러한 것을 아무리 거듭해도
결국 아무런 도움이 되지 않는다는 것을 알고 있으면서도 어느덧 그렇게
되어 버리는 내가 있다. 나는 이 암흑을 견딜 수 없다. 이 암흑에서 빠져
나오기 위해서라면 아무것에나 매달려 보겠다. 암흑 속에서 계속 파들파
들 떠는 것이 아니라 누군가와 함께 온기가 있는 단란함 속에서 마음이 차
분해질 때까지 새근새근 잠들고 싶다. 나는 혼자가 되고 싶지 않다. 더 이
상 혼자인 것이 싫다. 누군가의 팔에 안겨 모든 것을 잊어버리고 싶다. 나
는 누군가와 하나가 되고 싶다. 나는 모두와 하나가 되고 싶다.

이와 같은 두 세계 사이에서 절대 고독한 나는 동요한다. 아마도 양쪽
모두가 진실일 것이다. 동요하면서 우주의 끝을 향해 메시지를 계속 보낸
다. 그것이 '내가 나이기 위한 중심축'이 아닐까. 그것이 내가 살아가는
표현이 아닌가. 그러나 그 메시지를 대체 누가 받아 줄 것인가. 절대 고독

한 나는 대체 누구를 향해 메시지를 보내나.

"나는 절대 고독하다. 그러나 나는 외톨이가 아니다."

나는 당신을 향해서도 같은 말을 한다.

"당신은 절대 고독하다. 그러나 당신은 외톨이가 아니다."

절대 고독을 깨닫고 발버둥치며 괴로워하는 사람은 당신만이 아니다. 나도 줄곧 몸부림치면서 괴로워했다. 앞으로도 고통에서 도망치는 일은 결코 없을 것이다. 그 고통 속에서 앞으로 나아가야 하며 온몸으로 한 걸음을 내디디려 하고 있다. 당신은 외톨이가 아니다. 결코 그렇지 않다. 또한 내가 태어나기 전부터 절대 고독의 괴로움을 잘 이겨낸 사람들을 나는 알고 있다. 그들이 우주를 향해 보내는 말이 문자와 영상 표현으로 지금 여기에서 살고 있는 나에게 전해지고 있기 때문이다. 그러므로 나 역시도 고독하지만 외톨이는 아니다. '절대 고독'이라는 관념조차 우리들은 서로 전달할 수 있다. 바로 이 점에 우주의 신비가 있다. 내 존재의 절대 고독을 낳고 있는 우주의 신비가 있다.

'표현' 한다는 것은 어떤 것일까. 그것은 어느 시대, 어느 장소에서, 모르는 당신을 향해 내 영혼의 소리를 불꽃으로 쏘아 올리는 것이다. 당신은 내가 쏘아 올린 불꽃을 언젠가 당신만의 절대 고독의 구덩이에서 먼 밤하늘의 한 순간에 반짝이는 모습으로 발견할 것이다. 나는 그것만을 믿고 지금 나의 절대 고독의 구덩이 속에서 작은 불꽃을 쏘아 올린다. 쏘아 올리는 불꽃의 모습을 바라볼 수 있는 사람은 나 혼자 밖에 없다. 그것을 보고 있는 또 다른 누군가가 있는지 없는지 나는 모른다. 그렇지만 나는 쏘아 올린다. 나의 뇌리에 있는 것은 아직 내가 불꽃을 쏘아 올리는 기술을 갖고 있지 않을 때 나의 절대 고독의 구덩이에서 희미하게 보았던 누군가의 불꽃의 궤적이다. 이 위치에서 결코 보이지 않지만 절대 고독을 살려고 하는 자가 나만이 아니다.

"절대 고독하지만 외톨이는 아니다." 우주와 존재에 대한 확신 위에 처음으로 우애라는 사람과 사람의 관계가 성립된다. 우애야말로 나의 절대 고독을 따뜻하게 긍정해 주는, 최후의 강한 희망이다.

'내가 나이기 위한 중심축'에 따라 사는 것. 우애의 가능성을 계속 믿으면서 넘치는 용기와 희망의 지원을 받으며 중심축을 사는 것. 그러나 내가 그만큼 강하지 않을지도 모르고 그만큼 자존이 센 사람도 아니다. 그것이 가능하다면 이렇게 자신의 존재에 대해 고민하거나 눈을 돌리지도 않는다. 중심축을 살려고 해도 나는 자신의 눈앞에 보이는 욕망과 자아, 나쁜 마음, 안락함에 떠밀려 버린다. 내가 중심축에 따라 용기를 갖고 살기 위해서는 자신의 욕망과 자아를 버리지 않으면 안 된다. 그것을 내게 요청해야 한다.

그렇게 해야 하지만, 실제로는 그렇게 할 수 없을 때 우리들이 취하기 쉬운 태도가 세 가지 있다. 하나는 정론(正論)의 윤리학이다. 이것은 "우리들은 ○○해야 한다"라는 정론을 내걸고 모두에게 설교하는 태도다. 그러나 이것은 때때로 정론을 곧바로 실천에 옮길 수 없는 사람들과 자기 자신을 "하는 말과 행동이 다르다"고 하는 이중 잣대로 이끌어 사실을 직시하지 않아도 되는 눈가리개 구조를 만들어낼 것이다. 두 번째는 현실 긍정이다. 우리들은 성인군자가 아니기 때문에 자신의 욕망과 자아에 휩쓸리는 것이 당연하다. 그렇기 때문에 위선적인 이중 잣대에 빠지기보다는 욕망과 자아에 휩쓸려 버리는 자기 자신을 용서하는 편이 훨씬 낫다고 생각한다. 그러나 이와 같은 현실 긍정은 우리들을 어디로도 탈출시키지 못한다. 세 번째는 욕망 부정이다. 해야 할 일을 할 수 없는 이유는 우리들이 욕망과 자아에 휩쓸리기 때문이다. 따라서 우리들의 마음 깊이 존재하는 욕망과 자아를 제거해 버리면 바른 길을 걸을 수 있을 것이다. 그 때문에 수행하고 계율을 지키는 생활을 실천하고 금욕을 지킨다. 그렇지만 이 방법도 결국은 소수의 엘리트만이 실천할 수 있기 때문에 자기만족이 되어 버리며 한편으로 뒤틀린 원망을 축적시키게 된다.

그렇기 때문에 결국은 이 세 가지들 중 어느 방법을 택해도 무통문명에 대항할 수 없다. 뿐만 아니라 거꾸로 무통문명을 뒤에서 지지하는 행위로 교묘하게 이용당할 위험성이 있다.

그러면 어떻게 하면 좋은가.

'중심축에 따라 사는 것'과 '욕망과 자아에 휩쓸려 버리는' 모순을 잘 이겨내는 것이 필요하다. 이 모순을 잘 극복하며 사는 것이야말로 자기 긍정이라는 말의 참된 의미가 아닐까. 자기 긍정이란 '욕망과 자아에 휩쓸리는 나' 가운데서 '중심축에 따라 살려고 하는 나'가 일어서는 과정을 그대로 긍정하는 것이다. 자기 긍정이란 '중심축에 따라 사는 것'이라는 결의와 행위 한가운데서 '욕망과 자아에 휩쓸리는 나'를 계속 허락하는 것이다. 욕망과 자아에 좌지우지될지도 모른다는 것을 변명과 면죄부로 삼는 일은 결코 하지 않겠다는 영혼의 결의를 스스로에게 새겨 욕망과 자아에 휩쓸리는 나의 역사를 그대로 긍정하는 것이다.

설령, 지금까지 내 인생이 가치가 없고 의미가 없으며 그 모든 순간이 부정되어야만 하는 사건의 연속이었다고 하더라도 그 인생의 역사를 빠져 나온 내가 지금 여기서 중심축에 따라 살겠다고 결심할 때, 부정으로 가득 찬 인생이 곧바로 완전히 긍정으로 바뀌는 사건이 일어난다. 왜냐하면 부정으로 가득 찬 지금까지의 인생이 있었기 때문에, 지금부터 내가 중심축에 따라 살겠다는 결심을 할 수 있는 것이다. 이런 의미에서의 자기 긍정만이 욕망과 자아로 가득 찬, 번뇌 많은 나를 앞을 향해 나아가게 해

줄 것이다.

'싸움'과 '치유'는 '그런 의미에서의' 자기 긍정 속에서 처음으로 공존할 수 있다. 결심하여 전진하려는 싸움이 있기 때문에, 나는 나의 욕망과 자아를 긍정할 수 있다. 자신의 인생을 긍정하면, 그에 따라 치유가 이루어지기 때문에 나는 결심을 가슴에 새기고 전진해 갈 수 있다. 치유 없는 싸움, 싸움 없는 치유는 무통문명을 연명시키는 수레에 지나지 않는다. 전진 없는 긍정, 긍정 없는 전진도 마찬가지다.

절대 고독의 진실 위에 두 다리를 벌리고 서서 우애의 지원을 받고, 존재라는 빛에 둘러싸여 욕망과 자아에 떠내려 가면서도 내가 나이기 위한 중심축에 따라 살겠다고 결심하고, 자기를 해체하고 바꾸는 작업을 반복하면서 살고 있는 나. 자신에게 질문을 던지고, 사랑을 해체하고, 절실한 우애를 향해 손을 뻗지만 자신의 존재 깊숙한 곳에서 끓어오르는 소유와 사랑에 대한 욕망이 온몸을 뚫고 지나가며, 에로스의 불꽃이 머리 위에서부터 용암처럼 흘러 내려오는, 고뇌하는 환희에 싸여 있는 생명 있는 나. 이런 나를 잃고 싶지 않다. 너를 놓치고 싶지 않다. 당신을 언제까지나 안고 싶다. 우애를 갖고 살아야지 하면서도 우애가 애욕의 용암 속으로 한순간에 타들어 간다. 눈앞에서 멀어져 가는 것을 붙잡으려고 두 손을 뻗으면서 소리 높여 외치며 쫓아가지만, 컨베이어벨트가 나를 반대 방향으로 무자비하게 밀어내 버린다. 나는 사랑이 필요하다. 언제까지나 이대로 있고 싶다. 나를 도리 따위로 바꾸고 싶지 않다. 그렇게 외치고 있는 나는 스스로의 불길에 싸여 발밑부터 녹아 무너진다. 생명의 뜨거운 파도는 생명에 의해 녹는다.

앞이 전혀 보이지 않는 암흑 속에서 나 자신의 번뇌에 몇 번인가 지면서도, 중심축에 따라 살려고 울부짖고 소리치면서도, 갈기갈기 찢겨 위선

과 악과 자기기만에 사로잡히면서도, 삶의 의미 따위는 없다고 울부짖으
며 이슬방울이 잎사귀에서 실처럼 떨어지는 것 같은, 결국 있는지 없는지
모르는 한줄기 희망의 빛을 찾아 삼천세계의 한 구석에서 1밀리미터씩 전
진하려고 하는 이 보잘것없는 나를 무통문명은 결코 사로잡을 수 없을 것
이다.

## 주(註)

1) *Escape from Freedom*(1941). 우리말 번역은 『자유로부터의 도주』(이용호
역, 백조출판 1974)와 『자유로부터의 도피』(이규호 역, 1976) 그리고 『자유로
부터의 도피』(권미영 역, 일신서적출판사 1991)이 있다.
2) 같은 책, 이규호 역, 117쪽.
3) 같은 책, 118쪽.
4) レノア・ウォーカー『バタード・ウーマン-虐待される妻たち』, 金剛出版 1997.
5) 沼崎一郎『なぜ男は暴力を選ぶのか』, かもがわブックレット 2003.
6) 石川准『アイデンテイテイ・ゲーム-存在證明の社會學』, 新評論 1992, 18쪽.

# 제5장 신체의 욕망에서 생명의 욕망으로

## 1. '신체의 욕망'과 '생명의 욕망'

무통문명을 움직이고 있는 것은 '신체의 욕망'이다. '신체의 욕망'은 고통을 피해서 쾌락을 추구하고, 지금의 쾌적한 틀을 유지하면서 틈만 있으면 늘려 가려는 욕망이다.

인간의 깊은 내면에는 또 하나의 욕망이 꿈틀거리고 있다. 그것은 '생명의 욕망'이다. '생명의 욕망'은 '신체의 욕망'이 지키는 '틀'을 끊임없이 뛰어넘으려고 한다. '생명의 욕망'은 '신체의 욕망'과는 반대로 고통을 적극 헤쳐 나감으로써 지금의 자신의 틀을 해체하고 소유물을 버리는 방향으로 자기를 바꾸어 나가려고 한다. 스스로를 해체하여 전혀 다른 미지의 세계로 자신을 열어 가고자 하는 욕망이다. '생명의 욕망'은 무통문명을 그 내부로부터 해체시키는 잠재력을 가지고 있다.

이 장에서는 이 '생명의 욕망'의 가능성을 철저하게 파고들어 생각해 보고자 한다. '신체의 욕망'과 '생명의 욕망'은 전혀 다른 것처럼 보이지만 실은 그렇지도 않다. '신체의 욕망'이 흘러가는 방향을 아주 조금 바꾸어 주면 어느새 그것은 자신도 모르는 사이에 '생명의 욕망'으로 바뀌고 만다. 이러한 작업을 '전철(轉轍)'이라고 부른다.

기관차가 하나의 선로를 전속력으로 달린다. 그 기관차는 동쪽으로 향하고 있다. 만약 다음 역에서 누군가가 이 선로를 나란히 달리는 또 하나의 선로에 바꿔서 연결해 버리면 어떤 일이 일어날까. 기관차는 그 역을 맹렬한 스피드로 통과하면서 자기도 모르는 사이에 지금까지 달려온 것과는 전혀 다른 선로로 유도된다. 새로운 선로는 처음에는 같은 동쪽을 향해 나아가지만 어느새 아주 다른 방향으로 향하게 된다. 기관차는 스피드를 줄이는 일 없이 진행 방향을 교묘하게 바꾸어 버린 것이다.

전철이란 이와 같이 선로를 바꾸는 작업을 말한다. 달려오는 기관차의 추진력이 크기 때문에 갑자기 선로의 정면을 가로막고 서서 기관차를 멈추게 할 수는 없다. 그러나 전철작업을 하면 기관차의 추진력을 이용한 채 선로만을 변경시켜 천천히 기관차의 진행 방향을 바꿀 수가 있다. 상대의 힘을 그대로 이용한 채 행선지를 바꿔 버리는 것이 전철의 깊은 뜻이다. 여기서 말하는 기관차는 '신체의 욕망'이다.

신체의 욕망을 생명의 욕망으로 전철하는 것이 가능한 것은 양자의 본질이 모두 욕망이기 때문이다. 전진하려는 방향은 전혀 다르지만 좀 더 앞으로 스스로를 나아가게 하려는 기세는 공유하고 있는 것이다. 이 '좀 더 앞으로 나아가려는 기세'는 긍정적이어야만 한다. 욕망이 흐르는 방향을 유지한 채 소유물을 늘리는 방향에서 틀을 긍정적으로 해체해서 스스로 변모하는 방향으로 유도하면, 신체의 욕망은 어느새 생명의 욕망으로 바뀌고 있을 것이다. 남은 문제는 어떠한 방법을 사용해야 바꾸는 작업이 가능한가 하는 것이다.

전철을 하려면 먼저 신체의 욕망을 유혹해서 다른 길로 교묘하게 유도

하지 않으면 안 된다. 그러고 나서 신체의 욕망을 새로운 길에 고정시킨다. 신체의 욕망은 우리들의 깊은 내면에서 일어나는 것이기 때문에 신체의 욕망의 전철은 '자기와의 대화'라는 형식을 취하게 된다. 자기와 대결하고 자기를 유혹하고 새로운 자기를 고정하는 것이다.

다음 절 이후에서 신체의 욕망의 다섯 가지 특징, 즉 "쾌락을 추구하고 고통을 피한다" "현상유지와 안정을 꾀한다" "틈만 있으면 확대 증식한다" "타인을 희생시킨다" "인생, 생명, 자연을 관리한다"의 다섯 가지 특징을 하나하나 검토하여 거기서 나타나는 '생명의 욕망'의 구체적인 모습을 자세히 살펴보고자 한다.


## 2. 괴로움을 헤쳐 나가는 것

우선 첫 번째로 "쾌락을 추구하고 고통을 피하려"는 욕망이다. 즉 고통은 적고 쾌락은 많은 것이 좋다, 하고 싶은 것을 많이 할 수 있고, 하고 싶지 않은 것은 될 수 있는 한 줄이는 것이 좋다, 좋은 것만 맛보고 싶다는 등의 욕망에 대해 생각하고자 한다.

우리는 우선 "고통은 적은 것이 좋다"는 사상과 정면으로 대결하지 않으면 안 된다. 이것은 신체의 욕망과의 정면대결이다. 고통은 적을수록 좋은 것이 아니다. 괴로워해야 할 때는 기꺼이 괴로워하는 것이 좋다. 고통의 체험이 있었기 때문에 괴로움 뒤에 발견할 수 있는 아주 소중한 것이 있다. 병이 들어 오래 누워 있었기 때문에 세월의 느긋한 변화의 맛을 태어나서 처음으로 알 수 있게 되는 것처럼 고통을 잘 견뎌냈기 때문에 처음으로 도달할 수 있는 경지가 있다. 인간이 한 번뿐인 인생을 후회 없이 살아 나가기 위해서는 이 경험이 아주 중요하다는 것을 모든 사람들은 알고 있지 않은가.

나는 "고통이 없어서는 안 된다"든지 "고통을 늘려야 한다"고 말하는 것이 아니다. 그것들은 고행의 사상이면서 앞에서 말한 금욕의 사상과 마찬가지로 난점을 내포하고 있다. "괴로워하면서도 이겨내야 하는 고통"이란 스스로 주체가 되어 살려고 할 때 필연적으로 직면하는 괴로움을 말한다. 괴로운 고통을 잘 이겨 나가는 것, 이것이 생명의 욕망으로 향하는 첫째 조건이다. 그것을 바탕으로 나는 '신체의 욕망'에게 말을 건다.

'신체의 욕망'이여, 너는 자신의 틀을 유지한 채 쾌락의 양을 늘리는 것을 목적으로 삼고 있지만 그것보다도 한층 더 기분 좋은 일이 있다는 것을 모르는가. 금식을 하고 난 뒤에 먹는 스프가 상상을 뛰어넘을 정도로 맛있는 것과 마찬가지로, 괴로운 고통을 이겨나가고 자신의 틀을 해체·재생했을 때 찾아오는 '생명의 기쁨'은 네가 느끼고 있는 쾌락 따위와는 비교도 되지 않을 만큼 기분이 좋다는 것을 모르는가. 자신을 해체한 뒤에 찾아오는 '생명의 기쁨'은 어떠한 쾌락이나 자극보다 깊다. '신체의 욕망'이여, 너는 이 상쾌함을 경험해 보고 싶지 않은가.

이처럼 유혹받은 신체의 욕망은 자기해체와 재생이 정말로 기분이 좋고 마비될 것 같은 충실감에 넘쳐 있다고 느껴 자기해체의 길을 향해 한 발을 내딛으려고 할지도 모른다. 이 순간이 기회. 신체의 욕망을 교묘히 유도해서 자기해체의 방향으로 최후의 힘을 발휘함으로써 신체의 욕망이 크게 전철되어 갈 가능성이 생긴다. '기분 좋음'을 미끼로 신체의 욕망을 유도하는 것이 전철의 기본형이다.

물론 당초에 예상하고 있던 쾌감의 내용과 전철된 후에 맛볼 수 있는 쾌감의 내용은 전혀 다르다. 다른 수로에 어떻게 교묘하게 신체의 욕망을 끌어들이는가가 솜씨를 보여 주는 대목이다. 신체의 욕망도 생명의 욕망도 모두 쾌감의 유혹에 끌린다. 이 유혹에 끌리는 욕망의 기세를 잘 이용해서 다른 선로로 바꾸는 작업이 '전철'이다. 전철된 욕망의 내용을 이후 더 구체적으로 살펴보려고 한다.

## 3. 에로스적인 교제를 위하여

두 번째는 "현상유지와 안정을 꾀한다"는 욕망이다. 지금의 자신의 기본자세와 틀을 애써 유지하고 기득권을 지키려는 욕망을 어떻게 하면 좋을까.

우선 우리는 소유물과 기득권을 지키는 것이 보다 좋은 인생으로 연결되지 않는다는 것을 알아야 한다. 왜냐하면 그러한 자세는 우리가 인생의 고비에서 새로운 자신으로 변모할 가능성을 닫아 버리는 방향으로 작용하기 때문이다. "소유하고 있는 것을 손에서 놓고 소유에 집착했던 자신을 해체함으로써 새로운 세계가 활짝 열린다"는 가능성을 뻔히 보면서 잃어 버리기 때문이다. 제4장에서 말한 것처럼 사물이나 인간관계, 권력, 지위 등을 소유하고 유지하기 위해서 막대한 노력을 쏟아 부어 오히려 인생을 비참하게 만드는 경우도 종종 보게 된다.

우리는 "새로운 것을 손에 넣을 기세로 지금까지 소유하고 있던 것을 버린다"는 자세로 스스로를 바꿔 나가지 않으면 안 된다. 소유물이나 기득권을 끊임없이 손에서 놓아 버리면서 인생을 살아 나가는 것, 그것이 '생명의 욕망'으로 향하는 제2의 조건이다.

그러나 이러한 이념만으로는 유지와 안정을 고집하는 '신체의 욕망'은 꿈쩍도 하지 않을 것이다. 신체의 욕망을 유혹에 넘어가게 하기 위해서는 전혀 다른 요령이 필요하다. 한 가지 생각할 수 있는 요령은 유지와 안정을 버리기 위해서 에로스의 힘을 이용하는 방법이다. 신체의 욕망을 부추겨서 유혹하고 유지와 안정에서 에로스로 옮겨 오게 하는 것이다.

여기서 말하는 에로스란 "사귀고 싶은 사람과 사귄다"는 욕망이다. 사람과 사람이 사귀기 위해서는 서로가 자신의 방어벽을 서서히 깨고 상대방을 위해서 지금까지 자신이 쌓아 올린 것을 버리는 일이 필요하다. 자신이 쌓아 올린 것, 유지해 온 것, 지키려고 했던 것보다도 눈앞에 있는 당신을 선택하는 상황에 빠지는 것이 에로스적으로 사람과 사귀는 것이다. 그것은 스스로의 방어벽을 깨고 자신이 지켜온 것을 상대방을 위해 버려도 상관없다고 생각하는 것이고 되돌릴 수 없는, 살을 파고드는 듯한 감미로운 교제를 마음껏 맛볼 수 있는 것이다.

연애와 성교를 마음껏 맛보기 위해서는 글자 그대로 자신을 지키는 경계선을 상대를 향해 열고 서로에게 마음과 몸을 몰입하는 것이 필요하다. 그러기 위해서 지금까지 소중하다고 생각하고 지켜 온 재산이나 친구나 가족 등을 버려도 좋다고 생각하면, 이것이 '생명의 욕망'이다. '신체의 욕망'이여, 유지와 안정을 최우선으로 하면서 풍파가 일지 않는 메마른 삶을 죽을 때까지 보내는 것이 좋은가, 그렇지 않으면 소중한 것을 버렸을 때 비로소 얻을 수 있는 더할 나위 없는 감미로운 교제의 세계를 맛보는 것이 좋은가. 정말로 보내고 싶은 삶은 도대체 어느 쪽인가.

'신체의 욕망'은 대답할 것이다. 내가 하고 싶은 것은 지금의 자신의 상태를 유지한 채 사귀고 싶은 사람과도 사귀는 것이라고. 예를 들면 결혼 생활은 유지한 채 좋아하는 사람과 불륜을 하는 것이다. 자신이 사회 속에서 획득해 온 것은 놓치지 않고, 그것을 파괴하지 않는 범위 내에서 에로스의 욕구도 만족시키는 것이다.

그러나 '신체의 욕망'이여, 그것은 에로스도 그 무엇도 아니다. 너는 모를 것이다. 지금의 자신을 방어하고, 자신이 획득해 온 것을 손에서 놓지 않으며, 그것을 파괴하지 않는 한도 내에서 좋아하는 사람과 사귀는 것은 에로스에서 아주 먼 이야기다. 그것은 단순한 호기심을 만족시킬 뿐으로, 무통화하는 사회가 만들어 온 '짜여진 모험'의 함정일 뿐이다. 불륜의 장려야말로 무엇보다도 무통문명적인 행위다. 기득권을 지킨 채 이루어지는 혼외연애만큼 에로스에서 먼 것은 없다. 마찬가지로 사회의 하위문화(subculture)로 은밀하게 확산되고 있는 여러 가지 일탈이나 변태를 선택하면서 자신은 에로스적인 모험을 하고 있다고 착각하는 것 또한 에로스에서 아주 멀다. 일탈이 곧 에로스는 아니다.

에로스는 스스로를 버리는 것, 스스로를 여는 것, 되돌릴 수 없는 것, 무엇이 일어날지 모르는 것을 바탕으로 하지 않으면 꽃을 피울 수 없다. 그러나 스스로를 버리고 되돌릴 수 없는 상태로 한 걸음을 내딛으면서 사람과 사귈 때 느끼는 것이야말로 비길 데 없는 짜릿한 해방감과 한 순간의 기쁨이며, 결코 다른 데서는 맛볼 수 없는 상쾌함인 것이다. '신체의 욕망'이여, 소유물이나 기득권에 언제까지나 매달리지 말고 에로스적인 사귐으로 스스로 뛰어 오르면서 소유물이나 기득권을 과감하게 버리는 것은 어떤가. 그러는 것이 훨씬 더 기분이 좋지 않겠는가.

신체의 욕망을 이와 같이 유혹하고 에로스적인 사귐의 선로로 전철시키고, 획득한 것을 버리면서, 사귀고 싶은 사람과 끝없이 사귀려는 욕망을 나는 '생명의 욕망'이라고 긍정한다. 이 때 사귀는 양자는 모두 스스로 삶의 주인이 되어 절대 고독의 삶을 살아 나가려고 하는 자가 아니면 안 된다.

## 4. 영토 확장에 대항하여

세 번째는 "틈만 있으면 확대 증식한다"는 욕망이다. 이것은 지금의 자신의 기본 태도와 틀을 바꾸지 않은 채 사물을 사들이고 늘려 나가는 욕망이다. 이 욕망의 깊숙한 곳에는 "자기 영토를 더 넓히고 싶다"는 충동이 있다. 이 충동이 자신의 틀을 바꾸지 않고 소유물을 더 갖고 싶다는 형태로 결실을 맺었을 때 '신체의 욕망'이 된다.

그러나 이 충동을 '신체의 욕망'과는 다른 형태로 결실을 맺게 할 수도 있다. 즉 자신의 '소유물의 영역'을 넓히는 형태가 아니라, 자신의 '경험의 영역'을 넓히는 형태로 결실을 맺게 할 수 있다. 그렇게 하면 '신체의 욕망'을 미지의 세계를 경험하고 싶은 '생명의 욕망'으로 전철할 수 있게 된다.

그것은 구체적으로 "할 수 없었던 일을 할 수 있게 되면 좋겠다"는 욕망으로 나타난다. "어떠한 것을 할 수 없었던 내가 그것을 할 수 있는 나로 다시 태어나 미지의 세계를 경험하고 싶다"는 욕망이 생기는 것이다. 예를 들면 헤엄을 칠 수 있게 되기를 바란다든지, 올라간 적이 없는 꼭대기에 올라가고 싶다든지, 여러 가지 언어를 말할 수 있게 되면 좋겠다든지, 매력적인 사람이 되고 싶다든지, 지금까지 몰랐던 여러 가지 경험을 하고 싶다든지 하는 것이다.

가령 "맛있는 것을 많이 먹고 싶다"는 욕망이 있다고 하자. '신체의 욕망'은 이것을 "맛있는 것을 좀 더 많이 소유하고 싶다"든지, "맛있는 것을 실컷 먹을 수 있을 만큼의 수입이 있으면 좋겠다"든지 "맛있는 것을 많이

200

만들어 주는 사람이 있으면 좋겠다"는 식으로 결실을 맺으려고 한다. '신체의 욕망'은 소유 확대의 축을 따라 일을 만들어 가는 것이다. 이에 반해 '생명의 욕망'은 "맛있는 것을 많이 만들 수 있는 기술을 익히고 싶다"든지, "맛있는 음식을 많이 만들 수 있는 사람이 되고 싶다"는 식으로 결실을 맺으려고 한다. 즉 자기 자신을 바꾸어 "지금까지 할 수 없었던 것을 할 수 있게 되"는 것을 통해 "맛있는 음식을 많이 먹고 싶다"는 욕망을 결실로 맺으려는 것이다. '생명의 욕망'은 소유 확대의 축을 따르는 것이 아니라 자기 변모의 축을 따라 실현시키려고 한다.

"좀 더 쾌적한 생활을 하고 싶다"는 욕망이 있다고 하자. '신체의 욕망'은 이를 "좀 더 큰 집을 갖고 싶다"든지, "차와 고용인을 갖고 싶다"든지, "그것들을 가능케 하는 수입을 갖고 싶다"는 식으로 결실을 맺으려 한다. 이에 반해 '생명의 욕망'은 "지금 갖고 있는 물질과 환경 속에서 가장 쾌적하게 살 수 있도록 생활 패턴을 바꿔 가고 싶다"든지, "지금 주어진 상황에서 자신이 얼마만큼 쾌적함을 이끌어 낼 수 있는지 시험해 보고 싶다"든지, "지금의 환경을 포기하고 자신이 가장 살고 싶은 곳에서 미지의 생활을 시작하고 싶다"는 식으로 결실을 맺으려고 한다. 이처럼 우리의 욕망은 자기 자신을 변모시켜서 새로운 것을 할 수 있게 된다든지, 지금까지의 자신을 초월함으로써 미지의 세계를 경험하는 형태로 나아가고 채워지는 것도 가능하다.

"할 수 있게 되고 싶다"는 욕망은 인간에게 아주 중요한 것이다. 지금까지 할 수 없었던 것을 자신의 노력과 지혜에 의해 할 수 있게 되었을 때의 기쁨은 어떤 것과도 바꾸기 어렵다. "마침내 해냈다"라는 감동은 생명을 빛나게 만든다. '할 수 있게 되는' 것은 나의 존재에 커다란 영향을 미친다. 다른 사람에게는 전혀 가치가 없는 일이라 해도 그것을 해낸 본인에게는 삶의 의의와 자기 긍정으로 연결된다. '할 수 있게 되는' 것은 타인과의 비교에서 의미가 있는 것이 아니다. 그것은 자신만을 위해서 하는 행위다. 그런 의미에서 이것은 내면 깊숙한 곳으로부터 끓어오르는 욕망의 전형이다. 말할 수 없었던 언어를 사용할 수 있게 된다. 헤엄칠 줄 몰랐던 사람이 헤엄칠 수 있게 된다. 이것은 아무리 소유를 확대해도 얻을 수 없는 생명을 크게 빛나게 해 준다.

좀 더 생각해 보자. 미지의 세계를 경험하기 위해서는 소유물을 늘리지 않아도 된다. 이미 가지고 있는 것을 더 깊이 음미하면서 미지의 세계를 체험할 수 있을 것이다. 왜냐하면 우리는 이미 가지고 있는 것을 충분히 음미하고 있지 않기 때문이다. 지금 갖고 있는 CD를 모두 충분히 들었는가 하면 그렇지 않다. 그런데도 늘 새로운 CD를 갖고 싶어 한다. 갖고 있는 것을 충분히 음미하기도 전에 계속해서 새로운 것을 손에 넣으려고 한다. 여기에 큰 문제가 있다.

이미 소유하고 있는 것이나 주어진 것을 내 앞에서 활짝 피어나도록 할 가능성은 언제나 남아 있다. 그 가능성을 위해 '지혜'가 필요하지만, 우리는 아직 갖고 있지 않다. 외부 세계를 측량하거나 개척하거나 지배하기 위한 '지식'은 갖고 있지만, 내부 세계에서 싹튼 것에 물을 주고 볕을 쬐어 주고 서서히 꽃을 피워 가는 '지혜'를 우리 문명은 소홀히 해왔다. 무통문명에서 탈출하기 위해 필요한 것은 이러한 지혜라고 생각한다. 이미 소유하고 있는 것이나 주어진 것의 가능성을 꽃피게 만드는 지혜를 충분하게 갈고 닦을 때, 이것을 나는 '개화(開花)의 지혜'라고 부르고자 한다. 이 '개화의 지혜'는 현대의 자연과학과는 또 다른 경로로 개발되어야 한다(제8장 참조).

다시 말하면 소유물을 줄이는 방향으로 생명의 욕망을 채워 가는 것까지도 가능하다. 지구 환경문제를 예로 생각해 보자. 지구 환경위기를 헤쳐 나가기 위해서는 소유나 소비를 축소하는 것이 반드시 필요하다고 한다. 그러나 그것이 반드시 '금욕생활'을 의미하는 것은 아니다. 왜냐하면 소유물이나 에너지 소비가 증가하지 않아도, 값비싼 전기제품이나 에어컨이 없어도, 즐겁고 쾌적한 생활을 할 수 있는 사람으로 나 자신을 바꾸어 가는 기회라고 긍정적으로 받아들일 수 있기 때문이다.

하루 종일 에어컨을 틀고 일을 한 사람이, 하루에 한 시간만이라도 창을 열고 바깥 공기를 안으로 들여 더운 기온 속에서 일을 해 보았다고 하자. 그 때 그 사람은 점차 더위에 익숙해져 이따금 불어오는 산들바람에 기분이 좋음을 느끼고 창 밖을 통해 들려오는 생활소음이나 새의 울음소리에 신선한 기분을 느끼고 있음을 깨닫게 될 것이다. 창문을 꽁꽁 닫아 둠으로써 우리는 바깥의 소리를 듣는 즐거움을 뺏기고 있는 것이다. 그렇다는 사실조차도 평소에는 잊고 있다. 그리고 에어컨이 없으면 전혀 일을 할 수 없다고 믿고 있다. 이처럼 소유물이나 에너지 소비를 줄이는 동안 비로소 감수성이 깨어난다. 이와 같은 감수성으로 온몸을 가득 채운 채 매일 매일을 활기차게 보내고 싶다는 '생명의 욕망'이 있다. 일단 손에 넣은 쾌적함은 절대로 손에서 놓을 수 없다는 속설도 무통문명이 걸어오는 함정이다.

주의할 점이 몇 가지 있다.

우선 "할 수 없었던 일을 할 수 있게 되면 좋겠다"는 욕망 속에는 도와주면 안 되는 욕망도 많이 있다. 이를테면 내 내면의 중심으로부터 끓어올라오지 않는 욕망, 즉 우리의 '심층 정체성'에서 생겨나는 "이것을 할 수 있게 되면 좋겠다"는 욕망을 지원해서는 안 된다. 더 많은 것을 소유해 안정되면 좋겠다든지, 권력을 손에 넣어 다른 사람보다 높은 자리에 서고 싶다든지, 타인을 마음대로 지배하고 싶다든지, 자신에게 존재 가치를 높이기 위해 능력개발을 하고 싶다든지 하는 욕망은 아무리 그것이 "할 수 없었던 일을 할 수 있게 되면 좋겠다"는 형태를 취한다 해도 그것은 '심층 정체성'에서 나오는 목소리지, '생명의 욕망'이 아니다.

그것이 '생명의 욕망'이기 위해서는 "할 수 없었던 일을 할 수 있게 되면 좋겠다"는 생각이 후회 없는 인생을 살려는 목적을 위해서 솟아나야 하고, 자기 긍정과 함께 깊숙한 내면에서 끓어올라올 필요가 있다. 생명의 욕망은 소유물이나 자신에게 적합한 환경이나 기득권을 해체하는 방향으로 스스로를 끌고 가면서 "할 수 없었던 일을 할 수 있게 되면 좋겠다"고 바란다. 단순한 상승 지향은 '생명의 욕망'에서 아주 멀다.

"할 수 없었던 일을 할 수 있게 되면 좋겠다"는 욕망에 대해 또 하나 생각해 두지 않으면 안 되는 것이 있다. 왜냐하면 "남자라면 이 정도는 할 수 있는 게 당연하다"는 가치규범이 있을 때, 그것을 내가 어느새 내면화하고 있어서 "나도 남자니까 이 정도는 할 수 있으면 좋겠다"고 생각하는 일이 생기기 때문이다. 그러나 이것은 '생명의 욕망'이 아니다. 그 욕망이 나의 내면 깊숙한 곳에서 끓어올라온 것이 아니기 때문이다. 오히려 그것은 나의 심층 정체성과 결탁한 욕망일 위험이 있기 때문이다. "그러한 일을 할 수 있는 남자가 되면 나도 다른 사람에게서 인정받겠지" 하는 나의 심층 정체성을 만족시킬 뿐인지도 모르기 때문이다.

무통문명과 싸우는 사람들은 지금의 사회가 '보통' '당연하다'고 생각하는 것에 근본적인 질문을 던지지 않으면 안 된다. 무통문명으로 보면 '당연한' 일이 무통문명과 싸우려고 하는 사람들에게는 결코 '당연한' 일이 아닌 경우가 많기 때문이다.

'생명의 욕망'에 대해서도 같은 말을 할 수 있다. 자신의 내면 깊숙한 곳으로부터 끓어올라오는 "할 수 없었던 일을 할 수 있게 되면 좋겠다"는 욕망이 지금의 사회 기준으로 보면 전혀 '보통'이 아니고 '당연한' 것도 아닌 경우가 종종 있을 것이다. 그러나 그 경우에는 지금의 사회 기준을 믿는 것이 아니라 자기해체의 싸움을 거쳐서 스스로의 내면에 형성한 자기 자신의 판단을 믿지 않으면 안 된다. 당신의 판단이 지금의 사회 기준보다도 더 옳다. 당신 자신의 인생에서 옳다. 정당함은 다수결로 결정되지 않는다. 자신의 자기해체와 재생의 길을 진실로 믿어야 한다.

스스로 자신의 내면 깊숙한 곳까지 파고든 사람이 내가 나일 수 있기 위한 절실함에 움직여 "할 수 없었던 일을 할 수 있게 되면 좋겠다"는 욕망을 가졌을 때, 가령 그것이 지금의 사회의 기준으로 보면 '비상식', '부도덕', '변태'라고 해도 스스로의 욕망을 어떻게 해서든지 추구해 나가야만 한다.

*

'할 수 있게 되는 것'을 중시하는 것은 능력주의가 아니냐 하는 반론이 있을 수도 있다. 능력주의란 다른 사람과 비교해서 자신이 뛰어나다는 것을 긍정하는 것이기도 하고, 어떤 달성 기준을 정해서 그것에 이르지 못한 자에게는 낮은 가치를 주는 것이다. 그러나 내가 여기서 생각하는 것은 그 어느 쪽도 아니다. 자기 자신을 위해서 "무엇인가 할 수 있게 되고 싶다"는 바람을 긍정하는 것이다. 타인과의 비교나 기준치의 달성과는 관계가 없다. 예를 들어 다른 사람들과 똑같이 활동할 수 없는 장애인의 경우는 결코 차별하는 것이 아니다.

또 하나의 반론으로서 소비사회에서는 우리의 욕망 자체가 '만들어지는' 것이기 때문에 '생명의 욕망'도 또 소비사회에 의해서 '만들어질' 것이라는 비판도 있을 것이다. 분명 생명의 욕망의 구체적인 내용이 소비사회의 이데올로기나 가치관, 유행에 의해서 영향을 받을지도 모른다. 그러나 그것은 표면적인 '수식' 차원에 머무는 것이 아닌가 하고 나는 생각한다. 자기해체의 여정을 거쳐 스스로의 내면 깊은 곳을 끊임없이 확인하려는 사람이 소비사회에 의해서 만들어진 거짓된 생명의 욕망을 스스로의 내부에서 끓어올라온 것과 혼동할 위험성은 극히 적을 것이다.

또 할 수 없었던 일을 할 수 있게 되기 위해서는 여러 가지를 시도하지 않으면 안 된다. 미지의 세계를 체험하기 위해서는 지금의 나의 방어벽을 허물고 앞으로 일어날지도 모르는 미지의 예상할 수 없는 일을 향해 나의 존재를 걸지 않으면 안 된다. 그러므로 이것은 오히려 에로스적인 사귐과 비슷하다.

그것은 또 소비활동보다도 창조활동에 가깝다. 주어진 것이나 획득한 것을 자신의 틀 안에서 '내연(內燃)하는' 것이 아니라 손에 넣은 것을 자신의 내부에서 소화하고 자신을 거쳐 세계로 다시 내보내는 것, 나의 틀을 유지한 채 소비를 반복하는 것이 아니라 무엇인가를 새로 만들어내면서 나 자신의 틀을 바꾸어 나가는 것이 요구된다.


## 5. 포식(捕食)의 연쇄


네 번째는 "타인을 희생시킨다"는 욕망이다. 즉 타인을 희생시키거나 발판으로 삼아서라도 자신이 바라는 것을 추구하려는 욕망을 어떻게 하면 좋을까. 인간에게는 자신이 성공하거나 무엇인가를 손에 넣기 위해서라면 타인을 발판으로 삼아도 괜찮다고 생각하는 본성이 있다. 마치 팽창하는 제국주의가 주변 지역을 짓밟아 영토를 넓히는 것처럼 신체의 욕망은 타인의 사정 따위는 아랑곳하지 않고 자신의 만족만을 추구한다.

이 욕망의 어쩔 수 없는 끈질김을 깨달았다면, 우리는 이 욕망과 싸우지 않으면 안 된다. 규범 수준에서 생각하면 우선 금지해야 하는 것은 자신의 욕망을 만족시키기 위해서 타인이 추구할 '생명의 욕망'의 가능성을 빼앗는 것이다. 예를 들어 자신의 권력욕을 채우기 위해서 가까운 타인을 노예 상태로 만들어 그 사람에게서 "할 수 없었던 일을 할 수 있게 되는" 가능성을 빼앗고, "사귀고 싶은 사람과 사귈" 가능성을 빼앗고, "손에 넣은 것을 버려 가면서 여러 가지 일을 시도해 보는" 가능성을 빼앗고, "자신을 바꾸어 가는 기쁨"의 가능성을 뺏는 것과 같은 일을 말한다. 인간을 감금해 생명을 협박하는 것은 인간의 기본 권리인 자유를 박탈하는 것이어서 용서받지 못함과 동시에 여기서 말하는 '생명의 욕망'의 추구 가능성을 뺏는다는 점에서도 용서받지 못하는 것이다.

어떤 인간의 행동이나 표현의 자유가 보장되고 있는 것처럼 보여도 실은 그 인간은 타인에 의한 심리적인 속박 속에서 '생명의 욕망'을 추구하는 의욕이나 발상이나 용기를 교묘히 빼앗기고 무력화되고 있는지도 모른다. 가령 부모의 기대, 지나친 간섭, 행동 규제, 자기투영 때문에 무기력해지고, 틀어박혀 지내고, 우울증에 걸려 있는 아이의 경우 "아이를 이렇게 키워서 이러한 가정을 만들고 싶다"는 부모의 욕망이 아이들의 '생명의 욕망' 가능성을 빼앗고 있는 것이다.

인간에게서 '생존권'이나 '표현의 자유'를 빼앗으면 안 되는 것과 마찬가지로 '생명의 욕망'을 추구할 가능성을 빼앗아도 안 된다. '생명의 욕망'을 빼앗는 것만은 절대로 용서해서는 안 된다. 이론적으로는 그렇지만, 우리는 타인에게서 '생명의 욕망'을 계속해서 빼앗아 왔다. '신체의 욕망'의 자기중심성은 이토록 끈질기다. 인간의 폭력과 전쟁과 착취의 역사를 보면 어찌할 수 없는 무력감에 휩싸인다. 그러면서도 그것들을 빼앗으면서 나아가려고 하는 '신체의 욕망'과는 역시 정면으로 싸우지 않으면 안 된다. 이것이 생명의 욕망으로 향할 때의 세 번째 조건이다.

여기서부터 아주 미묘한 이야기가 되지만 타인을 희생해서까지 '신체의 욕망'을 만족시키고 싶다고 생각하는 마음 작용의 깊은 곳에 어떤 충동이 뿌리박혀 있는 것은 아닌가 하고 나는 생각한다. 그것은 타인이 가지고 있는 에너지나 영양분이나 바람을 흡수해서 나의 일부분으로 만들고 싶다는 충동이다. 맛있어 보이는 동물을 잡아 와 요리하고 그것을 먹으려고 할 때의 두근거리는 흥분과 충만감을 우리는 타인을 희생시켰을 때 맛보고 있는 것이 아닐까.

다른 생명을 빼앗아 나의 일부로 만드는 착취, 잡아먹는 포식(捕食), 소화의 과정을 통해서 피가 끓고 살이 떨리는 흥분과 충만감과 쾌락을 느끼는 것은 아닌가. 그 충동이 너무나도 본질적이기 때문에 '신체의 욕망' 역시 타인을 희생시키는 방향으로 흘러가기 쉽다고 나는 생각한다. 그것을 금지하려는 윤리적인 이념이 거의 효과 없는 설교밖에 되지 않는 것이다.

나는 생각한다. 이 뿌리 깊은 '포식의 충동' 에너지를 이용해서 '신체의 욕망'을 '생명의 욕망'으로 전철시킬 수는 없을까. '포식의 충동'은 다른 사람이나 생명체로부터 에너지와 영양분과 바람을 빼앗아 자기 내면으로 끌어들여 자신의 일부로 만들고 싶어 하는 것이다. 이 때 상대를 희생시키는 방식으로 포식을 하게 되면 그것은 '신체의 욕망'의 만족으로 이어져 가지만, 그렇지 않고 상대도 역시 승낙하는 형태로 포식을 하는 경우는 어떻게 되는가.

예를 들어 당신은 어떠한 일을 하고 싶은데 아무리 해도 안 된다. 할 수 없이 그것을 포기하고, 대신에 다른 사람이 그것을 달성해 주기를 바란다. 그 때 마침 내가 나타나서 당신의 시간이나 노력, 아이디어와 바람을 흡수해서 당신의 몫까지 그것을 할 수 있도록 노력한다. 이러한 경우에는 당신의 승낙과 협력 아래 내가 당신을 '포식' 하고 당신을 대신해서 "할 수 없었던 일을 할 수 있게" 되는 것이다.

즉 당신이 "누군가 나 대신에 이것을 할 수 있게 되면 좋겠다" 라고 진심으로 생각하고 있을 때 내가 주체적으로 당신을 대신하고 당신을 포식해서 그것을 할 수 있게 되어 간다는 것은 나도 당신도 동시에 바라는 것으로 어디에도 희생은 없다. 이것이 진실로 달성되었을 때 그것은 '생명의 욕망' 이 된다. 그렇다고 하면 우리의 내부에 잠재하는 '포식의 충동' 을 누군가를 희생시키는 '신체의 욕망' 으로 결실을 맺게 하는 것이 아니라, 희생자가 생기지 않는 '생명의 욕망' 으로 전철하는 것이 가능할 것이다. "당신 대신에 내가 빛난다" 는 형태의 '생명의 욕망' 이 있을 수 있다. 우리의 깊은 내면에 있는 "아아, 누군가를 희생시켜 전진하고 싶다" 는 감각을 이렇게 바꿔 나갈 수 있다면 그것은 '신체의 욕망' 을 무력화하는 아주 커다란 힘이 되지 않을까.

그러나 이것은 아주 어려운 선택사항이다. 그도 그럴 것이 포식에 의한 생명의 욕망이라는 것은 언뜻 보기에 우리가 아주 신경을 쓰지 않으면 안 되는 '공범관계적 지배의 구조' 와 구분하기 어렵기 때문이다. 공범관계적 지배에서는 내가 당신을 종속시켜 욕망 추구의 수단으로 삼고 있음에도 불구하고 나도 당신도 그 관계를 허물고 싶지 않다고 생각한다. 밖에서 볼 때는 둘 다 관계를 계속 유지하려는 것처럼 보인다. 그러나 실제로는 둘 다 관계를 벗어나고 싶지만 동시에 벗어나고 싶지 않은 자기 속박에 빠져 있는 것이다.

비대칭적인 관계를 둘 다 인정하고 있는 것처럼 보인다는 점에서 공범관계적 지배 구조와 포식에 의한 생명의 욕망은 많이 닮아 있다. 이 둘을 구별하기 위해서는 두 사람이 정말로 '내가 나이기 위한 중심축'에 따라 삶을 살려고 하는가를 지켜볼 수밖에 없다. 공범관계적 지배구조에 빠져 있는 두 사람은 자신의 중심축에 따라 살지 못하고, 스스로의 '심층 정체성'에 속박되어 살고 있기 때문이다. 포식에 의한 생명의 욕망 관계에 들어갈 수 있는 것은 자신의 중심축에 따라 살려고 하는 두 사람의 경우에만 해당된다. 자신의 중심축에 따라 살아가려고 하는 두 사람이 포식관계에 들어갔다고 해도 그것이 공범관계적 지배는 될 수 없다.

이 점에 유의하면서 '신체의 욕망'을 유혹해서 포식에 의한 생명의 욕망으로 바꾸는 것은 가능하다. 당신은 자신을 속박하는 쪽으로 빠져들지 않고 타인을 포식하는 욕망을 획득할 수 있다면, 그것은 당신이 지금까지 전혀 알지 못했던 두근거리는 쾌감이 될 수 있다. 그렇지만 그러기 위해서는 자기 자신을 깊이 파고들어 심층 정체성과 대결하고, 자신의 중심축에 따라 삶을 살겠다고 결단하지 않으면 안 된다.

공범관계적 지배에 빠져 있던 두 사람이 각자의 심층 정체성과 대결하여 두 사람 사이의 속박을 해체하고 절대 고독의 경지에 이른 다음에, 이번에는 쌍방의 양해를 바탕으로 비대칭적인 포식관계에 들어가는 것은 있을 수 있다. 이러한 길을 가는 사람들은 극히 극소수일 것이다. 그러나 이 두 사람이 후회 없는 삶을 살기 위해 그런 선택을 했다면 그것을 비판할 이유는 없다. 페미니즘이나 여성해방운동으로부터 반발을 살지도 모르지만 나는 이렇게 생각한다.

'당신을 대신해서 내가 빛난다'는 포식의 욕망을 잡아먹히는 쪽에서 보면 '나를 대신해서 당신이 빛났으면 좋겠다'는 것이 된다. 이것 또한 '내가 잡아먹히고 싶다'는 형태로 결실을 맺은 '생명의 욕망'인 것이다. 내가 할 수 있게 되기를 바랐지만 할 수 없었던 바람과 에너지를 누군가가 가져갔으면 좋겠다. 이 때 이 관계의 주체는 빼앗는 '당신' 쪽에 있다. 이 것을 착각하면 안 된다. 내가 주체가 되면 그것은 자신의 채워지지 않은 바람을 아이에게 강요하는 최악의 부모가 되는 것과 마찬가지이기 때문이다. 포식의 관계에서는 포식의 여부를 결정하는 주체는 반드시 '포식하는 쪽'이지 않으면 안 된다. 잡아먹히는 쪽은 빼앗기는 것을 단지 기다리는 것밖에 허락되지 않는다. 자신의 중심축을 살아가기 위해서 포식하는 쪽은 능동적으로 뺏고, 잡아먹히는 쪽은 수동적으로 빼앗긴다. 포식의 욕망은 이 때 쌍방에게 충분히 채워진다.

이것은 전체주의와도 비슷하다. 프롬의 분석에 기댈 것도 없이 나치의 전체주의에서 잡아먹히는 쪽을 선택한 사람들은 자신의 심층 아이덴티티와 대결하는 것에서 도망치기 위해 히틀러라는 거짓 포식자에게 몸을 내 맡긴 것이다(『자유로부터의 도피』). 그러므로 전체주의에서 보게 되는 관계는 포식과는 전혀 다른 것이다.

포식에 의한 생명의 욕망 추구라는 사고방식은 시민적인 평등감각이나 대등감각에서 벗어나 있다. 이것만으로도 충분히 오해를 받기 쉽다. 그러나 '포식'이라는 것이 우리의 '생명'에서 무시할 수 없는 커다란 테마임은 확실하다. 나는 포식이 생명학의 최대의 테마 가운데 하나라고 생각한다. 물론 포식의 관계가 아닌 것이 '포식'인 것처럼 이야기되는 일이 흔히 있다. 남녀간의 공범관계적 지배나 제국주의적 침략 등인데, 그에 대해서는 끈질기게 이의를 제기하지 않으면 안 된다.

'생명의 욕망'은 끝없이 이어지는 '포식의 연쇄'라는 형태로 진행될 때 아주 강력한 힘을 발휘하는 것은 아닐까. 자신의 중심축에 따라 절대 고독을 살겠다는 사람들이 자신의 삶을 극한까지 밀고 나갈 때, 내가 당신을 포식하고, 나를 다른 누군가가 포식하는 '포식의 연쇄'에 들어간다. 잡아먹히는 쪽은 자신의 방어벽을 깨고 자신의 내면을 하늘을 향해 무방비 상태로 드러내놓고 눕는다. 그것을 목표로 포식자가 급강하여 초원에 누워 있는 낯선 자의 내장을 무자비하게 물어뜯는다. 생명의 깊은 내부에 새겨진 폭력과 에로스와 평온함의 추구가 이러한 형태로 이어진다. 여기에는 커다란 수수께끼와 가능성이 있다(제8장 참조).

여기서 두 가지를 보충한다. 우선 무통문명이 완성되면 애초부터 신체의 욕망의 '희생자'는 존재하지 않는 것은 아닐까 하는 의문이 생길지도 모른다. 그러나 무통문명에서도 희생자는 계속 존재한다. 문제는 희생의 구조를 보지 못하게 만드는 눈속임의 구조가 지배자의 주변을 둘러싸고 있어서 희생자 쪽도 지금 상태에 만족하도록 자신을 속이고, 그 결과 양쪽 모두 문제의 참 소재를 보지 않게 된다는 점에 있다. 그러한 구조를 차례차례 생산하는 것이야말로 무통문명인 것이다.

다음으로 타인에게서 '생명의 욕망'을 추구할 가능성을 빼앗으면 안 된다고 말했는데 그러면 '신체의 욕망'을 추구할 가능성을 빼앗는 것도 안 되는가. 힘에 의해 강제로 이루어지는 것은 삼가야 하지만 "신체의 욕망을 추구하면 깊이 있는 인생을 맛볼 수 없다"고 계속 설득해서 '신체의 욕망' 추구의 길에서 내려올 수 있도록 하는 것이 장려되어야 한다.

그리고 다섯 번째의 "인생, 생명, 자연을 관리한다"는 욕망, 즉 자신의 인생과 생명과 자연의 움직임을 미리 계획한 틀 속에서 조절 받고 싶은 욕망을 어떻게 생각하면 좋을까.

우선 좀 더 세련된 형태로 관리가 이루어지는 방향으로 문명을 진행시키는 것이 보다 멋진 인생으로 이끄는 것인지 계속 의심하는 것이다. 지금까지 살펴본 것처럼 좀 더 세련된 관리가 이루어지면 우리들의 '생명의 기쁨'을 체계적으로 빼앗기고 산 채로 죽어가는 화석(化石) 같은 인생을 보내게 되는 것은 아닌지 계속 의심할 것. 그리고 삶을 조절하는 것은 우리를 '조건부 사랑'으로 한층 더 몰아넣는 것인데, 정말로 그래도 되는지 계속 의심할 것. 우리는 좀 더 세련된 관리가 이루어지는 방향이 아닌, 예방적 무통화의 테크닉을 선택하지 않을 수 있는 길을 구체적으로 모색해야 한다. 세련된 관리를 조절하는 기술이 있더라도 그것을 거부하는 길을 선택하는 지혜와 용기야말로 지금 우리들에게 무엇보다도 필요한 것이다. 다테이와 신야(立岩眞也)는 이것을 '통제하지 않는 선택'이라고 부른다. [1)]

나아가 자신과 타인의 세계를 조절하는 것에 의존하기보다는, 조절의 틀을 벗어난 '에로스적인 만남', '에로스적인 사귐'에 의해 나 자신을 바꾸는 것이 좀 더 매력적이라고 신체의 욕망을 유혹한다. 예측 가능한 미래를 실수 없이 선택하면서 느끼는 성취감보다 기득권을 버리고 무엇이 일어날지 모르는 미래를 스스로 열어 가면서 거기서 만남을 찾는 것이 보다 스릴 넘치고 온몸이 떨릴 만한 기쁨에 넘치는 것이라고 유혹한다. 예측할 수 없는 일에 부딪치면서 내가 바뀌어 가는 기쁨. 인생 속에서 종종 일어날 것 같은 알 수 없는 가능성을 없애는 방향으로 자신의 인생을 만들어 가는 것이 아니라, 그런 가능성이야말로 한 번뿐인 인생에 별빛 같은 광채로 깊은 기쁨을 줄 것이라고 내기를 걸어 보는 것이다.

이제까지 말해 온 것을 정리해 보자.

'욕망'이란 "저것이 아니라 이것을 더 갖고 싶다"고 바라고 원하고 시도해 보려는 것이다. 그것이 "가능한 고통을 피하고 안정을 확보한 뒤에 갖고 싶다"는 형태로 결실을 맺었을 때 '신체의 욕망'이 형성된다. 이것과 반대로 "받아야 할 고통을 헤쳐 나가고, 소유한 것을 끊임없이 손에서 놓고, 타인의 생명의 욕망을 빼앗지 않는다"는 조건을 만족시킨 다음, "쾌감보다도 생명의 기쁨을 갖고 싶다, 사귀고 싶은 사람과 사귀겠다, 할 수 없었던 것을 하고 싶다, 당신을 대신해서 내가 빛나고 싶다, 자신이 전철 돼 가는 기쁨을 갖고 싶다, 무엇이 일어날지 알 수 없는 미래를 향해 나를 열고 싶다"는 형태로 욕망이 결실을 맺었을 때 '생명의 욕망'이 형성된다.

여기서 닮은 몇 가지 말을 정리해 두자. 우선 우리의 깊은 내면에는 한정된 인생을 후회 없이 살고 싶은 바람이 잠재되어 있다. 이것이 '생명의 힘'이다. 이 '생명의 힘'이 원동력이 되어 '신체의 욕망'이 '생명의 욕망'으로 전철된다. '생명의 욕망'으로 전철이 달성되었을 때 중심을 따라 끓어오르는 충만감이 '생명의 빛'이다. '생명의 빛'은 우리가 자신을 해체했을 때 예측하지 못한 형태로 주어지는 '생명의 기쁨'과 대비되는 것이다. '생명의 빛'은 내면에서 스스로 깨달아 달성하는 것이고, '생명의 기쁨'은 외부에서 자신의 의지를 넘어서 주어지는 것이다.

내부에서 발생하는 생명의 빛과 외부에서 주어지는 생명의 기쁨에 의해 우리의 무통신체(無痛身體)는 서서히 탈무통화(脫無痛化)하여 무통문명과 싸우는 전사의 몸으로, 또는 무통문명의 흐름에서 벗어나려고 헤엄치는 사람의 몸으로 바뀌어 갈 것이다.


## 6. 예를 들어 출생 전 진단을 생각하다

제2장에서 설명한 출생 전 진단을 예로 들어서 '신체의 욕망'과 '생명의 욕망'에 대해서 생각해 보자. 태아(혹은 수정란)에게 장애가 발견되었을 때 그것을 이유로 선택적으로 중절을 하는 기술이 있다. 우리는 이 경우 어떠한 태도를 취할 것인가. 신체의 욕망의 다섯 가지 측면에 따라 검

토해 보겠다.

첫 번째의 "쾌락을 추구하고 고통을 피한다"는 욕망. 신체의 욕망은 장애아를 낳아 기르면 고통이 늘어날 테니 태아를 중절하는 편이 좋고, 장애 없는 아이를 다시 갖도록 하는 것이 좋다고 생각한다. 반면에 생명의 욕망은 장애아를 가지면 틀림없이 고통이 늘어날 것이라고 생각하는 지금의 사상을 해체하는 것이 어떨까 하고 생각한다. 한발 더 나아가 자신을 해체해 보면 이제까지 괴롭다고 생각했던 일이 의외로 다른 종류의 즐거움이라는 것을 발견할 수 있을 것이고, 미지의 세계를 체험하는 기쁨도 다시 찾아올 것이다. 무엇이 고통이고 쾌락이고 기쁨인지는 간단하게 정의 내릴 수 없다.

두 번째의 "현상유지와 안정을 꾀한다"는 욕망. 신체의 욕망은 장애아를 낳으면 지금 자신이 꾸려 놓은 환경이나 풍족함, 인생설계가 파괴되기 때문에 태아를 중절하는 것이 좋다고 생각한다. 이에 반해 생명의 욕망은 태어나서 성장하는 장애아와 에로스적으로 교제하고, 그 아이와의 관계에 자신의 운명을 맡기고, 새로운 환경에서 아이와 자신이 어떻게 바뀔 것인가를 고통을 포함해서 맛보기를 바랄 것이다. 인생설계가 일방적으로 허물어진 뒤, 거친 들판에서 출발하는 것은 결코 고통의 연속이 아니라 오히려 전에는 생각하지 못했던 미지의 세계로 자신을 열어 가는 것임을 깨달았을 때의 잔잔한 기쁨. 장애아를 낳기 이전의 상태로 돌아가고 싶지 않다고 솔직하게 생각할 수 있는 곳까지 도달할지도 모른다.

세 번째의 "틈만 있으면 확대 증식한다"는 욕망. 신체의 욕망은 장애아를 낳아 기르는 에너지와 시간을 자신의 일이나 환경, 또는 권력을 확장하는 데 쓰는 것이 좋다고 생각한다. 이에 반해 생명의 욕망은 "장애아를 낳아 기르는 일은 할 수 없다고 생각하는" 자신에서 "장애아를 낳아 기르는 일을 스스로 선택할 수 있는 자신"으로 확장하려고 한다. "그런 일은 절대로 할 수 없다"고 생각하던 자신을 해체하고, 지금까지 상상하지 못했던 새로운 자신으로 변신하는 가능성에 내기를 거는 것이다. "만약 할 수 없으면 어떻게 할 것인가" 하는 목소리에 따르는 한, 사람은 결코 자신을 변화시킬 수 없고 점점 화석화되는 것이라고 생각한다.

네 번째의 "타인을 희생시킨다"는 욕망. 신체의 욕망은 장애가 있는 태아를 희생자로 삼는다. 생명의 욕망으로 대응하는 방법은 세 종류로 나눌 수 있다. 첫째는 아이가 장래에 지닐 생명의 욕망을 빼앗는 것을 허락할 수 없기 때문에 중절을 절대로 해서는 안 된다고 생각한다. 둘째로 부모는 아이가 장래에 지닐 "태어나고 싶었다", "계속 살아서 여러 가지 일을 하고 싶었다", "좋은 인생을 추구하고 싶었다"는 바람을 자신이 받아들여서 그 아이의 몫까지 빛나게 하겠다고 결심한다. 셋째로 아이를 낳아서 기르는 것을 선택해 내가 하고 싶어도 못한 것을 장애를 가진 아이에게 맡겨 아이가 나를 포식하고 빛났으면 좋겠다고 바란다. 이들 세 종류의 대응 방법은 전혀 다른 결단이지만 각각에 생명의 욕망이 작용하고 있다.

다섯 번째의 "인생, 생명, 자연을 관리한다"는 욕망. 신체의 욕망은 장애아가 부모의 인생계획을 틀어지게 하기 때문에 중절을 해도 상관없다고 생각한다. 이에 반해 생명의 욕망은 인생을 함부로 조절하지 않는 쪽을 선택하고, 보다 좋은 삶을 살아 보려고 한다. 선택의 틀 밖에서 일어나는 에로스적인 만남이나 자기변모나 예기치 않은 기쁨에 인생을 거는 것이다. 예상하지 않았던 장애아의 탄생이 나를 어디로 데리고 갈 것인지 마지막까지 함께 가 보자고 스스로 결의를 다진다.

욕망의 전철은 '윤리'와는 다른 차원의 이야기다. 생명의 욕망을 따르는 것이 더 '윤리적'인 것은 아니다. 생명의 욕망은 선택적 인공 임신중절이 윤리적으로 허락되는지의 물음에 결코 답을 갖고 있지 않다. 묻는 차원이 전혀 다르기 때문이다. 내가 누군가에게 "생명의 욕망의 목소리에 따라야 한다"고 윤리를 지도하고 있는 것도, 보편적인 규범을 주장하는 것도 아니다. 내가 주장하는 것은 신체의 욕망을 생명의 욕망으로 계속해서 변환시켜 간다면, 우리는 무통문명을 탈출하는 문에 보다 가까워질 것이라는 점이다.

출생 전 진단보다 앞선 문제로 '피임'이 있다. 올바르게 피임을 해서 인생계획을 세우는 것은 신체의 욕망이다. 생명의 욕망은 피임에 의해 출산을 조절하는 것보다 그와 같은 조절을 삼가면서 보다 좋은 인생을 사는 길을 찾으려 할 것이다. 현대사회에서는 올바르게 피임을 하는 것이 '윤리적'이라고 생각한다. 생명의 욕망에 따르는 것이 반드시 윤리적인 것은 아니다. 동시에 생명의 욕망으로의 전철을 제창하고 있는 나 자신이 사실 피임을 계속하고 있다. 나도 또한 생명의 욕망의 목소리를 배반하고 있는 것이다. 장애아를 중절하는 일 없이 보다 좋은 인생을 사는 길을 찾고 싶다는 생명의 욕망의 목소리와 그것을 강하게 배반하는 신체의 욕망의 목소리 모두 다 내 안에 존재한다. 무통화하는 현대사회의 한가운데에서 우리는 이런 입장에 놓여 있는 것이다.

지금까지 '전철(轉轍)'의 필요성에 대해 말해 왔다. 그러면 왜 '전철'의 작업이 필요한 것일까. 그 이유는 두 가지다. 하나는 무통문명과 싸워 거기서 탈출하기 위한 전략으로서 '전철'이 필요하기 때문이다. 또 하나는 내가 후회 없는 인생을 살고 자신의 중심을 만들며 살아가기 위해서는 스스로의 욕망을 '전철'하는 것이 꼭 필요하기 때문이다. '해체를 위해', '인생을 살아가기 위해서'라는 이 두 가지 이유는 겉과 속이 같은 것으로 모두 소중하다.

## 7. 신체, 생명, 지혜의 삼원론

여기서 '신체'와 '생명'의 관계에 대해서 정리해 두고 싶다.

나는 무통문명을 설명하면서 서로 순환이 불가능한 세 가지의 근본 개념을 사용하고 있다. '신체', '생명', '지혜'의 세 가지다. 이것을 삼원론(三元論)이라고 해도 좋다.

'신체'란 나의 육체와 정신을 통로로 하여 나도 모르는 사이에 나를 움직이고 나의 감정과 사고와 행동을 규정하는 것을 말한다. 그것은 쾌락을 추구하고, 고통을 피하고, 쾌적한 현상을 유지하고, 틈만 있으면 확대하려고 한다. '생명'이란 육체에 내재해 있으면서 신체를 넘어서 나오려고 하는 것이다. '지혜'란 세계에 질서를 부여하는 작용을 말한다. 이들 세 가지는 기존의 '뇌', '육체', '의식', '혼' 등의 개념과 일치하지 않는다. 가령 뇌의 작용 중에는 내가 말하는 '신체'도, '생명'도, '지혜'도 있다. 나는 개념 장치의 연결망을 다시 짜고 싶다.

이들 세 가지 중 우선 '지혜'에 주목해 보면 '지혜'는 '신체'와도 연결되고 '생명'과도 연결된다. '지혜'가 '신체'와 연결되었을 때 이것은 "조절이성과 결합해서 신체의 욕망"이 된다. 그것은 무통방류(無痛放流)를 낳게 하고 무통문명을 확대시킨다. '지혜'가 '생명'과 연결되었을 때는 "생명의 지혜와 결합한 생명의 힘"이 되어 신체의 욕망을 끌어내 생명의 욕망으로 끊임없이 바꾸어 가는 원동력이 된다.

'지혜'는 말하자면 행선지가 정해져 있지 않은 경주용 차와 같은 것이다. '지혜'가 신체의 욕망과 결합하면 그것은 "콘트롤 이성과 합체한 신

218

체의 욕망"이 된다. '생명'과 '지혜'가 합체하면 '생명의 힘'이 되어 신체의 욕망을 끊임없이 생명의 욕망으로 바꾸기 시작한다. 따라서 무통문명과의 싸움은 신체의 욕망과 결합한 '지혜'를 억지로 떼어내 생명의 힘과 결합시켜 반격을 시도하는 것이다.

이 삼원론이 시사하는 것은 첫째, '신체'와 '생명'의 싸움이 기본이고, '지혜'는 양쪽 모두에 이용되는 도구에 지나지 않는다는 것이다. 그렇지만 둘째, 무통문명과의 싸움에서는 어느 쪽으로 결합할지 알 수 없는 '지혜'야말로 결정적인 역할을 한다. 따라서 그것을 '생명의 지'로 육성하고 활용할 수 있는지가 문제가 된다. 셋째, '생명'은 '신체'의 일부이기 때문에, 실체로 존재하는 것은 '신체'와 '지혜' 두 가지라고도 할 수 있다. 생명이란 신체를 넘어서려고 하는 신체다. "신체가 생명을 잉태하고 있다"는 긴장관계 속에서야말로 희망이 있다.

이 삼원론의 철학은 종래의 이원론, 예를 들어 '정신과 물질', '마음과 신체', '이(理)와 기(氣)', '생명과 물질' 등의 사고방식과는 다르다. '질서와 파괴', '아폴로와 디오니소스' 등의 이원론과도 다르다. 그런 사고틀에서는 무통문명의 구조를 풀 수 없다.

모르는 사이에 우리를 움직이게 하는 것으로 '신체'가 있다. '신체' 속에 '신체'를 뛰어넘으려고 하는 '생명'이 있다. '생명'은 '신체'의 일부이기 때문에 이 둘은 긴장을 품은 포섭관계에 있다. 그런데 욕망의 차원에서는 다른 양상을 보인다. 이미 말한 것처럼 신체로부터 발생하는 '신체의 욕망'과 생명으로부터 발생하는 '생명의 욕망'은 서로 대립관계에 있다. 포섭관계에 있는 것이 다른 차원에서는 대립적인 욕망을 낳는다는 이론 구조다. 또 이 삼원론은 어떤 방향에서 보면 '신체'와 '지혜'의 이원론처럼 보이고, 다른 방향에서 보면 '신체'와 '생명'의 이원론처럼 보인다.

흥미 있는 구조다.

'지혜'에는 자기반성의 기능과 창작의 기능이 갖추어져 있다고 옛날부터 이야기되어 왔다. 무통문명에서 볼 때 가장 중요한 것은 '질서를 부여하는 기능'이다. 질서를 부여하는 기능이란 모르는 것을 알 수 있는 것으로 바꾸는 작용이다. 이를테면 퍼즐을 풀거나, 세계를 명쾌하게 설명하거나, 혼돈에 개념을 부여하여 정리하거나, 사물이 작용하는 구조를 해명하는 작용을 말한다.

이 질서를 부여하는 기능은 '지혜'에서 나온다. 그러나 그것은 '신체'나 '생명'에서 나온 욕망에 곧 물들여지고 만다. 질서를 부여하는 기능은 매우 간단히 '신체'나 '생명'과 결합하여 욕망을 채우기 알맞은 도구로 이용되고 마는 것이다. '신체의 욕망'은 질서화의 기능을 인간이나 세계를 통제하기 위한 '지혜'로 사용하고, '생명의 힘'은 질서화의 기능을 욕망의 변환을 위한 '지혜'로 이용하려고 한다. '지혜'는 거대한 엔진을 가진 고성능 경주용 차인데, 그 운전석에 앉는 것은 '신체'일 수도 '생명'일 수도 있다. 호르크하이머와 아도르노는 『계몽의 변증법』에서 근대의 이성은 "목적을 없애 버렸기 때문에 모든 목적과 연결되는 합(合)목적성이 되었다"라고 서술하고 있다. 무통화하는 현대문명에서의 '지혜'의 본연의 자세를 훌륭하게 파악한 것이라 할 수 있다.

'생명의 지혜'에 대해서는 지금까지 언급하지 않았다. 그러나 이 '생명의 지혜'를 잘 다듬는 작업이야말로 '생명학'이 해야 할 일이다. 앞 절에서 조금 접해 본 '개화의 지혜'도 '생명의 지혜'의 한 부분이다. 각각의 인간이 지금 여기서밖에 창조할 수 없는 것을 창조하고, 그것들을 서로 음미하고, 창조물을 해체해 우주로 되돌려 주고 나서 다음 존재에 바톤을 넘겨주기 위한 '지혜'가 '생명의 지혜'다.

## 8. 무통문명을 완전히 해체하기 위하여

지금까지의 글을 읽어 온 독자는 내가 '욕망과의 싸움'을 후퇴시키고 타협의 길로 노선을 변경했다는 인상을 받았는지도 모르겠다. 그러나 그렇지 않다. 나는 '금욕사상'을 피한 것뿐이다. 신체의 욕망과는 일관되게 싸우지 않으면 안 된다. '생명의 욕망'의 긍정도 또한 신체의 욕망과의 싸움, 무통문명과의 싸움의 과정 속에서만 의미를 갖는다.

스스로의 심층 정체성과 대결하고 자기해체의 고통을 헤쳐 나가고 중심축에 따라 자신의 인생을 후회 없이 살겠다고 결단을 내린 사람만이 욕망의 변환작업을 올바르게 수행할 수 있다. 그러지 못한 사람은 결국 신체의 욕망을 계속해서 변환시키지 못하고 스스로의 에고를 키워 자기를 정당화하는 데 그쳐버린다. 이 점은 몇 번이고 반복해서 경고해 두고 싶다.

그러나 무통문명은 욕망의 변환작업을 하는 인간을 통째로 또 다시 무통화의 함정에 빠뜨리려고 한다. 우선 그 사람은 신체의 욕망을 생명의 욕망으로 변환할 수 있게 된 것을 기쁘게 생각하고 그 상태를 유지하려고 할 것이다. 이 때 이미 무통문명의 함정이 시작된다. 왜냐하면 새로운 상태를 '유지'하고 싶다고 느끼는 것이야말로 그 사람의 내부에서 끓어올라오는 '신체의 욕망'의 목소리이기 때문이다. 예를 들어, 에로스적인 교제를 추구하는 지금의 상황을 계속 지키고 싶다든지, 지금 교제하는 상황을 방해할 만한 일은 생기지 않았으면 좋겠다고 생각하기 시작할 때 그 사람은 이미 '신체의 욕망'의 목소리에 따르는 것이다. 문득 정신을 차리고 보면 이미 무통문명의 함정에 빠져들기 시작한 자신을 볼 것이다. 이토록 무통문명의 함정은 교묘하다.

　신체의 욕망을 변환하는 작업을 할 수 있게 되었기 때문에 조금은 '신체의 욕망'에 젖어 들어도 괜찮지 않을까 하고 생각할지도 모른다. 그리고 '신체의 욕망'에 빠져들기 시작한 자기 자신의 모습을 교묘하게 눈속임을 하고 '보이지 않는' 것으로 할지도 모른다. 신체의 욕망으로부터 탈출하는 실마리를 잡았다고 생각하는 사람을 이렇게 해서 또 다시 신체의 욕망의 포로로 만듦과 동시에 그 모습에서 눈을 돌리게끔 무통문명은 호시탐탐 우리를 겨냥해 온다. 이것을 '재신체화(再身體化)'라고 부른다. 그러므로 우리들이 무통문명의 함정에서 완전히 벗어나는 일은 있을 수 없다. 우리가 신체를 가지고 살아가는 한 그것은 있을 수 없다.

　훨씬 더 어려운 문제가 있다. 신체의 욕망을 생명의 욕망으로 끝없이 변환해 가는 작업 그 자체가 무통문명을 보완하는 것으로 구조화될 위험성이 있다. 즉 우리는 끊임없이 끓어오르는 신체의 욕망을 생명의 욕망으로 변환하지만, 신체의 욕망은 시간이 지나도 끝나는 일 없이 우리의 내부에서 넘쳐난다. 이것은 팔팔 끓은 냄비 속의 액체의 대류와 비슷하다. 냄비 속에서는 열이 가해져서 바닥으로부터 올라오는 액체와 냄비의 바닥 쪽으로 가라앉으려는 액체가 둥근 고리모양의 안정된 흐름의 구조를 만든다. '대류'라고 하는 안정된 상태(정상상태定常狀態)가 고정되는 것이다.

　즉 신체의 욕망을 생명의 욕망으로 변환하려는 우리의 작업과 내부에서 새롭게 끓어오르는 신체의 욕망이 유동적인 평형상태를 만들어낼 위험성이 있는 것이다. 그 구조가 안정되어 버리면 아무리 우리가 신체의 욕망과 싸운다 해도 무통문명 전체의 구조는 꿈쩍도 하지 않는다.

무통문명이 무통문명과 싸우려고 하는 사람들의 작업을 스스로의 시스템의 일부로 받아들이면 그것으로 구조는 안정되고 이미 아무런 위협도 되지 않는다. 이 정상상태 속에서는 무통문명을 탈출하려고 하는 작업 그 자체가 무통문명을 더 연명하게 만드는 것이 된다. 그리고 "우리는 무통문명과 싸우고 있다"는 자기 확인과 영웅적인 흥분을 영원히 맛볼 수 있게 된다. 이와 같은 상황 아래에서는 '무통문명론' 그 자체가 무통문명을 보완적으로 유지시키는 장치가 된다. 무통문명의 만만치 않은 점은 무통문명을 해체하려고 하는 우리의 시도 전체를 무통문명이 스스로의 추진력으로 이용하는 데 있다.

그러므로 무통문명을 해체하려고 하는 자는 그 작업을 언젠가 확실하게 끝내는 것을 목표로 해체의 시도를 계속해 나가지 않으면 안 된다. 무통문명의 해체작업에는 끝이 있어야만 한다. "무한히 해체해 나간다"는 것은 무통문명이 걸어오는 함정이므로 걸려들어서는 안 된다. 무통문명론은 신체의 욕망에 대항해서 생명의 욕망을 활성화시켜 균형을 잡으면 되는 이론이 아니다. 신체의 욕망을 바탕으로 전개하는 무통문명의 구조 그 자체를 언젠가 해체하지 않으면 안 된다고 하는 이론이다. 신체의 욕망을 소멸시키는 것이 아니라 신체의 욕망이 추진력이 되어서 문명이 전개되어 가는 구조를 소멸시키는 것이다.

그러면 해체작업은 언제 끝나는가. 나는 그것에 대답할 수가 없다. 아니 정확히 말하면 나는 그것에 대답할 수 없고, 누구도 대답할 수 없다. 대답할 수 있는 것은 진심으로 해체를 계속해 나가다 보면 언젠가 해체를 끝마치게 된다는 것뿐이다. 그리고 그때 무통문명도 완전히 해체되어 종료된다.

그러나 무통문명의 실제 해체작업에서는 무통문명을 어느 시기까지 해체해야 한다는 원칙을 고수하는 '원리주의'와, 해체작업이 무한하게 계속되는 상태를 사수하고 무통문명이 홀로 승리하는 최악의 결과만은 피해야 한다는 '수정주의'가 출현하여 싸움이 분열될 위험성이 있다. 무통문명은 이 균열을 틈타 수정주의를 응원하면서 원리주의를 피폐하게 만들어 최후에는 수정주의를 스스로의 내부로 받아들이려고 할 것이다. 이 삼파전의 술책이 무통문명과의 싸움의 기본적인 전황(戰況)이 될 것이다.

무통문명을 해체하는 작업에 노하우는 없고 시스템화 될 일도 없다. 그것은 스스로의 심층 정체성과 대결하고 중심축에 따라 후회 없는 인생을 살아가려고 하는 사람들의 게릴라적 욕망의 변환작업으로서 시작된다. 욕망을 끊임없이 변환시키고 자신이 하고 있는 것을 사회를 향해 표현해 가는 것. 그것이 실천의 첫 번째다. 사회를 향해 표현활동을 하지 않아도 그러한 변환작업을 하는 사람이 존재한다고 하는 것 자체가 이미 하나의 실천이다. 그 사람이 변환작업을 하고 있는 것 자체가 사회 속에 되돌릴 수 없는 것으로 새겨져 가기 때문이다.

그리고 이러한 작업은 결과를 예측할 수 없는 시도여야 한다. 만약 결과를 예측할 수 있다면 그 작업 자체가 예측의 내부에 편입되어 무통문명을 보완하는 역할이 되어 버린다. 어떠한 결과를 이끌어 낼지 전혀 알 수 없다. 그 작업이 성공했을 때 어떠한 세계가 도래할지도 전혀 알 수 없다. 이러한 작업을 어떻게 수행하는 것이 가장 효과적인지를 검토하는 것조차 할 수 없다. 무통문명의 해체작업은 그러한 것이어야 한다.

그러한 작업은 무통문명 쪽의 '상식'에서 보면 '정상'으로 생각되지 않지만 그렇다고 '광기'라고도 할 수 없는 모습일 것이다. 무통문명은 스스로 '정상/광기'의 판단 기준을 갖추고 있다. 무통문명을 해체하는 행동은 그 판단 기준 자체를 뛰어넘는 것이어야 한다. 무통문명의 입장에서 보면 그 해체작업은 도대체 무엇을 의미하는지 알 수 없고, 어디로 가려고 하는지 알 수 없으며, 정상인지 광기인지도 알 수 없는 그러한 시도다. 정상이라고 말하지 않기 때문에 그 작업은 무통문명의 조절의 망을 헤쳐 나가면서 해체작업을 수행할 수 있는 것이다. 정상도 광기도 아닌 존재에는 항거할 수 없는 힘이 있다.

그러므로 무통문명이 "너는 이러한 것을 하고 있겠지" "너는 이런 것을 목적으로 하고 있겠지" "너는 정상(또는 광기)이다" 등 자신 있게 단언하는 일이 없는 형태로 우리의 해체작업이 이루어지지 않으면 안 된다. 무통문명을 해체하려는 무통문명론도 무통문명 쪽에서 보면 그것이 도대체 무엇인지 전혀 알 수 없는 것이어야 한다. 무엇인지 알 수 없는 지평에서 무통문명을 끊임없이 헷갈리게 하고, 부추기고, 자신감을 잃게 해서 이쪽으로 넘어오게 해야 한다. 그리고 이 시도는 결코 집단으로 하는 것이 아니라 절대 고독을 자각하고 살아가는 인간 한 사람 한 사람이 자신의 장소에서 결코 혼자가 아님을 서로 멀리서 확인해 가면서 고독하고도 착실하게 행하는 작업이어야 한다.

지금까지 신체의 욕망을 생명의 욕망으로 변환하는 작업에 대해서 오로지 개인의 내부 차원에 한정해서 생각해 보았다. 그러나 무통문명과 싸우기 위해서는 개인의 내면만 보는 것으로는 매우 불충분하다. 왜냐하면 우리의 내부인 신체의 욕망은 그것을 외부에서 도와주는 여러 가지 사회장치와 결합해서 우리를 꿰뚫는 무통분류가 되어 역동적으로 움직이기 때문이다.

'생명의 욕망' 론은 우리 내면에서 신체의 욕망이 생명의 욕망으로 변환되면 해결되는 이론이 아니다. 무통문명과의 싸움은 암흑 속에서의 자기해체부터 시작하지 않으면 안 되지만 내면차원에서의 싸움에 그쳐서도 안 된다. 내면의 개혁부터 시작하지 않는 한 거짓 운동에 그쳐버린다. 사회의 개혁으로 나아가지 않는 한 자기 만족으로 끝난다. 사회의 변혁은 이제까지 상상되어 온 사회운동과는 전혀 다른 형태를 취하게 될 것이다.

우리가 정말로 싸워야 하는 상대는 신체의 욕망과 무통화 장치를 왔다 갔다 하면서 문명의 무통화를 전진시키는 무통격류다. 아무리 개인의 내면에서 욕망의 변환작업이 수행된다 해도 이 무통격류가 강력하게 활동하고 있는 한 개인의 내면의 '생명의 욕망'을 교묘히 재신체화하려고 도전해 올 것이다. 무통격류를 꺾지 않는 한 무통문명의 해체는 불가능하다.

무통격류는 우리의 안팎에 있는 '무통화 장치'에서 나온다. 무통화 장치란 우리의 안팎에서 '신체의 욕망'을 끊임없이 '무통격류'로 바꾸는 제도나 관습적인 행위, 또는 규범을 말한다. 우선 신체의 욕망을 구체적으로 실현시키는 '실현장치'가 있다. 눈앞의 쾌락을 바로 제공하는 상업주의나, 타인의 희생을 바탕으로 확장해 가는 장사 등이 그 좋은 예일 것이다. 예방적 무통화의 기술이나 눈속임 구조도 그것을 지지한다. 두 번째로 무통격류를 점점 더 확장하려는 '확장장치'가 있다. 광고나 오락의 구조 등이 그것이고 자본주의의 경제구조가 그 기반에 있다. 세 번째로 무통격류에서 벗어나려고 할 때 그 사람을 설득해 원위치 시키려고 하는 '회수장치'가 있다. 사회 속에 있는 상식, 도덕, 정, 성숙 등의 가치관이 그 작용을 한다. 우리의 내면에 직접적으로 영향을 주어 우리의 마음을 되돌리려고 한다.

이러한 '무통화 장치'를 동시에 해체하지 않는 한 무통격류에 의해 활성화된 신체의 욕망이 차례로 우리의 내면 깊은 곳에서부터 끓어올라와서 생명의 욕망을 한없이 재신체화해 나갈 것이다. 암흑 속에서 자기해체를 해온 전사들은 내면차원에서의 욕망의 변환작업에 이어 무통문명 해체의 최대 과제인 '무통화 장치'와의 싸움을 시작하지 않으면 안 된다.

나는 신체의 욕망을 생명의 욕망으로 변환하는 길에 대해 말해 왔다. 욕망과의 대결 차원에서는 이 행동을 계속하는 것 밖에 돌파구가 없다. 그러나 이 싸움을 하는 자의 내부에서 뿜어져 나오는 신체의 욕망은 추측할 수 없을 만큼 크다. 생명의 욕망으로의 변환 노력 따위는 한 순간에 날려 버릴 만큼 강력하다. 물건을 더 갖고 싶다. 편하고 싶다, 다른 사람보다 우위에 서고 싶다, 쾌락에 매달리고 싶다, 타인을 수단으로 삼아서라도 욕망을 이루고 싶다는 거칠고 세찬 물결 같은 에너지는 '생명의 욕망으로의 변환'을 머리로 생각하는 나의 존재를 송두리째 앗아간다. 정신이 들면 이미 신체의 욕망의 포로가 되어 걸신들린 듯이 그것을 먹고 있는 자신이 있다. 소유하고 살이 찌고 그러한 것에 무덤덤해져서 그 일 전체에서 눈을 돌리려는 자신이 있다.

신체의 욕망의 해일에 완전히 휩쓸리면서 보이지 않는 물가로 로프를 던지려고 하는 시도를 우리는 계속 수행해 나갈 수 있을까. 욕망의 변환 작업은 신체의 욕망에 걸려 넘어지면서도, 급류에 휩쓸리면서도 아주 멀리 있을 생명의 물가로 로프를 계속 던지는 것이다. 헤엄치는 사람은 흐름을 거슬러 헤엄치지 않는다. 흐름에 따라 헤엄치면서 손으로 더듬거리며 서서히 물가로 탈출하려고 한다. 그러나 어디에 물가가 있는지를 헤엄치는 사람은 결코 볼 수 없을 것이다. 물보라 저편에 보이는 것은 점점 더 크게 고조되는 무통격류의 넘실거리는 파도뿐이다.

무통격류와의 싸움은 마치 "잡으려고 하는 자의 힘을 이용해서 도망가는 적"과의 싸움과 같은 양상을 보일 것임에 틀림없다. 혹은 "죽이려고 하는 자의 힘을 이용해서 강해져 가는 적"과의 싸움 같은 양상을 보일 것임에 틀림없다. 이 때 무통문명의 해체를 향해 싸우는 자들은 자신이 도대체 무엇을 하고 있는가를 진실로 깨닫게 될 것이다. 그리고 이 싸움의 참된 의미를 비로소 내면 깊은 곳에서부터 이해하게 될 것이다.

## 주(註)

1) 立岩眞也『史的所有論』, 草書房 1997.

# 제6장 자연화하는 기술의 함정

## 1. 이중관리구조

교토에 있는 깊은 산에 오를 때의 일이었다. 포장된 길은 어느덧 흙탕길로 바뀌었다. 몇 개의 언덕을 넘자 한줄기의 작은 강이 나타났다. 그 강은 깎인 토사 사이를 마치 꿰매듯이 흐르고 있었다. 강을 따라 조금 더 경사면을 올라갔더니 폭포가 나왔다. 맑고 차가운 물이 용소로 떨어지고 있었다.

나는 여기에 자연이 있다고 생각했다. 사람들이 방문하는 일이 거의 없는 깊은 산 속에서 자연의 행위가 인간과는 상관없이 매일 반복되고 있다고. 차가운 공기를 온몸으로 느끼면서 나는 잠시 거기에 멈춰 섰다. 떠나려고 문득 발밑으로 눈을 돌렸을 때, 거기서 뜻밖의 것을 보았다. 용소에서 물이 흘러 나오는 강 양쪽 기슭이 인공적으로 보강되어 있었다. 바위와 아주 비슷한 색의 인공물이 빽빽하게 강기슭을 뒤덮고 있었다. 자연으로 가득 찬 경관은 인공기술에 의해 보전, 유지되고 있었던 것이다.

그것을 보았을 때 뭐라고 말할 수 없는 불쾌감. 인간이 자연에 대해 해

온 일, 그리고 앞으로 해 나갈 일에 대한 본질을 한순간에 꿰뚫어 본 듯한 느낌이 들었다. 이 또한 무통문명의 한 형태다.

혼히 '자연'과 '인위'는 양립할 수 없다고 하는데, 이것은 잘못된 말이다. 인간의 개입에 의해 유지되는 자연이 있다. 인간이 설정한 공간 속에서도 자연은 숨쉴 수 있다. 더구나 인간기술이 자연의 기능을 모방할 때, 그 기술에서 우리들은 자연을 느낄 수 있다. 인간의 손길이 미치고, 계절이 바뀔 때마다 경관을 바꾸는 정원 속에서 우리들은 자연을 느낀다. 이들 광경은 인간의 세심하고 치밀한 관리에 의해 비로소 유지되고 있는데도 배후 관리 시스템을 모르는 우리들은 거기에서 자연의 변화를 본다.

자연화하는 기술. 기술이 자연을 모방하고 스스로를 자연화시켜 감에 따라, 우리들은 그 기술을 더욱 더 자연으로 받아들이게 될 것이다. 그리고 우리들은 세계 구석구석에 스며 있는 기술의 존재를 감지하는 능력과 경험을 빼앗기고, 아름답고 기분 좋은 자연경치에 몸도 마음도 익숙해져, 아무런 문제도 없이 변해 가는 세계를 모두 자연으로 감상하게 될 것이다. 이것이야말로 무통문명의 또 다른 형태다. 자연화하는 기술에 의해 우리들의 지성과 감성이 포위되고, 왜 모든 것이 자연인가, 왜 모든 것이 자연으로 추진되어 가는가 하는 의문을 던질 능력을 서서히 잃어 간다. 이와 동시에 자연처럼 보이는 것이 사실은 전혀 자연이 아닐 수 있다는 '불안' 또한 우리들 마음을 멍들게 할 것이다. 그러한 '불안'을 무통문명은 자연의 기분 좋음과 안락함을 통해 없애려고 한다.

이것은 어떠한 싸움일까? 여기에서 '자연'이라는 개념이 우리들을 압박해 올까? 자연이 우리들의 배후에서 생명력을 무기력하게 하는 듯한 세계. 자연임을 부정하는 시도 속에서야말로 우리들의 생명력이 활성화되는 세계. 무통문명의 마지막 도달점은 우리들의 상상력을 뛰어넘고 있다.

온 세계가 자연의 복구를 외치는 지구 환경위기 시대. 이 시대의 상상력을 꿰뚫어라.

　무통화하는 현대문명을 기술적 측면에서 생각해 보자. 무통문명의 기술이란 기본적으로 인생과 생명과 자연의 품질관리 기술이다. 그것은 우리들이 미리 상상한 계획의 큰 틀 안에서 생명의 품질과 인생과 자연의 기능을 조절하려는 기술이다. 그리고 동시에 그것들이 예측 가능한 큰 틀 안에 있는 한, 그 틀 안에는 우리들의 기대를 벗어난 일탈이나 해프닝, 고통, 불운, 실패, 모험 등이 많이 놓여 있다. 생명을 잃는 일 없는 등산이나, 갑자기 맹수가 관객들에게 달려오다가도 덮치기 직전에 사라지는 거대한 유원지의 유인전술 같은 조작이 세계 구석구석에 깔려 있는 것이 무통화하는 사회다. 안전한 상태에서 여러 가지를 즐길 수 있고, 다양한 자극을 계속 시험해 볼 수 있다. 좋지 않은가, 이것이야말로 문명의 진보라는 세뇌가 사람들 사이에 퍼져, 무통문명의 관리 시스템을 의혹의 눈으로 보는 사람에게 '병' 이라는 딱지를 붙여 무시하거나, 혹은 반대로 귀하게 여겨 미디어 속에서 소비하거나 하는 사회가 올 것이다.

　"모든 것을 예측 가능한 큰 틀 안에 담아 놓듯이 제어한 다음에, 그 안에 많은 해프닝을 준비"하는 관리방식을 '이중관리구조' 라고 부르겠다. 이 '이중관리구조' 가 자연환경의 조절에 응용되면 어떻게 될까? 그것은 자연의 맹위를 큰 틀 안에서 제어한 다음, 그 큰 틀을 무너뜨리지 않을 정도의 작은 자연의 반란을 가까이에 배치하는 방식이 될 것이다. 즉 우리 주변 곳곳에 자연의 모습이 넘치고 있지만, 그러나 전체적으로는 결코 인간에게 재해를 초래하지 않는 구조로 되어 있는 '자연' 이 만들어져 간다. 그 작은 부분 부분에는 자연이 넘치고 있지만, 전체로 보았을 때에는 자연에서 가장 멀리 떨어져 있는 세계가 인간의 기술에 의해 새로 만들어진다. 이것이야말로 무통문명에서 우리들이 접하게 되는 자연의 모습이다.

그 맹아(萌芽)를 '바이오토프(biotope) 만들기'라는 자연관리 방법에서 볼 수 있다. 바이오토프란 동물과 식물 등의 생물이 사는 서식지(棲息地)를 일컫는다. 예를 들면 어떤 동물에게는 깨끗한 물이 흐르는 작은 시내, 거기에 나는 초목, 그리고 먹이가 되는 생물과 나무열매가 갖추어져 있는, 하나로 연결된 자연으로 넘치는 장소가 바이오토프가 된다. [1]

공중을 날아다니는 곤충에게 바이오토프는 주택지 안에 드문드문 여기저기 흩어져 있는 수풀일 수도 있다. 독일 바이에른 주가 작성한 텍스트에 의하면, 이 서식지 중에서도 "가치 있는 서식공간만을 바이오토프라고 부른다." [2] 즉 인간에 의해 이용되지 않은 토지나 자생에 가까운 동식물종이 있는 구역, 혹은 절멸 위기에 직면한 동식물종이 있는 구역 등을 가리킨다. [3]

그렇지만 동식물이 서식하고 있던 풍요로운 바이오토프는 자연이 파괴되면서 함께 줄어들었다. 그 결과 동식물이 멸종 위기에 처했을 뿐만 아니라, 인간에게 소중한 자연경관 또한 사라지고 있다. 그러므로 가능한 동식물의 바이오토프는 있는 그대로 보전해야 하며, 인간이 수로를 보수하거나 도로를 건설할 때에는, 그것 때문에 사라지는 동식물의 바이오토프를 인공적으로 회복해야 한다고 생각한다. 즉 자연 그대로의 바이오토프가 생태학적으로도 가장 풍족할 것이므로, 그것을 보전하는 것이 우선이다. 그러나 수로나 도로 건설 등으로 자연 그대로의 바이오토프를 보전할 수 없는 경우는, 가능한 원래의 바이오토프에 가까운 것을 그 장소에 인공적으로 만들어야 한다. 이것을 '바이오토프 만들기'라고 부른다.

예를 들면 강을 보수할 때 양쪽 기슭에 콘크리트로 제방을 쌓는 공사가 한때 널리 유행했지만 이것으로는 이 지역에 원래 서식했던 물고기나 동식물이 살아갈 수 없고, 최악의 경우에는 종자수가 격감할지도 모른다는 연구결과가 있었다. 그러므로 공사를 할 때 양쪽 기슭에 자연적인 돌이나 바위를 배치하고, 그 장소에 적절한 나무와 풀, 꽃을 심거나, 강 흐름을 갈지자로 하여 웅덩이를 만들고, 움푹 패인 곳에 물고기가 몸을 숨길 수 있도록 원래의 자연 모습에 가까운 환경을 만들어 준다.

이렇게 공사를 해서 환경을 유지하면, 자연의 원래 모습이 되살아나는 것처럼 보인다. 시간이 흐르면 나무도 자라고, 무성한 화초는 인공적인 제방의 흔적을 덮어 가려줄 것이다. 작은 동물이나 곤충 등도 다시 모여들어 진짜 자연이 되살아난 것처럼 보일 것이다. 자연이 훼손되어 가는 것을 걱정하는 사람들은 바이오토프 만들기를 자연과 인간을 조화시키는 최고의 기술이라고 평가한다.

그렇지만 여기에서 지나치지 말아야 할 것은 이 자연으로 가득 찬 것처럼 보이는 강은 결코 원래의 강이 아니라는 점이다. 예를 들면 물이 불어났을 때 예전의 강이라면 여기저기서 물이 넘쳐 주변의 밭과 주택을 침수시키겠지만, 이 새로 공사를 한 강은 물이 불어나더라도 제방 안쪽으로 흘러 하천으로 유도되어 간다. 즉 물이 불어나면 인간이 미리 계산한 유로(流路)를 예측대로 흘러, 마치 상류에서 하류를 향하여 하나의 파이프가 지나가고 있는 것 같은 원활한 흐름으로 처리된다. 물이 불어났을 때는 범람하는 것이 자연 그대로의 강의 모습이다. 그러나 공사를 마친 강은 물이 불어났을 때에도 범람하지 않는다. 그런 의미에서 이 강은 인공적으로 훌륭하게 제어되었다고 할 수 있다. 물이 불지 않았을 때, 이 강에서 인공적인 개입 흔적을 쉽게 찾아낼 수 없다. 강의 모습은 정말로 자연으로 가득 차 있는 것처럼 보이고, 실제로 동식물도 물고기도 풍요롭게 살고 있다.

물론 현실적으로 이런 식으로 완성된 바이오토프는 아직 존재하지 않을 것이다. 그러나 이것이야말로 이제 모습을 드러내려고 하는 자연관리구조의 전형적인 예라고 생각하지 않을 수 없다. 구석구석을 보면 자연이 넘치고, 인공적인 개입 흔적은 쉽게 찾아낼 수 없다. 그러나 전체 기능을 내려다보면, 거기에 있는 것은 인간 기술에 의한 자연의 교묘한 관리다. 이 이중관리구조야말로 바이오토프 만들기 사상의 근본에 있다.

이중관리구조를 좀 더 자세히 살펴보자. 구석구석에서 자연은 자신들의 생명력에 의해 생동감 있게 활동하고 자생하여, 마치 인간으로부터의 개입이 전혀 없는 것처럼 살고 있다. 우리가 보는 것은 스스로의 힘에 의해 누구에게서도 지배받지 않는 자연의 모습이다. 스스로의 힘으로 스스로 변모하고, 새로운 자신을 만들어 가는 자연의 행위다. 거기서 넘치는 자연의 힘을 인간은 가만히 지켜보고 유지하며 소중하게 여긴다. 작은 부분에만 주목하면, 아니면 평소의 모습에만 주목하면, 거기에 있는 것은 틀림없이 자연이며, 인간의 개입 흔적은 눈에 들어오지 않는다. 그러나 조금 멀리서 내려다보면 어떨까? 그러면 이러한 자생적인 자연의 모습을 만들어 근본을 유지하고 있는 것이 인간의 기술임을 깨닫게 된다. 자연의 작은 부분들은 거대한 인간의 기술 위에서 비로소 성립한다.

그렇지만 자연관리의 기술은 내려다보는 관점 그 자체를 은폐시킨다. "기술이 자연의 모습을 유지하고 있다"는 전체상 그 자체를. 기술을 자연화시켜 우리들 앞에서 흔적 없이 지우려고 한다. 앞서의 예를 다시 들면, 애초 인간은 강물이 불었을 때 똑바른 수로에 따라 단시간에 하천까지 도달하도록 설계했지만, 실제는 그 강의 외관이 기복이 많거나 작은 늪이 여러 개 딸려 있기도 하여, 마치 전체 수로가 자연스럽게 형성된 것처럼 사람들 눈에 보이도록 되어 있다. 즉 "강 전체가 인간에 의해 설계되고 개조

되었다"는 사실 그 자체가 사람들 눈에 띄지 않는 수준으로 바이오토프 만들기는 도달해 있다.

또 다른 예를 들면, 학교 정원에 자연 연못이나 풀숲을 만들어 아이들에게 환경교육을 하려는 '학교 바이오토프' 운동이 있다. 아이들의 의식을 바이오토프에 집중시켜 "학교를 세울 때 그 장소에 있던 자연을 완전히 파괴하였으나 정원에 자연 연못을 만듦으로써 아무 일도 없었던 것 같다"는 사실에서 아이들 눈으로부터 자연 파괴를 교묘하게 감출 수 있다.

즉 인간이 자신들 시각에 따라 자연을 만들면서, 인공의 흔적 자체를 그 장소에서 없애 버린다. 그 뒤에 남는 것은 무엇인가? 그 자리에 남는 것은 물론 자연으로 인간의 마음을 매우 편하게 해 주겠지만, 그러나 그 마음 편함이 다른 종류의 거북함으로 바뀌어 버리는 자연세계. 그렇지만 거북함을 느끼지 못하도록 용의주도하게 눈가림하고 있다면 어떻게 될까? 인간에게 다른 모양으로 맞추어진 자연. 길들여진 자연. 가축화된 자연. 이런 것이야말로 무통문명의 자연관념이 아닐까? 자신에게 철저하게 맞추어진 자연을 보더라도, 아무것도 느끼지 못하는 무통화된 신체야말로 그 자연을 수용하여 그 안에서 영원한 쾌락을 계속 반복하는 것은 아닐까? 그리고 우리들 신체가 그 수준까지 무통화되기까지, 우리들은 자연에 대한 흐뭇함과 계속 이어지는 거북함 사이를 불안한 채로 정처 없이 방황하게 된다.


## 2. 경관 몰입(landscape immersion)

같은 모습을 동물원에서도 볼 수 있다. 세계의 동물원들은 동물을 우리에 가두어 놓고 인간이 마음대로 관찰하는 방식에서 동물을 유사 사바나 (savanna, 열대 초원)와 열대림 속에 자유롭게 살게 해놓고, 인간이 조심스럽게 밖에서 들여다보는 방식으로 바뀌고 있다. 우리 속에 갇힌 동물들은 스트레스 때문에 무의미한 반복행동을 하거나 움직임이 줄어 표정도 죽은 듯이 되는 경우가 많다. 그것을 보고 있는 인간도 우울해진다. 이런 이유 때문에 동물을 원래 살던 환경에 가까운 공간에 방목하여 야생에 가까운 모습을 보여 주려는 것이다. 이를 위해서는 우선 사바나와 열대림 같은 유사환경을 동물원 안에 만들어야 한다. 실제로 외국에서 나무를 운반해 와서 심는 경우도 있고, 죽은 나무를 페인트로 색칠해서 설치해 얼른 보면 진짜와 분간하기 어렵다. 인간은 그러한 유사환경 속에서 생활하는 동물들을 해자(垓字, 성 밖으로 둘러 판 못) 속에 가두어 두고 들여다보며 즐긴다. 동물들에게 인간의 모습이 보이지 않도록 만들어진 경우도 있다.

이처럼 동물을 그 서식환경에 동화시키는 전시방법을 '경관 몰입'이라고 부른다. 경관 몰입이야말로 동물생활의 질을 진정으로 고려한 생명중심주의적 방식으로 여겨지고 있다. 가와바타 히로토(川端裕人)는 『동물원이 할 수 있는 일』[4]에서, 이 사고방식의 장단점에 대하여 철저하게 검증하고 있다. 경관 몰입이란 관객에게 마치 눈앞에 있는 풍경이 진짜 자연인 것처럼 착각하게 하기 위한 장치다. 사바나의 먼 곳에 사자와 가젤(영양)이 있다. 각각 무리를 이루어 걷고 있어 진짜 아프리카 정경 같다. 그러나 가젤 구역과 사자 구역 사이에는 깊은 도랑이 있어 사자는 가젤을 습격할 수 없다. 그렇지만 그 도랑은 관객에게 보이지 않는다. 마찬가지로 사자와 관객 사이에도 울타리는 없지만, 사자가 관객에게 다가가면 전기가 흐르도록 되어 있다. 이 장치도 관객에게는 보이지 않는다.

이러한 장치야말로 이중관리구조다. 유사 사바나에 있는 동물들은 인간의 관리를 떠나 자유롭게 행동하고 있는 것처럼 보인다. 실제로 상당한 행동의 자유가 주어져 있다. 우리 안과는 비교할 수 없을 정도로 자유롭다. 그러나 그 행동의 자유는 동물원이라는 큰 구조를 파괴하지 않는 한에서의 자유다. 다른 동물을 잡아먹지 않는다든가, 인간을 습격하지 않는다는 큰 틀 안에서만 동물의 자유는 보장된다. 인간이 설정한 큰 틀 속에 놓여 있을 때에 한에서, 인간의 예상을 벗어날 수 있는 자유가 주어진다는 이중관리구조가 여기에 있다. 그리고 바이오토프와 마찬가지로 전체가 인간에 의해 통제된다는 사실이 관객의 눈에는 보이지 않도록 감추어져 있다. 마치 전체가 자연인 것 같이 꾸며 놓은 것이다.

주의 깊은 관찰자가 동물원의 이와 같은 구조를 꿰뚫어 보는 것은 간단하다. 그러나 큰 틀의 콘크리트 구조를 자연화시켜 지금보다도 더 보기 어렵게 만들었을 때, 도대체 얼마나 많은 사람이 전체 구조를 꿰뚫어 볼 수 있을까? 경관 몰입이란 동물을 서식지 경관 속에 동화시킨다는 의미이다. 동물을 경관에 동화시키는 것이 경관 몰입의 첫 단계라고 한다면, 두 번째 단계는 그들을 관리하는 전체 구조를 자연 속에 동화시키는 것이다. 그렇게 해서 "인간에 의해 관리되는 모습은 어디서도 볼 수 없다" "모두 자연 그대로 유지되고 있다"는 현실감을 사람들에게 주는 것이다.

이 두 번째 단계는 동물원 안에 사바나를 만드는 발상을 버려, 실제 아프리카 사바나 그 자체를 거대한 동물원에 비유할 때 완성될 것이다. 실제 사바나 속에 있는 동물들은 궤도위성 등에 추적되어 그 개체 수가 유지되며 정밀하게 관리된다. 그곳을 방문하는 사람들에게는 이러한 구조가 쉽게 보이지 않는다. 동물원 구조가 이런 방향으로 정밀화해 가고, 그런 과정이 바이오토프 만들기와 만난다면, 도대체 어떤 일이 일어날까?

예를 들어 원시림이 있다고 하자. 몇 천 년 동안 유지되어 온 원시림과 거기에 서식하는 무수한 생물들. 나무 사이로 시냇물이 흐르고, 온갖 풀과 꽃들이 햇빛을 받아 흔들린다. 작은 동물이 수풀 사이를 누비고, 새들이 지저귀며 가지 사이를 날아다닌다. 정말로 손대지 않은 자연이 여기에 있다. 그러나 실은 귀중한 원시림을 이대로의 모습으로 유지하기 위하여, 깊은 땅 속에는 가까운 수원에서 수분 보급을 위해 끌어들인 파이프가 종횡으로 연결되어 있고, 컴퓨터에 의해 나무들은 말라 죽지 않도록 되어 있다. 원시림에 내리는 비 또한 상공에서 여과되어 유해물질이 빗물 속에 녹아들지 않는다. 원시림을 유지하기 위한 장치가 치밀하게 둘러싸고 있지만, 그 모습이 사람들 눈에는 결코 들어오지 않도록 짜여져 있다. 나무 간벌도 자동적으로 이루어지지만, 그것 또한 사람들 눈에는 자연스럽게 쓰러진 현상으로 보인다.

원시림을 유지하는 인공 시스템이 '배경화' 하고 '자연화' 함에 따라, 그 것은 원시림이라는 자연 속으로 한없이 동화해 간다. 그렇게 되면 사람들은 그것을 지각할 수 없다. 사람들 눈에 비치는 것은 진짜 자연으로, 사람들은 거기에서 인간이 개입하지 않는 '원시자연 wilderness'을 발견한다. 미국의 국립공원에서는 이미 이와 비슷한 관리가 이루어지고 있다. 원시림 나무 사이에는 낙엽이나 마른 풀이 퇴적되어 이것을 그대로 방치해 두면 대규모 산불로 원시림이 불에 타 버릴 위험성이 있다. 그것을 막기 위하여 전문가들이 정기적으로 소규모 화재를 발생시켜, 낙엽이나 마른 풀을 태워 버린다. 이런 소규모 화재는 낙엽이나 마른 풀만을 태우지 결코 원시림 나무를 태우지 않도록 컴퓨터로 계산된다. 그 상황은 국립공원을 견학하는 일반인들에게 보이지 않는다.

수족관도 이중관리구조 시설이다. 넓은 수조 구석구석에 물고기나 새우가 자유롭게 헤엄치고 있어 자연스러운 광경처럼 보인다. 그러나 전체 시스템으로 눈을 돌렸을 때, 거기에 있는 것은 유리로 칸막이가 된 폐쇄공간으로, 수온이나 먹이를 인간이 완전히 제어하는 인공세계다. 전체를 제어한 후에 구석구석에 자연을 배치한다.

수족관 펌프실로 들어가 보자. 거대한 펌프가 수족관 물을 정화시켜 각 수조로 신선한 물을 들여보낸다. 펌프에서 배출된 물은 몇 개의 관을 통해 올라가, 다시 가느다란 관으로 수조에 연결되어 있다. 엄청난 전력을 사용하여 수조의 온도를 일정하게 유지시키고, 물 순환 시스템이 수조 속 환경을 자연상태로 유지시키고 있다. 그리고 이들 시스템 전체가 수족관 건물 지하에 조심스레 감춰져 있어 관객에게도 수조 속 물고기에게도 전혀 보이지 않는다. 수조 속 자연을 유지하는 인공 시스템이 배경에 감추어져 있는 것이다. 수조 속에서 헤엄치는 작은 물고기 입장에서 본다면 자신들이 헤엄치고 있는 세계는 진짜 바다처럼 느껴질지도 모른다. 그들이 서식하고 있는 자연적인 공간 전체가 지하실에 있는 인공 시스템에 의해 창출되고 유지되는 것을 그들은 결코 알 수 없다.

이 행복하고도 불쌍한 물고기들을 현대문명을 살아가는 인간으로 바꿔보면 어떨까? 인간은 자신들의 서식공간을 인공적으로 조절하면서, 그 구조 전체를 지하실에 감추어, 자기 자신의 생활권에서는 보이지 않도록 하고 있다. 자기가 자신을 조작하면서 전체를 자기 자신에게서 감추려고 한다. 이것이 자기를 가축화하는 또 하나의 의미는 아닐까? 무통문명이라는 구조가 사회 전체에 퍼지고 자연세계에 널리 퍼져 지구 전체를 덮어가는 것은 아닐까? 지구 전체의 바이오토프화. 지구 전체의 동물원화. 지구 전체의 수족관화. 혹성 관리 사상이 마지막에 도달하는 곳은 여기다. 일부 지식인들이 기대하는 '순환형 문명' 또한 이러한 이중관리구조로 가득 찬 문명이 될 것이다. 순환형 시스템에 의해 유지되는 생태학적인 무통문명이 탄생하는 것이다.


## 3. '거룩한 장소'로의 침입

'자연화하는 기술'의 의미를 다시 한번 생각해 보자. 자연화하는 기술은 이중관리구조 안에서 개화한다. 그것은 세 단계를 따라 진화한다. 첫째, 기술이 자연상태를 유지시킨다. 예를 들면 원시림을 유지하기 위하여 보전기술이 집약된다. 그것에 의해 인간의 기술지원이 없으면 유지될 수 없는 자연이 출현한다. 둘째, '배경화'다. 바이오토프와 동물원에서 전형적으로 볼 수 있듯이, 자연을 유지하기 위한 기술이 교묘하게 배후에 감추어져 있다. 사람들 눈에는 표면적인 자연의 모습밖에 보이지 않는다. 배경화가 진행되어 감에 따라 사람들은 진짜 자연이 거기에 있다고 밖에 생각하지 않는다. 앞에 서술한 원시림의 땅 속에 묻힌 파이프의 예가 이에 해당한다. 셋째, '자연화'다. 예를 들면 원시림에 부는 바람이나 습기나 폭풍우나 웅대한 기상변화 등을 배후에 감춰진 기술로써 교묘하게 연출할 수 있게 되었을 때, 기술이 그것을 만들었는지 아닌지를 전혀 판별할 수 없게 될 것이다. 이 때 기술은 훌륭하게 '자연화'했다고 할 수 있다.

물론 기술은 오래 전부터 자연을 모방하면서 시작되었다. 그러므로 무통문명 단계에 이르러 비로소 기술이 자연화한 것은 아니다. 그러나 무통문명에서 기술의 자연화는 다음과 같은 독특한 성질을 갖고 있다.

'기술의 자연화'의 큰 특징은 전체를 제어하는 기술을 보기 어렵고, 모든 것이 자연의 행위처럼 느껴진다는 점에 있다. 그러나 그 기술을 장치한 무대 뒤로 가면, 밖에 있는 관객에게는 보이지 않았던 모든 기술이 훤히 보이게 된다. 이것이 의미하는 것은 매우 크다. 우선 기술의 자연화는 모든 사람들에게 해당되는 것이 아니다. 단적으로 말하면 장치한 사람에게는 기술이 훤히 보이고, 이미 장치된 것을 보는 사람들에게만 기술은 자연화한다.

그러나 어떤 장소의 바이오토프를 만든 사람에게는 그 장소가 기술의 산물임이 분명하지만, 그 사람도 다른 사람이 다른 장소에 만든 바이오토프에 갔을 때는 속을지도 모른다. 만약 바이오토프를 만든 사람이 무대 뒤로 가는 통로를 살짝 닫아 버리면 어떻게 될까? 그렇게 되면 그 사람 또한 시간이 지남에 따라 눈앞에 있는 것이 인공적인 바이오토프인지 아닌지를 점점 알 수 없게 될 것이다. "무대 뒤로 가는 통로가 차단된 바이오토프" 같은 장치가 사회 전체를 거미줄처럼 둘러싸고 있는 문명에서는, 어떤 사람이든 언제 자신이 자연화하는 기술에 의해 장치의 일부가 되는지 확실하게 알 수 있는 방법을 갖고 있지 않다. 자연화하는 기술이 널리 퍼진 사회는 지금 눈앞에 있는 것처럼 보이는 '자연'이 실은 누군가에 의해 장치된 '자연화된 기술'일지도 모른다는 의심을 품고 살아가야 하는 사회다.

의료분야에서도 마찬가지다. 인공장기와 유전자 치료 같은 인체개조 의료가 미래 의료의 주류가 될 것으로 예상되지만, 그것이 추구하는 것 또한 기술의 자연화일 것이다. 신체 속에 아주 작은 기술장치를 넣어두고 그 기술 흔적을 가능한 없애 병이나 상처가 자연스럽게 나은 것 같은 겉모습을 띠는 것. 인공장기에는 금속이나 세라믹 등의 인공소재가 흔히 사용되어 왔지만, 요즘 개발되는 것은 인공소재와 인간의 세포를 결합시킨 혼성(hybrid) 인공장기다. 다음에 출현할 것은 스스로 조절하거나 스스로 회복하는, 자율적인 혼성 인공장기일 것이다. 그것을 집어 넣었을 경우, 본인도 자신의 몸 속에 인공장기가 있다는 위화감이 적을 것이고, 겉으로 보더라도 인공장기가 몸 속에 들어 있는지 아닌지를 얼른 판단할 수 없게 된다. 육체 내부에 한없이 미세하게 파고들어가는 기술. 그것이 체내의 생체 시스템과 잘 맞아떨어질 때, 우리의 몸은 그 기술을 이물질이라고 보지 않고 스스로 완전한 몸의 일부로 인식할 것이다.

이처럼 기술은 몸 안에서 자연화한다. 체내에 침입한 미세한 기술은 신체 시스템의 큰 틀을 미리 정해진 계획대로 제어해 간다. 신체는 기술에 의해 큰 틀이 제어되고 있음을 느끼지 못한다. 신체는 자연화한 기술에 속는다. 마치 수족관 속에서 바다를 헤엄쳐 다니고 있다고 착각하는 작은 물고기처럼, 우리들 신체는 자연화한 기술에 의한 제어의 손바닥 위에서 거짓 자유를 구가한다. 의료세계에서는 우리들 육체가 이중관리구조 아래 놓인다. 의료 목표의 하나는 우리들의 육체를 바이오토프화 하는 것이 될 것이다. 몸 안의 바이오토프화. 인간의 기술은 인간을 밖에서 유지시켜 주는 자연환경을 바이오토프화 하고, 동시에 인간을 안에서 유지시켜 주는 육체도 바이오토프화 하려 한다. 자연이라는 이름의 이중관리구조가 우리들에게 마음의 치유와 조화, 안정을 계속 공급한다. 이러한 길을 그대로 따라가는 것이야말로 무통화임을 우리들은 깨달아야 한다.

자연화하는 기술은 사회의 무통화를 뒤에서 돕는다. 사실은 기술로 가득 차 있는데도 마치 그것이 존재하지 않는 것처럼 사회구성원 모두가 착각해 버리는 사회. 사실은 '외부'가 나타나지 않도록 제어되어 있는데도, 자연의 배후에서 본 적도 없는 '외부'가 덮쳐올 듯한 분위기를 감돌게 하는 사회. 사실은 조절된 환경밖에 없는데도 마치 황폐한 자연이 구석구석에 감추어져 있는 듯이 보이는 사회. 자연화하는 기술이 우리들에게 제공하는 것은 이러한 사회다.

 그리고 그런 사회 안에서 모든 것은 '자연'으로 진행해 가는 것처럼 보인다. 우리들 눈에 비치는 것은 기분 좋은, 이치에 맞는, 당연한, 조화가 넘치는 세계의 모습이다. 무통화하는 문명에서 눈가림 장치는 '자연'이라는 형태를 취한다. 순조롭고, 당연하고, 다른 것은 생각할 수 없고, 모두 이대로 좋은, 아무런 문제도 없다고 우리들에게 마음속으로부터 생각하게 하는 '자연'스러운 모습이야말로, 더욱 깨닫기 힘든 눈가림으로 우리들의 지성과 감성을 끝까지 속인다.

 '자연'과 '자연화'야말로 무통문명과 싸우는 자의 진정한 적이다. 나아가 이것들 모두 적이 아니라고 보는 사고방식도 의심해 볼 필요가 있다. 왜냐하면 자연화하는 기술은 모든 영역에 침입할 수 있고, '진짜 자연'이라고 사람들이 믿고 있는 것이 실은 치밀하게 자연화된 기술로, 멀리 떨어진 곳에서 우리들을 속이고 있을지도 모르기 때문이다. "신은 스스로를 숨긴다"고 고대 철학자는 말했지만, 현대에서는 "기술은 스스로를 숨긴다"고 말해야 한다. 그것은 스스로를 숨기는 것이 아니라, 진실을 보려는 우리들을 끝까지 속이려고 한다. "그 경우 진실이란 도대체 무엇인가?"라는 질문을 던지면서까지, 그것은 우리들을 속이려고 한다. 우리들이 그렇구나, 모든 것은 자연의 조처였구나, 모두 이대로 좋다고 스스로를 납득시켜 단념하고, 그렇게 하여 무통격류를 깨달을 때까지, 그것은 우리들을 계속 속인다.

 우리들은 기술을 감추는 자들과 싸우지 않으면 안 된다. 그런 일은 어디에서도 일어나지 않는다고 말하는 소리와 싸우지 않으면 안 된다. 따뜻하고 아름답고 기분 좋은 '자연'의 배후에 가려진 문명의 심층구조를, 자기 치유가 이루어지는 핵심을 끝까지 보지 않으면 안 된다. 자연화하는 기술이 가짜 신이 되는, 우리들 시대의 원죄여. 분명히 있는 것을 없다고 그럴듯 하게 속이는 것이 문명의 눈가림 장치라면, 나는 정신병을 가장하면서까지 있지도 않은 것을 있다고 하는 그 심층구조를 계속 파헤칠 것이다. 서로 모순되는 몇 가지의 답 사이에 희망이라는 것은 없는가?

세세한 부분을 각각 보면 좋다고 밖에 생각되지 않지만, 멀리서 전체를 바라보았을 때 그것은 마지막까지 우리의 생명을 마비시켜 무통문명을 후원하는 강력한 장치로 기능하지 않을까? 그리고 전체를 바라보는 것이 결코 쉬운 일이 아니기 때문에, 세세한 부분의 '좋다고 생각되는 것'에 일일이 의문을 품는 행위가 별난 행동으로 비추어지지는 않을까? 그리고 사람들 의식을 세세한 부분으로 유도하는 것이야말로 자연화하는 기술의 전략이자 무통문명이 장치해 놓은 함정은 아닐까? 자연화하는 기술에 싸움을 거는 자, 무통문명에 싸움을 거는 자의 작업이 끝없는 반복으로 생각되고, 헛수고처럼 보이고, 반복 속에서 자해행위를 하는 것처럼 보이는 것도 이 때문이다. 무통문명을 살고 있는 자들이야말로 안일한 자리에서 진짜로 '반복'과 '헛수고'와 '자해'를 반복하고 있음에도 불구하고, 그렇다는 사실을 깨닫지 못하기 때문에, 싸우는 자의 행위를 자신들의 그림자로 인식한다.

자연화하는 기술과 싸울 것. 기술이 자연화하여 스스로를 감추려는 추세를 거스르며, 그 '자연'의 이면을 파헤칠 것. '자연'처럼 보이는 것 전체가 실은 큰 제어 아래 놓여 있음을 파헤쳐 사람들 눈앞에 드러낼 것. '자연'처럼 보이는 것 배후에 아무것도 없다고 생각 들더라도, 그것이야말로 가장 교묘한 자연화의 결과일지도 모른다고 항상 의심할 것. 이렇게 스스로를 단련하여 무통문명의 함정을 꿰뚫어 볼 수 있는 힘을 길러야 한다. 이러한 힘이 있어야 비로소 우리들은 무통문명이 소리 없이 진행시켜 온 것에 맞서 있는 그대로의 모습으로 있을 수 있다. 그리고 졸다가도 깨고, 자면서도 깨어나야 한다. 그것을 가능하게 하는 정신은 '자연' 배후에 아무것도 내재되어 있지 않다는 생각이 들더라도 항상 그것을 의심하는 자세를 가질 때만 길러질 것이다.

'자연'을 계속 의심해라. '바이오토프'를 계속 파헤쳐라. 기술을 자연화하려는 무통문명에 휩쓸리는 일 없이, 바이오토프의 자연화를 탈피해라. 자연처럼 보이는 것 배후에 있는 것이야말로 기술이라는 것을 구체적으로 하나하나 파헤쳐라. 그것을 파헤쳐 가는 행위 속에서 우리들은 무통화해 가는 이 사회의 눈가림 장치의 실태와 무통화해 가는 우리들 자신의 진정한 모습을 살짝 엿볼 수 있다. 자연이 원망스러워서 파헤치는 것이 아니다. 기술이 훌륭해서 파헤치는 것도 아니다. 그것을 파헤치는 것이 무통화하는 사회와 자기 자신을 직시하고, 거기서 탈출하는 계기가 되기 때문에 파헤친다. 그것을 파헤치지 않고 눈가림을 계속하는 것이 무통문명을 한층 더 후원하는 것이기 때문에, 그것을 파헤치는 것이다.

무통문명에서 모든 기술이 자연화해 가는 것은 아니다. 예를 들면 혼잡한 도시 속에서, 조명 찬란한 오락실에서, 거리를 꾸민 허식 속에서 기술은 보란 듯이 자신의 모습을 과시한다. 무통문명의 세계는 관리기술이 압도적인 승리를 거두는 세계다. 그 승리하는 모습은 세계 구석구석에서 노골적으로 끊임없이 과시될 것이다. 이것이 무통문명의 기본이다.

그러나 세계 구석구석에까지 기술이 침입해 가는 한편에, 세계 속의 어떤 부분은 자연 그대로 남아 있다는 도식이 기술에 의해 연출된다. 그 부분이야말로 우리들이 태어나고 죽어가는 장소, 즉 '탄생'과 '죽음'과 '대자연'인 것이다.

콘크리트 이성에 의해 선도된 관리기술이 세계 구석구석에까지 침입하여, 우리들을 세계를 예측할 수 있는 틀 안에서 관리해 간다. 무통화한 우리들은 그것을 마음속에서부터 기쁘게 생각하면서도, 동시에 기술이 개입할 수 없는 '최후의 요새(보루)'가 어딘가에 있었으면 하고 생각하게 된다. 그곳에는 기술이 결코 침입할 수 없고, 손도 대지 않은 진정한 의미에서의 자연이 숨쉬고 있는, 우리들 예측이나 기대를 근본적으로 뛰어 넘을 만한 사건이 일어날 것 같은 장소. 예측이 빗나간, 몹시 거친 '외부'로 넘치는 듯한 장소. 거기에서는 세계의 모든 것을 제어하려는 우리들의 존재 자체가 공중에 매달리게 되는 그런 장소. 예를 들면 우리들 자신의 존재가 탄생하는 장소이고, 우리들 존재가 소멸해 가는 장소다. 혹은 우리 사회와 문명과 우리들의 종(種)이 만들어진 모태로서의 자연세계, 생명의 바다, 대자연이라는 장소다. 그것들은 우리들의 생사·존재·이성을 넘어서는 장소이고, 우리들에게 '마음의 치유'나 '평안함'을 가져다주는 장소다.

우리들 존재를 가장 밑바닥에서 지탱해 준다는 의미에서 우리들에게 진정한 외부이고, 우리들의 조절이성을 넘어설지도 모를 몹시 거친 '외부'가 넘치고 있는 듯한 장소, 즉 '탄생'과 '죽음'과 '대자연'이라는 '거룩한 장소'로 무통화 기술은 더욱더 교묘하게 침입해 가고, 그것을 큰 테두리에서 관리하여 외부의 모습을 없앤 다음에 그 전체를 천천히 '자연화'하고, 그 다음에 자연화 흔적 자체를 우리들 눈앞에서 없애 버린다. 무통문명이 진정으로 노리고 있는 것은 바로 이 지점에서의 완전범죄다. 이것이야말로 이중관리구조의 가장 깊은 의미이고, '자연'이라는 단면에서 보았을 때의 무통문명의 심층구조다.

재확인해 두고자 한다. 무통화하는 사회 전반에 걸친 기술이 자연화하는 것은 아니다. 기술의 자연화가 세계의 모든 것을 뒤덮는 것도 아니다.

246

무통화하는 사회에서는 오히려 기술이 드러나는 곳과 흘러넘치는 것을 흔히 보게 될 것이다. 그보다 무통문명이 더욱 힘을 쏟는 것은 '탄생' '죽음' '대자연'이라는 생명 존재의 '거룩한 장소'에서의 기술의 자연화다. 그들 '거룩한 장소'는 사회나 인생의 모든 곳에 흩어져 존재한다. 기술의 자연화는 세계 구석구석에 조용히 숨어 산재하는 그들의 무수한 '거룩한 장소'로 가장 강력하게 퍼지고 있다.

이 점도 재확인해 두고 싶은데, 무통화가 진행되면 자연환경과 인체를 완벽하게 조절할 수 있게 된다고 말하는 것은 아니다. 무통문명에서 목표로 삼는 것은 이중관리구조다. 즉 자연의 맹위가 우리들 계획의 큰 테두리에서 결코 벗어나지 않도록 조절하는 대신 세부적인 면에서는 자연의 행위를 활성화시키는 방식이다. 무통화 기술은 이러한 목표를 향해 점점 세련된 방향으로 나아갈 것이다. 그것은 장래 과학기술이 결코 도달할 수 없는 불가능한 목표는 아닐 것이다.


## 4. 자연의 배후를 파헤치다

사회의 무통화를 완성시켜 가는 동안, 무통문명을 살고 있는 자들은 그들이 매일 느끼고 있는 '자연'이라는 것이 실은 진정한 자연일까 하는 의문에 어쩔 수 없이 사로잡힌다. 아무리 호우가 덮쳐 와도 결코 범람하지 않는 하천과 울타리가 없는데도 관객을 덮치는 않는 맹수의 모습을 보고 있는 동안, 그들은 그것이 이 사회 전체에 둘러쳐진 공통 구조는 아닐까 하고 직관할 때가 올 것이다. 자신을 둘러싼 세계가 이들과 똑같은 구조로 움직이고 짜여져 있는데도 실태를 알지 못하게끔 만들어져 있는 것은 아닐까 하고. 무통문명이 완성형에 가까워진 사회 속에서 이러한 생각에 사로잡힌 인간이 갖는 불안은 오늘날 우리들의 상상을 훨씬 초월할 것이다.

아직 이러한 이야기는 '지나친 생각'이라고 한 마디로 잘라 말할 수 있다. 왜냐하면, 우리들은 아직 무통문명의 문턱(돌이킬 수 없는 문턱일지도 모르지만)에 있는 것에 불과하기 때문이다. 그렇지만, 무통문명의 깊숙한 곳까지 들어가 버린 사회에서 그런 의문이 터져 나왔을 때, 그것을 어떻게 처리하면 좋을까 하고 사람들은 망설일 것이다. 그러한 생각을 하는 사람이 결코 소수는 아닐 것이다. 모두 마음속 어딘가에서 떠올렸다가도 뇌리에서 무리하게 지워 버릴 것이다. 무통화가 진행된 사회에서 많은 사람들은 "어디를 보아도 자연으로밖에 보이지 않는 것이 사실은 자연이 아닐지도 모른다"는 느낌을 항상 의식 한편에 두면서 살아가고 있을 것이다. 그것을 직시하지는 않지만, 뇌리에서 완전히 지워 버릴 수도 없다. 그것은 그들 마음속에서 "사실은 알고 있었지만 결코 알아서는 안 되는 것" 중의 하나로서 인식된다.

그러므로 '자연'의 배후를 파헤치려는 행위는 무통문명에서 살고 있는 자들에게 심한 적대감을 불러일으킬 것이다. 그런 행위는 '자연'으로 가득 찬 세계에 안주하는 사람들이 가장 보고 싶지 않은 것, 생각하고 싶지 않은 것을 집요하게 눈앞에 드러내려는 행위이기 때문이다. 그러한 적대감을 앞에 놓고 싸우는 자들은 생각이 완고해져서 홀린 듯이 파헤치는 행위에 열중하게 된다. 무통화하는 현대문명에서 이데올로기 투쟁의 하나는 '자연'을 둘러싼 이 양자대립을 축으로 펼쳐지게 된다. 그리고 이것이 시대의 하나의 정신성을 준비한다.

무통문명은 이에 대하여 "자연의 배후에 무엇인가가 있는지의 여부는 별 의미가 없다"고 세뇌하려 한다. 그리고 '자연'이란 무엇인가를 추구하는 데서 우리들 마음을 돌려 놓으려고 한다. 그런 것을 계속해서 생각하고 논의하는 것을 일종의 병이라고 말한다. 기술지원을 받아 '자연'이 성립하는 것은 당연한 일이므로, 그것을 침소봉대(針小棒大)하여 왈가왈부하는 것이야말로 이상하다고 할 것이다. 그렇게 해서 사람들을 불안으로부터 지키려고 한다. "이런저런 사소한 문제가 있을지도 모르지만, 전체로서는 이 상태가 인간에게 자연스럽기 때문에 지금 이대로 좋다"는 의식을 사람들이 계속 갖도록 만들려고 한다. '자연'의 배후에 대해 생각하는 일 자체가 무통문명 속에서 의미를 잃어 간다. 사람들 의식 속에는 현재 상태가 인간에게 자연스러우니 이만하면 좋다는 표면상의 의식과 자연처럼 보이는 것 배후에 무엇인가가 있을 것이라는 심층의식이 함께 존재한다. 무통문명은 표면상의 의식을 지원하고, 심층의식을 억압한다.

이 문제는 제2장에서 서술한 '조건부 사랑'과도 비슷하다. 무통화하는 현대문명에서는 '조건부 사랑'이 한층 더 확대된 결과 "나라는 존재가 허용된 것은 일정한 조건을 만족시켰기 때문은 아닐까" 하는 의문이 많은 사람들의 의식 속에 깔린 사회가 되었다. 사람들은 마음 한 구석에서 '조건부가 아닌 사랑'을 강력히 원하게 된다. 이에 맞서 무통문명은 '조건없는 사랑'에 대한 이야기를 여기저기 퍼뜨려 역설적으로 실제 그런 사랑은 없다고 사람들을 믿게 한다.

무통문명의 그러한 공격을 받으면서도 '조건 없는 사랑'이 있지 않을까 하는 방향으로 가능성을 찾아 가는 과정에서 희망은 열리는 것이라고 나는 서술했다. 그러나 이 문제에도 우리들이 '자연'에 관해 직면한 것과 비슷한 벽이 가로막고 있다. '조건 없는 사랑'의 가능성을 찾으려던 인간이 '조건 없는 사랑'을 우연히 만났다고 하자. 그렇지만 그 인간은 "지금 만난 것 같은 조건 없는 사랑은 정말로 무조건일까" "어쩌면 그 배후에 자신이 모르는 어떤 조건이 교묘하게 부과된 것은 아닐까" "사랑에 조건을 붙이고도 그것을 나에게 보이지 않도록 교묘하게 감추고 있는 것은 아닐까" 하는 의문에 직면하게 된다. 그리고 일단 이러한 의문이 생기면 눈앞의 '조건 없는 사랑'의 배후를 파헤쳐, 거기에 감추어진 구조를 밝히지 않으면 안 되겠다는 충동이 일어난다. 이렇게 되면 무통화하는 현대문명에서 '조건 없는 사랑'을 바라는 정신은 스스로의 내부에서 일어나는 충동 때문에 '조건 없는 사랑'일지도 모르는 것을 철저하게 의심하고, 파헤치고, 해부하여, 죽음에 이르기까지 무참하게 난도질하게 된다. 조건 없는 사랑을 가장 절실하게 원하는 자야말로 그것을 가장 잔혹하게 죽인다는 것. 무통문명은 사람을 이러한 지점에까지 몰아넣는다. 무통문명이 우리들 정신에 대하여 행하는 최대의 만행이 이것이다.

'자연화하는 기술'과 '조건부 사랑'은 무통화하는 현대문명에서 동전의 양면과 같은 관계에 있다. 눈앞에 있는 자연은 진정한 자연일까? 눈앞에 있는 조건부가 아닌 사랑은 진정으로 무조건적인 것일까? 무통문명은 이러한 물음에 집착하는 것이 무의미하다고 무통문명을 살고 있는 자들에게 속삭인다. 한편 이들 물음에 얽매어 무통문명의 함정을 느끼기 시작한 인간들을 억지로 부추겨, 그들이 원했던 것을 그들 자신의 손으로 말살시키도록 만든다. 따라서 내가 제창한 '자연' 배후에 있을지도 모르는 것을 철저하게 파헤쳐 가는 행위는 무통문명의 이러한 전략에 말려들어 무참하게도 패배할 위험성을 안고 있다. 마찬가지로 '조건부가 아닌 사랑'을 원하는 행위 또한 그것을 스스로의 손으로 교살하는 일로 이어질 위험성을 품고 있다. 그렇지만 이와 같은 위험성을 책임지는 일 없이 무통문명과 싸울 수는 없을 것이다. 이 위험한 통로를 빠져 나가지 않는 한,

무통문명에서 벗어날 출구는 보이지 않는다.

　기술을 이용하여 대상을 조작한 다음 기술 흔적을 교묘하게 없애 대상을 자연화하는 방식을 날카롭게 간파한 사람은 푸코(Michel Foucault)다. 그는 자연환경이 아니라 권력을 통해서 그것을 잘 말해 주었다. 즉 근대 권력은 자신 이외의 모든 것을 가시화하는 동시에 스스로의 모습이 보이지 않도록 배후로 물러난다. 인간들을 조작하고, 훈련시키고, 속박하는 권력이 도대체 어느 개인에게서 시작되었는가를 우리들은 이제 밝히기 어렵다. 권력은 자신의 흔적을 없애고, 모든 곳에 영향을 미치는, 보이지 않는 권력이 된다. 5)

　푸코가 권력의 맥락에서 말한 것을 무통문명론은 욕망의 맥락에서 다시 파악하고, 그 다음 문제로까지 나아가려고 한다.


## 5. 무통문명에서 '자연'의 의미

　그런데 무통문명론은 '자연'을 어떻게 생각할까?

　그 전에 종래의 '자연' 개념을 정리해 보자.

　첫 번째로, 나도 자주 사용해 왔듯이 숲이나 바다에 서식하는 동물, 식물, 미생물 등의 다양한 생명체, 그리고 그들이 군(群)을 이룬 생명군, 더 나아가 물이나 공기나 토양 등을 포함한 생태계를 의미하는 말로 '자연'이 사용된다. '자연환경'이라는 표현으로 우리 인간을 둘러싼 곳의 생명군을 포함한 환경을 가리키는 경우도 있다.

　두 번째로, 인간의 손이 닿지 않은 세계나 장소를 '자연'으로 부르는 경우가 있다. 인간 손에 의해 아직 황폐화되지 않은 '원시림'으로 상징되는 세계. 즉 '인위'나 '기술'이 아직 미치지 않은 세계와 장소를 '자연'이라고 생각한다. 이 사고방식에서는 자연을 지킨다는 것이 자연세계에 인간이 개입하는 것을 막는 것이 된다. 이와 관련된 것으로 인간 손이 미치지 않았기 때문에 인간의 예측을 넘거나, 인간에 의해서는 결코 조절되지 않을, '다른 사람' '외부'로서의 '자연'이라는 의미가 있다. 다른 사람인 자연은 인간에게 불가결하지만, 손댈 수 없는 몹시 거친 자연이기도 하다.

세 번째로, '인위'대 '자연'이라는 대립도식을 부분적으로 극복하는 것이다. 즉, 사람 손이 가해졌더라도 역시 '자연'은 성립한다고 생각한다. 우리의 정원을 보면 알 수 있듯이, 인간이 만든 것이지만 그 안에는 '인간의 계산'을 넘어서는 우주 운행의 리듬과 계절이 생생하게 살아 있는 경우가 있다. 인간의 삶의 방식이나 생활양식에서도 '인간의 계산'을 넘어서는 것이 있을 수 있다. 말하자면 '인간의 계산'을 넘어서는 것이 인위적인 것에 깃들여졌을 때 '자연'이 된다는 생각이다.

네 번째로, 자연세계가 갖는 산출 능력이다. 예를 들면 식물은 인간이 손을 가하지 않아도 자기 자신의 힘에 의해 꽃을 피우고, 열매를 맺고, 새로운 생명체를 만들어 간다. 생물이 갖고 있는 이러한 "계속해서 만들어 내는 힘"을 가리켜 '자연'이라고 부르는 경우가 있다. 바다나 숲은 그러한 의미에서 '자연'으로 넘치고, 생물의 진화를 생각해 보면, 지구상의 생명체는 그러한 힘에 의해 오늘날까지 진화해 왔다고 할 수 있다.

그러한 의미에서의 자연이 있는 한, 인류가 절멸해도 자연세계는 살아남을 것이다. 예를 들면 '대자연'이라는 말이 상징하는 것 또한 이런 의미에서의 '자연'일 것이다. 즉 인간 존재를 만들어낸 모태로서의 대자연. 우리들이 거기에서 태어나, 그리고 그곳으로 돌아가는 대자연. 이 '대자연'이라는 개념 속에 있는 것이야말로 산출능력의 최고 형태로서의 자연의 모습이고, 우리들을 만들어내고 나아가 우리들을 '초월'하는 자연의 모습이다.

이상 종래의 '자연' 개념을 정리해 보았다. 물론 여기서 예를 든 것 말고도 '자연' 개념은 풍부하게 존재한다. 그것은 다른 자리에서 검토하고자 한다. 무통문명론은 그 위에 다음 두 가지의 '자연' 개념을 새로 덧붙인다.

하나는 "인위가 미치지 않은 것처럼 '보이는' 것으로서의 자연"이라고 생각하는 방식이다. 이것은 이미 서술한 "인위가 미치지 않은 자연"이라고 생각하는 방식과는 전혀 다르다. 기술이 자연화하면 자연을 조절하고 있는 기술의 모습이 우리 눈에는 보이지 않게 된다. 이처럼 기술이 자연에 개입한 다음 자신이 개입한 흔적을 없애 버릴 때, 남겨진 자연 그대로의 모습 같은 것을 우리들은 도대체 무엇이라고 부르면 좋을까 하는 문제가 생긴다. 이것은 인식론의 근본 문제다. 만약에 흔적을 감쪽같이 지웠을 때, 기술이 개입된 사실을 모르는 자가 보면 눈앞에 보이는 것은 '자연' 이외의 아무것도 아닐 것이다(이 문장에서 '자연'은 인위가 미치지 않은 것으로서의 '자연'의 의미다). 즉 자연화한 기술로 가득 찬 세계에서는 눈앞에 있는 자연이 손대지 않은 자연인지, 기술이 개입한 후에 흔적을 없앤 것인지를 판단하는 것이 불가능하다. 흔적을 없앤 사람이 아니면 원리적으로 불가능하다. 설령 흔적을 없앤 인간이라도 흔적을 해독하는 열쇠를 잃어 버리면 마찬가지로 판단이 불가능하게 된다. 게다가 그 사람은 다른 사람이 했을지도 모르는 개입과 흔적을 지운 것에 대해서 아무런 판단도 할 수 없다. 따라서 이러한 세계에서는 "인위가 미치지 않은 것처럼 '보이는' 것은 곧 자연"이라고 할 수밖에 없다.

"인위가 미치지 않은 것으로서의 자연"에서 "인위가 미치지 않은 것처럼 보이는 것으로서의 자연"이라는 개념의 패러다임 변화가 요청된다. 이 것은 인지과학·컴퓨터과학에서 나온 문제인 "생각하는 것처럼 보이는 컴퓨터는 실제로 생각하는 것이 아닐까"라는 물음이나, 인공 생명공학 연구에서 나온 "컴퓨터 속에서 생명과 같은 행동을 하는 소프트웨어는 진짜 생명이라고 생각해도 되는 것이 아닐까"라는 물음과 매우 비슷하다고 할 수 있다. 그리고 이것들은 모두 튜닝 테스트(Tuning Test, 계산기의 지능 여부를 확인하기 위하여 고안된 테스트) 문제와 관련되어 있다. 그 중에서도 여기에서 서술한 "인위가 미치지 않은 것처럼 보이는 것으로서의 자연"의 문제는 우리들 자신의 생명이나 신체나 생과 사를 크게 유지하는 자연이라는 개념의 본질에 관련되어 있기 때문에, 특히 우리들 실존에서 충격이 큰 것이다.

그런 의미에서의 '자연'은 우리들에게 "자연으로 보이는 것은, 진짜 자연일까?"라는 정의상 결코 풀리지 않는 거짓 문제를 끊임없이 들이대게 된다. 그것은 확답을 얻을 수 없기 때문에 반복해서 우리들 사고를 혼란스럽게 하고, 끝없는 불안에 빠져들게 할 것이다.

무통문명론에서 본 '자연' 개념의 하나가 우리들을 불안에 빠져들게 하는 것이라면, 또 하나의 자연개념은 반대로 우리들을 마음 편하게 잠에 빠져들게 할 것이다. 테크놀로지가 자연화하게 되면 테크놀로지의 어색함은 해소되고, 우리들 신체와 정신에 매우 기분 좋은 것이 된다. 예를 들면 콘크리트가 드러난 제방보다 바이오토프로 배려가 된 친자연적인 강기슭이 우리들을 보다 더 부드럽게 만든다. 직선의 강보다도 완만하게 갈지자로 수로를 만들고, 여기저기에 웅덩이가 있고, 움푹 패인 곳이나 그늘, 식물이 불규칙하게 번식하는 강에서 우리들은 평온함을 느낄 것이다. 설령 그 모든 것이 인공적으로 짜여져 있다고 해도 말이다. 기분 좋음과 안락함을 원하는 우리들 신체의 욕망은 자연화하는 테크놀로지의 유혹에 기쁘하며 몸을 내맡긴다. 이렇게 해서 테크놀로지에 내재된 '자연'은 우리들 내부에 침입하여 우리들을 기분 좋게 하고, 인생의 의미까지 찾게 한다. 우리는 흡혈파리가 수만 마리씩 어지럽게 날아다니는 시베리아 격류보다 인간이 관리하는 강 하구의 캠프장을 선호한다. 거기에서 '자연'을 느끼고 '위안을 얻으려' 하는 현대의 우리들은 이미 자연화하는 기술의 함정에 반 이상 발을 들여 놓고 있다.

즉 우리들 신체와 정신에 기분 좋음과 편안함을 주고, 인공의 어색함과 고통을 없애 우리들의 생명, 사회, 생활, 내면의 구석구석에 저항 없이 완벽하게 침입하여 "이만하면 모두 잘 되었다"는 안심과 위안과 구원을 주어, "문제가 있는 것 아닌가"라는 반항의 시도를 모두 없애 가는, 이러한 운동을 나는 '자연'이라고 부르고 싶다. 무통문명은 그런 의미에서 스스로를 한없이 '자연화'해 간다. 바이오토프화는 자연환경 관리라는 영역에서, 그런 의미에서의 '자연화' 시도다. 우리들의 욕망을 직시하지 않고, 인간과 자연이 일체가 되어 조화되는 이상만을 강조하는 낭만주의 환경사상을 나는 『생명관을 다시 묻는다』[6] 속에서 비판했다. 이들 환경사상은 여기서 말하는 '자연화'를 후원하여 무통문명을 오히려 지원한다.

무통문명과 싸우는 것은 이런 의미의 '자연화'와 싸우는 것이다. 그것은 우리들 내부로 저항 없이 침입해 오는 것을 지금 여기에서 끊어 버리는 행위다. 그리고 그것은 기분 좋음과 위안이라는 먹이로 유혹해 오는 적을 반복하여 의도적으로 멀리하는 행위를 필연적으로 포함하지 않을 수 없을 것이다.

이처럼 무통문명은 기술의 자연화에 의해 한편에서는 우리들을 '불안'에 빠지게 하면서, 다른 한편에서는 우리들에게 '기분 좋음'과 '위안'을 준다. 우리들은 무통문명이 공급하는 이 양 극단 사이를 어쩔 수 없이 반복한다. '불안'에 빠지고 '기분 좋음'과 '위안'으로 끌어 올려지는 되풀이를 반복하는 동안에, 우리들 신체는 어느 순간엔가 무통화해 간다. 그리고 되풀이를 계속하는 것이야말로 '자연'이라고 생각하게 되고, 그것을 전혀 이상하다고 느끼지 않는 신체가 되어 간다. 마지막에는 "왜 되풀이해서는 안 되는가?"하고 정색하며 묻게 될 것이다.


## 6. 붕괴 전략

'테크놀로지의 자연화'에 대한 우리들의 싸움은 어떠한 것이 될 것인가?

우선 '거룩한 장소'에서의 기술의 자연화가 무통문명의 최종 목표임을 인식할 필요가 있다. 그러나 테크놀로지의 자연화가 충분히 달성되기까지에 매우 오랜 시간이 걸릴 것이다. 여기에서는 자연화가 아직 충분하지 못한 단계에서의 우리들의 싸움, 또는 어떠한 이유로 자연화가 엉거주춤한 상태에 머문 경우에서의 우리들의 싸움을 생각해 보고자 한다.

기술의 자연화가 얼마 진행되지 않은 단계에서는, 우리들은 관리기술에서 충분한 '안심'과 '위안'을 받지 못하며, 기술을 접할 때마다 어색함과 '싫은 느낌'을 항상 받게 된다. 그와 동시에 확실히 눈앞의 기술은 세련되지 못하지만, 어쩌면 자연과 분간할 수 없을 정도로 고도화한 기술도 이미 어딘가에 존재하여 자신이 보지 못하는 것은 아닐까 하는 불안도 사람들의 뇌리를 스치게 될 것이다. 이 단계에서는 자연화에 대한 사람들의 위화감이 아직 풍부하게 나타난다. 그러므로 이 위화감을 계기로 하여 우리들은 기술을 자연화하려는 무통문명에 대한 의문을 안에서부터 파헤쳐 갈 수 있을 것이다. "우리들은 조절해서는 안 되는 것을 조절하려고 하는 것은 아닐까?" "조절에 의해 우리들은 정말로 살아 있는 의미와 생명의 기쁨을 획득할 수 있을까?" "중심축을 끝까지 유지할 수 있을까?" 하는 질문은 사람들 마음속에 있는 위화감과 충분히 통할 것이다. "만족하고 있는데도 살아 있는 의미를 찾아낼 수 없다"는 무통문명론적인 의문이 아직 호소하는 힘을 갖고 있을 것이다. 그 지점에서 우리들은 싸움을 시작할 수 있다.

그럼 기술의 자연화가 상당한 단계까지 진행된 다음에는 어떨까? 우선 위와 같은 소박한 의문에서 시작하기가 매우 어려워진다. 기술이 스스로를 교묘하게 은폐하는 데 성공하고, 사람들 신체도 '자연화'를 깨닫지 못하는 무통신체로 변모했기 때문이다. 싸워야 하는 우리 신체조차 무통화가 진행되어, 무엇을 위하여 싸워야 하는가를 생각할 수 없을지도 모른다.

그렇지만 싸움은 불가능하지 않다. 왜냐하면 자연화하는 기술 그 내부에 뜻밖의 통로가 있기 때문이다. 그것은 내부화된 자연의 반란이라고도 할 수 있는 사태다.

여기서 한 마디 주석을 달아 두고 싶다. 오늘날까지도 자연의 위협을 극복하는 것이 중요한 과제로 남아 있는 것은 사실이다. 그러나 "자연의 맹위를 극복하는 것이 곧 문명의 진보"라는 사고방식에서는 전혀 보이지 않는 새로운 사태가 사회 구석구석에서 돌이킬 수 없는 흐름이 되어 떠오르는 것 또한 사실이다. 몹시 거친 자연을 극복하지 못하고 비참한 자연재해가 일어나는 한편에서, 전에는 포기할 수밖에 없었던 '자연의 섭리'나 '운명'이 기술의 힘에 의해 서서히 조절할 수 있게 된 것 또한 사실이다. 우리들 문명이 현재의 방향으로 더욱 진행해 가면, 어떠한 세계가 기다리고 있을까? 아직 실현되지 않았지만 우리들은 편견을 버리고 문명의 가장 깊은 자리에 놓여 있는 것을 직시해야 한다. 필요한 것은 동시대의 상상력을 꿰뚫는 것이다. 아직 누구도 본 적이 없는 것을 지금 여기에서 보려는 의지다.

이야기를 계속하자. 만약에 이중관리구조에 의해 자연세계를 큰 테두리에서 완전관리 할 수 있게 되었다고 치자. 그러면 자연의 행동은 우리들이 예측한 큰 테두리 밖으로 나오는 일은 결코 없어진다. 그리고 동시에 관리기술은 자연화되어 세계의 구석구석은 자연의 모습으로 넘치게 될 것이다.

그렇지만 이 경우의 '자연'은 우리들 예측의 큰 테두리 밖으로는 결코 나오지 않는 것이 숙명인 자연이다. 만약에 밖으로 나오려는 기색을 보인다면, 장치된 기술이 발동하여 강제적으로 그것을 예측 테두리 속으로 되돌리려 할 것이다. 즉 이 경우의 '자연'은 주어진 '틀'을 그 내면에서 파괴해 버리는 '거침'을 빼앗긴 자연이다. 그것은 실로 완벽하게 길들여진 자연이다.

그러나 여기에서 중대한 문제가 발생한다. '거침'을 잃은 자연을 사람들은 결국 진짜 자연이라고 인정하지 않을 것이라는 것이다. 일시적으로는 속더라도 경험을 되풀이 하는 동안에 자연의 '가짜 냄새'를 깨닫게 된다. 그렇게 되면 이중관리구조는 실패다. 사람들은 가까운 곳에 넘치는 자연이라는 것을 진짜 자연이라고 느끼지 않게 되어, 배후에 감추어져 있을 기술의 모습이 또 다시 훤히 보이게 되기 때문이다. 무통문명은 그런 상태가 되는 것을 피하고 싶다.

그래서 무통문명은 이중관리구조의 틀 안에 얼마간의 '거친 자연'을 모방한다면 좋지 않을까 하는 과제를 떠맡게 된다. 이것은 극히 모순으로 가득 찬 과제다. '거친 자연'을 완전히 관리한다면, 그것은 이미 '거친 자연'이 아닌 것이 된다. 그렇다고 해서 '거침'을 남겨두면, 그 '거침'이 예측의 큰 틀 자체를 안에서부터 파괴해 버릴지도 모른다. 무통문명은 이러한 궁지에서 벗어나고 싶다.

무통문명이 취할 수 있는 태도는 두 가지다.

하나는 자연의 거침을 완전히 관리하는 것을 포기하여, 거친 자연의 행동이 큰 테두리를 파괴해 버릴지도 모를 위험성을 항상 남겨두는 선택이다. 이 경우 우리들은 거기에서 진짜 자연을 감지할 것이다. 왜냐하면 '큰 테두리 그 자체의 파괴' 가능성이 어쩔 수 없이 내포되어 있는 현실감을 느낄 수 있을 때에만, 우리들은 진짜 자연을 인식할 것이기 때문이다. 그러나 이 선택은 이중관리구조의 포기를 의미한다. 이 방식으로는 '큰 틀' 안에서 관리한다는 대전제가 무너지기 때문이다. 만약에 무통문명이 이 방식을 택한다면, 우리들은 우리 주변에 아직 확실히 남아 있는 '거친 자연'의 움직임을 지켜보고, 그 모습을 잊지 않도록 항상 주의하여, 그곳을 기점으로 이중관리구조의 함정을 계속 파헤쳐 갈 수 있을 것이다.

따라서 무통문명이 선택하는 두 번째 길, 즉 자연의 거침을 실제로는 완전 관리하면서도 마치 진짜 '거친 자연'이 세계 내부에 아직 잔존해 있는 것처럼 우리들을 계속 속이는 방식이다. 예측할 수 없는 방식으로 행동하는 거친 자연을 완전 관리하면서 그 자연이 아직 이 세계 내부에 계속 존재하는 것처럼 보이게 하기 위해서는 관리하는 기술 자체가 "예측할 수 없는 방법으로 행동하는 거친 자연"이 되지 않을 수 없다. 거친 외부 자연이 완전 관리되는 것과 달리, 기술 자체가 '예측할 수 없는 행동' '거친 행동'을 내부화해야만 한다. 이 경우에도 사람들이 거기에서 '자연의 모습'을 느끼기 위해서는 기술이 보여 주는 '예측할 수 없는 행동' '거친 행동'

은 단순히 겉보기만 그럴듯한 것이 아니라 현실감을 느끼게 하는 것이어야 한다. 즉 기술 그 자체가 관리자의 예측에서 벗어난 거침을 보여 주지 않으면 안 된다. 그러므로 이 경우도 또한 '예기할 수 없는 행동' '거친 행동'을 하는 기술이 틀을 마구 벗어나, 예측의 큰 틀이 안에서부터 파괴될 위험성을 무통문명은 떠맡아야만 한다.

즉 외부에 있던 '거친 자연'을 이중관리구조로 제어하려고 할 때, 외부의 '거친 자연'은 그것을 제어하려는 기술 시스템 내부로 이동해 버린다. 이것을 거친 자연의 '빙의'라고 부르고 싶다.

내가 여기에서 서술하고 있는 것은 거친 자연이 일정한 수준 이상으로 규모가 커졌을 때, 기술이 외부에 있는 거친 자연을 제어할 수 없는 경우가 있다는 말이 아니다. 일정 이상의 규모로 커졌을 때 관리기술 시스템 그 자체가 거친 자연으로 변모하는 경우가 있을 수 있다는 것이다.

이중관리구조에 의해서 외부의 거친 자연을 없애려 해도 쉽게 없어지지 않고, 기술 내부에 '빙의'하여 기술을 내부에서 붕괴시키는 반란자가 될 위험성이 항상 있다. 그 경우 자연을 관리해야 할 기술 자체가 우리들에게는 '다른 사람'이 되고, 우리들 내부의 암 세포처럼 우리들 내면을 침식하기 시작할 것이다. 즉 기술 시스템 내부에서 항상 그것을 붕괴시키려는 거친 자연이 생겨난다.

관점을 바꿔서 말한다면, 거친 자연은 그것을 보전하려는 시도 때문에 거친 채로 남겨지는 것은 아니다. 오히려 거친 자연을 보전하려는 우리의 기술이 거친 자연에 의해 침식되어, 내부에서 반란을 일으킴에 따라 거친 자연은 기술 내부에 거친 채로 남겨지는 것이다.

그러므로 무통문명 측에서 보았을 때 자연화하는 기술의 시대적 과제는 무통문명이 이중관리구조의 기술 내부를 침식한 '거친 자연'을 어떻게 없앨 수 있을까 하는 것이다. 무통문명 속에 살고 있는 자들은 기술 내부에서 터져 나오는 자연이라는 이름의 암세포를 계속해서 없애는 작업을 해야 할 것이다. 그 작업은 기술 내부를 침식한 '거친 자연'이 이중관리구조의 큰 틀을 무너뜨리는 것은 막으면서도, 그 '거친 자연'이 큰 틀의 내부 구석구석에서 활동하는 것은 오히려 장려하는 작업이 될 것이다. 전소(全燒)도 완전 진화도 지향하지 않는 듯한 소화(燒火)활동. 이것은 현재 우리들의 이해를 넘을 가능성이 있다. 그러나 무통문명 측에서 보았을 때 이것은 하나의 큰 과제가 된다.

기술 내부에 빙의된 거친 자연은 단지 기술 시스템 내부에만 머무는 것은 아니다. 기술은 그것을 운영하는 우리들 주체에 깊이 파고든다. 따라서 기술 내부로 빙의한 거친 자연은 그 기술을 이용하여 세계를 제어하려는 우리들 인간 주체 내면으로 무리하게 침입해 온다. 거친 자연의 반란은 기술이라는 통로를 역류하여, 우리들 내면에 영향을 미친다. 그리고 우리들이 지금까지 의심조차 하지 않았던 자명한 가치관이나 사고방식에 큰 혼동을 가져올 것이다.

기술 내부에서 일어난 거친 자연의 반란은 여기저기에 증식의 손을 뻗으면서 점점 무통문명의 핵심으로, 즉 무통격류를 만들어내는 원천인 우리들 한 사람 한 사람의 주체에게로 파고든다. 그것은 우리라는 관리 주체로 깊숙이 파고 들어와, '관리계획'의 내부로 침입한다. 마침내 머리를 움켜쥔 악마의 손톱이 두개골의 빈 틈을 뚫고 뇌 속으로 들어가 의식의 중핵에 조용히 도달할 때처럼, 관리 주체의 내부에 있는 관리계획에 도달한 거친 자연은 그것을 내부에서 동요시켜 관리 주체가 기대고 있는 지반을 무너뜨릴 것이다. 거친 자연이 주입된 관리 주체는 자신이 세계를 어떻게 관리해야 할지 헷갈리게 된다. 세계는 평온한 것이 좋을까, 재해는 일어나지 않는 것이 좋을까, 수입은 점점 증가하는 것이 좋을까, 자극은 점점 증대하는 것이 좋을까, 헷갈린다. 지금까지 확신에 차 있던 관리 주체의 관리계획이 내부에서 심하게 동요하기 시작하는 것이다. 그렇게 되면 관리계획은 내부에서 붕괴하고, 관리 주체는 기대고 설 지반을 잃어 어쩔 수 없이 자기해체에까지 내몰리게 될지도 모른다.

신체의 욕망은 조절이성과 결합하여 우리들 밖에 있는 자연과 안에 있는 자연을 예측 가능한 틀 안에서 제어하여 세계를 무통화해 왔다. 즉 우선 '신체의 욕망'이 있다. 신체의 욕망은 자신의 욕망을 확대하기 위하여 조절이성과 결합한다. 신체의 욕망과 결합한 조절이성은 밖에 있는 자연과 안에 있는 자연을 어떤 방식으로 관리하면 좋을까를 생각하고, '관리계획'을 작성한다. 그리고 그 관리계획을 실현하기 위한 기술을 개발하여, 그 기술에 의해 우리 신체를 무통화하고, 사회를 무통화하고, 세계를 무통화해 간다. 이것이 무통화의 시나리오다.

그렇지만 세계를 제어하는 기술 시스템 내부에 거친 자연이 나타났을 때, 그것은 기술 시스템을 역류하여 우리들 주체 내부에 있는 조절이성과 관리계획을 파괴하러 온다. 우선 지금 같은 테크닉을 사용해서 정말로 관리계획을 수행할 수 있을지에 대한 물음을 조절이성에게 묻는다. 그리고 만약에 관리계획대로 세계를 제어할 수 있다면, 어째서 그것이 우리들에게 진정으로 바람직하다고 말할 수 있는지 조절이성에게 다시 묻는다. 기술 시스템 내부에 나타난 거친 자연이 몇 번이고 반복하여 이들 물음을 조절이성에게 묻는 동안에, 조절이성은 비로소 자신의 생각이 근거 없을지도 모른다는 것을 깨달을 것이다. 이성은 근원적인 삶의 의미를 묻는 물음에 직면한다. 자신의 생각이 근거가 없음을 깨달은 이성은 자신의 행위에 대한 자신감을 상실한다. 자신감을 상실한 이성은 자기붕괴를 시작한다. 세계를 원하는 대로 제어하려는 신체의 욕망 전략은 뇌에서 스스로 녹아내리기 시작한다.

우리들 외부에 있던 거친 자연이 이중관리구조의 기술 시스템을 역류하고, 무통문명을 지탱하는 우리들 한 사람 한 사람의 관리 주체의 중핵 부분으로 침입하여, 거기에 자연을 뿌려 관리 주체를 자기붕괴로까지 몰아넣는다. 기술과 자연의 싸움은 이러한 드라마를 하나의 가능성으로 내포하고 있다. 자연을 움켜쥐어 숨통을 끊으려고 한 기술의 신경계통 내부를, 목이 졸려 빈사 상태가 된 자연에서 발생한 맥박이 역류하여, 기술의 뇌로 침입하여 뇌 중핵을 자기붕괴시킨다는 싸움. 기술은 외부 자연의 목을 조른 채 무릎을 맞대고 웅크린다. 그리고 아무도 모르는 새로운 무엇인가로 변하기 시작할 것이다.

무통문명은 이러한 일이 일어나지 않도록, 신중하게 외부 자연과 기술 그 자체를 제어하려고 한다. 그러나 실로 여기에야말로 무통문명을 자기붕괴로 몰아넣는 아주 작은 가능성이 존재한다. 즉 무통문명과 싸우는 자는 자연화하는 기술의 내부에 침입한 거친 자연을 의도적으로 증폭하여 그것이 기술 시스템을 동요시키는 것을 측면에서 지원하고, 그것이 우리들 관리 주체 내부로 역류하는 것을 도와, 우리들의 관리계획을 붕괴시켜, 무통격류의 원천인 우리들 한 사람 한 사람을 자기해체로 몰아넣는다. 무통화를 진행하는 주체의 중심에 나타난 '거친 자연'의 싹을 여럿이 합세하여 증폭하고, 그것이 한층 새로운 '거친 자연'을 산출할 수 있도록 지원하는 것이 필요하다. 이 구체적인 행동이 무통문명 해체를 위한 사회운동의 하나가 될 것이다.

우리들 한 사람 한 사람, 그들의 집합체, 거기에 기술이 결합한 것, 이 모두를 관통하여 흐르는 무통격류와 선도 역할을 하는 콘트롤 이성. 그들 내부에 필연적으로 나타나는 거친 자연을 증폭시켜 관리 주체가 자신을 상실하도록 몰아넣는 것. 이것이야말로 우리들의 싸움이다. 이 경우 관리 주체란 우리들 한 사람 한 사람을 중심으로 하면서, 그것들을 그물코처럼 사회 전체로 연결시킨 주체다. 아니면 연결망으로 이어진 구조와 흐름으로 존재하는 주체라고 해도 좋다. 그러한 공간에 생겨나는 거친 자연을 연결망을 따라 효과적으로 다시 배치하여, 주체의 뇌를 약한 곳에서부터 순서대로 폭파하여 해체로 몰아넣는 행위야말로, 우리들이 취할 만한 전략이다. 그것들은 결코 통제되는 일 없이, 예측되는 일 없이, 한 사람 한 사람의 싸움으로 진행된다.

이 싸움은 잃어 버린 '거친 자연'을 되찾으려는 낭만주의가 아니다. 우리들이 돌아가야 할 장소는 어디에도 없다. '거친 자연'을 거룩한 장소에서 증폭시킴으로써, 우리들을 '무통문명'도 '거친 자연'도 아닌 미지의 장소로 끌어내고 싶다. 이 싸움은 또, 어쨌든 기존 질서를 파괴하는 것에서 시작하는 무정부주의도 아니다. 왜냐하면 무정부주의 또한, 무통문명 측에서 보면 행동이 충분히 예측되는 반란행위이기 때문이다. 상대 전략이 무정부주의라는 것을 알면, 무통화의 망을 펴는 것은 간단하다. 우리들 전략은 무정부주의도 아니다. 그것은 지금까지 한번도 이름이 부여된 적이 없는, 지금까지 아무도 예상한 적이 없는, 그리고 이 글을 쓰고 있는 나조차도 앞날을 전혀 예측할 수 없는 것이 아니면 안 된다. 무통문명이여, 너는 나를 모른다. 나를 이해하려고 필사적으로, 끝없이 궁지에 몰아넣는 것은 좋다. 나를 몰아넣는 동안에, 너는 자신 속에 지금까지 생각해 보지 않았던 물음이 떠오를 것이다. 그때가 너의 패배의 시작이다. 무통문명이여, 나와 함께 죽자. 너와 내가 만들어낸 이 무통격류의 머리끝까지 빨려 들어가 함께 이 세상에서 사라지자. 나는 이제 너를 놓치지 않겠다. 너와 직결된 내 생명과 뇌가 있는 한, 나는 너를 놓치지 않겠다.

우리 사회를 구성하고 있는 무통화한 주체를 뇌수의 가장 깊숙한 부분에서 혼란시키고, 분열시키고, 갈라놓아 우리 사회의 내면세계를 내전상태에 빠지게 하는 것. 무통문명과의 싸움은 내전을 모델로 해야 한다. 그것은 형이상학적인 내전이다. 그리고 그러한 싸움을 하는 자 또한 자신의 계획이 흐트러지고, 혼란스러워지고, 답을 찾아낼 수 없게 된다. 관리 주체가 자신감을 상실하는 쪽으로 몰아넣는 싸움 속에서 우리들 내부에 있는 관리 주체도 자신감 상실로 빠진다. 사람들의 뇌를 파괴하는, 가장 혼란스러운 내전 속에서, 무통화한 주체도 지고, 싸우는 자도 지는 길로 함께 빠져 들어가는 곳에만 무통문명 탈출을 위한 문이 열려 있는 것은 아닐까? 어디에도 승자가 없는 싸움. 관여한 자 모두가 지는 싸움. 수렁의 앞이 보이지 않는, 모두가 함께 쓰러지는 길밖에 남아 있지 않는 싸움. 지지 않고는 문이 열리지 않는 싸움. 지금까지 본 적이 없고, 영문도 모르는 싸움. 어디가 절망인지 전혀 알 수 없는 절망 속에서, 너도 져라, 나도 지겠다고 중얼거리면서 무통격류의 핵심으로 나는 내려간다. 나는 혼자서는 죽지 않는다. 무통문명이여, 나는 너를 끌고 길을 간다.


## 주(註)

1) 農林水産省 農業環境技術研究所 編, 『農村環境とビオトープ』, 養賢堂 1993, 제2장 참조. 야생생물이 서식하고 이동하는 데 도움이 되는 숲, 가로수, 습지, 하천, 화단 등 도심에 존재하는 다양한 인공물이나 자연물로 지역 생태계 향상에 기여하는 작은 생물 서식공간을 말한다. 바이오토프는 야생생물이 서식하고 이동하는 데 도움을 주는 작은 생물 서식공간으로, 단절된 생태계를 연결하는 징검다리 역할을 한다. 도시에도 인공으로 숲을 만들어 동물들이 살 수 있도록 하는 것이다.
2) バイエルン州 內務建設局 編, 『道と小川のビオトープつくり』, 集文社 1993,

7쪽.

3) 같은 책, 7쪽.

4) 川端裕人 『動物園にできること-「種の方舟のゆくえ」』, 文藝春秋 1999.

5) 미셸 푸코 『감시와 처벌 Surveiller et punir naissance de la prison』, 박홍규 역, 강원대학교 출판부 1993.

6) 『生命觀を問いなおす』, ちくま新書 1994.

# 제7장 '나의 죽음'과 무통문명

## 1. 나의 사색

드디어 이곳에 왔다. 그립고 마음 편한 곳이다. 무통격류여! 너는 내 몸 속에 들어와 구석구석을 감미로운 액체로 물들인다. 습기 가득하고 투명한 피부는 내 몸을 매끄럽게 감싸고, 의식의 심층에 깔려 있는 관념을 천천히 퍼 올린다.

처음에는 무통문명을 적이라고 생각했다. 고통을 피하고, 쾌락을 추구하고, 생명과 자연을 교묘하게 그리고 완벽하게 조절하는 무통문명이 우리에게서 생명의 기쁨을 빼앗고, 우리를 죽게 만드는 자동기계 속으로 빠뜨린다고 생각했다. 이러한 무통문명의 싹이 이 사회에서 이미 모습을 드러내고 있고, 우리들은 그것과 싸워야 한다고 생각했다.

그것은 맞다. 그러나 그런 식으로 말하다 보면, 어느새 무통문명을 실체화하는 잘못에 빠지게 된다. 실체화 함정에 빠진 사람은 이렇게 말할 것이다. 우리들의 문명은 이중관리구조에 의해 생명과 자연을 완벽하게 조절하는 수준에는 결코 이르지 못할 것이다. 그러므로 존재하지도 않는 문명을 말하는 것은 전혀 의미가 없다고.

　그러나 무통문명이 완전무결한 힘을 가진 실체로 존재하는지의 여부는 문제가 아니다. 진짜 문제는 "무통문명이 좋다"고 우리 귀에 속삭이면서 무통문명 쪽으로 슬며시 유도하려는 '무통격류'인 것이다. 그것은 내 안으로 흘러 들어와 여러 점착물질과 뒤섞인 채 밖으로 흘러 나가고, 다시 타인에게로 흘러 들어간다. 그것은 사람들을 구슬 꿰듯이 관통하여 우리들의 의식과 신체를 무통화 방향으로 끌고 간다. 사람들을 무통화로 끌고 가는 '무통격류'야말로 우리의 진짜 적인 것이다.

　무통격류여! 나는 지금 절대 고독의 장소에 있다. 나는 네가 나의 어디를 공격하려는지 잘 알고 있다. 그것은 '나의 죽음'이다. 무통격류는 나를 향하여 '나의 죽음'이라는 마지막 카드를 꺼내 들었다. 절대 고독의 장소에서 나는 계속 그것을 생각하지 않으면 안 된다. 그 생각을 멈추었을 때, 나는 무통격류에 발목을 잡힐 것이다. 나는 소용돌이에 빨려들어 두 번 다시 수면 위로 떠오를 수 없을 것이다.

　'나의 죽음.' 그것은 나의 의지와는 상관없이 갑자기 닥친다. 이보다 더 무서운 관념은 없다. 그것이 나의 뇌에 직격탄을 날리면 몸이 떨려 똑바로 설 수조차 없게 된다. 죽음이 처음 나를 엄습한 것은 10대 초반이었다. 그 후 계속해서 나는 '나의 죽음'에 관해서 생각하고 있다. '죽음'이 감미롭다고 하는 사람도 있지만, 나는 다르다. 나에게 죽음은 공포일뿐이다.

　철학은 죽음에 대한 사색과 함께 시작되었다고 한다. 그러나 죽음에 대한 철학 책들은 나에게 전혀 도움이 되지 못했다. 20세기에 죽음에 대하여 가장 깊이 사색했다는 하이데거(Martin Heidegger)조차도 나에게는 진부해 보였다. 하이데거는 말한다. "나는 나 자신의 '죽음에 이르는 존재'다. 나의 죽음은 나와 관계없는 것이 아니며, 확실하고 넘어설 수 없는 가능성이다. 나의 삶은 나의 존재가 사라질 가능성을 향하여 살아가는 것이다. 죽음은 '죽음에 이르는 태도에 대한 가능성을 갖고 견디며 빠져 나가야만 한다." [1] 하이데거는 그것을 '깨달음'이라고 부른다. "깨달음은 한 마디도 하지 않고 정신적 부담을 진 존재가 되기 위해 침묵하면서 불안을 안은 채 자신을 던지는 일이다."(같은 책) 그것은 죽음으로 향하는 존재의 '선구적인 깨달음'이다.

그러나 하이데거는 내가 가장 알고 싶었던 것에 답하지 않았다. '나의 죽음'은 어째서 이렇게 '공포'스러우며, 이 공포에서 해방되는 방법은 무엇인가 하는 20세기 최대의 철학자는 내가 가장 알고 싶었던 두 가지 점에 대해 정면으로는 대답하지 않고 단지 죽음에 이르는 선구적인 깨달음을 강조할 뿐이다. 그의 대표작 『존재와 시간』은 '죽음에 이르는 존재'에 대해 말하면서, 정작 죽음의 공포에 대해서는 거의 말하지 않는다.

하이데거는 죽음의 공포에 대한 문제는 철학이 대답해야 할 문제가 아니라고까지 생각하는 것 같다. 그는 존재의 물음과 존재론적인 물음을 나누고, 『존재와 시간』에서는 존재론적인 물음에 집중하고 있다. '죽음의 공포'에 관한 문제는 그의 안중에 없었는지 모른다. 그러나 '죽음에 이르는 존재'를 말하면서 죽음의 공포에 대해서 본격적으로 말하지 않는 이유가 무엇인지 나로서는 이해할 수 없다. 이 점에 대해서는 나중에 다시 서술하겠다.

죽음의 공포는 말기 환자의 의료현장에서 중요한 과제가 된다. 죽기 직전의 환자는 죽음이 고통스럽고, 괴로운 것은 아닐까 하는 공포를 가진다. 또 친한 사람들이나 가족과 영원히 헤어져야 한다는 공포도 있다. 남겨 놓은 일을 완성할 수 없는 고통도 있다. 의료 종사자들은 말기 환자에게 적절한 치료를 하는 한편, 마음을 달래 주는 데도 관심을 쏟는다.

최근 들어 육체적인 고통은 상당히 조절할 수 있게 되었다. 가족과 일에 대한 고민도 남아 있는 사람들과 밀접한 의사소통을 하면서 해소될 가능성이 있다. 고민을 줄인 뒤에 남는 것은 정신적인 고통이라고 불리는 것, 즉 '나의 존재'가 이 세상에서 사라져 버린다는 생각이 가져다주는 고통이다. "죽으면 모든 것이 없어지는 걸까요"라고 의사에게 애절히 호소하는 환자가 안고 있을 고통. 그것은 육체와 인간관계에서 발생하는 고통과는 전혀 다른 차원의, 가장 깊은 곳에 존재하는 '죽음의 공포'라는 고통이다.

내가 나이기 위한 중심축은 나의 죽음이라는 사태를 정면에서 바라볼 때 발견되는 것이다. '나의 죽음'과 '죽음의 공포'를 어떻게 생각할 것인가 하는 물음이 무통문명론의 가장 밑바닥에 깔려 있다. 죽음의 공포에서 눈을 떼려는 충동을 이용하여 무통문명은 비대해진다. 왜냐하면 죽음의 공포에서 해방되기 위해서 사람들은 무통문명이 공급하는 오락장치나 눈가림 장치에 의존하기 때문이다. 따라서 무통문명을 뿌리째 해체하기 위해서는 '나의 죽음'과 '죽음의 공포'를 충분히 파헤쳐야 한다. '나의 죽음'과 '죽음의 공포'에 대해 사색하는 일은 무통문명을 해체하기 위한 필수작업이다. 이 아주 괴로운 우회로(迂廻路)를 우리들은 어떻게든 거쳐야만 하는 것이다.


## 2. 죽음의 공포

죽음의 공포는 갑자기 나를 엄습한다. 전혀 예상치도 않았을 때, 폭력적으로 밀고 들어와 나를 철저히 부순다. 처음으로 죽음의 공포와 마주쳤던 것은 초등학교를 마치고 중학교에 들어갈 때쯤이었다. "나는 죽으면 어떻게 될까." "무(無)가 된다." "그렇다면 내가 지금 보고 있는 세상은 모두 사라져 버리고 두 번 다시 나타나지 않는다." 거기까지 생각이 미쳤을 때 전신이 마비되는 듯한 공포가 엄습했다. 그 공포가 너무 컸기 때문에, 나는 죽음에 관해 어른들에게 물을 수조차 없었다. 나 혼자만의 비밀에 부쳐야 한다고 생각했다. 동시에 내가 아직 어리기 때문에 무섭다고 느끼지만, 어른이 되면 틀림없이 다 해결될 것이라고도 생각하면서 마음의 안정을 찾으려고 했다.

그러나 나는 자주 죽음의 공포와 마주쳤다. 그럴 때마다 나는 내 방을 뛰쳐나가 텔레비전을 보고 있는 부모님의 품에 안겨 어리광을 부렸다. 어머니는 그런 나를 아무것도 모른 채 쓰다듬어 주었다. 잠자리에 들 때 죽음의 공포가 갑자기 엄습해 와서 머리를 어지럽히기도 하였다. "생각하지 말자, 생각하지 말자"고 혼자 중얼거리면서 공포가 사라지기를 기다렸다. 중학교 고학년이 되어도 공포는 계속되었다. 그 때부터 읽기 시작한 철학서에서 죽음의 공포에 관한 내용이 있는 것을 발견하였고, 죽음의 공포가 엄습하는 것은 나만이 아니라는 것을 비로소 알게 되었다. 동시에 철학자조차 이 공포를 해결하지 못하고 있다는 것을 알고 기가 막혔다. 어른이 되어도 해결되는 것이 아니었다. 그 당시 친구에게 죽음이 무섭지 않으냐고 물은 적이 있다. 그는 생각하면 무서워지니까 생각하지 않는다고 대답하였다.

'죽음의 공포'가 나를 철학자로 만들었다. 만약 그렇지 않았다면 나는 철학 따위는 하지 않았을 것이다. 죽음의 공포에 떨었던 10대부터 40대인 현재까지 상황은 전혀 달라지지 않았다. 어른이 되어 느끼는 죽음의 공포도 어렸을 때와 마찬가지였다. 죽음이 갑자기 닥쳐온다면 어쩔 도리가 없다. 죽음에 대해 생각하는 것과 죽음의 공포가 닥치는 것은 전혀 다른 체험이다. 나는 하루에 꽤 많은 시간을 죽음에 대해 생각한다. 그러나 죽음의 공포가 닥치는 것은 죽음에 대해 생각하고 있을 때가 아니다.

예를 들면 즐겁게 식사를 마치고 잠자리에 들려고 할 때, 혹은 지하철에서 나와 역 계단을 올라갈 때. 그럴 때 죽음의 공포는 밑도 끝도 없이 불시에 폭력적으로 나를 엄습한다. 계단을 올라가고 있을 때 갑자기 내 주변 풍경에서 색깔과 소리가 빠져 나가는 듯한 생각이 화살처럼 나를 엄습한다. "내가 죽으면 나는 무(無)가 되어 두 번 다시 이 세계를 경험할 수 없게 된다. 세계는 사라지고 두 번 다시 돌아올 수 없다." 박동이 빨라진다. 폐가 압박을 받아 호흡이 곤란해진다. 날카로운 공포가 전신을 관통한다. 나는 더 걸을 수 없어 가만히 멈춰 선다. 계단 옆 벽을 손으로 짚은 채, 어떻게 하든 기운을 차리려 한다. "내가 없어지고, 세상도 모두 사라지고, 두 번 다시 나타나지 않은 채 완전한 무(無)가 영원히 계속된다." 이런 잔혹한 일이 있을 수 있을까? 그러나 내가 죽는다면 그렇게 되는 것이다. 그것은 너무나도 고통스런 일이지 않은가. 세상에 이보다 더 괴로운 일이 있을까.

어떤 때는 호텔에서 불을 끄고 혼자 침대에 누워 오늘 있었던 일을 생각한다. 그러다 불현듯 나의 죽음이라는 관념이 엄습해 온다. "내가 죽는다면 두 번 다시 지금처럼 이렇게 이런저런 일을 생각조차 할 수 없겠지." "모든 것은 무(無)가 되고 침묵만이 영원히 계속될 것이다." 죽음의 공포가 나를 엄습한다. 나는 침대에서 벌떡 일어난다. 나의 죽음이라는 관념을 직시하지 못하고 그저 방을 왔다 갔다 한다. 숨이 거칠어지고 턱이 떨린다. 밑이 뚫린 수렁에 빠지는 듯한 느낌. 오늘 경험했던 즐거웠던 일들이 모두 거짓인 것처럼 생각된다. 지금은 이 공포로 가득 찬 무시무시한 현실만이 진실한 시간처럼 생각된다. 내가 죽어서 영원히 아무것도 경험할 수 없게 된다면, 그런 말도 안 되는 일이 있어도 좋은가. 나는 고통을 억누를 수 없어 하얀 조명을 받으며 목욕탕 바닥에 쪼그려 앉는다. 손을 뻗어 무언가 딱딱한 것을 집으려 한다. 비누갑을 잡는다. 쓰다 남은 비누가 바닥으로 미끄러져 떨어진다. 내가 죽다니. 세상이 없어져 버리다니. 모든 것은 무의미하다. 아무것도 나를 구해 주지 않는다. 어느 것 하나 바뀌지 않는다. 처음 죽음에 대해 눈 뜬 다음부터 30년이 아무 의미도 없이 한 순간에 사라진 듯한 느낌이 든다. 나는 나의 죽음이 무섭다고 외치고 싶다. 마음껏 외치고 싶다. 아무에게도 간섭받지 않고 큰 소리로 외치고 싶다.

'나의 죽음'이라는 관념에 의해서, 나는 도대체 무엇을 보고 있는 것일까.

우선 '나의 죽음'이라는 관념은 지금 여기서 무엇인가를 느끼기도 하고 생각하기도 하는 내가 이 우주에서 사라져 버리고 "내가 무엇인가를 느끼고 생각하"는 일은 두 번 다시 일어나지 않는다는 것을 의미한다. 느끼기도 하고 생각하기도 하는, 이런 나의 완전하고 영원한 소멸. 이 세상에서 죽더라도 다른 세상에 다시 살아난다면 '나의 죽음'이라고 말하지 않는다. '나의 죽음'이란 어떤 세상에서도 내가 영원히 사라지는 것이 아니면 안 된다.

'나의 죽음'이라는 관념은 느끼기도 하고 생각하기도 하는 나의 완전 소멸을 가리킨다. 내가 완전히 소멸된다는 것은 나에게는 세상 그 자체가 완전히 소멸되는 일이다. 내가 죽으면 내가 지금 경험하고 있는 세상, 눈앞의 컵, 창에 놓아 둔 꽃꽂이, 창 밖에서 빛나는 별, 내가 자란 땅, 친한 사람들, 그리운 추억, 내가 해 놓은 일의 성과 같은 것들이 나와 함께 완전히 사라지고 두 번 다시 나타나지 않는 것이다.

　이런 나와 세상의 완전 소멸은 내 의지와는 관계없이 나를 엄습해 온다. 그리고 내 의지와는 달리 무자비하게 나를 소멸시킨다. 아무리 울어도 외쳐도 죽음은 들으려 하지 않는다. 나를 완전 소멸시키는 그 무자비함 앞에서 나는 무력해진다. 아무것도 손 댈 수 없다. 단지 무(無)로 흘러가기만을 기다릴 수밖에 없다.

　생각은 계속된다. 내가 사라지면 나에게서 이 세상도 사라진다. 그러나 다른 사람들에게 이 세상은 계속 존재한다. 세상은 마치 이런 나의 존재 따위는 전혀 필요하지 않다는 듯이 침착하게 계속 존재한다. 내가 없어진 세상에서 사람들은 내 존재를 곧 잊어버리고 나와는 관계없이 각자 생활하고, 나와는 전혀 상관없는 여러 가지 일들이 발생하고, 나와 관계없는 역사가 만들어져 간다. 내가 없어져도 세상이 계속된다는 것은 참으로 냉혹한 이야기 아닌가. 장켈레비치(Vladimir Jankélévitch)는 이렇게 쓰고 있다. "우리들 자신의 죽음은 우주 전체에서는 그리 대단한 재앙이 아니다. … 내일 아침 우체부는 언제나처럼 같은 시간에 편지를 가지고 올 것이다." "우리들은 죽을 것이다. 그러나 모든 것은 계속된다. 슬프지, 정말 모든 것은 계속된다. 나 없이도.…" 2)

　이런 내가 완전히 사라진 후에도 세상은 나 없이 계속 존재할 것이라는 냉혹한 가능성이 '나의 죽음'의 관념에는 들어 있다. 그것은 나에게 특별한 공포를 심어 놓았다. 왜냐하면 내가 완전히 사라진 다음에도 계속될 이 세상의 모습을 구름 위에서 내려다보고 있을 '나'라는 존재조차 완전히 사라질 것이기 때문이다.

　"내가 죽은 다음에 세상이 어떻게 되어 있을지 상상해 보자"는 질문을 받았을 때, 대개 우리들은 내가 죽어서 슬퍼하는 가족의 모습이나 길거리

274

의 모습을 죽었을 내가 구름 위에서 내려다보는 장면을 상상하는 경향이 높다. 그러나 남은 가족의 모습을 내려다보고 있는 나라는 사람이, 이 세상 바깥 어딘가에 있다면 '나의 죽음'은 일어나지 않은 셈이 된다. 이것은 중요한 점이므로 주의해야만 한다. '나의 죽음'이란 "내가 죽은 후에 세상의 모습을 내려다보는 나"라는 존재조차 완전히 소멸해 버리는 것을 말한다. 게다가 세상이 이런 나와는 관계없이 계속 존재한다는 것은 무엇을 의미하는 것일까. 여기에 하나의 중요한 문제가 있다.

'나의 죽음'의 관념이 나를 엄습한다는 것은 이 이미지가 한 세트가 되어 나를 꿰뚫고 나를 마비시킨다는 것이다. 그 때에 나를 엄습하는 공포란 어떤 것일까.

그것은 우선 내가 양발을 딛고 땅에 서려고 하는데 발밑에서부터 뼈를 발라내는 것과 같은 공포다. 또는 폐로 숨 쉬는 일을 강한 힘으로 숨쉬지 못하게 졸라매는 것과 같은 공포다. 내가 이 지상에 서서 앞을 향하여 나아갈 수 있는 힘이 한순간에 무력화되는 듯한 공포다. 예를 들어 말하면 내 심신을 지탱하는 것이 모두 없어지는 느낌. 사고가 안 되고 몸도 무서워서 움직이지 않는다. 그리고 암흑 속으로 무한히 떨어져 가는 느낌.

그 상태로 들어갔을 때 나는 지금까지 자신이 믿어 왔던 것, 소중하게 생각했던 것, 의지해 왔던 것, 만들어낸 것이 한순간에 무의미하게 되는 것을 본다. 지금까지 살아 왔고 여러 가지를 쌓았으며 나름대로 세계관이나 가치체계에도 익숙해져 왔지만, 그것이 한꺼번에 붕괴된다. 왜냐하면 그 많은 것들은 이런 내가 이것들과 함께 계속 살아간다는 것을 전제로 완성된 것이기 때문이고 더욱이 내가 죽은 후에도 그것들이 이 세상 속에서 계속 존재하는 모습을 내가 어디선가 들여다볼 수 있을 것이라는 막연한 전제 아래에서 완성된 것이기 때문이다. '나의 죽음'이라는 관념은 그 전제를 붕괴시킨다. 내가 지금까지 막연히 의존했던 것이 순식간에 붕괴한다는 느낌이 나를 엄습한다.

그 때 내가 취할 태도는 하나다. "이곳을 빠져 나가고 싶다." "나의 죽음 따위는 보지 않은 것으로 하고 싶다." "지금 곧 다른 곳으로 눈을 돌려 이 일을 잊어버리고 싶다." 그래, 그것을 보지 않은 것으로 할 수만 있다면 무엇을 해도 좋다는 충동. 그것을 보지 않을 수 있다면 남을 계단에서 발로 차 떨어뜨려도 좋고, 사람을 죽여도 좋다는 감각이 나에게는 있다. 도망치더라도 그 문제는 나중에 남겨질 뿐이라는 것을 알고 있는데, 그래도 어찌되었든 지금은 도망치고 싶다. 그 충동을 이길 수 없다. 바로 옆에 있는 라디오의 스위치를 튼다. 심야방송에서 흘러 나오는 사회자의 말이 최고의 구원인 양 느껴진다. 텔레비전을 켠다. 코미디 프로그램이다. 이럴 때 보는 프로그램은 우스꽝스러울수록 좋다. 거기서 느끼는, 다른 사람들의 웃음소리와 웅성거림이 나를 공포에서 멀리 도피시켜 준다. 무통 문명이 제공하는 눈가림 장치에 내가 매달리는 순간이다. 이렇게 해서 나는 공포에서 도망치고 생각해야 할 문제를 넘겨 왔던 것이다.

내가 젊었을 때에는 한 가지 도피 패턴이 있었다. 그것은 언젠가 내 힘으로 발견한 것인데 공포가 엄습하면 자신을 향하여 "그러니까 지금 이 순간을 열심히 살아야지"라고 계속 외쳐대는 것이다. 나는 언젠가 사라진다. 그 때 가서 후회하지 않도록 지금 이 순간을 열심히 살지 않으면 안 된다. 공포 속에서 그런 식으로 자신에게 필사적으로 다짐했다. 그러면 신기하게도 공포에서 빨리 벗어날 수 있었다. 뿐만 아니라 공포의 감정이 없어진 다음에는, 무언가 따뜻한 감정이 가슴속에서 일어났다. 그것은 조금 감동적이었고, '잘 살아야 한다'는 마음을 갖는 데 충분한 감정이었다. 이렇게 나는 공포에서 도망쳤던 것이다. 나중에 다른 사람도 나와 같은 방식을 이용했다는 것을 알았을 때에는 감개무량했다. 그러나 30대 후반쯤부터 나는 이 방법을 쓰지 않았다. 그 부분은 나중에 서술하기로 한다.

죽음의 공포에 떨던 나는 종교에 접근했다. 거의 모든 종교는 '죽음'이 존재하지 않는다고 주장한다. 예를 들면 이 세상에서 죽더라도 저 세상에서 계속 살아 있다는 것을 믿으면 영원한 생명을 얻을 수 있다고 한다. 죽음이 닥친다고 생각하는 것은 착각이다. 죽은 후 나보다 일찍 죽은 사람들을 만날 수 있다. 이 세상에서 죽으면 다른 세상에서 다시 태어나 계속 사는 것이다. 많은 종교가 설교하는 이런 답은 모두 '죽음'이 존재하지 않는다고 가르친다는 점에서 일치한다. 그러면 그 근거는 어디에 있는 것인가. 결론부터 말하면 증명할 수 있는 근거는 아무 데도 없다. 당연히 부정할 근거도 없다. 어떤 종교인은 부정할 수 없다면 믿는 쪽이 편하다고 나에게 말했다. 종교인 중에는 죽음의 공포와 불안에서 벗어나려고 입신한 경우도 많다. 나도 젊었을 때 신자가 되어 공포에서 벗어나려고 시험해 보았지만 실패로 끝났다. [3)]


## 3. '나의 죽음'이 무서운 것은 무엇 때문일까

죽음의 공포에 떨고 있는 사람은 무통문명에 의지하려고 한다. 무통문명을 해체하기 위해서는 우리 마음속에 있는 '죽음의 공포'에 대하여 곰곰이 생각해 보아야만 한다. 답답한 주제이고 추상적이기는 하나 이 점을 집중적으로 고찰하고 싶다.

'나의 죽음'이 무서운 이유는 다섯 가지로 생각할 수 있다.

첫째, '지속하는 나'가 단절되는 공포다. 예를 들면 밥을 먹을 때, 한쪽

머리로 "다음 순간 내가 사라질지도 모른다"는 생각을 할까. 거의 언제나 나는 자신이 1분 후에도 계속 존재하고, 1시간 후에도 틀림없이 계속 존재할 것이라고 생각한다. 물론 머리 위에서 돌이 떨어져 즉사할 가능성은 제로가 아니므로 1시간 후에 내가 계속 존재하지 않을 수도 있지만, 밥을 맛있게 먹고 있는 나는 그런 일은 생각하지 않고 밥을 먹은 후 무엇을 하며 놀까를 생각할 것이다. 내가 살아가면서 당연하게 받아들이고 있는 세계관을 '암묵의 리얼리티'라 부르기로 한다. 평상시에는 전혀 의식하지 않기 때문에 '암묵'이라고 부르는 것이다.

"근거는 없지만, 한 시간 후에도 나는 존재하고 있을 것"이라는 암묵의 리얼리티에 입각해서 나는 주변 세상을 느끼고 주변의 일을 생각하고, 행동 패턴을 결정한다. 죽음을 무서워하는 내가 오늘밤에도 푹 잘 수 있는 것은 "근거는 없지만 내일 아침에도 나는 존재하고 있을 것"이라는 암묵의 리얼리티를 갖고 있기 때문에 지금 여기에서 살아간다. 이와 같이 내가 지속적인 존재라는 것은 내가 실제로 살아가는 중에 의심할 여지없이 전제되는 것이다. 그리고 그 암묵의 리얼리티 위에 내가 느끼는 방식, 세계관, 행동양식 등이 있다.

'나의 죽음'이라는 관념은 실로 '나는 지속하는 존재'라는 리얼리티를 일격에 무너뜨리는 것이다. 내가 죽는다는 것은 나라는 존재의 지속이 여기서 단절된다는 것이다. '나의 죽음'이라는 관념이 압도적인 힘을 가지고 나를 엄습할 때, '나는 지속하는 존재'라는 암묵의 리얼리티는 무참하게 무너지고, 그 리얼리티 위에 세워져 있던 모든 느낌과 생각, 세계관, 행동양식이 한꺼번에 무너져 내린다. 이 모든 붕괴의 감각이 죽음의 공포라는 감정을 가져다준다.

둘째, '나의 세계'라는 형체가 소멸되어 버리는 공포다. 예를 들면 눈앞의 꽃병을 보고 있을 때, 그것을 보고 있는 나도 존재한다. 먼 하늘을 바라보고 있을 때에도 그것을 바라보는 나는 존재한다. 세상은 항상 내가 바라보았던 '나의 세계'라는 형체를 가지고 있다. 그러므로 우리들은 '나의 세계'라고 하는 형체를 띠고 있지 않은 듯한 세상을 상상할 수 없다.

즉 암묵의 리얼리티 차원에서는 "세상이 존재할 때, 그 세상을 보고 있는 나도 반드시 존재한다"는 식으로 우리들은 생각하는 것이다. 그 증거로 내가 죽어 버린 후 이 세상의 모습을 상상해 보라. 틀림없이 당신은 자신이 없어도 계속될 이 세상의 모습을 어느 구름 위에서 들여다보고 있는 형태로 그것을 상상할 것이다.

그러나 구름 위에서 내려다보는 것과 같은 형태로 상상된 '내가 죽은 다음의 이 세상'은 결코 진정한 '내가 죽은 다음의 세상'이 아니다. 왜냐하면 그 상상의 세상 속에서는 '사후에 세상을 들여다 볼 수 있는 나'가 아직까지 구름 위에 계속 있기 때문이다. 그러나 이미 서술한 것처럼, 애초부터 나의 죽음이란 구름 위에서 내려다보고 있을 내 존재 자체가 소멸되는 일이다. 그러므로 이 상상의 세계 속에는 말하자면 존재하지 않는 '내 존재'가 몰래 들어 있는 것이다. 애초부터 내가 존재하지 않는 세계의 정경을 시각적 영상의 모습으로 내가 지금 상상하는 것은 원리적으로도 있을 수 없는 것이다. 그럼에도 불구하고 왜 그와 같은 상상을 하느냐고 묻는다면 "세상이 존재할 때, 그 세상을 보고 있는 나도 존재한다"는 근거 없는 리얼리티를 내가 지금 여기에서 암묵적으로 받아들이며 살고 있기 때문이다. 그 때문에 '내가 죽은 후 이 세상의 풍경'이라는 상상이 불가능한 일을 나는 쉽게 상상하는 것이다.

'나의 죽음'이라는 관념이 압도적인 힘으로 나를 엄습할 때, 나는 사후 세상을 구름 위에서 보고 있을 나조차 사라져 버리는 것이 '나의 죽음'의 진정한 의미임을 알아차린다. 그리고 "세상이 존재할 때, 그 세상을 보고 있는 나도 반드시 존재할 것"이라는 암묵의 리얼리티가 붕괴되고, 나는 견디기 힘든 공포에 휩싸인다( '내가 죽은 후의 세상'이란 "만약 내가 계속 존재하고 있었다면 보았을 것이라고 생각하는 세상"이라는 식으로 반사실조 건법反事實條件法에 의해 상상할 수 있는 것은 어디까지나 '존재하는 내가 있는 세상'이지 결코 '내가 존재하지 않은 후의 세상'이 아니다. 이 구별은 엄밀하게 지켜야만 한다).

셋째, '회고(回顧)적인 나'라는 모습이 소멸되는 공포다. 소설을 읽거나 영화를 볼 때를 생각해 보자. 그 내용 속에 내가 완전한 주인공이 되어 줄거리를 즐기는데, 소설을 읽은 후나 영화를 본 후 나는 그 세계에서 몸을 빼어 이쪽 세계로 돌아온다. 그리고 지금까지 자신이 그 속에 있었던 부분의 소설이나 영화를 외부인의 관점에서 회고하면서 코멘트를 한다. "나는 언제라도 자유롭게 책을 덮고 이쪽 안전한 세계로 돌아올 수 있다"는 느낌이 이 세상에 살고 있는 나의 리얼리티의 근본에 있는 것이다. 이것이 '회고적인 나'라는 리얼리티다.

이와 같은 리얼리티를 더 확실하게 자각하는 것은 무서운 꿈을 꾸고 있을 때다. 꿈속에서 범죄자에게 쫓겨 살해될 처지에 놓여 있을 때, "꿈이니까 빨리 깨어나자"고 자신에게 타이른다. 그러면서 잠에서 깨어나 가슴을 쓸어내린다. 꿈속에서조차 나는 눈앞에서 벌어진 일에 대하여 '회고적인 나'의 위치에 언제라도 자유롭게 설 수 있는 리얼리티를 살고 있음을 알 수 있다.

예를 들면 싫은 일이나 경험하고 싶지 않은 일에 직면했다고 해도 조금만 참으면 "그렇게 싫어하는 일도 있었네"라고 회고할 수 있는 '회고적인 나'의 자리에 틀림없이 서 있을 것이라는 믿음이 있다. 다른 말로 하면 어떤 스토리의 흐름에 '종지부'를 찍을 때 나는 매번 그 '종지부'를 빠져 나와 그 외부에 설 수 있다는 막연한 믿음을 갖고 있다.

많은 종교에서 말하는 '천국'이나 '저 세상'도 '회고적인 나'라는 암묵의 리얼리티를 분명히 긍정하는 것이다. 이 세상에서 사고를 당해 심장이 멈췄다고 해도 또는 병이 악화되어 숨을 거둔다고 해도, 그렇게 인생에 종지부를 찍는 순간에 나는 그 장면을 빠져 나와 '천국'이나 '저 세상'으로 탈출하여 죽음 바깥에 서는 것이다. 그리고 '천국'이나 '저 세상'에서 이 세상을 내려다보는 것이라고 가르치는 것이다.

그런데 '나의 죽음'이란 내가 그와 같은 '회고적인 나'의 위치에 서는 것을 두 번 다시 할 수 없게 한다. 왜냐하면 '나의 죽음'이란 인생에 종지부가 찍어지는 그 순간에 빠져 나와 외부에 설 나라는 존재가 영원히 소멸되는 것이기 때문이다. 되돌아보면 회고해야만 할 존재 그 자체가 소멸하는 것이다. '나의 죽음'이라는 관념이 압도적인 힘으로 나를 엄습할 때, "나는 언제라도 회고적인 나의 입장으로 되돌아올 수 있다"는 암묵의 리얼리티가 붕괴되어 나는 견디기 힘든 공포에 빠지는 것이다.

넷째, '영원한 무(無)'의 공포다. "내가 죽으면 나도 이 세상도 모든 것이 무가 되어 이제 두 번 다시 이 우주에 살지 못한다"는 관념이 가져다주는 공포다. 내 존재가 사라지면 거기에는 나도 세상도 없다. 전혀 아무것도 없는, 즉 '무'인 것이다. 일단 '무'가 되면 거기에서 무엇인가가 다시 나타나는 일도 없다. 가령 무엇인가가 우주에 다시 나타났다고 해도 그것을 경험할 나와 지금 살아 있는 나 사이에는 아무런 관련이 없다. 그러므로 이런 나와 세상이 모두 '무'가 되어 버렸을 때, 나에게 무엇인가가 다시 나타날 가능성은 제로가 되는 것이다.

생각해 보면 얼마나 잔혹한 일인가. 이런 내가 일생 동안 경험한 것, 완성한 것, 즐거웠던 사람들, 그리운 곳, 뛰어난 음악 등이 모두 '무' 가 되고, 두 번 다시 내 앞에 나타나지 않는다. 아무리 기다려도 두 번 다시 일어나지 않을 것이다. 그뿐인가. 그것을 기다리고 있을 나조차 존재하지 않고 두 번 다시 존재하기 시작하는 일도 없는 것이다. 영원한 무라는 이해하기 힘든 상태가 계속될 뿐 사물이 '있다' 는 것이 영원히 일어나지 않는다는 것이다. 그런 상태가 언젠가 나에게도 찾아온다. 사람은 누구나 그것을 피할 수 없다. 아무리 눈을 떼도 그것은 공평하게 찾아온다. 상켈레비치는 이렇게 쓰고 있다. "허무는 오늘밤 시작된다. 그리고 언제까지나 계속될 것이다. 사람은 한 번밖에 죽지 않는다. 게다가 영원히 끝이다." 4)

　이 경우 무서운 것은 무엇일까. 나와 이 세상이 '없다' 는 것이 무서운 것일까. 예를 들면 내가 태어나기 전의 상태라는 것은 실로 이런 나도 이 세상도 없는 상태다. 그러나 내가 태어나기 전의 상태를 생각했다고 해도 그렇게 무섭지 않다. 그러면 내가 죽은 후의 상태는 어떨까. 이것은 꽤 심한 공포다. 이 차이는 어디에서 발생하는 것일까.

　내가 태어나기 전과 죽은 후에 결정적으로 다른 것이 있다. 내가 태어나기 전의 '무' 에서 내가 태어난다. 즉 그 '무' 는 지금의 나와 이 세상을 낳게 한 '무' 였던 것이다. 그러나 내가 죽은 후의 '무' 에서는 지금의 나와 세상이 두 번 다시 생기지 않는다. 영원히 아무것도 발생하지 않는다. 파스칼(Blaise Pascal)이 신 없이는 해결할 수 없었던 우주의 영원한 무와 침묵이 끝없이 계속될 뿐이다. 아니 정확히는 '계속' 이라는 것조차 일어나지 않는 것이다.

　그러므로 공포의 원인은 '무' 그 자체에 있는 것은 아니다. '나의 죽음' 이 공포인 것은 지금 살아 있는 내가 '죽는다' 는 일이 벌어지고 그 후에

'무'가 영원히 계속되고, '무언가가 있다'는 것이 결코 두 번 다시 일어날 수 없는 것이기 때문이다. 즉, '영원한 무'의 공포란 "내가 죽어서 내 존재가 소멸하고, 영원한 무가 계속되고, 존재가 두 번 다시 생겨나지 않는다"는 하나의 연관된 관념이 가져다주는 공포인 것이다.

"존재가 두 번 다시 생겨나지 않는다"는 공포는 내가 지금 갖고 있는 "이 세상을 바라보거나 듣거나 만지거나 느끼거나 생각하거나 여러 경험을 할 수 있"는 '가능성'을 나에게서 영원히 빼앗아 버리는 공포이기도 하다. 내 눈앞에 볼펜이 있다. 밖을 보면 한 그루의 푸른 나무가 서 있다. 나는 이 세상에서 여러 가지 경험을 할 수 있는데, 그 배후에는 그와 같은 경험을 나에게 시키는 '나의 존재'와 경험할 수 있는 '가능성'이 놓여 있다. '나의 죽음'이란 그와 같은 가능성을 나에게서 영원히 빼앗아 버리는 일이다. 내가 지금 여기서 살고 있는 한 나는 가능성을 손에 넣고 있다. 내가 죽을 때 나는 그 '가능성'을 잃어 버린다. '나의 죽음'이란 내가 지금 가지고 있는 이 근원적인 '가능성'을 영원히 잃어 버리는 일이다. 죽음의 공포란 그런 의미에서 내가 손에 넣은 가장 근원적인 것을 잃어 버리고 두 번 다시 돌아올 수 없다는 공포다. 내가 죽으면 나는 친한 사람들과 두 번 다시 만날 수 없게 된다. 정말 그것은 공포다. 그러나 더 무서운 것은 나의 죽음에 의해 내가 친한 사람들을 만나거나 그리운 고향을 바라볼 수 있는 근원적인 '가능성'을 영원히 잃어 버리는, 두 번 다시 돌아오지 못하는 일인 것이다.

'영원한 무'에 대해서는 좀 더 깊이 생각할 필요가 있다. SF소설에 "우주전쟁 후에 세상은 사라지고 나는 영원한 무 속을 떠돌고 있었다"는 표현이 있다. 그러나 그것은 결코 영원한 무가 아니다. 왜냐하면 그 영원한 무의 세상을 떠돌고 있는 '나'라는 것이 존재하기 때문이다. '영원한 무'

란 "영원한 무 속을 떠돌거나 혹은 영원한 무에 대해서 생각하는 나"가 사라지는 것이다. '영원한 무' 란 내가 보거나 상상하는 모든 세상이 완전히 사라지고, 더불어 모든 것이 사라진 세상에 대해서 생각하고 있는 나도 또한 완전히 사라지는 것을 의미한다. '영원한 무' 란 그것에 대해서 생각한다거나 이미지를 가지는 것 자체가 없어지는 것을 의미한다. 그것은 정말 사고의 한계다. 내가 지금 여기에서 서술하고 있는 것은 이와 같은 관념이다.

내가 지금 존재하고 있다는 것, 나아가 무엇인가가 지금 존재하고 있다는 것은 기적에 가깝다고들 말한다. 나는 특별히 존재하지 않아도 되는데, 무슨 이유에선지 지금 존재하고 있다. 이 우주에 어떤 것이 존재하지 않아도 되는데 무슨 이유에선지 존재하고 있다. 이것은 기적이라고 밖에 말할 수 없다. '영원한 무' 란 이와 같은 기적의 완전 소멸이다. 불교철학은 나와 세상을 존재하게 하는 큰 힘이 있다는 생각을 하게 했다. 전회(轉回) 후의 하이데거는 자기를 감추면서 자기를 분명히 나타내는 존재의 깊은 뜻에 의해 세상이 나타난다고 생각했다. '영원한 무' 란 이 세상에 무엇인가가 나타날 쯤의 작용 그 자체가 완전히 소멸한다는 것이다. 그것은 '무엇인가 나타날 일에 대한 무' 이고 거기에 있어서는 '무엇인가 나타날 일에 대한 무' 로서 무엇인가 나타날 일조차 있을 수 없는 것이다. '영원한 무' 라고 할 때의 '영원' 이라는 말은 시간상의 '무한의 시간' 을 가리키는 것이 아니라 앞에 서술한 것과 같은 것을 가리키는 것이다. '영원한 무' 란 이 차원에서의 무인 것이고, '나의 죽음' 이라는 관념은 그와 같은 것을 필연적으로 내재하는 것이다.

죽음이 공포스러운 이유는 또 하나가 있다.

다섯째는 '데리고 사라지는 무자비함' 이다. '나의 죽음' 이란 내 존재를 더욱 쭉 이어가고 싶다는 의지와는 상관없이 무엇인가 큰 힘이 나를 '무'로 '말없이 데리고 사라진다'는 것이다. 나를 말없이 데리고 사라지는 이 '무자비함' 때문에 커다란 공포가 일어난다. 건강할 때나 병에 걸렸을 때나 나는 가능하다면 더 오래 살고 싶다. 죽음에 직면해야 하는 사태가 발생하면 더더욱 그런 생각을 할 것이다. 더 살고 싶다. 더 오래 존재하고 싶다. 더 여러 가지 일을 하고 싶다. 생각하고 싶다. 말하고 싶다는 희망을 전혀 듣지 않고 무자비하게 무로 데리고 사라진다. 조금만 더 기다려 달라고 아무리 애원을 해도 죽음은 들으려 하지 않는다. 모래시계의 모래가 최후의 순간에 전부 떨어지는 것을 아무도 막을 수 없는 것처럼 죽음은 나를 무자비하게 데리고 사라진다. 내 뜻과는 반대로 나를 마음대로 무로 데리고 사라지는 '나의 죽음'의 무자비함을 상상했을 때, 나는 공포에 빠져든다. 내 뜻과는 상관없이 무자비한 것이 바로 공포의 원천이다.

'나의 죽음'이라는 관념이 나를 압도적인 힘으로 덮쳤을 때, 위의 다섯 가지의 공포가 혼연일체가 되어 나를 덮친다. 이와 같은 죽음의 공포는 인간이 경험하는 괴로움 가운데 가장 큰 괴로움이다. '나의 죽음'이라는 관념과 그것이 가져다주는 '죽음의 공포'는 '신체의 욕망'에게는 가장 눈에 거슬리는 장애물이다. 왜냐하면 고통을 피하고 쾌락을 추구하고, 손에 넣은 것은 놓지 않고 인생을 조절해 가는 '신체의 욕망'에게 나의 죽음은 이 모든 것을 근본적으로 부정하는 사건이기 때문이다. 신체의 욕망에 따라 움직이는 우리들은 '나의 죽음'이라는 관념과 그것이 가져다주는 '죽음의 공포'로부터 눈을 돌리고 도망치려 한다. 우리들은 육체의 삶을 연장시키기 위해 의료, 정신의 삶을 연장시키기 위해 종교를 발명했다. 의료에 의하여 육체적 죽음을 될 수 있으면 멀리하고 신앙에 의하여 정신의 영원함을 얻으려 했다. 이러한 의미에서 의료와 종교는 '나의 죽음'으로부터 도망치고 싶고 눈을 딴 데로 돌리고 싶어 하는 신체의 욕망이 독특한 방식으로 팽창시킨 인류의 유산이라고 말할 수 있다.

여기서 '죽음의 공포'와 '무통화'의 관계에 대해 생각해 보자. 무통화를 밀고 나가는 무통격류는 사회를 눈가림 장치로 온통 둘러싸서 사람들이 '죽음의 공포'를 느끼지 않아도 되도록 해 준다. 파스칼이 말했듯이, 우리 사회가 제공하는 기분전환이나 오락은 '죽음의 공포'에서 눈을 딴 데로 돌리게 해 주는 방어장치인 것이다.

그런데 어느 지점까지 무통화가 진행되면 무통격류는 전혀 반대 전략을 취한다. 무통격류는 우리가 '죽음의 공포'를 외면하고 싶어 하는 힘을 이용하여 자기의 힘을 확대하려고 한다. 무통화를 진전시키기 위해서는 죽음이 희미하게 보이는 것이 좋다. 왜냐하면 희미한 죽음을 끊임없이 보여 주어야 우리 마음속에 죽음으로부터 도망가 숨고 싶다는 충동이 일어나고, 그 충동으로 움직이는 우리들은 무통문명이 공급하는 무통화 장치에 필사적으로 기대려 할 것이기 때문이다. 그 기대려는 힘을 추진력으로 삼아 무통격류는 더욱 힘을 얻어 간다. 즉 무통격류는 희미한 죽음의 이미지를 끊임없이 우리에게 공급하고 우리가 죽음으로부터 멀어지려고 하는 힘을 흡혈귀처럼 빨아들여 세력을 불린다.

진정한 '나의 죽음'을 쉽사리 발견할 수는 없지만, 안전하다고 믿는 차원까지 희미한 '죽음의 이미지'가 한 쪽에 깔려 있는 사회, 그것이 무통화된 사회다. 진짜 죽음을 감추기 위해 가짜 죽음을 여기저기 뿌려 놓는 것이다. 진짜 '나의 죽음'과 '죽음의 공포'를 은폐하려고 하는 문명이야말로 가장 수다스럽게 희미한 '죽음의 이미지'에 대해서 말한다. 이와 같은 사회에서는 진짜 '나의 죽음'에 대해서 말하는 것을 철저히 피하면서 말하지 않으면 안 된다. 말하지 않을 수 없을 때는 어디까지나 작은 소리로 타인에게 들리지 않도록 말해야 한다. 살인, 자살, 전쟁, 유혈 등 미디어에 넘치는 '죽음의 이미지' 의 홍수로부터 완전 분리된, 감춰진 장소에서만 소근거리는 목소리로 진짜 죽음에 대해서 이야기하는 도착(倒錯)적인 문명이 무통문명이다.

무통화하는 사회 속에서 나는 어떻게 할 것인가. 나는 '나의 죽음' 과 '죽음의 공포' 에서 눈을 다른 데로 돌려 죽음의 공포로부터 벗어나는 길은 걷지 않겠다. 동시에 '저 세상' 과 '영원한 생명' 을 믿어서 신앙으로 '나의 죽음' 과 '죽음의 공포' 를 극복하는 길도 또한 버리겠다. 그런 이유에서 나는 파스칼의 철학을 버리려 한다. 파스칼은 인간이 '죽음의 공포' 로부터 피할 수 없는 비참하고 나약한 존재임을 예리하게 꿰뚫었지만, 그와 동시에 '신' 과 함께 있을 때 인간이 '영원한 생명' 을 확신할 수 있고, '죽음의 공포' 에서 탈출할 수 있다고 생각하려 하였다. 『팡세Pensées』는 그러한 사색의 길 위에서 쓴 단편(斷片)이다. 『팡세』는 내 청춘시대의 성경이었지만 나는 그것을 버리고 가지 않으면 안 된다.


## 4. 사건으로서의 '나의 죽음'


그러면 나는 어떻게 하면 좋을까. '나의 죽음' 을 받아들여 '죽음의 공포' 에서 눈을 떼지 않고 산다는 것은 무엇인가.

하이데거는 죽음을 선구적으로 깨달으라고 하였다. 그는 '공포' 와 '불안' 을 구별한다. '공포' 란 우리가 일상적으로 비본래적인 배려의 세계에 있을 때 우리들을 덮치는 감정이다. 이와는 달리 '불안' 이란 우리가 '죽음에 이르는 존재' 임을 선구적으로 깨닫는 본질적인 현 존재의 차원에 있을 때 갖게 되는 것이다. 하이데거에 의하면 '공포'란 사람이 위협에 직면했을 때, 나를 잊어버리고 주위에 있는 것을 붙잡으려고 하는 것과 같다. 그것은 "고작 '유쾌, 불쾌의 감정'에 지나지 않는다"(『존재와 시간』). 이와는 달리 '불안'이란 우리들을 일상적으로 비본질적인 세상에서 죽음에 이르는 본질적인 현 존재로 데리고 돌아오는 심리상태다. "불안은 죽음에 이르는 내던져진 존재로서의 〈세계＝나＝존재〉속에서 솟아 나온다."(같은 책) 우리들은 '공포'를 얼버무릴 수는 있지만 '불안'을 얼버무릴 수는 없다.

하이데거는 다음과 같은 결론을 내린다.

그러나 불안이 본질적으로 흐릿해지는 것은 단지 깨달은 현 존재에게만 그렇다. 깨달은 존재는 전혀 공포를 모른다. 그러나 깨달은 존재는 그것만으로 오히려 그를 곤혹스럽거나 혼란스럽지 않은 느낌의 불안의 가능성을 터득하고 있는 것이다. 불안은 이러저러한 '내용 없는' 가능성에서 해방되어 본질적 가능성을 향하여 자유로워지는 것이다.

하이데거는 '죽음에 이르는 존재'로서의 본질적인 현 존재 차원에서 우리들은 불안하지만 자유롭고, 비본질적인 세상에서 느끼는 것 같은 공포는 없다고 말하고 있는 듯하다. 하이데거에게 배운 대로 말해보자. 퇴락한 비본질적 차원과 죽음에 이르는 본질적 차원으로 나누어 보면, '죽음의 공포'란 '나의 죽음'이라는 관념에 직면할 때 느끼는 것인데, 거기서 눈을 돌리거나 도망치지 않겠다고 결심한 나는 본질적인 '죽음에 이르는 존재' 차원에 있다고 생각할 수 있다. 그러나 그 상황에서도 나는 아주 견디기 어려운 '죽음의 공포'에 계속 빠져 있다. 그것은 하이데거가 말하는 나를 현 존재로 끌어들이는 '불안'을 훨씬 넘어서는 공포다. 이 공포는 비본질적인 차원의 '공포'는 물론 본질적 차원의 '불안'을 싸잡아 더욱 악화시키려는 듯한 정서적인 움직임이다. "깨달은 존재는 전혀 공포를 모른다"니 말도 안 되는 일이다. 아무리 깨달았다 하더라도 하이데거가 위에서 그리고 있는 죽음의 공포가 존재한다. 하이데거가 그 문제를 『존재와 시간』 속에서 본격적으로 논의했다고는 생각할 수 없다. 하이데거는 선구적 깨달음에 대해서 말하고 있는데, 그것은 죽음이 다름 아닌 나에게 찾아온다는 사실을 외면하지 않고 받아들이며 결심한다는 것이지, 죽음의 공포를 깨닫는다는 것이 아니다. 하이데거는 죽음의 공포에 대해서 냉담하다. 나는 하이데거와 헤어져야만 한다.

'나의 죽음'에 대해서 좀 더 철학적으로 깊이 음미하고 싶다. 무통문명과 싸우기 위해서는 어떻게든 이 과정을 거칠 필요가 있다. '나의 죽음'을 둘로 나누어 보자. 그것은

(1) 나의 죽음이라는 〈사건〉…… 실제로 내가 죽는 일

(2) 나의 죽음이라는 〈관념〉…… 내가 죽는다는 이미지

이 두 가지다.

우선 (1)의 나의 죽음이라는 사건부터 생각해 보겠다. 내가 맨 처음 직면하는 것은 '육체의 죽음'이 나를 찾아올 때, 정말로 "나의 죽음이 다가오는가"라고 묻는 일이다. 머리 위에서 바위가 떨어져 내 뇌를 가루로 만들고 심장도 멈춰 육체가 싸늘하게 되었을 때, 정말 내 존재는 사라지는가 하는 물음이다. 말하자면 육체가 사라져도 정신은 계속 살아 있을 수는 없을까 하는 물음이다. 이에 대해 생각해 보자.

우선 나에게 육체의 죽음이 찾아온 다음, 나는 어딘가 다른 세상에 계속 존재할 수 있을까? 논리적으로는 있을 수 있다. 저 세상에 가거나 천

국에 가거나 영원한 생명을 손에 넣을 가능성을 부정하는 것은 불가능하다.

그럼 거꾸로 나에게 육체의 죽음이 찾아왔을 때, 나의 죽음과 동시에 '무언가가 있다'는 것이 나에게 두 번 다시 일어나지 않을 수 있을까? 이 것 또한 있을 수 있다. 사후가 완전한 무라는 것을 단언할 수 있다.

그 사후의 무가 영원히 계속될 수 있을까? '영원'을 결코 두 번 다시 아무것도 나타나는 일이 없다는 의미로 해석한다면, 영원이라는 것이 있을 수 있음을 부정할 수 없다. 또 완전한 무에서 다시 무엇인가 존재가 생겨 났다고 해도 나는 그 존재와의 사이에 아무런 관계도 가질 수 없으므로 나에게는 아무것도 나타나지 않는 셈이 된다.

그럼 내가 죽은 후에 '이 세계'가 나 없이 계속 존재해 간다는 것은 있을 수 있는 것일까. 논리적으로는 그 가능성을 부정할 수 없다. 그것이 나에게 무엇을 의미하는지를 정확하게 떠올릴 수는 없지만, 완전한 수수께 끼처럼 이 세상이 존속할 가능성은 부정할 수 없다. 거꾸로 나에게 죽음이 찾아온 다음에 세상이 동시에 소멸할 가능성도 논리적으로는 부정할 수 없다.

따라서 나에게 '육체의 죽음'이 찾아왔을 때, 정말 '나의 죽음이 찾아 왔는'지에 대해서는 아무것도 단언할 수 없고 어떤 가능성도 부정할 수 없다. 『죽음』이라는 중요한 책을 쓴 철학자 장켈레비치도 결국 이 점에 대해서는 결론다운 결론을 내릴 수 없었다.

두 번째 물음은, 내가 자신의 '죽음의 순간'을 체험하는 것은 불가능하다. 그러므로 진정한 죽음은 나를 찾아오지 않을 수도 있지 않을까 하는 물음이다. 즉 나에게 죽음이 찾아오는 것이 환상은 아닌가 하는 물음이다. 이 물음에 대해서 자세히 살펴보자.

'나의 죽음'이 찾아온다고 생각하기 때문에 죽음의 공포가 생겨난다. 그렇지만 '나의 죽음'의 순간을 내가 경험하는 일은 이론적으로 있을 수 없다. 왜냐하면 지금 살아 있는 나의 삶은 아무리 병에 걸렸다 해도, 의식이 몽롱하다 해도 계속될 뿐 결코 종착점에는 도달하지 않는다. 이런 나에게 삶은 '지금' 연속해서 나아갈 수밖에 없고 그 연속선을 달려가는 한, '지금'의 순간이 어디까지라도 계속 이어질 뿐이다. 내가 태어난 순간이라는 것이 나에게는 존재하지 않는 것과 마찬가지로, 내가 죽는 순간이라는 것도 나에게 존재하지 않는다(無始無終). 그러므로 나에게는 진정한 탄생도 죽음도 없다. 죽음이 없는 것이므로 죽음의 공포도 있을 리 없다. 공포가 있는 것은 '나의 죽음이 찾아오는 것'이 틀림없다는 잘못된 생각에서 벗어날 수 없기 때문이다.

이 생각은 삶의 종착점으로서의 '죽음의 순간'은 나에게 찾아오지 않으므로 '나의 죽음'은 없는 것이라고 한다. 그러나 이것은 잘못이다. 신중히 생각해 보자.

"'죽음의 순간'이 나를 찾아오지 않는다"는 것과 "'나의 죽음'은 없다"는 것은 결코 같은 말이 아니다. "'죽음의 순간'이 나를 찾아오지 않는다"는 것은 도대체 무슨 말인가. 그것은 죽음으로 향해 가고 있는 삶은 모두 '지금'의 연속이고, '여기가 죽음의 순간'이라고 말할 만한 종착점을 우리는 결코 체험할 수 없다는 것이다. 확실히 죽음으로 가는 사람의 인생의 행로를 현미경으로 무한히 확대시켜 보면 '지금'은 언제까지라도 연속되는 것처럼 보인다.

그러나 그것과 '나의 죽음'이 없다는 것은 별개다. 왜냐하면 삶에는 '종착점'이 없을지도 모르지만, 그 이상 살아 있을 수 없다는 의미에서의 삶의 '한계'는 있을 수 있기 때문이다. 삶의 종착점은 없을지도 모르지만,

내일 일출을 내가 결코 체험할 수 없을 것이라는 의미에서의 삶의 한계가 내게 닥쳐오는 것은 가능하다. '삶의 종착점'과 '삶의 한계'는 별개의 것이다. 이 두 가지를 혼동해서는 안 된다. 삶의 한계가 있다는 의미에서 나의 죽음이 찾아오는 일은 있을 수 있다. 가령 '죽음의 순간'은 찾아오지 않아도 나에게 더 이상 새로운 삶이 나타나지 않는다는 의미의 '나의 죽음'은 찾아올 수 있다. '죽음의 순간'이 존재하지 않는다고 하거나, '죽음은 어디에도 없다'는 깨달음에 이른 사람에 대해 가끔 듣는데 그것은 잘못된 깨달음이다. 죽음에 끝이 없고 '죽음의 순간'이 없어도 '나의 죽음'은 삶의 한계로서 찾아올 수 있다. 이것을 틀리다라고 해서는 안 된다.

이상을 정리하면 다음과 같이 된다.

(1) '나의 죽음이 찾아온다'는 것은 '무언가가 있다'는 것이 완전히 사라지고, 세상을 보거나 생각하는 나도 완전히 사라지고, 두 번 다시 생겨날 수 없는 상태가 찾아오는 일이다.

(2) 육체가 죽으면 동시에 정말로 '나의 죽음이 찾아오는'지 어떤지에 대해서는 아무것도 단언할 수 없다.

(3) '나의 죽음이 찾아온다'는 것은 나에게 '죽음의 순간'이 찾아온다는 것이 아니다. 그것은 내일 일출을 두 번 다시 체험할 수 없다는 의미에서의 '삶의 한계'가 나를 찾아온다는 것이다.


## 5. 관념으로서의 '나의 죽음'


그런데 나의 죽음이라는 '관념'에 대해서는 전혀 다른 접근이 필요하다.

육체의 죽음과 동시에 정말로 나의 죽음이 찾아올지 어떨지는 전혀 알 수 없다. 그럼에도 불구하고 육체의 죽음과 동시에 나의 죽음이 찾아오는 것이 틀림없다는 관념은 압도적인 힘으로 나를 밀고 들어온다. 이 압도적인 힘 앞에서, 나는 '나의 죽음'이라는 관념에 대해서 어떤 태도를 취해야 할 것인가를 재촉 받는다. 그것은 나의 죽음이라는 관념이 찾아왔을 때 내가 느낄 '죽음의 공포'를 어떻게 처리하면 좋은가 하는 문제이기도 하다.

무통격류는 나에게 '죽음의 공포'로부터 피할 수 있는 길을 찾을 수 있다고 재차 속삭인다. '나의 죽음이 다가온다'는 관념을 정면에서 바라보지 마라. 죽음을 외면할 수 있는 장치를 주위에 여러 겹 둘러쳐 방벽으로 삼고, 눈앞의 쾌락과 권위를 찾아나가는 것이 좋다고. 나는 그 길을 걸어왔다. 그러나 계속 그런 식으로 산다는 것은 거짓 인생임에 틀림없다는 내면의 소리를 나는 묵살할 수 없었다.

나는 '나의 죽음이 다가온다'는 관념을 스스로 받아들이고 '죽음의 공포'도 스스로 받아들인다. 그렇게 할 때 나는 나를 관통하면서 흐르는 무통격류의 함정에서 몸을 빼내, 무통격류의 발밑을 뒤에서 조용히 무너뜨릴 수 있다.

'나의 죽음이 다가온다'는 관념을 받아들인다는 것은 어떤 것인가. 그것은 "육체의 죽음과 함께 정말로 '나의 죽음'이 찾아오고, '무언가가 있다'는 것이 완전히 사라지고, 세상을 보거나 생각하는 나도 완전히 사라지고 두 번 다시 생기지 않는다"는 생생한 리얼리티를 가지고 내가 지금 여기에서 사는 것이다. 그러나 그것은 '죽음의 공포'를 낳는다. 그러면 '죽음의 공포'를 받아들인다는 것은 어떤 것인가. 그 의미를 깊이 있게 생각해야만 한다.

'죽음의 공포'를 견디기 힘들 때, 공포를 느끼지 않는 약을 먹을 수 있다면 좋겠다는 생각을 한 적이 있다. 그러나 그것을 상상하고 있으면, 이번에는 또 다른 공포가 엄습해 온다. 즉 나에게 '죽음의 공포가 없어지는 것도 또한 큰 공포'인 것이다. 왜냐하면 '나의 죽음'에 대해서 정면으로 생각해도 '죽음의 공포'를 느끼지 않는다는 것은 본래의 내가 아닌 듯한 기분이 들기 때문이다. '죽음의 공포'를 느끼지 않는 나야말로 생명력을 잃은 나이고, 스스로 소중한 것으로부터 눈을 돌리려고 하는 나라고 생각되기 때문이다. 그것은 지금까지 '죽음의 공포'를 계속 안고 괴로워한 나를 배신하는 행위인 것처럼 생각되기 때문이다. 또는 진정으로 '죽음의 공포'를 극복한 것이 아닌데 약의 힘으로 공포를 희미하게 느낄 뿐이고 결국 죽음에 직면했을 때는 다시 '죽음의 공포'가 엄습해 와서 크게 후회하는 것이 아닐까 생각되기 때문이다. 강한 '죽음의 공포'를 느끼고 있던 사람이 나이를 먹어 감에 따라 나이를 느끼지 않게 된다는 이야기를 종종 듣는다. 비슷한 나이의 아는 사람들이 죽는 나이가 되면 '죽음의 공포'도 적어지고 죽음과 화해하게 되는 것이라고. 나의 인생에 그와 같은 변화가 일어날 가능성은 남아 있다. 그러나 그것은 내가 어린 시절, 어른이 되면 죽음의 공포에 대한 문제가 모두 해결될 것이라고 생각하고 있었던 것과 같은 것일지도 모른다. 세월의 흐름이 해결해 줄지도 모르겠지만, 해결되지 않을지도 모른다.

한 번 더 처음으로 돌아가 생각해 보자. 여기서 묻고 있었던 것은 나이와 더불어 자연스럽게 공포가 해소되는가 하는 점이 아니다. 그것이 아니라 '죽음의 공포'를 견디기 어려웠을 때, 차라리 이 공포를 느끼지 않는 약을 먹을 수 있으면 좋겠다는 문제였다. 즉 '죽음의 공포'를 억지로 없애려고 인공적인 조치를 취하게 되면, 나에게 다른 종류의 공포가 일어난다. 죽음의 공포도 견디기 어렵지만, 그것을 억지로 없애는 것 또한 견디기 어렵다. 내가 가장 바라는 것은 지금 '죽음의 공포'를 없애는 것이 아니라 '죽음의 공포'를 느끼는 나를 그대로 두면서, 공포에 계속 휘둘리지 않고, 어떻게 하면 이 한 번뿐인 인생을 후회 없이 살 것인지를 알고 싶은 것이다. '죽음의 공포'를 받아들인다는 것은 그러한 삶의 방식의 가능성을 자신이 개척하고 모색해 가는 것이 아닐까 하는 것이다. '죽음의 공포'를 수련에 의해 극복하고 깨달음에 이르는 고매한 수도승으로서가 아닌, 그리고 '저 세상'이나 '영원한 생명'에 매달려 마음의 평안을 얻으려는 것도 아니고, 단지 '죽음의 공포'에 떨면서도 자신의 인생만은 최후까지 책임을 지려고 하는 평범한 전사(戰士)로서 나는 나의 삶의 방식을 정하고 싶은 것이다.

그러면 그 삶의 방식은 어떤 것으로 결정되는가. '죽음의 공포'를 다시 한번 분석하면서 생각해 나가자.

앞서 '죽음의 공포'를 다섯 가지로 나눈 바 있다.

첫째, '계속 이어지는 나'에서 비롯한 공포다. "지금 존재하고 있는 나는 다음 순간에도 틀림없이 존재한다"는 리얼리티를 나는 암묵적으로 갖고 살아간다. '나의 죽음'이라는 관념은 이 암묵의 리얼리티를 붕괴시킨다. 거기서부터 공포가 생겨나는 것이다.

여기서 하나 생각해 두고 싶은 것이 있다. 이 '계속 이어지는 나'라는 암묵의 리얼리티를 미리 스스로 해체해 두면 죽음의 공포에 휩싸이지 않을 수 있다. 즉 "지금 존재하고 있는 내가 다음 순간에도 반드시 존재한다고는 할 수 없다. 왜냐하면 내가 언제까지나 계속 존재한다는 보증이 어디에도 없기 때문"이라는 리얼리티를 가지고 살아가는 사람이 있다면, 그 사람은 '계속 이어지는 나'라는 암묵의 리얼리티를 가지고 살고 있는 것이 아니므로, 거기서 비롯되는 공포를 느끼지 않는다. '계속 이어지는 나'

라는 암묵의 리얼리티를 생각을 바꾸거나 수련에 의해 자신의 힘으로 해체해서, 그 대신에 "지금 존재하고 있는 내가 다음 순간에도 반드시 존재한다고는 할 수 없다"는 생각을 나의 리얼리티로 갖게 되면, 그런 의미에서 '죽음의 공포'로부터는 벗어날 수 있게 된다.

그러나 "지금 존재하고 있는 내가 다음 순간에도 반드시 존재한다고는 할 수 없다"는 리얼리티를 분명히 하면서 살아간다는 것은 어떤 상황을 말하는가. 우선 떠오르는 것은 생명의 위기에 처한 것같이 극단적인 학대를 끊임없이 받고 있는 인간이다. 그런 인간은 '내'가 다음 순간에도 계속 유지되고 있다는 실감을 하지 못한 채, 지금을 살아가지 않으면 안 된다. 이런 경우에 '지속하는 나'에서 비롯된 '죽음의 공포'가 어떤 의미에서는 극복되었다고 말할 수 있을지도 모른다. 또 원시불교의 지혜와 수행에 의해 도달한 '무아(無我)'의 경지가 이에 가까울지도 모르겠다. '무아'란 그야말로 우리가 이해하고 있는 '나'의 해체이고 존재 지속의 해체이기 때문이다.

그런데 나는 '계속 이어지는 나'라는 암묵의 리얼리티를 해체하고 싶은가? 결코 그렇지 않다. 왜냐하면 '계속 이어지는 나'라는 리얼리티는 내가 살아가면서 중요하게 생각하는 두 가지 생각을 받쳐주는 기반이기 때문이다. '내가 지속한다'는 암묵의 리얼리티를 기반으로 나는 그 생각을 소중하게 여기고, 다른 사람들에게 전할 수 있다.

첫번째 생각은 내가 미래를 향하여 가능성을 여는 형태로 지금 여기를 살아가고 싶다는 것이다. 이제까지 많은 일을 경험해 온 내가, 지금 여기서 나의 중심을 재확인하고, 미래를 향하여 이런 일을 하고 싶다고 생각하고, 그것이 가능하다고 생각하고, 그렇게 되고 싶다고 생각하고, 세계가 그렇게 되면 좋겠다고 생각하고, 저 사람과 이런저런 관계를 맺고 싶다고 생각하고, 그렇게 시간을 보내고 싶다고 생각하고, 그와 같은 가능성에 두근거리는 지금 이 순간을 나는 살고 싶다. 그러기 위해서는 내가 '나의 존재'를 다음 순간에도 계속 이어지는 것으로 암묵적으로 파악하고 있을 필요가 있다. '계속 이어지는 나'라는 암묵의 리얼리티가 받쳐 주고, 생명의 힘과 생명의 욕망이 중심축을 매개로 내 속을 가득 채울 것이다. 그것은 나를 자승자박으로부터 해체하고, 나를 재생시킨다. 그리고 나는 자신의 욕망을 전철(轉轍)시키려고 시험해 볼 수 있다. 이와 같은 의미로의 긍정적 감각을 나는 보전하고 유지하고 싶다.

또 하나의 생각은 어제에서 오늘로, 오늘에서 내일로 주체적 모색을 계속하는 내 인생의 궤적을 뽑아내서, 무엇이든 나 이외의 사람들에게 전해 주고 싶은 것이다. 그것은 한계가 있는 내 삶과 죽음에서 무엇이든 끄집어내 외부로 방출해서 내 생각이 미치지 못하는 곳에 전해 주었으면 하는 희망이다. 그와 같은 희망을 가슴에 안고 있으면서, 지금 여기를 살아가려면 그 속에서 무엇인가를 뽑아낼 수 있는 '계속 이어지는 나'가 있다는 암묵의 리얼리티가 필요하다. 그것이 무엇인가. 그것은 내가 지금까지 실패하면서, 밑바닥까지 추락하면서도 붙잡아 온 것을, 나의 짧은 인생의 한계를 넘어서서 나 이외의 수수께끼 같은 존재자로, 어떤 때는 긍정적으로, 어떤 때는 반면교사로 받아들이고 맛보고 버리는 일이다.

이 두 가지 생각을 중요하게 생각하기 때문에, 나는 '계속 이어지는 나'라는 근거 없는 암묵의 리얼리티를 계속 지키고 유지한다. 그것은 동시에 내가 '계속 이어지는 나'라는 암묵의 리얼리티가 붕괴한다는 의미에서 '죽음의 공포'를 받아들이는 일이기도 하다.

둘째, '나의 세계'에서 비롯되는 공포다. 내가 죽은 다음의 세계를 상상할 때, 우리는 사후의 세상을 구름 위에서 보고 있는 나의 존재를 암묵적으로 몰래 받아들여 상상하고 있는 것이다. 이것도 나는 부분적으로 옹호하고 싶다. 왜냐하면 내가 죽은 다음에 갈 세계와 내가 죽은 다음의 이 세계를 내가 보고 있는 것처럼 지금 여기서 상상하는 것은 "나의 한계를 넘어 여러 가지 것이 미래에 전해졌으면 좋겠다"는 생각이 움직였기 때문이다. 그렇게 세계를 내가 마치 보고 있는 것처럼 상상하고 싶어 하는 마음의 움직임을 나는 중요하게 생각한다. 이 암묵의 리얼리티는 내가 죽은 다음에도 그것을 보고 있는 내가 계속된다는 신앙과 연결되는 것이기도 하다. 그렇지만 나는 그런 생각은 버리고 가려고 한다. 죽은 다음의 세계를 상상하고 싶다는 생각과 죽은 다음의 세상을 믿고 싶다는 생각은 확실히 구별해야만 한다. 물론 죽은 다음의 세계를 상상하고 싶다는 생각은 나에게 '죽음의 공포'를 불러일으키는 것으로 남아 있다.

셋째, '회고적인 나'에서 비롯되는 공포다. 자신에게 일어난 사건의 흐름에 '종지부'를 찍으려 할 때, 그 때마다 나는 '종지부'를 벗어나 탈출하여 그 사건 외부에 설 수 있다는 막연한 믿음이다. 그와 같은 암묵의 리얼리티가 나에게도 뿌리 깊게 남아 있는 것을 의심할 수 없다. 그러나 나는 이 '회고적인 나'를 별로 지키고 유지하고 싶지 않다. '회고적인 나'는 지금 이곳을 살아가는 일에서 눈을 뗄 수 없기 때문이다. 좋아하는 사람과 소풍을 갔을 때, 나중에 회고하려고 비디오 촬영에 집중하게 되어 그 시간을 두 사람이 전혀 즐기지 못하는 나쁜 습관을 조장하는 것이야말로 '회고적인 나'라고 말할 수 있다. 물론 자신이 큰 사고를 당했을 때는 이것이 꿈이라면 좋겠다, 빨리 이 사태에서 빠져 나와 모든 것을 회고할 수 있는 위치에 서고 싶다고 마음속에서 생각하게 된다. 그런 생각과는 반대로, 위기에 가까이 가고 있는 자신을 그대로 받아들여 공포와 더불어 지금 여기서의 위기를 맛볼 수 있는 내가 되고 싶다고 생각하는 것이다.

넷째, '영원한 무'의 공포, 즉 "내가 죽고, 내 존재가 사라지고, 영원한 무가 계속되고, 존재가 두 번 다시 태어나지 않는다"는 공포다. 이 영원한 무의 공포에 관해 아직 남겨둔 말을 하겠다. 죽음의 공포, 특히 '영원한 무'의 공포가 엄습할 때, 나는 "자신이 완전히 사라질 때 후회하지 않도록 지금 이 순간 온 힘을 다하여 살지 않으면 안 된다"고 자신에게 말하고 있었다. 그렇게 해서 죽음의 공포에서 조금씩이라도 벗어나고 있었다. 언제부터인가 이 공포의 감정이 조금 다른 성질로 변하기 시작한 것이다.

그 동기는 앞에 서술한 호텔에서의 체험이었다. 나는 격렬한 공포에 싸여 욕실에 들어가 비누갑을 쥐고 바닥에 엎드렸다. 그 때 세상이 갑자기 밝게 빛나기 시작하는 기분이 들었다. 나는 욕실 변기를 꽉 쥐면서 "아, 어째서 이 변기가 이렇게 사랑스럽지"라고 생각했다. 내 눈앞에 있고, 평소에는 전혀 관심을 두지 않던 변기가 정말로 사랑스러웠다. 거기에 변기가 있다는 말로 표현 못할 감동. 눈앞에 무언가가 존재하고 있다는 그 자체가 더할 나위 없이 감동적으로 생각되었다. 그리고 언제까지라도 그것을 만지고 싶다, 문지르고 싶고 볼에 대고 싶다는 충동에 휩싸였다. 나는 단지 그것에 닿고 싶었다. 닿으면서 내가 거기에 있다는 것, 그리고 눈앞에 존재하는 것에 닿을 수 있다는 것이 단지 감사하였다.

나는 세면대 거울 앞에 있던 컵과 칫솔 등을 하나하나 손에 잡고 쓰다듬었다. 쓰다듬으면서 정말 훌륭한 것이라고 생각했다. 여기에 컵이 있다. 정말 훌륭한 것이다. 여기에 칫솔이 있다. 정말 훌륭한 것이다. 그것을 보거나 만지고 있는 내가 지금 여기에 있다. 정말 훌륭한 것이다. 세상은 지금 이대로 좋지 않은가? 세상에는 더 이상 아무것도 필요 없는 것이 아닐까? 아니, 이 이상 세상에 무언가가 있어도 좋고 없어도 좋다. 그렇게 나는 꽤 오랜 시간을 욕실에서 보냈다. 무언가가 있다는 감동. 무언가가 있다는 사랑스러움. 무언가가 존재한다는 것만으로도 사랑스럽다는 것을 그 때까지 나는 생각해 본 적조차 없었다.

그와 같은 감정에 휩싸이면서도, 동시에 나는 여전히 영원한 무가 가져다주는 죽음의 공포에 떨었다. 이것들이 전부 무가 되고, 두 번 다시 돌아오지 않는다. 그렇게 생각하면 공포로 온몸이 떨린다. 그러나 동시에 떨고 있는 내 눈앞에 있는 것 하나하나가 이다지도 사랑스럽고 감동적이고, 나에게 이런 시간이 주어졌다는 것에 단지 감사할 수밖에 없다는 기분에도 휩싸인다. 무한한 공포에 휩싸이면서도, 감동하고 있는 나. 이것은 도대체 무엇이란 말인가?

눈앞에 물체가 있다고 하는, 예를 들어 말로 표현할 수 없는 사랑스러움. 이 사랑스러움은, 지금 호텔 다른 방에서 자고 있을 손님을 한 사람씩 두들겨 깨워 "여기 컵이 있어요. 정말 사랑스러워요. 당신도 그렇게 생각하죠?"라는 말을 전하면서 돌아다니고 싶을 정도의 사랑스러움인 것이다. 컵이 아니라도 좋다, 가령 세토나이카이(瀨戶內海) 해협이 오염되었어도 그것이 사랑스럽다고 생각했다. 그러나 그 때에도 나는 영원한 무의 공포를 등줄기에서 생생하게 느끼고 있었던 것이다.

'무엇인가가 있다'는 것이 없어져 버리고 두 번 다시 돌아오지 않는다는 공포가 있기 때문에, 지금 '무엇인가가 있다'는 것이 더 없이 사랑스럽게 빛나는 것은 아닐까? '영원한 무'의 공포와 존재에 대한 더 없는 사랑스러움은 표리일체(表裏一體)이지 않을까? 공포와 사랑스러움은 서로 상대방을 지탱하고 있는 것은 아닐까? 나는 그것을 직감하였다.

이것은 영원한 무가 찾아오므로 지금 여기를 힘을 다하여 살려고 하는 감정과는 아주 다른 것이다. 거기에는 여전히 영원한 무가 가져다주는 공포에서 어떻게든 벗어나려고 하는 고육지책(苦肉之策)이 있다. 그런데 지금 서술한 존재의 사랑스러움은 영원한 무가 가져다주는 공포와 표리일체가 되어 동거하고 있다. 아무리 사랑스러움을 체험한다 해도, 나는 영원한 무로 데리고 사라지는 공포에서 결코 벗어날 수 없다. 오히려 공포가 있기 때문에 사랑스러움을 느낄 수 있다고까지 말할 수 있다.

이 존재의 사랑스런 느낌은 그 후 정도는 달라도 평소에도 생생하게 느낄 수 있게 되었다. 그것을 느낄 때, 나는 동시에 죽음과 영원한 무에 대해서도 의식 어딘가에서 생각하고 있다. 그것을 느낄 때, 나는 눈앞에 있는 것을 만진다. 베란다에 붙어 있는 모래먼지에 손을 댄다. 카페 테이블 끝을 쓰다듬듯이 만진다. 여기에 무언가가 있다는 것을 확인하기 위해서 만진다. 그것들이 있다는 것이 정말 사랑스럽다. 그리고 나는 죽었다고 생각한다. 무섭다고 생각한다. 신체 어딘가가 떨려온다. 그것을 느끼면서 또한 눈앞의 것에 손을 댄다. 그 전체가 나에게는 아주 사랑스럽다. 이전에도 서술했듯이 "이 세상을 보고 듣고 만지고 느끼고 생각하고 여러 경험을 할 수 있다"는 '가능성'이 사랑스럽다.

나는 걷는다. 걷는 것이 사랑스럽다. 나는 숨을 들이마신다. 숨을 쉴 수 있다는 것이 무척이나 사랑스럽다. 나는 세상을 느낀다. 새소리를 듣고, 그리고 사람들이 만들어낸 이런저런 것들을 본다. 지금까지 내가 별로 주목하지 않았던 것들, 자, 먼지, 신호등, 전신주에 걸려 있는 종이테이프, 그것들이 단지 거기에 있다는 것만으로도 사랑스럽다. 창문을 연다. 그러자 비에 젖은 베란다가 보인다. 이제까지 보이지 않던 베란다가 지금 보인다는 것 자체가 한없이 사랑스럽다. 사람이 길을 걷고 있다. 사람이 걷고 있다는 새로운, 역동적인 세상이 눈앞에 있다는 것이 한없이 사랑스럽다. 정말 작은 것이라도 좋다. 별 것 아니어도 좋다. 다 아는 것이라도 좋다. 방금 전에는 없었던 무언가가 생긴다는 것이 사랑스럽다. 가령 병으로 몸을 움직일 수 없더라도, 창을 조금 열어서 그 창을 통해 무언가 새로운 일이 세상에서 일어나는 것을 보는 것만으로도, 나는 사랑스러움으로 가득 찬다. 그리고 움직일 수 없는 괴로움도 함께 몸에 스며든다.

 "죽음이 있으므로 생명은 소중하다"는 낡은 표현으로는 상상할 수조차 없던 세상을 나는 지금 살고 있다. 이것은 나만 경험하는 경지가 아니라고 생각한다. 큰 목소리로 자기주장을 하지 않는 많은 사람들이 이 세상, 지구 위의 여러 장소에서 살아가고 있다고 생각한다. 이 같은 감각은 사형을 눈앞에 둔 사람들의 입에서 나오기도 한다. 예를 들면, 사형을 눈앞에 둔 도스토예프스키의 서술. 사형수의 수기. 전몰학생의 수기 『들어라 바다의 소리를』에는 사형을 눈앞에 둔 기무라(木村久夫)의 말이 있다. "입에 넣은 한 숟가락의 밥이 뭐라 말할 수 없이 혀를 자극하여 녹을 듯이 목에서 위로 내려가는 감촉을 눈을 닫고 천천히 맛볼 때, 현세(現世)의 말로 다할 수 없는 복잡한 내용이 모두 이 느낌 속에 들어간 듯이 느낄 수 있다." 5) 그러나 우리는 태어났을 때부터 사형수다. 그 자각을 가지고 지금을 살아갈 때, 우리는 모두 기무라이지 않을까? 우리는 연령이나 경우와는 관계없이 모두 삶의 풍요와 허무함이 응축된 이와 같은 '지금'을 살고 있는 것이 아닐까? 공포에 떠는 삶. 한없이 사랑스러운 삶. 지금 그것이 거기에 있다는 것이 사랑스럽다. 그러나 동시에 이 사랑스러움을 느끼는 경험 그 자체가 얼마 안 가 끝나 버리고 두 번 다시 태어나지 못하는 일에 대하여 가슴을 긁어대는 듯한 애달픔. 신체 중심이 녹아들 듯한 폭풍과 같은 공포의 감정. 나의 죽음을 받아들인다는 것은, 이 공포와 사랑스러움을 세트로 받아들이는 것이 아닐까 하고 생각한다. 죽음을 각오한다는 것은 이 공포와 사랑스러움에서 눈을 돌리지 않겠다는 것을 지금 여기서 결심하는 것이다(따라서 "깨닫게 된 존재는 전혀 공포를 모른다"는 하이데거를 나는 부정한다). '죽음의 수용'이라는 말이 있다. 죽음에 이르러 버둥거리거나 죽음을 쓸데없이 무서워하지 않고 마음 편안하게 자신의 죽음을 맞는 일을 말한다. 내 생각으로 '죽음의 수용'이란 "죽음이 가져다 주는 공포와 사랑스러움의 세트"를 수용하는 일이다. 죽음을 외면하지 않고 그것과 함께 죽어가는 일, 즉 죽음의 공포가 엄습하여 공포에 떨고, 존재의 사랑스러움에 넘쳐 감동하고, 또 죽음의 공포에 싸이고, 또 존재에서 사랑스러움을 느끼고, 그리하여 양자를 함께 인생의 최후까지 완전히 맛보는 일, 그것이 '죽음의 수용'이라는 의미라고 나는 생각한다.

이 '사랑스러움'에 대해 좀 더 생각해 보고 싶다. 죽음의 공포와 함께 나타나는 사랑스러움은 보통 때는 흘려 버릴 것에서도 생생하게 느낄 수 있다. 책상 위의 자, 세면대의 칫솔, 길가에 구르는 깡통도 마찬가지일 것이고, 베란다에 들어온 새, 내 소중한 그 사람도 마찬가지일 것이다. 그것들 모두 똑같은 사랑스러움이다. 왜냐하면 이 사랑스러움은 무언가가 거기에 있다는 것 그 자체, 즉 존재 자체에 대한 사랑스러움이기 때문이다. 즉 구체적으로 존재하고 있는 모든 사물에 대한 사랑스러움이 아니라 무언가가 지금 눈앞에 나타나고 있다는 존재의 작용에 대한 사랑스러움이기 때문이다. 내 소중한 저 사람도, 창가에 놓아둔 꽃꽂이도, 쓰레기통 속의 쓰레기도, 세토나이카이 해협의 오염도, 무참하게 죽은 고양이의 시체도 모두 다 사랑스럽다. 가령 그것이 무엇이든 단지 그것이 존재하고 있다는 것만으로 다 같이 사랑스럽다는 차원의 느낌인 것이다. 아름다운 석양이 사랑스럽다. 더러운 뒷골목이 사랑스럽다. 폭력조차 사랑스럽다. 학대조차 사랑스럽다. 사기조차 사랑스럽다. 사람이 동물을 가축공장에서 키우고, 죽이고, 그 고기를 먹는다. 그 과정이 사랑스럽다. 눈앞에서 아이가 학대를 받고 있다면, 나는 어떻게든 그것을 말리려고 개입할 것이다.

그러나 실패할지도 모르겠다. 패배감에 사로잡힐지도 모르겠다. 그 과정 전체가 더할 나위 없이 사랑스럽다. 죽음을 상상했을 때 나는 커다란 공포에 싸인다. 그것조차 사랑스럽다.

사랑스럽게 느끼는 대상이 무엇이든, 완전히 평등하게 느낄 수 있는 이 '사랑스러움.' 그것이야말로 '조건 없는 사랑'이 아닐까? '조건 없는 사랑'이란 당신이 어떤 사람이든 나는 당신을 사랑한다는 것과 같은 사랑이었다. 그것은 많은 사람들이 꿈꾸면서도 거의 실현하지 못한 어려운 문제였다. 그러나 그것은 완전히 모습을 바꿔 지금 여기서 실현한다. 죽음의 공포를 불러일으킨 세상의 모든 존재에 대한 '사랑스러움', 이것이야말로 '조건 없는 사랑'인 것이다. 단, 무언가가 있다는 것, 그것만의 '사랑스러움.' 단지 당신이 거기에 있다는 것, 그것만의 '사랑스러움.' 나는 당신을 싫어하지만, 나는 당신을 싫어한다는 상황이 지금 여기에 존재하고 있다는 것 자체는 더할 나위 없이 '사랑스러움'이라고 말할 수 있는 차원이 존재한다. 그 차원으로 감수성을 열고, 그 차원을 향하여 나를 던지는 것이 '조건 없는 사랑'의 의미다. '조건 없는 사랑'이란 '무언가가 있는 것'에 대한 사랑, 즉 존재에 대한 사랑이지 다른 것이 아니다. 이렇게 말하면 자기가 좋아하는 사람은 도와주고 다른 사람들은 못 본 체 방치하는 경우, 도대체 어디에 조건 없는 사랑이 있을 수 있느냐고 물을지도 모른다. 그러나 그런 경우에도 "자기가 좋아하는 사람을 이기적으로 선택하는 나"와 "선택받는 당신"과 "버림받은 그 사람" 모두가 나에게 절대 평등하게 사랑스럽다고 단언하는 차원이 존재할 수 있다. 이것은 윤리적 비판의 여지를 남기면서도, 그 지평을 넘어선다. 그러므로 뒤집어 말하면, '조건 없는 사랑'은 이 세상에서 윤리규범을 이끌어 가지 않는다. '조건 없는 사랑'의 차원과 윤리나 규범의 차원은 궁극적으로는 구별될 필요가 있다.

'나의 죽음'에서 눈을 떼지 않을 것, '죽음의 공포'와 '사랑스러움'을 세트로 받아들일 것, 거기서부터 '조건 없는 사랑'으로의 통로가 열린다. 그런 의미에서 '조건 없는 사랑'을 가능하게 하는 것은 '나의 죽음'이다. '존재의 절대 평등'과 '조건 없는 사랑'은 단지 관념적으로만 있는 것은 아니다. 그것은 내가 어떤 자리에 있을 때마다 온몸의 감각으로 생생하게 느낄 수 있는 것이다. 그것은 내가 반복해서 내려설 수 있는 생생한 리얼리티다. 그리고 그것은 실로 많은 사람들이 이미 내려섰을 리얼리티고, 현재도 사람들이 여기저기서 계속적으로 내려서고 있을 리얼리티라고 나는 상상한다.

다섯 번째 공포는 '데리고 사라지는 무자비함'의 공포다. 이것은 더 존재하고 싶다는 나의 의지와는 달리 무엇인가 큰 힘이 나를 '무'로 '데리고 사라진다'는 것에서 발생하는 공포다. 이 공포를 없애기 위해서 "죽음이 나를 조절하는 것이 불가능해지기 전에 내 쪽에서 죽음을 조절해서 계획적으로 죽는다"는 적극적인 안락사 사고방식이 생겨났다. 그러나 이것은 무통격류의 물결이 심해지는 쪽으로 이어진다.

무통격류를 타지 않고 이 '데리고 사라지는 무자비함'의 공포와 대결하기 위해서는 어떻게 하면 좋을까? 그것은 데리고 사라지는 것 자체를 기쁨으로 생각해야 하는 것은 아닐까? 즉 자신의 의도와는 달리 무로 데리고 사라지는 일이 큰 공포라는 것을 인정해야만 한다. 그 공포를 해결하려고 죽음을 조절하는 방향으로 달려가면, 그것은 무통격류의 물결을 커지게 만드는 것임을 인정해야만 할 것이다. 나는 힘없이 죽음으로 무자비하게 끌려갈 것이다. 그것은 이제 발밑의 땅이 모래처럼 꺼져 육체가 점점 암흑 속으로 가라앉는 듯한 느낌일 것이다.

그러나 무로 힘없이 가라앉아 간다는 느낌에 완전히 몸을 맡기면, 삶이 사라져 가는 데서 '기쁨'을 얻을 수 있을지도 모르겠다고 생각한다. 물론 죽음의 공포는 없어지지 않는다. 그것은 계속 존재한다. 그러나 죽음의 공포가 있음과 동시에, 죽음으로 사라져 가는 '기쁨'도 나타날지 모른다.

물론 아직 추론에 불과하다. 단, 그렇게 추론할 근거는 있다. 제4장에서 상세히 서술했는데, 자승자박으로 떨어진 내가 외부의 큰 힘에 의해 힘없이 무너지고, 그것을 계기로 자신을 해체해 갈 때, 결과로서 생각해 보지도 않았던 '기쁨'이 나에게 주어진 적이 있었다. 이와 같은 일이 내가 죽음에 의해 힘없이 삶을 빼앗겨 갈 때에도 일어날 가능성이 있다고 생각하는 것이다. 지금 살아 있는 내 삶이 죽음을 향하여 사라져 간다는 것은, 어떤 의미에서는 궁극적인 자기해체다. 내가 획득하고 있던 것을 나는 모두 버리고 사라질 수밖에 없다. 나의 소유물도, 인간관계도, 일도, 만들어낸 것도, 이 육체도, 지각도, 감정도, 사고도, 모두 내던지지 않으면 안 된다. 죽음이라는 '타자'가 내 의사와는 상관없이 찾아오면, 나는 자신이 가지고 있던 모든 것을 내던지지 않으면 안 된다. 이 때, 이 궁극적 자기해체 운동에 완전히 몸을 맡기고, 자기해체 방향을 나의 마지막 삶의 방향으로 향하게 함으로써, 자기해체와 함께 마지막 '기쁨'이 나에게 주어질지도 모른다는 것이다. 그것이 가능해질 때, 나에게는 힘없이 빼앗기는 '공포'와 마지막 자기해체로 나타날 '기쁨' 모두가 흘러넘칠 것이다.

그것이 가능하려면 나는 '회고적인 나'라는 암묵의 리얼리티를 미리 해체해 두지 않으면 안 된다. '회고적인 나'란 내가 위험한 상황이나 나쁜 경험에 빠졌을 때 언제라도 그 상황에서 탈출하여 외부에 설 수 있다는 근거 없는 믿음을 말하는 것이다. 내가 죽음에 의해 힘없이 삶을 빼앗길 때, 이 '회고적인 나'가 강하게 남아 있으면 나는 결코 '힘없이 빼앗기는' 것에 따른 자기해체를 수행할 수 없을 것이다. 그 결과로서 나에게 주어질지도 모를 '기쁨'으로부터도 격리될 것이다. 그렇게 되지 않기 위해서 나는 '회고적인 나'라는 암묵의 리얼리티를 미리 해체할 필요가 있다. '회고적인 나'의 해체는 쉬운 일이 아니지만, 불가능한 일도 아니다. 그것을 해체하는 작업은, 지금 여기서의 삶을 생생하게 살아감으로써 서서히 이루어질 것이다('회고적인 나'의 해체란, 자신의 과거를 되돌아보지 않도록 하는 것이 아니다. 과거를 되돌아보는 일은 중요하다. 또 '회고적인 나'를 해체했다 해도 '죽음의 공포'가 없어지는 것은 아니다).

종합해 보자.

내가 죽고, 영원한 무가 찾아오고, 두 번 다시 내 존재가 생겨나지 않는다는 관념이 나에게 '공포'와 '사랑스러움'을 가져다준다. 내 의지와는 상관없이 무로 데리고 사라진다는 관념은 나에게 '공포'와 '기쁨에 대한 기대'를 가져다준다. '공포/사랑스러움'과 '공포/기쁨에 대한 기대'라는 양쪽 바퀴에 따라서 나는 지금 여기에서 살아가고 죽어갈 것이다.

이처럼 마지막까지 '공포'가 남아 있는 이상, 나는 죽음의 공포를 극복할 수 없다. 그러나 내가 죽음의 공포를 극복할 수 없기 때문에 '사랑스러움'과 '기쁨에 대한 기대'가 나에게 주어진 것이다. 죽음은 마지막까지 나의 '공포'의 원천이고, 그렇기 때문에 '사랑스러움'이 가져다주는 '기쁨으로의 기대'가 출현한다. 죽음이 있고 죽음이 나를 쓰러뜨리고 죽음이 나를 공포로 떨어뜨리는 그 모든 것이 '사랑스럽다.'

그러면 '사랑스러움'과 '기쁨으로의 기대'를 얻기 위한 발판으로 '죽음의 공포'가 필요한 것일까? 그렇지 않다. '사랑스러움'과 '기쁨으로의 기대'를 지금 이곳에서 얻을 수 있다면, "죽음의 공포는 있어도 없어도 좋다." 이것이 '죽음의 공포'를 둘러싼 사색의 최종 도달점이다. 그 지점을 멀리서 바라다보고 있다는 의미에서 나는, 죽음의 공포에 계속 떨고, 지금 여기서 치료받고 구제받고 있다고 말할 수 있다.

　무통격류와 싸우는 우리 전사들은 여기에 위치한다.

　'나의 죽음'이라는 관념에서 눈을 떼고, 거기서 벗어나려고 하고, 그것을 없애려고 하면 할수록 무통격류의 파도가 높아지므로, 지금 여기서 살면서 우리는 무통격류와 싸울 수밖에 없는 것이다. 무통격류와의 싸움에서 이긴다는 것은 '사랑스러움'과, 죽음에 의해 모든 것을 빼앗길 때의 '기쁨에 대한 기대'를 온몸으로 느끼면서, 어떨 때는 덮쳐 올 거대한 '죽음의 공포'에 쓰러지고, 일어설 수 없을 정도 얻어맞고, 어떨 때는 '죽음의 공포'와는 상관없이 지금의 삶을 살고, 그렇게 해서 마지막에 '죽음'에 어쩔 수 없이 패배하는 것이다. 전향적으로 패배함으로써밖에 이길 수 없는 싸움을 우리는 싸워야만 한다. 우리가 싸우는 것은 관념의 싸움이다. 어쩔 수 없고, 공포스러우며, 지는 것이면서도 또한 '사랑스러움'과 '기쁨에 대한 기대'로 뒷받침된 절대 고독한 후회 없는 인생. 그 관념을 지금 여기서 살아가는 것, 그것을 지금 싸우는 것이다.

　물론 나는 항상 '공포'와 '사랑스러움'과 '기쁨에 대한 기대' 사이를 왔다 갔다 하는 것은 아니다. 죽음의 예감이 찾아왔을 때, 문득 지금 눈앞에 펼쳐져 있는 세상과 여기에 있는 자신이 너무 별 볼일 없는 존재로 생각되기도 하고, 공허한 작은 존재로 생각되기도 한다. 사랑스러움은 어디론가 사라지고, 단지 거친 공허함만이 느껴진다. 세상은 아무것도 아니다. 자신도 아무것도 아니다. 이런 기분이 엄습해 왔을 때, 나는 자신의 중심축을 잃는다. 그럴 때는 그런 기분을 충분히 맛보면서, 타인과의 커뮤니케이션을 거쳐 자신의 보폭에 따라 천천히 자신을 확립하는 길을 찾는다. 중심축을 발견한 체험을 가진 사람에게 그 길은 열려 있다.

## 6. 중심축 통로

　무통격류와 싸우는 전사란 어떤 주체일까? 무통격류와 싸우는 전사란
'내 길'을 직시하고 '공포'와 '사랑스러움'과 '기쁨에 대한 기대'로 온몸
을 떨면서, 미래의 가능성을 믿고 타인을 향해 자신을 열려 하고, 회고적
인 나를 끊임없이 없애고, 무통격류를 벗어나 지금 여기서 살려고 하는 주
체다. 이것은 소위 '메멘토 모리(죽음을 생각하라)' 사상의 일종일지도 모
른다. 중세에 유행했던 메멘토 모리는 죽은 다음의 세상이 기다리고 있다
는 세계관을 전제로 한 것이므로, 내가 지금 말하는 사상과는 근본적으로
다르다.

　싸우는 주체의 본질로 좀 더 가까이 가 보자.

　우선 이 주체는 영혼의 불멸을 기초로 한 주체개념이 아니다. 주체는 언
젠가 멸망하는 것이고, 거기서 벗어날 수 없다. 그와 동시에 "주체는 처음
부터 사라졌고, 주체가 있다는 것 자체가 수수께끼"라는 주체개념도 아니
다. 지금까지 서술해 온 것처럼, 주체는 지속할 어떤 것이다. 예를 들면
내 생각에 가장 가까운 것은, 파스칼, 키르케고르(S.A.Kierkegaard), 하
이데거, 야스퍼스(Karl Jaspers) 등으로 연결되는 실존주의적 주체개념
일 것이다. 그러나 내 생각은 그들과 다른 방향으로 간다.

　예를 들면 하이데거는 '가능성'을 첫째 '죽음에 이르는 가능성'으로 받
아들인다. 그 때의 기본적인 느낌은 '불안'이고, 죽음에 이르는 본질적
자세는 '깨달음'이다. 나는 그렇게 생각하지 않는다. 주체의 '가능성'은
첫째로 자신의 '중심축'을 발견하고 자기 자신을 해체해서 거듭날 '가능
성'이고, 둘째로 자기 인생을 통하여 무엇인가를 나 이외의 존재에게 전

해 줄 '가능성'이다. 그와 같은 자세로 지금을 살아갈 때의 기본적인 느낌은 '공포'와 '사랑스러움'과 '기쁨에 대한 기대'다.

 '공포'와 '사랑스러움'과 '기쁨에 대한 기대'의 떨림 속에서 중심축이 일어서고, 거기서 자기해체의 가능성이나 무엇인가를 전달해 갈 가능성이 열린다. 그것은 몇 번이나 끊임없이 반복해서 일어서는 것이고, 피로와 잠의 유혹과 영원한 무의 관념에 의해 공격받고, 이제 이것이 마지막일지도 모른다고 생각하면서도, 그래도 반복해서 일어나 싸우는 나라는 주체다. 이와 같은 주체개념을 바탕으로, 세계 인식과 시간 개념과 자신과 타인의 관계에 대해 근본적으로 논의를 바꿔 쓰는 철학의 대 작업이 기다리고 있다.

 나의 죽음과 중심축은 깊은 관계에 있다. 중심축이란 내가 죽으면서 "나는 이 점에 맞추어 자신의 인생을 살아 왔으므로 지금 자신의 인생에 후회가 없다"고 자신을 향하여 마음 속에서 우러나오는 이야기를 하는 부분이다. '나의 죽음'이라고 하는 관념에 자신을 엄격하게 직면시킬 때, 비로소 발견되는 것이다. 나의 죽음과 중심축은 표리일체(表裏一體)다.

 중심축을 살고 있는 나란 '공포' '사랑스러움' '기쁨에 대한 기대'에 온몸을 떨면서, 지금 이곳을 절대 고독 속에서 살고 있다. 그러나 지금 이곳을 절대 고독 속에서 살고 있는 나는 나의 삶을 성립시키고 추진시키고 있는 여러 가지 것, 예를 들면 식료, 주거, 금전, 제도, 언어, 지식, 역사, 나를 낳고 싶다고 생각한 사람들의 생각, 나를 키우고 싶다고 생각한 사람들의 생각, 나 대신에 죽어간 사람들의 생각, 나를 여러 가지 방법으로 도와준 사람들의 호의, 내 쪽에서는 볼 수 없는 무수한 시각차, 혹은 나를 향한 악의, 폭력, 함정, 질투 등 그 모든 것에 의지해서 지금을 살고 있는 것이다. 나는 그 안에 있는 것을 볼 수 있지만 다른 것은 볼 수 없고, 게다가 그 안에는 전혀 상상할 수조차 없는 것까지 포함되어 있다. 나를 지탱하는 모든 것은 중심축을 살아가려는 절대 고독한 내 안으로 흘러 들어온다. 내 안으로 흘러 들어와 나를 지탱하는 모든 것은 내 인생을 살아가려는 나의 '지금 여기'를 무수한 흰 실로 방출시킨다. 내 속으로 유입된 모든 것은 지금 살아가려는 내 몸과 마음에 뒤섞이고, 저주를 받고, 내 인생의 일부가 되고, 내가 소리를 낼 때마다 내가 한 발을 내디딜 때마다 나에게서 방출되어 외부세계로 전달된다. 내가 지금까지 실패하거나 밑바닥으로 떨어지면서, 그래도 쟁취한 것이 짧은 내 인생의 한계를 넘어 나를 빠져 나가고, 내가 아닌 사람들, 내가 보지 못하는 세상, 내가 느낄 수 없는 영역을 향해 전달되어 간다. 내가 중심축에 따라 지금을 살면서 나를 지탱하는 모든 것이 내 뒤쪽에서 온몸을 뚫고 흘러 들어오고, 먼 곳으로 쏟아져 나간다. 나를 지탱하는 모든 것이 내 속을 빠져 나가는 소리를 나는 생생하게 들을 수 있다.

"나는 나를 지탱하는 모든 것을, 한계 있는 삶을 통하여 내가 아닌 다른 이들에게 무엇인가를 전달해 가는 주체다." 또한 "나는 내가 아닌 무엇인가를 내가 아닌 무엇인가에게 전달해 가는 주체다." 나는 나 자신의 한계 있는 삶을 중심축에 따라 철저하게 살아서, 내가 아닌 무언가를 내가 아닌 무엇인가에게 전달할 수 있다. 그리고 '산다'는 것과 '온 힘을 다해서 산다'는 것의 차이도 여기에 있다. "'온 힘을 다해서 산다'는 것은 내 한계를 넘어 무엇인가를 전달하기 위해서, 내 한계를 삶을 위해 다 쓰는 일이다." '사는 의미'가 여기에 있으며, 여기에 철학의 전환점이 있다.

데카르트는 확실한 것을 탐구하였다. 그리고 그것을 '의심할 수 없는 것'으로 추구한 결과, 의심하려고 할 때마다 따라다니는 '의심하고 있는 나'를 발견하였다. 그것이 근대적 주체의 시작이라고 한다. 이 우화를 이용하여 나의 시도를 말해 보겠다. 나는 사는 의미를 탐구하였다. 그리고 사는 의미를 인생을 살면서 후회하지 않는 것으로서 추구하고, 그 결과 중심축에 따라 살아감으로써, 내가 아닌 무언가를 '전달하는' 주체임을 발견했다.

데카르트의 주체가 자연법칙을 파악하고 대상을 조작하는 방향으로 나아갔다면, 그 대상을 조작하는 주체는 자기 중심축의 끊임없는 심화와 내가 아닌 무언가를 내가 아닌 누군가에게 전달하는 일로 향하게 될 것이다. 여기에 전혀 다른 주체가 등장한다. 중심축에 따라 살아가는 것과 그런 나를 빠져 나가도록 해서 내가 아닌 누구에게 무엇인가를 전하는 역할을 지닌 주체로서 '사람'을 뿌리에서 다시 파악했을 때 어떤 철학이 탄생할 것인가. 인간관의 전회(轉回)의 가능성이 여기에 감춰져 있다. 이 주체를 중핵으로 형성되는 사회와 문명이 있다면, 그것은 어떤 것이 될 것인가. 수백 년의 시간 주기에서 보았을 때, 이 주체개념은 어떻게 전개될 것인가. 그 전개를 계속 진행시키고, 전개의 줄거리를 명확하게 하는 것이 철학에 맡겨진 과제다. 철학을 공부하려는 자여! 이 길로 집결하기 바란다.

무통격류와 싸우는 전사는 이 같은 주체를 자기 것으로 받아들인다. 한편에서는 스스로의 중심축을 끊임없이 반복 확인하고, 심화시키고, 다른 쪽에서 내가 아닌 무언가가 나를 빠져 나가 내가 아닌 무언가로 전해지는 느낌을 맛보고, 그 가능성을 모든 방향으로 열어 놓고, 그렇게 해서 지금 이곳을 살아가는 일을 통해, 신체의 욕망을 생명의 욕망으로 전철하는 것이다.

나는 그와 같은 주체로 '중심축 통로'라는 이름을 붙이고 싶다.

중심축을 살고, 내가 아닌 무언가를 내가 아닌 무언가에게로 전해 갈 때, 나라는 주체는 내가 아닌 무언가가 나를 빠져 나가 앞으로 나아가게 만들어 주는 '중심축 통로'가 된다. 내 속에 흘러 들어온 모든 것은 나의 중심축이라는 통로를 빠져 나와 내 앞으로 방사된다. 중심축으로 살 때, 나는 하나의 관(管)이 되겠다. 내가 나를 위한 인생을 자신을 향하여 살 때, 나는 나 이외의 것이 빠져 나가 흐를 수 있는 하나의 관이 되겠다. 흘러 들어오는 것을 맞이할 때, 그 통로는 덮인다. 스스로를 위하여 사는 일만이 나 이외의 것을 위한 통로를 연다. 관이 된다는 것은 수동적인 것이 아니다. 오히려 반대다. 자신을 살리지 않으면 관이 될 수 없다.

내 쪽으로 흘러 들어온 것이 중심축 통로를 빠져 나가고, 내가 이 세상에 있을 가능성과 한계 모든 것이 지금 여기서 결실을 맺어 간다. 그 결실의 연쇄가 '나'라는 주체에 새로운 의미를 부여한다. 그리고 중심축 통로라는 생각 그 자체도 또, 내 중심축 통로로 흘러 들어온 어떤 것인가가 지금 여기에서 결실을 맺었다고 할 수 있다. 그러므로 나를 그 일부로 포함하는 것과 같은, 그물코로 연결된 중심축 통로의 역사를 생각할 수 있다. 산 자와 죽은 자, 수수께끼가 서로 얽혀 있는 '중심축 통로의 그물코' 생각은, 공동체 개념에 새로운 질문을 던진다. 여기서부터 새로운 철학의 비전이 열리지 않을까?

## 주(註)

1) 마틴 하이데거 『존재와 시간 *Sein und Zeit*』, 이기상 譯, 까치 1998.
2) V. ジャンケレヴィッチ 『死』, みすず書房 1978, 22쪽, 487쪽.
3) 拙著 『宗教なき時代を生きるために』, 法藏館 1996.
4) V. ジャンケレヴィッチ 『死』, みすず書房 1978, 348쪽.
5) 日本戰沒學生記念會 『きけわだつみのこえ: 日本戰沒學生の手記』, 岩波書店 1995, 450쪽.

# 제8장 스스로 치료하는 무통문명

## 1. 자본주의와 무통격류

무통격류가 내 안을 통과한다. 나를 관통한 무통격류는 내 양손과 양발을 거쳐서 파도처럼 확산된다. 그것은 여러 겹으로 갈라져 나를 멀리서 에워싸고 다시 나에게로 들어올 기회를 노리고 있다. 무통격류가 드나들 때 느껴지는 이 차갑고 어두운 친밀감. 내게로 흘러 들어오는 것이 나를 만들며, 내게서 흘러 나간 것이 다시 내게로 돌아온다. 피부를, 뼈 속을, 그리고 보이지 않는 연결관을 채우면서 그 물결은 다시 나 자신을 관통한다. 그와 같은 흐름이 나를 중심으로 사방팔방으로 뻗어나간다. 그것은 지평선까지 한없이 미치며 나에게는 보이지 않는 저쪽 편까지 끝없이 확대되어 가는 것이 느껴진다.

무통격류와의 싸움은 어떠한 것일까. 이것은 나의 외부와 싸우는 것이며 동시에 내부와도 싸우는 것이다. 차례차례 흘러 들어와 차례차례 흘러나가는 것과의 싸움. 내 안과 밖에서 전략적으로 흐르면서 서로 연락을 취하며 나를 잠들게 하려는 무통격류에 맞서 도대체 어떻게 싸움을 하면 좋을까. 내 안에 침입한 무통격류와 싸울 때 무통격류가 나를 정말로 침식하지 않을까.

내가 무통격류와 싸울 때 나는 상대편 기세를 느끼지 못하고 반대로 기세를 북돋아 줄지도 모른다. 내가 싸우려는 상대는 내 힘을 이용하여 몇 번이나 땅 속에서 일어설지도 모른다. 왜냐하면 내가 싸우려는 상대는 나 자신을 관통하여 흐르기에 나 자신이 싸워서 활성화되면 될수록 나를 관통하여 흐르는 것도 활성화되기 때문이다. 그 수수께끼를 풀어야만 한다. 내 자신에게로 흘러 들어와 자신으로부터 흘러 나가는 것과의 싸움이라는 것은 도대체 무엇을 하는 것인지 해명해야 한다.

우리들은 자본주의 사회에 살고 있다. 현대의 자본주의란 물질과 돈을 가장 필요로 하는 우리들의 욕망을 원동력으로 새로운 상품을 생산해 내고 시장을 통해 구입하여 소비시키면서 한없이 자기증식운동을 계속해 가는 경제 시스템이다. 자본주의운동으로 생산해 내는 이윤은 이익을 더욱 더 추구하며 재투자된다.

이 자기증식운동이 단순히 시장경제 시스템에만 그치지 않고 우리들 현대사회 전체의 원리가 되었다고 많은 사상가들은 생각해 왔다. 현 상황에 만족하여 행보를 멈추는 것이 아니라 항상 현재의 상황을 부정하면서 온 힘을 기울여 자신을 확대하고 전진하는 현대사회. 오자와 마사키(大澤眞幸)는 이 '자본'이라는 개념이 우리 사회의 '민주주의' '인권' '자연과학적 진리' 등을 은유적으로 대표하고 있다고 했다. [1]

이런 의미에서 자본주의란 시장경제 시스템을 도구로 사용하면서 온갖 장면에서 자기증식을 꾀하려는 현대사회 운동의 상징이라고 해도 좋다.

무통문명의 특징은 자본주의와의 비교로 좀 더 분명해질 것이다.

자본주의와 무통문명의 차이를 분명하게 하기 위해서 각각 기반으로 삼고 있는 원래의 이미지를 생각해 보자. 마르크스(Marx)가 『자본론*Das Kapital*』을 쓴 19세기 고전적인 자본주의 사회의 이미지는 소수의 자본가가 많은 노동자들에게 지나치게 일을 시키고, 그들로부터 이윤을 빨아들이고, 그 이윤을 재투자하여 돈벌이를 점점 더 확대해 가는 것이었다. 그 후 자본주의 발전으로 생산량은 비약적으로 증대했지만 사회적 불평등과 착취도 구조화되어 전 세계로 퍼졌다. 그와 동시에 국가가 경제에 크게 개입하면서 자본주의의 자유스런 활동을 제한하게 되었다. 20세기 후반이 되자 생산보다 소비를 중심으로 자본주의를 보는 방식도 나왔다. 타인이 소유하는 것을 자기도 갖고 싶다거나, 새로운 상품을 더 많이 소비하고 싶다는 소비자의 욕망을 원동력으로 온갖 것을 상품화시키는 운동에 말려들게 하여, 소비자를 자극하는 아주 작은 차이를 끝없이 만들어내고 키워 가는 자본주의. 이윤의 재투자에 따른 자기증식운동이 점점 자본주의의 원래 이미지를 결정하고 있다.

이와 비교해 볼 때 무통문명의 이미지는 어떠한가. 우선 제1장에서 서술한 것처럼 중환자실에서 잠들어 있는 환자를 사회적 규모로 낳고 있는 문명이라는 이미지가 있다. 신체를 둘러싼 환경을 완벽하게 조절하여 고통도 불안도 공포도 없이 편안하고 쾌적한 수면 상태에 있으면서도 이것을 느끼지 못하는 사람들. 사회 전체로 확대된 중환자실. 이 확대된 중환자실은 환자가 깨어나도록 인도하지 않는다. 환자가 깨어나려면 여러 가지 방법을 써서 다시 잠들게 한다.

혹은 제6장에서 서술한 것처럼 철저한 이중관리구조에 놓여 있는 바이오토프(biotope)가 사회 전체에 확대된 듯한 것. 큰 틀은 관리되면서도, 내부의 구석구석은 오히려 관리되지 않고 자연이 맹위를 떨치는 듯이 보이는 세계. 과학기술은 일단 장치된 다음에는 흔적이 사라지면서 자연화된다. 어디까지가 자연이며 어디부터가 과학기술인지 그 누구도 알지 못하는 세계. 그리고 그것의 구별에 아무도 관심을 갖지 않는 세계.

혹은 제3장에서 서술한 것처럼 모든 사람들, 자신을 포함한 모든 사람들이 속박당하여 사회적 규모의 자승자박으로 둘러싸인 문명. 자승자박으로 몸을 움직이지 못하는 사람들은 자신이 싸워야만 할 적이 어디에 있는지 모르게 되어 어느새 지금 현실이 좋지 않은가, 지금 이대로도 좋다는 유혹의 소리에 휩쓸려 버린다. 그것은 마치 소용돌이치는 물에 휩쓸리는 것과 같으며, 처음에는 저항한다고 해도 점차 몸을 맡기는 편이 좋은 거라고 생각해 버리기 시작한다.

또는 앞으로 논할 사항이지만 외부의 힘에 의해 한 순간에 파괴된 시스템이 어느새 그와 같은 파괴 따위는 전혀 없었던 것처럼 다시 살아나 자신을 치유해 가는 상황. 사회를 파괴하려는 힘을 이용하면서 상처를 스스로 치료하고, 전과 같은 자세로 일어서는 사회. 여기에서는 시스템의 파괴행위가 헛수고로 끝난다. 파괴하는 행위 자체가 시스템을 재생하는 계기로 이용되기 때문이다.

무통문명의 원래 이미지는 이상과 같다. 여기에서 서술한 무통문명의 이미지는 이미 현 사회의 여기저기에서 맹아 형태로 관찰된다. 일상의 도시생활에서 자신의 인생이 문득 거대하고 부드러우며 투명한 시스템에 포위되었다고 느낄 때, 우리들은 무통문명의 원래 이미지를 직접 느낄 가능성이 있다.

이미 말한 것처럼 무통문명은 인간의 인생과 지구라는 혹성의 상태를 미리 예상한 범위 안에서 정리하고 조절하려고 한다. 그 방식이 '이중관리구조'다. 이중관리구조 아래에서는 가장 바깥쪽의 큰 틀을 붕괴시킬 수 없다. 지금까지 국가나 거대 조직이 자본주의를 조절하려고 해 왔지만 실패했다. 자본주의는 그들의 조절을 잘 피하면서 확대되었다. 무통문명만이 자본주의의 조절에 성공하였다. 왜냐하면 무통문명이란 자본주의가 변용되어 나타난 형태이기도 하기 때문이다. 자본주의의 변용 형태인 무통문명이 그 원천인 자본주의를 에워싼 것이다.

따라서 무통문명과 자본주의의 관계는 대충 다음과 같다.

무통문명은 자본주의를 포위하여 스스로 하위 시스템으로 안에 조직되었다. 무통문명은 자본주의를 막처럼 에워싸 마치 그 막 바깥에는 아무것도 없다는 생각이 들게 한다. 그리고 막 안에서 일어나는 차이의 생산과 소비 게임에 사람들을 몰두시켜 마치 거기에 신기하고 놀랄 만한 모험이 있는 것처럼 착각하게 한다.

무통문명이 지닌 사회 전체를 틀 속에 짜 맞추는 힘이 자본주의의 자기증식운동보다도 강하다. 그렇기 때문에 자본주의의 자기증식운동은 무통문명의 큰 틀을 파괴하지 않는 범위에서의 '신기(新奇)함'의 추구로만 그 내부의 존재를 허락한다.

사람들은 관리당하는 틀 속에서 신기함을 추구하는 게임으로 뛰어들어 간다. 자본주의는 새로운 것을 추구하면서 '전진'할 뿐, 전체로서의 자기증식은 하지 않는다. '자기증식'은 '신기함의 추구'로 변질된다. 시스템 전체의 자기증식은 사라지며, 시스템 전체는 정상화된다. 자본주의의 프론티어는 내부화되고 짜여진 '거짓 프론티어'가 된다. 자본주의의 '자기증식' 운동은 무통문명에 의해 행동하는 거짓 프론티어를 노리는, 무한정한 '신기함을 추구하는' 운동으로 변질된다. 마치 연못의 수표면을 돌진하는 파도가 연못 바깥벽에 부딪쳐 꺾인 물마루로 연못 내부에 복잡한 파문을 거듭하듯이, 자본주의의 자기증식운동은 무통문명의 연못에 갇혀 자잘한 반사운동을 계속할 뿐인 존재가 된다. 무통문명론은 자본주의의 운명을 이와 같은 투시도로 받아들이려고 한다.

선진국의 괴멸적인 환경파괴나 경제공황은 얼마 안 가 큰 틀에서 극복된다. 지구환경은 혹성 전체로까지 확대된 생태적 바이오토프가 되어, 그 큰 틀을 파괴하려는 시도는 이유가 어찌되었든 모두 배제된다. 지구사회는 대량낭비형 문명에서 순환형 문명으로 이행된다. 무통문명은 생태학적 균형 문명이 된다. 지구환경 문제는 남북 격차를 유지한 채로 큰 틀에서는 해결되고 그 범위 내에서 오로지 거짓 프론티어를 목표로 삼는 경제활동이 작용되어 간다. 이처럼 변질된 자본주의는 이미 '자본주의' 라고 불러서는 안 될지도 모르겠다.

자본주의가 인간의 마음에 일으킨 문제는 더 한층 복잡하다. '소외' '물질화' '마음의 공허' 같은 문제는 정밀한 눈가림 장치로 처음부터 존재하지 않는 것처럼 취급되거나 아니면 존재한다고 해도 대단한 문제가 아닌 것처럼 취급된다. '착취' 메커니즘은 '신체의 욕망'이 '생명의 기쁨'을 빼앗는 시스템으로 진화되며, 이러한 것이 사회 전체를 에워싸게 된다.

따라서 현대사상에 부과된 과제는 자본주의를 포위하면서 형성된 무통문명을 어떻게 하느냐에 따라 극복할 수 있게 된다. 자본주의를 포위하여 그 강점을 자신의 것으로 흡수한 무통문명이 낳는 다양한 문제점에 대한 해결 방법이 우리들의 진짜 과제다. 여기에서 간단히 말한 자본주의와 무통문명의 관계에 대해서 앞으로 한층 더 상세히 생각해 볼 필요가 있다.

여기에서 중요한 논점을 하나 검토해 두고자 한다. 마르크스는 자본가들이 노동자들을 착취하는 것을 자본주의 사회의 악이라고 규탄했다. 빈곤과 차별의 문제는 무통화하는 현대사회 속에도 반드시 있을 것이다. 그러나 무통문명론은 이런 문제를 적극적으로 거론하지 않으려는 것처럼 보인다. 그 대신에 물질이나 금전을 손에 넣은 사람들의 심리 문제를 길게 이야기한다. 이는 지금 정말로 고민해야 할 문제에서 눈을 돌리는 것이 아닐까.

무통화의 선두를 달리고 있는 사회의 곳곳에 빈곤에 시달리는 자, 차별에 괴로워하는 자, 공부를 계속하고 싶어도 돈이 없고 부모는 늙어 오락시설 뒤편에서 휴일도 없이 일해야만 생계를 꾸려나가는 젊은이가 있다. 일하고 싶은데 불황으로 일자리가 없어 임시로 육체노동을 하였다가 몸을 망가뜨려 입원했으나 생활비가 바닥 나 퇴원하고, 다시 병을 얻어 육체노동도 계속하지 못하는 젊은이가 있다. 우리들이 정말로 고려해야 할 것은 물질과 돈을 가진 사람들의 심리적 공허라는 귀족적인 문제가 아니라 약자가 빠진 최악의 상황을 개선하는 방법이 아닐까.

지금의 사회 현실은 이러한 사람들이 후회 없는 인생을 살아갈 가능성을 방해하고 있다. 이에 대해 현실적인 방법을 강구해야 한다는 사실은 맞다. 무통문명론은 이 사실을 부정하지 않는다. 이와 같은 사회적 불평등을 전적으로 생각하는 것은 내가 제창해 온 '생명학' 의 커다란 테마 중 하나다. 나는 이들 문제는 생명학의 맥락에서 확실히 논의하지 않으면 안 된다고 생각한다. 이 점은 짚고 넘어가고 싶다.

덧붙여 말하자면, 이 문제를 무통문명론의 논의의 틀 속에 포함시키면 다음과 같이 된다. 즉 무통문명론은 위의 사람들이 물건을 더 갖고 싶다, 돈을 벌어서 지금의 어려운 생활을 이겨내고 싶다, 좀 더 쾌적한 생활을 보내고 싶다는 욕망에 초점을 맞춘다. 혹은 "왜 내가 이런 상황에 빠졌는가, 나에게도 문제가 있었던 것은 아닐까 하는 점에는 가능한 눈을 가린채 지금의 문제를 편안하게 해결하고 싶다"는 욕망에 초점을 맞춘다. 그들이 그와 같은 욕망을 갖고 있는 한 무통문명은 그들로부터 에너지를 빨아들여 무통격류를 한층 더 증대시켜 가기 때문이다.

무통화하는 지구사회의 인구는 머지않아 일정해지고, 지구환경은 조절되며, 생산력이 증대되어 세계의 빈곤층에게도 살아갈 만큼의 식량과 의료가 배급될 것이다. 그들에게도 물질과 돈이 공급되고 무통화의 도구가 배급되어 무통화 사회에서는 어쨌든 계층으로서의 빈곤층은 없어질 것이다. 무통화하는 현대사회를 가장 선두에서 이끄는 엘리트들도 노숙자와 빈민같이 의사들의 도움을 받지 못하는 계층이 존재한다는 사실이 불쾌하기 때문에 빈곤층을 중산층으로 끌어 올리도록 노력하든지 그렇지 않다면 그들의 존재를 미리 없애 버릴 것이다. 이리하여 무통화가 진행되는 사회에 존재하는 대부분의 인간들은 물질과 돈과 무통화를 위한 도구를 충분히 제공받으며, 그 결과 뼈 속까지 무통화 병리의 침범을 받게 된다.

그와 같은 사회가 오는 동안에 무통문명은 빈곤층 사람들에게 지금 이대로도 편안하지 않느냐, 여기에서 만족하는 것이 행복하지 않겠느냐는 세뇌를 시작한다. 세뇌를 당한 자에게 근거 없는 안심감을 주고, 세뇌당하지 않는 자에게는 너희들이 무엇을 하든 현실은 바뀌지 않는다는 무력감과 절망을 준다. 그리고 무력감과 절망으로부터 빠져 나왔다고 생각하는 사람들에게 각종 눈가림 장치를 제공하며 그들을 무통격류 속으로 빠지게 한다. 무통문명은 있는 자와 없는 자를 각각 다른 경로를 통해서 무통격류로 빠져들게 한다.

이것이 빈곤과 사회적 불평등 문제에 대한 무통문명론의 논의 방식이다. 무통문명론은 이들 문제를 외면하지 않는다. 굳이 말한다면 위에서 보듯이 냉정하게 처리한다.

한편, 여기서 '무통격류'의 개념을 재검토해 보겠다.

무통격류는 나를 관통하고 흘러 나를 무통화하는 유동체다. 이것은 내 안에 흘러 들어와 나를 안에서 무통화함과 동시에 내 안의 신체의 욕망에서 나오는 힘을 얻어 세력을 늘려 내 외부로 내보낸다. 이것은 나아가 다른 사람들에게로 흘러 들어가 그들을 무통화한다. 이렇게 해서 이 사회를 살아가는 사람들을 자승자박의 흐름으로 꼼짝 못하게 한다. 애초에 무통격류를 만들어낸 인간은 없다. 이는 사회에서 사람들이 접촉을 반복하는 사이에 사람들의 내면에서 신체의 욕망이 서로 자극을 주며 유동체가 되어 사회로 넘쳐 나와 커다란 물결이 된 것이다. 이는 사람들의 '신체의 욕망'을 원천으로 해서 자발적으로 생겨난 것이다.

무통격류는 마르크스가 말하는 '자본'과 비슷한 면이 있다. 마르크스에 따르면 '자본'이란 생산된 상품이 화폐를 매개로 유통되는 과정에서 자기증식을 하는 가치 있는 운동의 주체다. 이 자기증식운동에 자본가도 노동자도 휘말린다. 자본가는 이 자기증식운동의 진행자이며, 노동자는 자기증식운동에 따라 가치를 빨아 먹히는 존재다. 즉 '자본'은 누군가의 감독 아래 인위적으로 움직여지는 것이 아니다. '자본'은 자신의 논리에 따라 자기증식운동을 최후까지 계속한다. 그리고 자본가도 노동자도 '자본'의 자기증식운동을 감당하지 못하고 휘말려, 말하자면 자본에 의지하며 살고 있는 것이다.

무통격류 또한 누군가의 감독을 받아 인위적으로 조종되는 것이 아니다. 무통격류는 신체의 욕망을 영양의 원천으로 삼으면서 자율적인 운동을 계속한다. 그리고 무통격류는 신체의 욕망으로부터 영양분을 빨아들여 점점 커다란 물결을 만들려고 하는데, 이는 '자본'이 갖는 자기증식의 본성과 비슷하다. 무통격류에 포위되어 내부로 향한 자본주의는 이 자기증식의 본성을 무통격류로 조금씩 옮겨 심고 있는지도 모른다. 혹은 자기증식 시스템이 '자본'에서 '무통격류'로 이전될지도 모른다. 무통격류로 옮겨 심는 작업을 성공시킴에 따라 자본주의는 무통문명 안에서 간신히 살아남는다고도 할 수 있다.

무통격류가 운동을 계속하기 위해서는 사람에서 사람으로 뚫고 들어갔다 나왔다를 반복해 가지 않으면 안 된다는 점도 '자본'과 비슷하다고 말할 수 있다. 물론, 무통격류에게 자본가와 노동자라는 구별은 존재하지 않는다. 그에 대응할 만한 것을 찾는다면 무통격류와 싸우는 인간과 무통격류에 조종되는 인간의 구별이다. 앞서 말한 것처럼 마르크스의 자본론은 현재의 무통문명의 모습을 파악하고 있는 것은 아니다. 그러나 마르크스가 제시한 '자본'의 개념은 자본주의를 포위하는 형태로 나타나는 무통문명의 핵심 부분인 무통격류를 예견한 것이라고 할 수 있다. 이 점은 상당히 흥미롭다.

무통격류는 루만(N.Luhmann)의 '커뮤니케이션' 개념과 공통성을 갖고 있다. 루만은 '커뮤니케이션'을 오토포이에시스(Autopoiesis, 자기생산성)로 이해한다. 오토포이에시스란 스스로 자신의 영역을 구획 지으면서 발전해 가는 시스템이다. 이것은 자발적인 운동에 대해서 내재적으로만 연관되며, 결코 외재적인 관점으로 정의하지 않는다. 루만에 따르면 인간이 먼저 존재하고 인간 사이에서 '커뮤니케이션'이 성립되는 것이 아니다. 반대로 다음에서 다음으로 자동적으로 생성되는 '커뮤니케이션'의 연쇄라는 것이 있어서, 그 매듭에 인간들이 매달려 있을 뿐이다. '커뮤니케이션'은 매달린 인간들을 매개로 다음 '커뮤니케이션'으로 자동적으로 연쇄된다. 인간의 '커뮤니케이션'에의 참가는 가능하지만 인간과 인간이 '커뮤니케이트'한다는 뜻은 아니다. '커뮤니케이션'은 인간을 매개로 이용해서 새로운 '커뮤니케이션'으로 '커뮤니케이트'해 가는 것이다. '커뮤니케이션'의 세계와 인간의 세계가 정면으로 교차되는 일은 없다. [2]

무통격류에도 이와 같은 자기생산성의 측면이 있다고 생각된다. 무통격류는 인간 속으로 흘러 들어와 내부에 존재하는 신체의 욕망으로부터 영양분을 받은 후에 외부로 흘러 나가 새로운 인간을 향해 흘러간다. 신체의 욕망이 서로 자극을 주고받아 차례차례로 무통격류를 생성하는 과정은 자기생산성에 가깝다. 생성된 무통격류는 사람에서 사람으로 관통을 반복하면서 점점 더 커다란 물결로 자기 자신을 성장시킨다. 무통격류는 신체의 욕망을 갖고 있는 인간들을 매개로 이용하면서 성장한다.

그런 의미에서 루만의 '커뮤니케이션' 개념과 가까운 점이 있다. 다만 무통격류의 경우, 인간은 자신의 내부로 흘러 들어온 무통격류를 의식하고 싸움을 걸 수 있다. 그에 관해서는 나중에 말하기로 하겠지만 직접적인 전투를 할 수 있다는 점에서 무통격류가 루만이 말하는 '커뮤니케이션'과는 다를 가능성이 있다. 루만은 '커뮤니케이션'의 차원과 인간의 차원을 좀 더 엄격하게 분리하는 것처럼 보이기 때문이다.

푸코가 말하는 '익명의 권력' '보이지 않는 권력' 개념도 무통격류와 공통점이 있다. 푸코에 따르면 근대에 성립한 '권력'은 감시하는 자가 눈에 보이지 않는 어둠 속에 숨고, 감시받는 자가 환한 곳에 드러나는 형태로 작동한다. 은밀히 숨어서 기능하는 '권력'이 사회 곳곳에서 사람들을 지켜보고 있다. 이와 같은 '권력'의 구조가 가장 상징적으로 표현된 것이 구치소의 '일망감시장치(一望監視裝置, panopticon)'다. 그곳의 죄수들은 한가운데에 있는 간수의 감시를 받는데 죄수들은 감시자인 간수의 모습을 볼 수 없다. 죄수들은 혹시 간수가 지금 내 쪽을 보고 있을지 모르겠다고 생각하면서 행동의 자유를 제약받게 된다. 이 일망감시장치에 따라 '권력'은 기계장치와 같은 역할을 한다. '권력'은 자동적인 성질을 띠며 몰개인화된다. 이 장치가 있다면 사실 간수라는 인간조차 불필요해진다. 죄수는 간수가 나를 감시하고 있을지도 모른다는 자의식을 갖고 스스로 복종하기 때문이다. 일망감시장치라는 장치가 있다면 죄수를 복종시키는 데 간수는 필요 없으며 '권력' 은 그 장치 속에서 자동적으로 생성된다. 근대사회란 이 같은 '규율권력' 이 구석구석까지 미치는 사회다. [3]

한편 푸코는 이것과는 다른 차원의 권력인 '생체통제권력' 에 대해 이야기한다. 즉 근대 이전에는 사람의 행위를 금지하고 억압하고 폭력을 가하는 '권력' 이 주를 이루었지만 근대에는 새로운 '권력' 이 등장하였다. 그것은 우리들의 생명을 측정하고 관리하고 정상화하여 살도록 재촉하는 '권력' 이다. 푸코는 우리들의 생명을 관리하는 이런 종류의 권력을 '생체통제권력' 이라고 한다. 이 '권력' 은 사령부라는 상부 장소에서 오는 것이 아니라 일반 사람들이 속한 하부에서 온다. 우리들의 일상적인 현장이야말로 '권력' 발생의 장소다. [4]

푸코의 이러한 통찰은 무통문명론이 제기한 몇 가지 가설을 먼저 제시했다고 할 수 있다. 예를 들면 무통문명론에서 무통격류는 우리들 각자가 갖고 있는 신체의 욕망으로부터 만들어져 증폭된다고 생각한다. 그리고 증폭된 무통격류는 자승자박의 커다란 물결이 되어 다양한 경로를 통해서 우리 자신을 속박시킨다. 푸코는 규율권력에 관해서 다음과 같이 썼다. "가시성의 영역에서 강요당하는 상황을 잘 알고 있는 자는 스스로 권력에 의한 강제성에 책임을 떠맡고 자발적으로 그 강제성을 자신에게 적용시킨다. 더군다나 동시에 자신이 두 가지 권력 관계를 자신과 맺어 스스로 복종과 강제의 근원이 된다." [5]

푸코는 자신이 스스로에게 복종하는 권력의 자승자박의 구조에 대해서 말한다. 예리한 지적이다. 그러나 푸코는 '강제-복종' 에 신경을 집중한 나머지, 권력의 발생 근원인 '신체의 욕망' 의 생생한 발로를 충분히 시야에 넣지 않았다고 생각한다. 무통문명론에서 본다면 스스로의 내부에서 생생하게 일어나는 신체의 욕망이 무통격류로 편성되어 스스로를 속박하고 화석화해 가는 일련의 과정이 문제다. 푸코의 관점은 이 과정에 대한 충분한 해명에까지는 미치지 않는 것이 아닐까. 그 원인 중 하나는 푸코의 논리가 권력론의 큰 틀에서 그치고 있다는 점에 있다. 우리들은 권력론의 큰 틀을 넘어서서 욕망론의 큰 틀에서 전부를 다시 받아들이지 않으면 안 된다.

만년의 푸코는 사회에 넓게 퍼져 있는 권력 속에서 인간이 어떻게 '저항하는 주체'가 될 수 있는가에 대해 생각했다. 푸코에 따르면 인간은 권력에 의해 '욕망하는 주체'로 만들어진다. 그렇지만 동시에 이 '욕망하는 주체'는 자기 자신을 근거로 하면서 권력에 맞서는 저항주체로도 될 수 있다. 『성의 역사』는 이 저항하는 주체의 가능성을 추구한 책이다. 푸코는 이와 같은 관점에서 욕망을 검토했는데, 그러나 무통문명론의 관점에서 보았을 때 푸코는 '욕망'의 개념을 충분하게 분석하지 못했으며, 저항하는 주체의 싸움 방법에 대해서도 충분하게 이야기하지 않고 있다. 무통문명론은 이와 같은 문제들을 욕망론의 영역에서 새로운 각도로 전개한다.

네그리(Negri)와 하트(Hardt)는 『제국Empire』에서 자국을 확장하는 제국주의와는 전혀 다르게 작동하는 『제국』을 묘사하고 있다. 6) 『제국』은 국토를 넘어서서 지구의 네트워크 상에서 전개되는 권력운동으로 지구상의 모든 사람들을 그 흐름 속에 삼켜 버린다. 억압하는 쪽을 네트워크 상에서 전개하는 유동체로 해석하는 점에서 『제국』의 개념은 '무통격류'와 비슷하다고 할 수 있다. 그러나 네그리와 하트는 『제국』의 반항하는 주체로서 다양한 사람들로 구성된 '다수'를 제창하고 있지만 이 다수가 어떻게 '제국'의 악마와 같은 그물망을 빠져 나가 반항할 수 있는가를 제시하지 않고 있다. 무통문명론의 관점으로 보았을 때, 그들의 논리는 이 점에서 너무나도 낙관적이다.


## 2. 욕망을 다시 생각한다

'욕망'은 무통문명론의 가장 기본적인 개념이다. '신체의 욕망'에서 무통격류가 생기고, 이를 극복하기 위해서 '생명의 욕망'이 일어난다. 현대 사상에서 '욕망'은 어떻게 생각되어 왔는가.

'욕망'은 우리들이 생물로서 살아가기 위해 기본적으로 필요한 '욕구'와는 다르다. '욕망'은 "저게 아니라 이것이 필요 이상으로 너무나 갖고 싶다"는 생각 중심으로 형성된다(생리적인 욕구와 구별된 사회적 욕구라는 개념은 '욕망'과 겹쳐지는 부분이 있다). 자본주의와 근대 주체는 이 같은 '욕망'에 의해 만들어진다.

프로이트는 인간을 자극시켜 행동에 이르게 하는 힘을 '욕동(欲動, Trieb)'이라고 불렀다. 인간의 유아기에 어머니와의 합일이 아버지에 의해 깨지는 '거세'라는 사건이 심리적으로 일어난다. 프로이트에 이어서 라캉(Jacques Lacan)은 이 '거세'라는 심리적 사건이 우리들의 '욕망'을 형성한다고 생각했다. 즉 '거세'에 의해 우리들의 마음속에는 결정적인 무언가를 잃어 버렸다는 빈 동굴과 같은 결여가 생긴다. 그러나 우리들은 도대체 무엇을 잃어 버렸는지 구체적으로 알 수 없다. 그렇기 때문에 우리들은 자신의 마음속의 빈 동굴을 메우기 위해서 대상을 차례차례로 쫓아 헤매기 시작한다. 그러나 무엇을 손에 넣는다고 해도 그것이 마음속의 빈 동굴을 채우지는 못한다. 이렇게 해서 인간은 결코 찾을 수 없는 대상

을 쫓아 한없이 헤매 다니게 된다. 라캉에 따르면 이것이야말로 '욕망'의 원점이라고 한다. [7)]

틀림없이 '욕망'에는 라캉이 말한 특징이 있다. 그러나 라캉은 무통문명론이 받아들이는 '욕망'의 여러 모습을 깊이 고찰하고 있다고는 할 수 없다. '욕망'에는 더욱 다양한 얼굴이 있다.

들뢰즈(Gilles Deleuze)와 가타리(Felix Guattari)는 『앙띠 오이디푸스』[8)]에서 라캉 식의 '욕망'의 해석을 부정한다. 그들에 따르면 '욕망'이란 우리들에게 각인된 결여를 채우려는 운동이 아니다. '욕망'이란 인간과 사회에 깔려 있는 다양한 물건을 더 많이 더 생산하려는 커다란 힘의 흐름이다. 욕망에 의한 생산과정은 접속된 일련의 기계처럼 작용한다. "욕망이라는 것은 기계(機械)로서 모든 기계의 종합이며 기계적 '구조'다. 즉 욕망이 기계라는 것이다. 욕망은 생산의 질서에 속하며 모든 생산은 욕망하는 생산이면서 동시에 사회적 생산이기도 하다." [9)]

이 '욕망'은 다만 오로지 생산하고 "자신이 원하는 물건을 원함으로써 혁명적" [10)]이다. 따라서 '욕망'은 이 사회를 협박하는 것이며 사회를 폭파할 잠재력도 지니고 있다.

들뢰즈와 가타리는 '욕망'을 가장 바탕에 깔려 있는 긍정적인 개념으로 제시하였고 「욕망이 도망가는 길」 [11)]에서 사회변혁의 희망을 발견하려고 한다. 그러나 이는 무통문명론의 사고방식과는 다르다. '생명의 욕망'은 단순한 '도망가는 길'이 아니기 때문이다. 들뢰즈와 가타리의 욕망론은 매력적이지만 우리들은 그들과는 다른 방식으로 생각하지 않으면 안 된다.

앞서 말한 것처럼 푸코는 사회 구석구석에 존재하는 권력이 우리들의 '권력'을 형성한다고 생각했다. 즉 '욕망'은 우리들의 내면에 각인된 것이 아니라 사회 권력관계에 따라 구축된다는 것이다. 이 사고방식은 그 후 사회구축주의(社會構築主義, Social Constructionism)에 커다란 영향을 주었다. 즉 우리들의 '욕망'은 항상 만들어지는 것으로 '나체의 욕망'은 어디에도 존재하지 않는다는 것이다.

그러나 사회 구석구석에 존재하는 권력이라는 것도 또한 무언가 다른 것에 의해 구축되었을 것이다. 즉 권력을 구축하려는 원동력이 된 어떤 욕망이 그 배후에 존재했을 것이다. '욕망'과 '권력'은 닭과 달걀처럼 서로가 서로를 낳는 순환구조로 되어 있을 것이다. 따라서 '욕망'의 피구축적인 측면만을 강조하는 것은 사물의 일면밖에 보지 않는 것이다. 즉 우리들의 내부에 존재하는 신체의 욕망이 뚜렷하게 표면에 드러나 유출되고, 무통격류로서 편성된 과정에서 그것은 독특한 권력의 그물망을 산출하고, 그 권력의 그물망이 이번에는 반대로 우리들의 내부 욕망을 틀에 짜 맞추면서 육성하는 경우가 생긴 것이다.

이 점에 대해서 좀 더 고찰해 볼 필요가 있다. 이 사회구축주의 관점은 우리들에게 커다란 교훈을 주었다. 무통문명론에서는 '신체의 욕망' '생명의 욕망'의 내용에 대해서 말하지만 그것은 어디까지나 현재 사회상황에 따라 각인되고 장식된 것이라는 것뿐이다. 이들 욕망의 내용이 시대를 초월하여 동일하다는 보증은 어디에도 없다. 그리고 이들 욕망을 생물학적인 요인으로 간단히 동일시하는 것도 피해야 한다. 무통문명론은 '신체의 욕망'이 문명의 구조를 뿌리에서 정한다고 생각한다. 그 점에서 보면 욕망결정론처럼 보인다. 그러나 '신체의 욕망'의 구체적인 내용은 현재 고도 물질문명에 살고 있는 인간들의 리얼리티를 바탕으로 분석된다. 이런 의미에서 무통문명론은 욕망의 구체적인 내용에 대해서 논할 때 항상 지금의 '선진'국 사회에서 구축되고 규정된 욕망에 대해서 논의하게 되는 것이다.

무통문명론은 현대사상의 욕망론에 혁신적인 관점을 도입한다. 많은 논자들이 '욕망'이라는 개념을 하나로 묶어서 해석해 왔지만, 무통문명론은 그것을 '신체의 욕망'과 '생명의 욕망'의 두 종류로 나눈다. 그리고 이들 두 욕망 사이에 싸움이라는 틀을 제시한다. 이에 따라 지금까지 보이지 않았던 현대사회와 인간의 구조 일부분이 분명히 밝혀질 것이다. '신체의 욕망'과 '생명의 욕망'에 대해서 더 생각해 보자.

우선 '신체의 욕망'은 (1)쾌락을 추구하고 고통을 피한다 (2)현상유지와 안정을 꾀한다 (3)기회가 있으면 확대 증식한다 (4)타인을 희생시킨다 (5)인생·생명·자연을 관리한다는 다섯 가지의 형태를 취한다.

그런데 나는 이것들을 기본적인 욕망과 거기에서 파생된 몇 가지 욕망으로 나누어 생각해 보겠다. 즉 '신체의 욕망'이라는 기본적인 욕망을 묘판으로 하면서 그 이상을 향해 차례차례로 자기전개를 해가는 일련의 욕망이다.

'기본적인 신체의 욕망'이란 (a)고통을 피하고 가능한 줄이고 싶다 (b)쾌락과 자극을 가능한 많이 원한다 (c)안락함과 쾌적함을 가능한 많이 원한다는 것이다. 무통문명을 형성하는 가장 기본적인 욕망은 이와 같은 형태를 취하고 있다.

이 기본적인 신체의 욕망이 앞서 말한 보다 심화된 몇 가지의 욕망으로 전개된다. 즉 획득한 쾌락과 쾌적함을 손에 쥐겠다는 욕망. 자신의 틀은 무너뜨리지 않은 채 기회가 있다면 자신의 영토를 확대하려는 욕망. 자신의 욕망을 채우기 위해서라면 타인이 조금 희생당해도 어쩔 수 없다는 욕망. 자신의 인생·생명·자연 등을 계획대로 조절하겠다는 욕망. 이들 욕망으로 자기전개시켜 갈 때의 욕망의 운동 전체가 '신체의 욕망'이다.

'신체의 욕망'의 특징은 전개하는 힘에 있다. 단순하게 쾌락을 즐기며 고난을 피하는 단계에서 그치는 것이 아니라, 그것을 기반으로 꽃을 차례차례로 피워서 새로운 욕망을 낳고 전개해 가는 곳에 '신체의 욕망'의 본질이 있다. '신체의 욕망'은 전개되는 과정에서 조절이성을 자신에게 내부화시켜 '무통격류'의 물결을 발생시키고 사람들을 차례로 삼킨다. 사회를 '이중관리구조'로 에워싸고, '예방적 무통화'의 과학기술로 '눈가림 장치'를 만들어 우리들을 '자승자박'으로 유도한다. 한 쾌락에 질리게 되면 다른 종류의 쾌락을 추구하게 하고, 다시 질리면 몇 가지의 쾌락 사이를 왔다 갔다 하게 하여 그 왕래를 무한정 반복시키고, 그 반복에 의해 기쁨을 느끼지 못하는 사실을 숨기고, 그렇게 해서 자신의 손으로 자신의 생명을 조여 가도록 유도한다.

　'신체의 욕망'은 나의 내부에서 차례차례로 끓어올라온다. 그것은 내 심층에서 오는 힘과 나를 관통하는 무통격류에서 오는 힘에 촉발되어 무진장 끓어오른다. 왜냐하면 나의 '살아가려는 힘'을 지탱하는 것이야말로 '신체의 욕망'이기 때문이다. '신체의 욕망'이 저절로 전개하여 차례로 새로운 욕망을 낳아 가는 힘이야말로 이치를 뛰어넘어 나를 살게 하는 것이다. '신체의 욕망'을 소멸시키면 나는 사는 의미를 잃고 죽어 버릴 것이며, 현대사회에서 '신체의 욕망' 대로 산다면 나는 죽음에 도달하면서 사는 화석의 삶을 보내게 된다. 어느 쪽을 택한다고 해도 생명으로부터 멀어져 가는 구조 속에서 우리들은 차례대로 먹이를 받아, 받은 먹이에 질리고, 질려 있다는 사실에 눈속임 당하며, 사는 의미를 잃고, 이미 만들어진 '의미'가 공급된다. 정신치료나 종교가 공급된다. 무통문명론이 공급되고 무통문명론을 향한 비판이 공급된다. 질려 있는 나, 싸우는 나, 아름다운 내가 공급되며 그에 대한 무관심, 아노미, 절망이 공급된다. 정상적인 상태의 문명병리가 여기에 있다.


## 3. 개화(開花)의 지혜

'생명의 욕망'에 대해서 제5장과는 다르게 이야기를 해보자.

'생명의 욕망'이란 '신체의 욕망'을 초월해 나가려는 욕망이다. '생명의 욕망' 또한 '기본적인 생명의 욕망'과 그것이 파생된 욕망으로 나눌 수 있다. '기본적인 생명의 욕망'이란 자신의 중심축에 따르면서 고통에서 빠져 나와 획득한 것을 손에서 내려놓고, 타인의 생명 욕망을 빼앗지 않고 에로스적인 만남을 추구하며, 생명의 빛을 구해 자신이 예상하지 못했던 자기로 변용해 가는 기쁨을 추구하는 욕망이다. 이 중에는 조금 파생적으로 여겨지는 부분도 있지만 어쨌든 이들 일련의 욕망을 기본으로 하여 해석하겠다.

이 기본적인 생명의 욕망이 한층 더 심화된 생명의 욕망으로 자기전개된다. 우선 획득물을 손에서 놓아 줌으로써 자신 안에 잠들고 있었던 싹을 개화시키고 싶다(개화의 욕망). 뺏는 쪽 또는 빼앗기는 쪽에서 포식(捕食)의 연쇄로 참가하고 싶다(포식의 욕망). 자신의 창조물과 한정된 자신을 납득할 수 있는 형태로 우주로 돌려보내고 싶다(우주회귀의 욕망). 이들 세 가지로 자기전개하는 욕망의 운동 전체가 '생명의 욕망'이다. '신체의 욕망'의 움직임은 자신의 틀을 유지한 채 자기전개한다. 이에 반해 '생명의 욕망'은 중심축에 따라 자신의 틀을 해체하면서 자기전개한다. '개화의 욕망'을 지원하는 '개화의 지혜' '포식의 욕망'을 지원하는 '포식의 사상'에 대해서는 이미 제5장에서 접했고 '우주회귀'에 대해서는 제7

장에서 시사했다. 이 세 가지의 '생명의 욕망'에 대해서 한층 더 자세하게 살펴보겠다.

'생명의 욕망'에는 소유물을 늘려 가는 방향이 아니라 반대로 소유물을 버리거나 지금 자신의 틀을 무너뜨려 새로운 세계를 엿보려는 욕망이 포함되어 있다. 자신의 소유물을 손에서 놓음으로써 자신 안에 잠들어 있던 싹을 개화시키겠다는 욕망이다. 그 욕망을 지원하기 위한 지혜를 나는 제5장에서 '개화의 지혜'라고 불렀다. 외부 세계를 측정하거나 개척하거나 지배하기 위한 '지혜'가 아니라 반대로 내부 세계에서 맹아인 채로 남겨지는 것에 물을 주거나 햇빛을 쬐여 서서히 개화시켜 가기 위한 '지혜'가 '개화의 지혜'다.

개화의 지혜란 자신 안에 남은 잔존물을 모두 음미해 가는 방법이다. 소유물을 어떠한 계기로 잃었을 때 한탄하며 슬퍼하는 것이 아니라 결국에는 잔존물을 소중히 여기면서 음미하여 지금까지 생각지도 못했던 새로운 세계와 만나는 것이다.

예를 들어 병이나 장애로 육체를 자유롭게 움직이지 못하게 되었을 때 재활치료나 인공장기를 통해 원래 육체로 회복하려고 한다. 그러나 노력을 해도 원래의 육체로 회복되지 않을 때 어떤 일이 일어날까. 우선 나의 활동범위가 좁아진다. 지금까지 혼자서 가능했던 일을 할 수 없게 된다. 내가 인식하는 세계의 모습이 크게 바뀐다. 간병 도우미나 기계를 통해 세계와 교류하지 않으면 안 된다. 어떤 의미에서 이것은 패배한 인생이다. 그렇지만 이 패배를 경험함으로써 그 때부터 펼쳐지기 시작하는 세계도 있는 것이다.

나를 둘러싼 인간관계가 극적으로 바뀐다. 이것에 의해서 나는 지금까지 체험한 적이 없는 인간의 모습을 직시하게 될 것이다. 그리고 부득이

하게 그 인간관계를 맺게 되고, 내가 생각지도 못했던 언행이나 행동을 하게 됨에 따라 내 자신이 쇼크를 받을지 모른다. 그렇지만 열려진 세계야말로 나에게는 새로운 세계다. 육체를 자유자재로 움직일 수 있었을 때에는 전혀 볼 수 없었던 새로운 세계가 열린다. 슬픔과 괴로움, 패배감과 함께 새로운 세계가 다가온다. 내 육체가 결정적으로 무언가를 잃어 버렸을 때, 지금까지 인식하지 못했던 신기한 세계를 발견할 가능성이 있다. 결정적으로 무언가를 잃어 간다는 사실에 충분히 탄식하면서도 뒤돌아서서는 새로운 무언가가 나를 기다려 주는 것이 아닐까 하는 예감에 귀 기울이는 것. 우리들 앞에 그 가능성이 있다는 것을 민감하게 알아채는 감수성이다. 소유물이 많을 때는 단순한 잔여물이라고 생각했던 것 속에 보물은 숨겨져 있다.

예를 들면 숟가락을 눈앞에서 아주 조금만 회전시키는 것만으로도 숟가락은 다른 독특한 모습을 내게 보여준다. 이는 지금 이 순간에 일어나는 생성이며 이를 회전시키기 직전까지는 전혀 미지였던 새로운 세계의 가능성이 지금 여기에서 개화하는 것이다. 지금까지는 거기에 있었지만 여러 가지 이유로 보이지 않았던 것이 내 앞에서 개화하는 것이다. 이것이 '개화'의 기본형이다.

소유물은 어느 것 하나 늘어나지 않는다. 다만 손가락에 쥐고 있던 물건을 회전시켰을 뿐. 거기서 새로운 세계가 열린다는 수수께끼. 물건을 여러 각도에서 바라보거나 그 표면을 어루만지거나 평상시 두었던 곳과 다른 장소에 두어 보거나 하면 그 물건에 대한 시각, 빛의 반사법, 촉감, 소중함, 존재의 가치 등의 변화를 경험할 수 있다. 이런 세세한 사건, 체험에 신경을 쓰면 '개화'라는 새로운 사고방식, 새로운 욕망의 형식이 탄생된다.

혹은 내가 기득권을 버리고 자신을 해체해 가는 과정에서 전에는 불가능했던 것이 가능하게 되는 경우도 있다. 예를 들어 권력을 잃고 나서야 비로소 주위 사람들을 자상하게 대할 수 있게 된다. 이것도 개화의 일종이다. 개화에는 이와 같은 적극적인 측면이 있다. 개화의 욕망은 기득권과 소유물을 풀어 주면서 "하지 못했던 일을 할 수 있게 되고 싶다"는 희망을 포함시킨다. 그리고 그와 같은 형태로 어떠한 일이 발생할 때의 기쁨을 중요시한다. 개화의 지혜란 단순히 '남겨진 것에 만족하는 지혜'가 아니다. 지금까지 알지 못했던 가능성을 적극적으로 끌어내 개화시키기 위한 긍정적인 지혜의 방법이다. 예상하지도 못했던 상황에 빠졌을 때 자신이 하지 못했던 생각을 하거나 뜻밖의 힘을 발휘할 수 있다. 이런 때, 나는 미지의 자신과 만난다. 이것도 또한 나라는, 기존에 알고 있었던 존재 안에서 미지의 가능성을 이끌어 내는 시도라고 생각할 것이다.

개화의 지혜의 도달점은 자신의 죽음이다. 자신의 죽음이라는 자리에서 자신의 세계를 역조명할 때 빛을 받는 모든 것에서 각각의 독자적인 꽃이 여기저기에서 조용하게 개화하기 시작한다. 이 꽃들은 내가 소중히 여기는 것을 잃는 과정에서 혹은 내가 스스로의 틀을 무너뜨려 가는 과정에서 한층 더 빛을 받으며 피어난다. 자신의 죽음이라는 자리에서 지금 이 세계에 빛을 받도록 하는 법을 개발해야 한다. 강렬하게 한 번만 빛을 받는 것이 아니라 내가 이 세계를 살기 위한 끊임없는 배경 빛으로 계속 조명되어야 한다. 그 배경 빛이야말로 죽음을 의식한 내 눈앞에서 곱게 자고 있는 존재물들이 발하는 빛이 되어 나의 세계를 채우는 것이다. 무통문명을 퇴각시키는 힘을 갖는 것은 이러한 종류의 빛이다. 윤곽을 확실히 잡기 위해 외부에서 비추는 빛이 아니라 존재물의 내면에서 아름다움과 함께 배어 나오는 부드러운 빛. 그 빛을 받들어 주는 것은 내 죽음이라는 완전한 어둠이며 내가 아직 살아 있다는 궁극적인 수수께끼다. 나는 왜 아직 살아 있는 것일까. 내 앞에 남겨진 것을 모두 음미하기 위해서일까. 내가 간병하는 데 지쳐서 환자를 때리거나 죽여 버릴까 하고 생각하는, 그런 마음의 움직임 하나하나가 내 틀이 무너져 가면서 찾아오는 새로운 세계의 음미임에 틀림없다.

빛은 존재물에서 나오는 것이 아니라 내 자신에게서도 발산된다. 공포와 불안과 비명조차 빛의 변용체로서 나를 충만하게 한다. 거리에 나와 더럽혀진 건물 벽을 내가 손가락으로 건드릴 때마다 그 접촉점에서 작은 꽃이 개화한다. 그 꽃을 덮어 씌워 보이지 않도록 하는 것이야말로 무통문명이다. 이 사회는 정말이지 무수한 꽃들로 뒤덮여 있을지 모른다. 아침 햇살이 떠오를 때마다 거리의 빌딩 벽에 형형색색의 무수한 꽃이 일제히 개화한다. 도로도 전철도 가게 테이블도 이 꽃들로 꽉 채워진다. 사람들은 이 꽃들을 헤치면서 걷고 있다. 날아오르는 꽃잎은 네온 색을 띠는 가느다란 철사로 짜여져 있고 밤이 되면 한 장 한 장 빛을 뿜으며 주위를 바다 밑으로 바꾼다.

개화의 지혜는 음미이기도 하다. 음미라는 것은 나의 잔존물, 지금 나의 소유물 중에서 지금까지 인식하지 못했던 빛, 색, 감촉, 따뜻함, 움직임, 아름다움을 끌어 올리는 시도. 혹은 이미 봐서 익숙해진 모습이나 광경 중에, 지금 그것을 느끼면서 내가 존재한다는 아름다움과 기쁨을 발견해 가는 시도다. 음미를 소유할 수는 없다. 왜냐하면 이미 잘 아는 존재의 생각지 못했던 일면과 미지의 가능성이 지금 눈앞에 또렷이 끌어 올려지는 경험이 음미이기 때문이다. 물질과 상황에 대한 이 같은 연관성이 음미이기도 하다. 세계를 음미하는 시도에서 세계는 자기충족 하고 있다. 음미란 소유의 분위기를 초월하여 자기충족의 차원에 이르는 시도이기도

하다.

음미란 손에 남겨진 것, 주어진 것 중에서 미지의 가능성을 눈앞에 끌어 올리는 시도다. 미지의 가능성이 눈앞에 끌어 올려지는 체험, 이를 '영원'이라고 부른다. 왜냐하면 그 체험이 생성될 때 세계는 현재에 의해 충족되기 때문이다. 현재에 의해 충족된다는 것은 지금까지 인생 전체의 경위가 충족된 곳을 향해 흘러 들어가서 향후 인생의 모든 가능성이 여기에서 생성된다는 것을, 지금 모든 존재가 확실히 확신할 수 있음을 의미한다. 자기충족이란 지금 여기에서, 이 이상 다른 것은 존재하지 않아도 된다, 지금 있는 것만으로도 모든 존재가 충족되었다고 또렷이 확신할 수 있음을 의미한다. '영원'은 그와 같은 형태를 취하며 내게 다가온다. 니체(Friedrich Nietzsche)가 영원회귀에 대해 말했을 때 그는 이런 의미에서의 영원을 말했을 것이다.

우리들은 생의 연장, 소유의 확대, 소원의 실현에 의해 '영원'에 근접해 가는 것이 아니라 전혀 반대로 손에 쥐고 있는 것을 놓고 자기를 해체하고 남은 것을 진지하게 음미함으로써 '영원'과 만난다. 무통문명은 지속의 끝에서 '영원'을 희구하기 때문에 결코 '영원'과 만나지 못한다. '영원'은 지속의 끝에는 없다. 그러면서까지 '영원'과 '불사'를 원하나 무통문명은 아무리 노력해도 그 근처까지밖에 도달할 수 없다. 여기에 무통문명의 비참함이 있다.

지속의 끝인 '영원'을 희구하는 무통문명은 손에 남겨진 아무것도 아닌 것에서 떠오르는 '영원'에 의해 무너진다. '영원'은 비교할 수 없다. '영원'은 지속되지 않기 때문에 무통화할 수 없다. '영원'을 예측할 수 없기 때문에 무통화할 수 없다. 이는 무통문명이 결코 알 수 없는 세계이며, 결코 자신의 내부에 받아들일 수 없는 것이다. '영원'과 만나는 지점에서 우리들은 무통문명의 물결에서 탈출하였다. 개화의 지혜란 생명의 욕망을 이런 의미에서 '영원'을 향해 펼치는 지혜다. 나는 이 책에서 무통문명론이라는 이름으로 종교의 길을 거치지 않는 종교철학에 관해 쓰고 있는지도 모르겠다.

자신이 소중히 여기는 것을 잃고, 인간관계에서의 고통과 무거움 짐을 짊어지고 신음하거나 정체성이 붕괴되었을 때, 그렇더라도 자신에게 남겨진 것 중에서 미지의 가능성을 보라고 하는 것은 현실의 호됨을 모르는 탁상공론이라는 비판이 있다. 고통스런 상황에 빠졌을 때 타인에게 상처 주거나 밀쳐내면서 자신의 영위를 되찾으려고 하는 것이 살아 있는 몸뚱이를 지닌 인간의 모습이다. 잃어 버린 소중한 것을 다시 찾기를 바라지 않는 사람이 있을까. 그 때 자신을 위로하려고 "슬퍼할 필요는 없어, 이것으로 다 된 거야"하고 자신에게 말을 건넨다. 그렇게 해서 자신을 긍정시키려고 해도 역시 마음 구석에서는 이럴 리가 없는데, 뜻밖의 일이 일어나서 원래대로 돌아가면 좋으련만 하고 생각한다. 자신을 위로하려 해도 위로받지 못하는 내가 있다. 그와 같은 인간의 마음을 무통문명은 교묘하게 포박한다.

그러나 "잔존물에서 보석을 보기 시작하는 것은 결국 패배한 자신을 위한 위로에 불과하다"라는 사고방식이야말로 무통문명으로부터 받은 세뇌라는 점을 깨달아야 한다. 만약 이것을 진 싸움이라고 한다면 인생은 결국 진 싸움에 불과하다. 왜냐하면 인간은 결국 나이 들면 죽어야 하기 때문이다. 세상에서 갖고 싶은 물건을 손에 다 넣는다고 해도 결국 사람은 죽을 때 이것들을 놓고 가야 한다. 무통문명이란 "어떠한 인생도 결국 진 싸움에 지나지 않는다"라고 규정한 후 그 점에 조직적으로 눈을 돌려가는 구조다. 우리들이 현실적으로 체험하는 절망의 깊이를 이해한 후 나는 감히 희망의 길을 논하고 싶다.


## 4. 포식(捕食)의 사상과 우주회귀의 지(知)

'신체의 욕망'의 하나로 만약에 누군가가 희생당할지라도 나는 쾌적한 생활을 누리고 싶다는 욕망이 있다. 나의 쾌적한 삶을 위해서라면 희생자가 나와도 어쩔 수 없다고 생각한다. 이 측면은 우리들 내면에 상당히 뿌리 깊이 각인되어 극복하기 매우 어렵다. 제5장에서는 이와 같은 '신체의 욕망'을 중심축에 따라 살려는 두 사람 사이에 성립하는 "당신 대신에 내가 빛난다"라는 '생명의 욕망'으로 전철(轉轍)할 수 있을 것이라고 서술한 바 있다. 이것이 '포식의 욕망'이다. 이는 기본적인 '생명의 욕망'의 한 형태이며, 이를 도와주는 '지(知)'가 '포식의 사상'이다. 이는 근대의 평등주의와 거리가 먼 것처럼 보이기도 하고, 강자가 자신을 정당화하는 것처럼도 보인다. 그러나 여기에 열려 있는 실낱같은 희망의 길을 개척해 가지 않는 한 우리들은 결코 무통문명을 탈출할 수 없을 것이다. '포식의 사상'을 제5장과는 다른 관점에서 살펴보자.

우리들의 내부에는 우리들이 생명을 갖고 살아가는 한 피할 수 없는 충동이 있다. 그것은 내 힘으로는 여기까지밖에 할 수 없다고 하는 한계, 또는 아무리 열심히 해도 더 이상은 돌파할 수 없다고 생각되는 한계에 직면했을 때, 동료에게서 중요한 것을 빼앗아 자기 것으로 해서 그 한계를 넘어 전진하고 싶다는 충동이다. 당신의 힘을 빼앗아 내가 한계를 돌파하겠다는 충동이다.

이 충동이 타인을 희생시키면서 자신이 전진하겠다는 형태로 발휘되거나, 자신의 기득권을 유지하겠다는, 자기만 편안하겠다는 형태로 발휘되었을 때, 그것은 '신체의 욕망'이 된다. 다른 사람에게서 힘을 빼앗아 앞으로 나아가겠다는 충동이 이런 형태로 귀결되면 문제가 심각하다. 그렇기 때문에 '신체의 욕망'은 다른 형태로 전철되지 않으면 안 된다. 덧붙여 다른 사람을 희생시킨다는 것은 그 사람의 후회 없는 인생을 살려는 시도를 내가 짓누르는 것이자, 그 사람이 후회 없는 인생을 살기 위해서 필요한 자원과 환경을 일방적으로 빼앗는 것이다.

다시 한번 말하면 당신의 힘을 빼앗아 그것에 의해 내가 전진하고 싶고, 한계를 돌파하려는 충동 그 자체를 바로 부정할 수는 없다. 문제는 그 충동이 타인을 희생시키는 방향으로 진행되는 데 있다. 그렇다면 그 충동이 어떠한 방향으로 진행되면 좋겠는가.

그 답은 자신의 중심축을 갖고 살아가려는 자가 중심축을 갖고 살아가려는 다른 사람에게서 중요한 것을 빼앗는 형태가 된다면 문제점을 피해 갈 가능성이 있다는 것이다. 이 때 중요한 것을 빼앗긴 쪽은 빼앗긴 것에 대해서 중심축의 차원에서 깊이 납득해야 한다. 빼앗는 쪽은 소중한 것을 받는 것도, 서로 나누는 것도, 협력하는 것도, 분배하는 것도 아니다. 무자비하게 빼앗아야 한다. "내가 자신의 중심축에 따라 살기 위해서는 너의 중요한 '그것'이 필요하다"면서 중요한 것을 무리하게 빼앗는 것이다.

우리들의 내부에서 끊임없이 끓어오르는 타인을 희생시켜 전진하겠다는 생각인 '신체의 욕망'을 포식의 사상에 근거한 '생명의 욕망'으로 전철해 갈 필요가 있다.

희생시키고 싶다는 충동에 대해서 한층 더 신중하게 생각해 보자. 우선 희생시키겠다는 충동이 '신체의 욕망'으로 수렴되면 어떤 특징을 가질까. 제일 먼저 희생이 구조화된다. 예를 들면 공범관계적 지배라든가 남북구조처럼 언제나 한쪽 편이 빼앗고 다른 쪽 편이 빼앗기는 구조가 생겨난다. 자기 나라에서는 할 수 없는 악덕을 동남아시아에 가서 충족시키려는 사람들을 만들며, 그 행위를 지원하는 산업이 생긴다. 두 번째로 그와 같은 빼앗는 구조가 존재한다는 사실을 보지 못하게 만드는 눈가리개가 둘러쳐진다. 빼앗는 쪽에 있는 사람들은 자신들이 항상 얻도록 되어 있는 구조에 계속 눈을 감을 수 있다. 세 번째로 그 구조에 대해서 반성하려고 할 때 반드시 자신에게 좋은 상황을 합리화시켜 현 상황에 대한 정당화가 이루어진다. 네 번째로 빼앗는 쪽의 틀은 동일한 채로 유지되며, 빼앗기 때문에 내용물은 점점 많아진다.

이와는 달리 희생시키겠다는 충동이 포식의 사상에 근거한 '생명의 욕망', 즉 '포식의 욕망'으로 전철되는 경우에는 어떤 특징이 나타날까. 첫번째로 포식은 구조화되지 않는다. 뺏는 자와 빼앗기는 자의 일회적인 만남에서 뺏고 뺏김이 있을 뿐이다. 뺏는 자가 빼앗기는 자가 될 수도 있다. 많은 것을 계속 빼앗겨 온 자가 많은 것을 계속해서 빼앗는 자로 변모할지도 모른다. 포식 후에는 미련 없이 깨끗하게 그 자리에서 사라진다. 포식의 기본은 일대일의 탈취다. 빼앗는 자의 그룹과 빼앗기는 자의 그룹이 고정되어 관계가 구조화되었을 때 남는 것은 '신체의 욕망'이다. 포식의 사상에는 구조화의 올가미가 기다리고 있다. 구조화를 계속 피하는 지혜가 필요하다.

두 번째로 포식행위는 눈앞의 타인에 대한 자율적인 탈취의 행위로밖에 성립하지 않는다. 탈취했다는 기쁨과 흥분과 이기적인 만족과 악의 냄새와 자책감과 후회와 눈물을 흘리며 탈취한 것을 먹는다. 그와 같은 생생한 감정이 없을 때는 포식이라고 부르지 않는다.

세 번째로 포식의 윤리성에 대한 합리성과 자기정당화는 있을 수 없다.

왜냐하면 타인의 소중한 것을 빼앗고 전진하겠다는 우리들의 행동을 근본적으로 정당화할 수 있는 것은 하나도 없기 때문이다. 더 말하자면 포식을 당한 자가 정말로 포식을 납득할지 어떨지는 외부에서 확인하는 방법밖에 없다. 안락사나 자살과 마찬가지의 난점이 여기에도 존재한다. 포식은 부도덕한 냄새를 풍기는 행위로 간주될 것이다.

네 번째로 포식해서 전진하고 돌파하는 자는 반드시 자신의 틀을 해체하고 그것을 통해서 자신을 바꾸어 가야 한다. 타인의 소중한 것을 빼앗으면서도 전과 같은 틀 속에 안주하는 자를 포식자라고 부를 가치가 없다. 타인의 소중한 것을 빼앗은 이상 포식자는 자신의 틀을 바꾸어 새로운 세계로 돌파하는 책임을 지고 있다.

'생명의 욕망'은 이 네 가지 점을 만족시키면서 포식행위를 전개한다. 타인을 희생시키면서라도 앞으로 나아가겠다는, 그리고 현재 상황을 그대로 지키고 싶다는 '신체의 욕망'을 포식행위로 전철함으로써 무통격류에서 조금이라도 탈출할 수 있을 것이다.

포식행위에서 빼앗는 쪽은 상대의 어디까지를 빼앗을 수 있을까. 우선 첫 번째로 상대방이 중심축에 따라 살아갈 가능성을 빼앗아서는 결코 안 된다. 이것은 포식이 성립되기 위한 절대 조건이다. 둘째, 상대방이 그 가능성을 무너뜨리지 않는 범위 내에서 상대의 모든 것을 빼앗는다. 세 번째로 상대방이 자신이 만들어낸 것 모두를 우주로 돌려보내는 분위기가 되었을 때(우주회귀) 상대방이 내민 모든 것을 탈취할 수 있다. 세 번째는 두 번째에 종속되지만 특별히 거론해서 생각하고 싶다.

첫 번째는 반복할 필요가 없을 것이다.

두 번째의 포식이 성립되려면 빼앗기는 쪽이 빼앗기는 것을 자신의 중심축에서부터 깊이 납득하고 있어야 한다. 빼앗는 쪽이 중심축에 따라 살아갈 가능성 이외의 모든 것을 빼앗아 갈지도 모른다는 생각을 자신의 중심축에 깊이 납득할 필요가 있다. 빼앗기는 쪽은 그 때 빼앗기는 행위에 저항해야 한다. 온몸으로 저항했으나 상대방이 힘으로 빼앗는 것, 그 '빼앗기는 심정'을 온몸으로 맛보아야 한다. 그것을 맛본 다음에 찾아오는 위화감과 충족감을 마음 속 깊이 느낀 다음에야, 저항과 약탈은 깊은 느낌으로 바뀔 것이다. 소중한 것은 그렇게 빼앗겨야 한다. 조금 더 말하자면 빼앗기는 쪽이 자신을 중심축에 따라 재생시키기 위해서 자신의 소중한 것을 포식자에게 던져주는 경우조차 있을 수 있다. 나의 소중한 것이 무자비하게 약탈되기를 기대하고 이를 계기로 자신은 중심축에 따라 살고자 하는 것이다.

빼앗는 쪽은 빼앗을 때 느껴지는 상대방의 저항을 이를 악물고 물리치면서 빼앗아야 한다. 빼앗기는 쪽이 온몸으로 저항할 때 힘으로 밀어내고, 빼앗기지 않으려는 발버둥을 누르고 탈취할 것. 그 저항과 승리에서 생기는 모든 감정을 자신의 마음에 새기고 잊지 않도록 탈취한 것을 그 자리에서 먹는다. 반복하여 말하지만 빼앗기는 쪽의 '중심축으로부터의 깊은 납득'이 이 행위의 절대 필요조건이다. 이것을 잊어서는 안 된다.

빼앗는 쪽이 빼앗길 것을 예상하지 못하던 자에게 접근하여 느닷없이 말을 붙이면서 빼앗는 경우도 있다. 소중한 것을 빼앗길 것이라는 것을 전혀 예상하지 못하던 자에게 재빨리 접근하여, 당신의 소중한 것을 내 중심축에 따라 살기 위해서 빼앗겠다고 말한다. 그 때 포식자는 빼앗기는 자의 마음속에 들어가서 빼앗기는 자가 자기 자신의 중심축을 파 내려가 보도록 하는 자상함이 필요할지도 모르겠다.

세 번째의 우주회귀의 경우는 뒤에서 자세하게 다루겠지만 자신의 창조물 모두를 우주로 돌려보내는 방식을 말한다. 우주회귀를 이루려고 자신의 소중한 것을 누군가가 탈취해 가도 좋다고 생각하는 경우다. 이 때 이 사람은 눈을 감고 전신에서 힘을 빼고 빼앗는 자가 다가와 빼앗도록 맡겨둔다. 자신의 소중한 것이 우주로 사라지는 대신에 그것을 빼앗으러 온 자의 내부로 들어가 잘게 찢겨, 소화되어 간다. 나에게로 춤추듯이 내려와 나의 소중한 것을 뜯어먹는 포식자를 나는 우주에서 온 사자인 양 맞이할 것이다. 우주회귀를 지향하고 있는 나는 저항하지 않는다. 먹히는 채로 가만히 누워 있다. 그 때가 내게 가장 행복할 때이다.

우주회귀로 향하는 자를 포식하는 쪽은 무자비하게 탈취할 것. 눈앞에 주어진 것을 빼앗을 때 감사드리지 않아도 된다. 포식자는 빼앗기는 자를 급습하고 탈취할 수 있는 만큼 탈취하면 즉시 사라진다. 뒤돌아 보아서는 안 된다. 포식자는 마치 그것이 자기 권리인 양 휘두를 의무가 있다. 왜냐하면 포식자는 탈취를 함으로써 희망을 얻기 때문이다. 포식이란 희망의 포식이다. 포식자야말로 빼앗기는 쪽에서 볼 때는 우주다.

이상에서 말한 것처럼 빼앗는 쪽에게는 포식해서 자신의 한계를 돌파하려는 의지가 필요하며, 빼앗기는 자는 포식당하는 것을 깊이 납득할 필요가 있다. 말하자면 양자 사이의 '신뢰'가 성립 조건이다. 양자 모두 중심축에 따라 살아가려는 것, 그리고 양자 사이에 신뢰가 성립되어 있는 것, 이 점에서 포식관계는 공범관계적 지배나 제국주의적 착취와 다르다. 포식은 일회적으로 이루어진다. 그렇지만 포식에 참여한 자들이 다른 자들과 또 다른 포식관계에 들어가는 경우도 있다. 이렇게 해서 차례로 이어져 가는 '포식의 연쇄'를 생각할 수 있다. '신체의 욕망'이 '생명의 욕망'으로 전철되는 사회란 이 '포식의 연쇄'가 종횡무진으로 전개되는 듯한 사회다.

그렇다면 포식의 연쇄로 가득한 사회란 어떤 사회인가. 가장 극단적인 모습을 상상해 보자. 그것은 사람들의 납득 아래 많은 사람들이 끊임없이 다른 사람으로부터 소중한 것을 계속 빼앗는 사회다. 주변에 있는 사람들, 직장동료, 거리를 걷는 모르는 사람들에게 중심축을 이야기하고 납득시켜 그들이 소중히 여기는 돈, 환경, 활력, 지식, 육체, 운동을 무자비하게 빼앗는다. 빼앗은 것으로 포식한 사람은 자신의 중심축에 따라 살려고 하며 자신의 한계를 돌파하려고 한다. 빼앗긴 쪽도 자신의 소중한 것을 포식자에게 빼앗겼다는 사실을 깊이 납득하고 포식자에게 희망을 주고 자신도 다시 중심축에 따라 살겠다고 결심한다.

그럴 때 소중한 것을 빼앗긴 사람은 생각지도 않은 방향으로 다시 태어난다. 포식의 연쇄는 사람들의 심리세계, 보이지 않는 것과의 대화세계에까지 미친다. 표면적으로는 등가교환 원칙을 내걸고도 부당한 착취구조가 만연하는 이 사회와는 반대로, 일방적인 빼앗음이 벌어지면서도 관련된 사람들이 중심축을 깊이 납득하는 사회다. 그런 사회에서는 사람들의 커뮤니케이션도 '빼앗고-빼앗기는' 방식으로 재편성되어 간다. 자신의 중심축에 따라 살아감으로써 이 차원의 커뮤니케이션에 참여할 수 있다. 여기서는 친한 사람들과, 알고 지내는 사람들의 커뮤니케이션을 '빼앗고-빼앗기는' 방식으로 짠다. 이 세계는 언제나 일회성을 기본으로 행동하지 않으면 안 되는 세계이며, 자신이 무엇을 빼앗을 수 있는지, 자신이 무엇을 빼앗길지 전혀 예상할 수 없다. 아무것도 모르는 제3자가 보면 반사회적인 빼앗음이 곳곳에서 태연하게 행해지는 것 같은 사회, 이런 곳에 무통문명에서 탈출할 수 있을지도 모르는 단서가 숨어 있다. 일반적으로 말해서 무통문명에서 탈출하는 길이 무통문명의 핵심으로 접근해 가는 길처럼 보인다. 그러나 이 길은 뒤에서 접근하는 길이며, 무대 밑에서 무대 위에 있는 적을 창으로 단번에 찌르는 전략인 것이다.

이와 같은 점들을 염두에 두면서 좀 더 나아가 다른 각도로 생각해 보겠다.

우리들의 사회는 지배와 착취로 가득 차 있다. 물질과 돈을 가진 사람들은 자신들의 기득권을 잃고 싶지 않아서 그것을 지키기 위한 조직을 사회 속에 구축하려고 한다. 그리고 자신들의 영토를 기회만 있으면 확장시키려고 한다. 그러기 위해서라면 물질과 돈을 갖지 않은 사람들이 희생당해도 어쩔 수 없다고 생각한다. 자신들이 그들을 희생시켜 지금의 생활을 유지하고 있는 현실을 어떤 이유를 대서라도 정당화하고 긍정하려고 생각한다. 아니면 그런 것을 생각하지 않고 살게 하기 위해 눈가리개 장치를 교묘하게 주위 곳곳에 만든다.

이와는 달리 약자들이 일방적으로 희생당하는 사회는 좋은 사회일 수 없다는 생각이 생긴다. 강자도 약자도 함께 활기차게 지낼 수 있는 공생(共生)을 목표로 하는 사회를 만들어 가지 않으면 안 되는 것이 아닐까. 누군가가 희생당하지 않아도 되는, 서로 돕는 사회를 만들어 가야만 하지 않을까. 와시다 세이이치(鷲田淸一)는 다음과 같이 썼다. "서로 대항하는 일도 희생하는 일도 없이 서로 주고받으며 상호 존경과 관용이 사회의 원리가 되고 공동생활의 방법이 되는 사회로 가는 전망이 반드시 필요하다." 12)

이러한 사회를 목표로 활동을 하는 일은 매우 중요하다. 나도 그런 방향으로 생각하며 행동하는 것에 찬동한다.

그러나 이 같은 생각에 동감하는 것만으로 상황이 좋아질 만큼 우리 사회는 단순하지 않다. 왜냐하면 그와 같은 사회를 목표로 하겠다고 생각함과 동시에 우리들의 내부에는 지금 누리는 쾌적함을 잃으면서까지 사회개혁에 나서고 싶지 않다는 생각이 강하게 존재하기 때문이다. 설령 다른 사람이 구조적으로 희생당했다고 해도 지금 자신의 쾌적함과 기득권을 크게 잃으면서까지 희생구조를 해체하겠다는 생각이 없는 자신이 납처럼 무겁게 존재하기 때문이다.

이 강력한 욕망을 조금씩 해체해 가는 것이 정말로 가능할까. 하나의 전략만으로는 안 된다. 지금까지 생각해 온 몇 가지의 전철(轉轍) 방법, 그리고 나중에 이야기할 싸우는 방법을 구사할 필요가 있다. 그렇더라도 이 강력한 욕망을 사라지게 하는 것은 불가능하다. 왜냐하면 그것은 우리들 자신의 내부에서 끊임없이 올라오는 욕망이기 때문이다. 이 끓어오르는 욕망이야말로 살아가는 활력이 되기 때문이다. 이를 이해한 다음에 그것들과 싸울 필요가 있다.

그 때 이 욕망을 가능한 전철시켜 '포식의 연쇄'를 사회 속에 넘치게 하는 방법은 무통문명과의 싸움을 측면에서 지원하는 좋은 수단이 된다. 왜냐하면 빼앗고 희생시키겠다는 '신체의 욕망'의 에너지를 '생명의 욕망'의 에너지로 바꿈으로써 다른 사람을 희생시키려는 움직임을 약화시킬 수 있기 때문이다. 그것이 약화된 틈을 노려 희생구조를 계속 해체하는 전략이 있을 수 있다. '빼앗고 싶다'는 에너지를 줄일 방법이 없다면, 그것이 흘러갈 다른 수로를 만들어 원래의 샘물을 마르게 하는 것이다.

희생에서 포식으로의 전철은 자신이 빼앗는 쪽으로도 반대로 자신이 탈취당하는 쪽으로도 성립된다. 어느 쪽과 관련되더라도 개별적이고 일회적인 만남으로 전철은 완수된다. 포식자가 빼앗기는 쪽에서 질문을 받는 경우도 있을 것이다. 그 때 포식자는 자신의 인생을 빼앗기는 쪽에 보여주면서 지금까지 살아온 자신의 인생과 현재 살고 있는 방식에 대해서 수치스러워하지 않는 자세가 필요하다. 만약 빼앗기는 쪽으로부터 "결국 당신은 나를 희생시키는 행위를 포식이라는 말로 정당화하고 있을 뿐 아닌가"라는 질문을 받는다면, 포식자는 자신의 인생을 드러내 상대방의 오해를 풀어 주어야 한다. 이것이 포식의 전제이며 예의다. 함께 중심축에 따라 살아가려는 동지이므로 질문에 대해서 올바로 답하는 것은 당연하다.

이와 같은 의문도 있다. 인류의 역사를 보면 다른 사람이 희생되어도 어쩔 수 없다는 욕망이 극복된 적은 한번도 없다. 개인과 개인 사이에서 산발적으로 행해지는 희생에서 포식으로의 전철에 따라 이 욕망이 사회적으로 극복되는 것은 생각하기 어렵다. 물론 나 역시 희생에서 포식으로의 전철 시도만으로 문제가 해결된다고는 생각하지 않는다. 상황을 바꾸기 위해서 전철이나 나중에 말할 무통화 장치의 해체를 포함한 다양한 작전에 따라 '신체의 욕망'과 싸워야 한다. 그렇게 했을 때, 희생구조에 균열이 생겨날 가능성이 없다고는 할 수 없다. 냉정하게 생각해 보면 석유 때문에 일어나는 국가 간의 전쟁이 개인차원의 전철로 저지될 것이라고는 생각할 수 없다. '무통문명론'은 그와 같은 낙관론으로 성립되지 않는다.

이를 막기 위해서는 전혀 다른 차원에서의 개입이 필요하다. 국가차원의 희생구조를 전철하기 위한 구조는 지금 논의하는 틀을 넘어 계속 생각하지 않으면 안 된다.

한층 더 심화된 의문으로, 밖에서 보면 포식의 관계가 공범관계적 지배나 제국주의적 착취와 아주 비슷하다는 것이다. 전에도 말했듯이, 포식에 참여하는 자들이 자신의 중심축에 따라 살아가려는지의 여부에 의해 포식인지 아닌지를 구별할 수 있다. 그러나 참여하는 자들이 정말로 중심축에 따라 살려고 하는가는 본인밖에 모른다. 그렇다면 그 관계가 포식인지 공범관계적 지배인지를 외부의 제3자는 판단할 수 없게 된다.

그러나 어쩌면 밖에서도 포식관계에 참여하는 자들을 어느 정도 판단할 수 있을 것이다. 이미 말한 것처럼 포식구조가 일정한 형태로 계속 지속된다면, 그것은 이미 공범관계적 지배다. 포식은 일회적인 만남으로 이루어진다.

이 포식의 구조화 문제는 아주 중요한 테마다. 포식관계가 한 번이라도 이루어지면 어떻게든 그대로 계속되기를 바라며, 그 관계가 쾌적하게 느껴지면 관계를 이대로 계속했으면 하고 바라게 된다. 포식에 참여하는 자들이 이렇게 생각하기 시작하는 순간에 포식관계는 공범관계적 지배로 변질되기 시작한다. 중심축에 따라 살기 위해서 상대방과 포식관계에 들어간 것인데, 어느새 상대방과 기분 좋은 관계를 그대로 유지하는 것 자체가 목적이 되기 시작한다. 관계가 어느새 변질되어 버리지만 본인들은 그 사실을 전혀 눈치 채지 못하는 경우가 생긴다. '포식의 무통화'라는 올가미다. 포식의 구조화는 왜 나쁜가. 그것은 포식의 구조화가 참여하는 자들에게 그들의 중심축을 잃게 만들기 때문이다. 우리들은 희생구조와 공범관계적 지배를 원하는 욕망을 포식으로 전철하려고 생각했지만, 그 뒤편에서 포식관계가 어느새 공범관계적 지배로 변질되고 무통화되어 올가미가 입을 벌리고 있는 것이다. 이 올가미를 가능한 피하는 지혜를 발견하지 않으면 안 된다.

포식의 사상은 다양한 올가미를 불러들이는 '위험한 아이디어'일지 모른다. 그러나 생명의 모습으로 존재하는 우리들의 본질을 생각할 때 피하려 해서는 통과할 수 없는 관문으로 여겨진다. 포식의 사상으로 무통문명이 금방 붕괴하는 것은 아니지만, 그것 없이는 무통문명과의 싸움이 불가능하다.

한편 기본적인 생명의 욕망이 만들어내는 제3의 형태가 '우주회귀의 욕망'이다. 이는 자신의 창조물과 자신의 유한함을 납득할 수 있는 모습으로 우주로 돌려보내는 욕망이다. '신체의 욕망'은 자신의 손에 있는 것은 어떻게 해서라도 계속 소유하고 싶고, 지금 현재의 틀이 계속 유지되기를 바란다. 우주회귀로 발전한 '생명의 욕망'은 이와는 전혀 반대로 자신의 소유물과 창조물을 자신이 가장 납득할 수 있는 모습으로 손에서 내려놓고, 자신이 태어난 우주로 돌려보내지기를 바란다. 뿐만 아니라 유한한 삶을 사는 자신도 납득 가능한 형태로 우주로 돌려보내는 것이다. 그렇게 자기 인생의 매듭을 짓고, 이 우주 속에서 유한한 삶을 받아들이는 것을 깊은 차원에서 긍정하겠다는 욕망이다.

내가 죽을 때 나는 이 육체를 우주로 돌려보낸다. 내 육체는 이 우주, 이 지구를 구성하는 물질로 만들어졌다. 나의 죽음으로 육체는 다시 미세한 물질로 분해되고 이 지구, 이 우주로 회귀한다. 우주회귀의 욕망은 내 육체가 우주로 돌려보내지는 과정을 자신이 느긋하게 음미하고, 그 속에서 자신의 삶을 긍정하고 자신을 낳은 우주와 대화하고, 중심축에서 우주와 화해하고, 죽음의 공포에 겁먹어 온몸을 떨면서도 그 공포를 긍정하면서 사라지고 싶다고 바란다. 죽음을 초월할 수 있다는 무통문명의 달콤한 유혹을 뿌리치고, 나는 공포의 한가운데에서 그리고 공포와 상관없이 자신을 우주로 회귀시키겠다고 생각한다.

내가 이 세상에서 어떠한 삶을 살든지 나의 삶의 과정은 이미 우주 전체의 돌이킬 수 없는 움직임이고, 우주 전체를 돌이킬 수 없도록 바꾸며, 우주 전체에 무언가를 내어 주게 될 것이다. 내가 우주로부터 떨어져 나와, 이 우주에 존재하는 것은 이와 같이 우주와 주고받는 것이다. 우주에서 태어난 내가 자신의 삶을 돌려보냄으로써 우주에 돌이킬 수 없는 각인을 남기는 구조다. 설령 내가 어떠한 인생을 보낸다고 해도 그 모든 과정은 종이 위에 떨어진 잉크처럼 그대로 우주에 스며들어간다. 그것은 시간의 흐름과 함께 우주의 별이 있는 저쪽 편까지 천천히 스며들 것이다. 지구가 없어지고 태양계가 없어진 다음에라도 스며드는 일은 계속될 것이다.

내가 죽은 다음에도 이미 나의 일부이지 않은 무엇인가가, 내 인생을 통과한 무엇인가가 우주 끝까지 나를 관통시켜 갈 것이다. 그 무엇인가를 변용시켜, 자신과는 다른 모습으로 형태를 바꾸어, 그 안에 각인된 내 흔적도 서서히 옅어지며 증발되어 버릴 것이다. 그 흔적이 사라질 때 나는 나의 고유한 흔적을 어디에도 남기지 않는 형태로 우주에 기억될 것이다. 나는 자신이 지녔던 고유한 흔적을 완전하게 소멸시켜 우주에 기억될 것이다. 자신의 이름과 공적을 후세에 남겨 나를 기억하게 만드는 해법이 아니라 자신이 지닌 고유한 흔적을 우주에서 조용하게 소멸시켜 나를 기억하게 만드는 해법이다. 해결할 수 없는 공포와 불안에 들볶이면서 자신의 육체와 자신의 존재가 우주로 회귀하는 것을 긍정하고 자신의 육체를, 운동기능을, 소중한 사람을 만지는 촉감을, 사고능력을, 시력을, 청각을 잃어 간다. 우주와 대화하고 자기와 대화하면서 최후의 최후까지 자기를 긍정하고 깊이 납득하면서, 이 육체가 해체되고 정신이 해체되면서 자신을 잃어 가고 싶다. 생명의 욕망을 이와 같은 형태로 인도하는 지혜가 '우주회귀의 지혜'다.

이것은 자신의 죽는 시기와 죽는 방법을 스스로 정하고 싶은 것이기도 하다. 죽음의 자기결정 사고와 아주 비슷하다. 다만 인생 말기가 되어 자신이 움직이지 못하게 되고 추한 모습이 되는 것이 싫어서 죽음을 선택하는 형태와는 전혀 다르다는 점에 주의해야만 한다. 그리고 그 결정이 우주와의 대화 과정에서 단계적으로 이루어진다는 점도 주의해야만 한다.

우주회귀의 지혜란 나를 낳고 내가 사라져 가는 곳인 우주에 대해 질문하고, 우주의 손의 감촉을 통해 무언가를 느끼고, 그래서 몇 번이고 계속

해서 대화를 하면서 자신이 우주로 사라져 가는 사실에 대해 깊이 납득하고 자기긍정을 얻으려고 하는 지혜다. 나의 죽음에 대한 공포와 불안은 결코 사라지지 않겠지만, 우주와의 대화를 통해 우주와 어떠한 매듭을 지을 수는 있다. 우주회귀란 개인적 차원에서 이루어지는 매우 적극적인 시도다.

나의 소유물과 창조물에 관해서도 똑같다. 내가 죽으면 그것들은 내 손을 떠나 내가 모르는 세계로 옮겨진다. 내가 소유했던 가구, 책상, 서적은 다른 사람들을 거치고 그 사람들에게서 또 다른 사람들 곁을 거쳐 가며, 어딘가에서 부서지고 닳고 가루가 되어 미세한 입자로 분해되어 우주로 돌아간다. 나의 창조물, 예를 들면 내가 쓴 책과 글도 내가 죽은 후 읽혀 전해지고 오랜 세월 후에는 잊혀 사라지고, 그러다가 어느 누구 하나 읽는 사람이 없는 도서관의 고문서가 되고, 그것을 전자데이터로 해독할 수 있는 사람도 사라지고, 데이터를 담고 있던 매체도 미세한 입자로 분해되어 간다.

내 눈앞에 있는 소중한 것들, 지금 내가 쓰고 있는 『무통문명』도 같은 운명을 걸을 것이다. 그렇기 때문에 나의 소유물을 보거나 만질 때, 내가 무언가를 탄생시키려고 할 때, 나는 그것들이 어찌되었든 확실하게 우주로 사라질 것이라는 생각을 가진 채 그것들을 어루만지고 음미하고 만들고 함께 고생을 겪으며 인생을 나누고 싶다고 바라는 것이다. 나의 소유물, 창조물, 나 자신, 소중한 사람들 모두 머지않아 우주로 돌아가 사라진다는 이 터무니없이 잔혹하며 안타까운 실감을 온몸으로 느끼면서, 이를 은폐하지 않고, 오히려 이 실감을 철칙으로 삼으면서 지금 이 삶을 살고 싶다는 욕망이 우주회귀의 '생명의 욕망'인 것이다.

이와 같은 시선으로 일상생활과 주위 풍경을 바라볼 때, 보이고 들려오는 모든 것이 비일상으로 다가오는 감각이 열린다. 비일상이란 평상시 체험할 수 없는 사건에 있는 것이 아니다. 우주회귀의 시선으로 주위에서 벌어지는 일을 바라볼 때 흔한 일상사 모두가 비일상으로 바뀌어 나에게 다가오는 것이다. 흔한 일상이 흔한 일상인 채로 비일상이 된다. 신비한 체험은 전혀 필요 없다. 눈앞에서 흔들거리는 마른 세탁물, 베란다에 서 있는 나의 볼에 와 닿는 바람, 그 하나하나가 나에게 놀랄 만한 비일상이며, 둘도 없는 시간과 공간이며, 애절하고 가슴 아픈 일이며, 일상성에서 한없이 멀리 떨어져 나오는 보석 같은 체험이다. 일상 그 자체가 비일상이 된다. 그것은 무통문명으로 장치된 비일상과는 전혀 다른 사건이다. 일상을 비일상 속에서 살도록 하는 체험은 이 이상 없는 자극과 안타까움으로 가득 차 있다. 이 이상의 자극은 이제 더 이상 원하지 않는다고 여겨지는 체험의 연속. 그렇기 때문에 안타까움도 마찬가지로 크다. "일상을 일상으로 여기게 하는 문명, 그것이 무통문명이다." 여기에 무통문명의 비밀이 있다.

우주회귀의 욕망이란 풍화의 욕망이기도 하다. 내가 어떤 것을 만들어냈을 때 나는 이것이 관심 있는 많은 사람들에게 전해지기를 바란다. 사람들이 작품을 만져 보고 음미하고 핥고 읽고 들으며, 빛과 비 · 바람 · 흙에 침식당해 빨아지고 분해되고 가루가 되어 마지막에는 바람 따라 흔적도 없이 우주 속으로 보내지는 것. 나는 나의 작품이 이와 같은 과정을 거쳐 서서히 풍화되기를 원한다. 나는 나의 창조물이 만나는 다양한 사람들과 사물 때문에 껍질이 벗겨지고 천천히 풍화해 가는 형태의 작품을 구상하고 싶다. 사람들과 사물에게 무언가를 주고 그 결과가 서서히 풍화되는 것이야말로 그 작품의 생명이리라. 시대의 커다란 변화를 빠져 나와 후세에 남는 것만이 훌륭한 것은 아니다. 시대의 커다란 변화 속에서 문질러 사라지고 빨아 닳아지며 천천히 풍화하여 사라지는 것 또한 훌륭하다. 풍화되는 것은 시대의 흐름 때문에 사랑받는 것이다.

우주회귀의 욕망과 핵심 부분에 (1) 우주와 대화하고 스스로 납득하고 긍정하면서 우주로 존재를 사라지게 할 것 (2) 일상을 비일상으로 살아갈 때 이어지는 놀라움과 안타까움을 체험할 것 (3) 창조물을 풍화시키는 과정에 적극적으로 참여할 것 등이다. 우주회귀의 욕망이란, 간단하게 자신을 둘러싸고 있는 커다란 존재에 자신을 맡겨, 자신을 무로 만드는 것이다.

'개화' '포식' '우주회귀'에 대해서 생각해 보았다. 이것들은 중심축에 따라 자신을 해체하고 자신도 예상하지 못한 방향으로 바뀌고 싶다는 기본적인 생명의 욕망에서 비롯된 것이다. '개화의 욕망'이란 손에서 놓으면서 현재를 충분히 음미하는 것이고, '포식의 욕망'은 서로 먹고 먹히면서 장래의 가능성을 향해 전진하는 것이며, '우주회귀로의 욕망'이란 자신을 무로 하는 방향으로 해체시키는 것이다.

이 세 가지 이외에도 생명의 욕망이 발전하는 형태가 있다는 것에 주의를 해둘 필요가 있다. 앞서 말한 것처럼 자신을 해체해 가는 과정에서 이전에는 하지 못했던 일을 할 수 있게 되기를 바라는 욕망과 자신의 방어벽을 제거하면서 사귀고 싶은 사람과 사귀려는 욕망 또한 독자적인 발전의 모습이다. "할 수 있게 되고 싶다" "타인과 사귀고 싶다" "새로운 것을 만들고 싶다"라는 전진 양식, "지금을 개화시키겠다"고 하는 현재 집중의 양식, "손에서 놓아 주겠다" "창조물과 자신을 사라지게 하고 싶다"는 퇴각 양식이 혼연일체가 되어 생명의 욕망이 발전한다.

지금까지의 고찰로 분명해진 것처럼 우리들은 '욕망'의 개념을 좀 더 확장해야만 한다. 욕망이란 단순하게 근원적 결여를 메우려고만 하는 운동이 아니며, 단순히 자기 확장만을 목표로 삼는 운동도 아니다. 그것들을 중요한 일부분으로 포함시키면서 '인생 관리의 욕망'과 '개화의 욕망' '우주회귀의 욕망'도 포함하는 것이어야 한다. 어쩌면 "내 행동을 부추기는 힘의 다양한 형태"라는 것이 '욕망'의 가장 광범위한 정의이며 그 중에는 '욕구'도 포함될 수 있을지 모른다.

'개화' '우주회귀'는 '자신의 죽음'과 밀접한 관련을 맺는다. '자신의 죽음'이라는 관점에서 돌아보았을 때, 지금 눈앞에 펼쳐진 세계는 모두 아름답고 고귀하고 안타깝다. 이 안타까운 감각 위에 '개화' '우주회귀'는 성립된다. 이 감각은 무통문명을 추진하는 힘이 될 수 없다. 반대로 무통문명의 핵심을 무너뜨리는 힘을 감추고 있다. 제7장에서 '나의 죽음'에 대해 집중적으로 생각하는 이유가 여기에 있다.

그러나 무통문명은 이와 같은 '사랑스러운' 감각까지도 탐욕스럽게 빼앗으려고 할 것이다. '나의 죽음'으로 돌아보면, 지금의 삶은 어떻게 진행되더라도 더할 나위 없이 사랑스럽고 고귀하고 애절하게 느껴진다. 나는 지금 사랑스러운 인생을 마음으로부터 긍정할 수 있다. 그렇다, 지금 이대로가 모두 좋다. 여기에서 탈출하려고 허우적거렸던 내가 틀렸다. 이대로 모든 것이 축복받은 것이고, 부정할 만한 것은 아무것도 없다. 파랑새는 눈앞에 있다. 내가 그것을 깨닫지 못할 뿐이다. 눈앞에 펼쳐진 아름다운 세계를 거짓으로 가득 찼다고 잘못 알고 있었던 것뿐이다.

'나의 죽음'에서 뻗어 나오는 빛에 빠져드는 나는 이렇게 해서 다시 무통격류에 휩쓸리게 될지도 모른다.

무통문명이 장치한 이 올가미를 피할 방법은 매우 단순하다. '나의 죽음'에서 뻗어 나오는 빛으로 세상이 '사랑스럽게' 빛날 때는 '자신의 죽음'과 '중심축'을 은폐하려는 무통문명에 맞서 내가 싸움을 시도할 때뿐이다. 이 기본적인 사실을 내가 생각해 내기만 하면 된다.

만약 내가 '사랑스러움'으로 채워졌다면 앞으로 내가 어떻게 행동할 것인가를 체크해야만 한다. "지금 나의 삶과 세계는 긍정할 수 있다" "지금의 내 삶과 세계는 이대로 괜찮다"며 무통문명은 속삭인다. 나는 이 유혹과 싸우지 않으면 안 된다. "지금의 나의 삶과 세계는 긍정할 수 있다"고 할지라도, "지금의 나의 삶과 세계를 바꾸어 가야 한다"고 생각하는 것이 무통격류와 싸우는 전사의 모습이다. '사랑스러움'은 이 맥락에서만 올바로 파악된다.

무통문명과 싸우면서 살 때, 가장 소중한 것은 무엇일까. 그것은 후회 없는 인생을 사는 일이다. 그러기 위해서는 나의 중심축에 따라 살아가는 것이 필요하다. 그 과정에 생명의 욕망으로의 전철이 있고, 생명의 기쁨이 찾아오는 순간이 있다. 이 순서는 바뀌지 않는다.


## 5. 중심축 회로망

무통문명과의 싸움. 그것은 '신체의 욕망'과 싸우는 일이다.

'신체의 욕망'은 우리들에게 삶의 활력을 불어넣는 것이다. 따라서 무통문명과의 싸움은 우리들 내부에 존재하는 '신체의 욕망'을 없애는 것을 목표로 하는 것이 아니라 '신체의 욕망'에서 출발하여 사회의 무통문명을 추진하는 연쇄(連鎖)를 도중에서 단절시키는 것만을 목표로 해야 한다. 이것은 중요한 점이기 때문에 재차 확인해 둔다.

이를 위해서 나는 내 안의 '신체의 욕망'을 '생명의 욕망'으로 전철시키고, 사회의 구석구석에서 쏟아져 나오는 무통화 장치를 계속 해체해 나갈 것이다. 무통문명과 싸우는 주체는 우선 중심축에 따라 살아가려는 나 자신이다. 내가 싸울 상대는 나의 안에도 밖에도 존재한다. 그것은 나를 관통해 흐르는 무통격류다.

나를 관통하여 흐르는 것이 하나 더 있다. 그것은 제7장에서 서술했던 것으로, 내가 아닌 다른 존재에서 생겨나 나의 중심축 통로를 관통하고, 내가 아닌 누군가에게 전해지는 어떤 것이다. 내가 스스로 중심축에 따라 살아가려고 할 때 어디선가 다가와 나를 관통하고, 나를 격려하고 저편으로 사라지는 어떠한 흐름이다. 나의 중심축 통로로 흘러 들어와 나에게 용기를 주는 "중심축에 따라 살아가려는 나를 지탱해 주는 모든 것." 무수한 눈빛, 무수한 생각, 중심축에 따라 살아가려고 했던 무수한 사람들의 삶의 흔적들. 나는 이것을 '생명의 흐름'이라고 하고 싶다.

싸우고 있는 내 안을, 아주 다른 두 개의 흐름이 관통하여 흐른다. 하나는 나를 쾌적함과 잠으로 유혹하고 무통문명으로 끌고 가는 '무통격류.' 다른 하나는 중심축에 따라 살아가려는 나를 지탱해 주는 '생명의 흐름'이다. 무통문명과의 싸움에서 나는 내 안의 '신체의 욕망'을 '생명의 욕망'으로 전철시킨다. 이 전철작업으로 나는 '무통격류'의 기세를 빨아들여 '무통격류'를 약화시키고, 빨아들인 것을 '생명의 흐름'에 더하여 기세 좋게 밖으로 내보낸다. 신체의 욕망의 전철이란 무통격류의 힘을 이용하여, 그 흐름으로부터 흡혈귀처럼 에너지를 빨아들여서 중심축 통로에서 생명의 흐름으로 전환시켜, 나의 외부로 차례대로 내보내는 것이다. 밖으로 쏟아져 나온 생명의 흐름은 중심축에 따라 살아가려는 사람들에게로 흘러 들어간다. 내 안을 두 개의 선로가 관통한다. '무통격류'의 선로를 따라 전해진 물결은 전철작업에 의해 '생명의 흐름'의 선로로 전환되어 나에게서 방출된다. 이 '물결'의 대변환은 무통격류 그 자체의 에너지를 이용하여 이루어진다. '생명의 빛'이란 중심축 안에서 무통격류를 불태워 버리는 빛이다.

나는 무통격류를 생명의 흐름으로 전환시키고 다시 한번 무통격류로 빨려 들어간다. 빨려 들어갈 때, 나에게는 떳떳치 못한 쾌락과 돌변하는 태도와, 앞이 보이지 않는 어두운 밤과 절망이 있다. 나는 무통격류에 무릎까지 잠기고, 허리까지 잠기고, 가슴까지 잠기고, 머리까지 잠기고, 목을 뒤로 젖혀도 입안으로 흘러 들어오는 물에 숨이 막히면서, 최후의 순간에 그 물결을 중심축의 내부로 집어삼켜 불태워 버린다. 여기서 무통격류를 집어삼킬 수 있다는 보증은 어디에도 없다. 나는 반대로 무통격류에 빨려 들어가, 그 달콤한 맛과 잠에 저항하지 못한 채 두 번 다시 돌아오지 못할지도 모른다. 그렇기 때문에 이 최후의 순간은 항상 최후의 순간이 되는 것이다. 일이 예정대로 조화롭게 진행된다는 보증이 완전히 단절되는 시간과 공간. 이것이 본래의 '지금, 여기'이고, 중심축을 토대로 지금 여기서부터 열리는 영원이며, 무통문명이 결코 손을 댈 수 없는 피안(彼岸)인 것이다.

이것을 두 개의 흐름 중심으로 본다면 어떻게 될 것인가. 이 사회 전체에는 '무통격류'의 물결과 '생명의 흐름'의 물결이 존재한다. 이 두 개의 물결은 각기 다른 경로를 통해 이 사회에 사는 모든 인간들을 관통한다. 말하자면 두 장의 커다란 직물이 이 사회의 모든 인간들 위를 덮고 있는 것이다. '무통격류'에 의해 짜여진 직물은 우리들을 구속하고, 충혈시키고, 질식시켜 수면으로 유혹하고, 생명의 기쁨을 빼앗아 간다. 이것은 '자승자박의 해면체'다. 이와는 달리 '생명의 흐름'에 의해 짜여진 직물은 우리들의 중심축을 서로 결합시키고, 완만한 회로를 만들어 중심축에 따라 인생을 살아갈 수 있도록 용기를 준다. 이 직물이 '중심축 회로망'이다.

한 인간 안에서 이 두 개의 직물, 두 개의 흐름이 만나서 싸움을 시작한다.

'자승자박의 해면체'와 '중심축 회로망'의 두 개의 직물 사이에 끼어 있는 인간들. 무통화해 가는 현대사회 안에서 사람들은 무통격류에 빨려 들어가고, 자승자박의 해면체에 온몸이 빠져 들어갈 것이다. 무통격류는 맹위를 떨치고, 자승자박의 해면체는 극도로 비대해져서 중심축 회로망은 금방이라도 찢어질 듯한 얇은 막처럼 될 것이다. 자승자박의 해면체에 빨려 들어간 사람들은 쾌락과 편안함 속에서 만족하고, 자극과 치유가 있는 인생이라는 끝없는 잠으로 빠져 들어갈 것이다. 최후의 한 사람이 자승자박의 해면체에 빨려 들어가고, 그 후에 태어나는 사람들이 모두 그곳에서 도망칠 수 없는 구조가 되었을 때, 사회의 무통화는 완성되고 모든 것이 유지되는 형태로 끝난다.

나는 싸우지 않으면 안 된다. 사회의 구석구석에서 고립된 채로 싸우려는 사람들과 교신하면서 무통화의 흐름과 싸우지 않으면 안 된다. 이처럼 같은 일을 반복하고, 몇 번이고 같은 길을 찾아가며, 그 과정에서 조금이라도 전진할 수 있는 기회를 잡아야 한다. 다른 사람의 위에 서기 위한 노력이 아니라, 자신만의 길을 앞으로 밀고 나가기 위한 힘이 필요하다. 자신의 잘못을 덮고 감추기 위한 지혜가 아니라, 자신의 잘못을 정면으로 돌파하기 위한 지혜가 필요하다.

나는 책을 덮고 도로공사 소리가 들리는 밤거리를 걷는다. 힘껏 내딛는 한걸음 한걸음이 매우 사랑스럽다. 구름 사이로 별이 몇 개 보인다. 지금 밤바람을 맞으며 배도 없는 운하 앞에서 시간과 공간을 맛보고 있는 이 고요함. 하나밖에 없는 거리가 있고, 전봇대가 있고, 소중한 사람이 있고, 세계는 내 주위에서 혼탁해져서 지평선 너머까지 펼쳐져 있고, 건너편 젊은이들의 유치한 웅성거림을 껴안고 있는 이 세계가 그 자체로 매우 사랑스럽다.

　오늘 나는 저녁 하늘에 넓게 퍼지는 박달나무 향기를 가슴 가득히 빨아들였다. 인기척 없는 자전거 주차장에 어지럽게 놓인 자전거, 무수히 펼쳐진 푸른 나무들, 낙서가 적혀 있는 빌딩 벽, 먼 곳에서 들려오는 자동차 소리, 이 모두가 내 곁에 있다. 자전거를 타고 가로수 저편으로 가 보니 지는 태양이 도시의 구름을 오렌지색으로 물들이고 있다. 어린 학생들이 손을 잡고 걷고, 작은 새가 길에서 날아오른다. 모순과 기만으로 가득 찬 이 세계는 결코 이대로 지속되어서는 안 되지만, 지금 내가, 나와 함께 하는 이 세계가, 사람들이, 생물들이 현재는 마음이 저릴 정도로 안타깝고 사랑스럽다. 페달을 밟을 때마다 안타까움과 사랑스러움이 발목에서부터 계속해서 밀려 올라온다. 내 발은 세계의 안타까움을 아는 지각기관 같다.

　오늘 나는 방안에 틀어박혀 침대에 얼굴을 묻고 울었다. 두 번 다시 돌아오지 않을 지금 이 순간에 내 눈앞에 펼쳐진 세상은 빛을 잃고 세상의 사랑스러움은 어디론가 사라져 무엇을 보고 들어도 즐겁지 않고, 모든 것이 헛되고 무의미하다고 생각되고, 몸은 납처럼 무거웠다. 모든 것이 잘 돌아가지 않고, 내가 존재하는 것 자체가 소중한 사람을 괴롭히고 나 자신을 괴롭혀서, 내가 움직일 때마다 누군가가 상처를 받는다. 이런 상황에 빠져서 돌파구가 전혀 보이지 않는 것이 중심축에 따라 살아가려는 과정의 하나라고 정말 말할 수 있을까. 괴롭고 외로워서 모든 것이 사라지기를 바라고, 누군가 소중한 사람이 옆에 있어 주기를 원하는 이 시간 또한 충실한 삶의 하나라고 할 수 있을까. 살아가는 의미를 발견하지 못하고, 소중한 사람은 어디에도 없는, 모래를 씹는 것 같은 인생에서 나는 사랑스러움을 느끼고 싶다고 말할 수 있을까. 그와 같은 혹독한 고행에 의해 어떤 광명이 찾아올 것이라고 말하는 것일까.

오늘 나는 나에게 묻는다. 끝이 있는 인생, 정말로 하고 싶었던 것을 다시 한번 생각해 보라고. 고통과 초조함 속에서 잊어버리고 있던 것, 생각하면 괴로워서 생각하지 않으려고 덮어 두었던 것, 마음이 지금보다 훨씬 부드럽고 순수했을 때 생각했던 것을 천천히 생각해 본다. 남아 있는 삶 속에서 다시 한 번 아름다운 추억을 만들 수 있다면 얼마나 멋질까. 모든 것은 시간과 더불어 사라진다. 첨단기술로 수명이 두 배나 길어진다고 해도 시간은 역시 같은 속도로 사라진다. 내 마음이 아직 순수했을 때, 나는 무엇을 생각했던가. 무엇이 되고 싶었던가. 어떤 일을 할 때 생기가 넘쳤나. 무엇을 좋아했나. 무엇을 하고 있을 때 시간 가는 줄 몰랐던가. 그 때 나의 존재는 어떤 것으로 충만했나. 나는 생각해 본다. 나는 잊는다. 나는 생각해 본다. 이것이 싸움이다.


## 6. 무통화 장치


무통문명의 해체작업을 진행시키기 위해서는 '신체의 욕망'을 '생명의 욕망'으로 전철시키는 것만으로는 부족하다. 우리들에게는 또 하나의 중요한 작업이 남아 있다. 그것은 '무통화 장치'의 해체작업이다. 중심축에 따라 살아가려는 사람들은 전철을 하면서 이 사회의 모든 곳에 숨겨져 있는 '무통화 장치'를 발견해 내고, 그것들을 온 힘을 기울여 해체해야만 한다.

내가 변하지 않으면 세상은 변하지 않는다. 그러나 내 내면이 바뀌는 것만으로는 세상은 꿈쩍도 하지 않는다. 세상을 바꾸기 위해서는 나의 외부에 존재하는 '무통화 장치'의 해체가 필요하다. 자신의 삶의 장을 떠나지 않으면서 우선 자신 가까운 곳의 '무통화 장치'를 발견하고 해체하는 것. 싸움의 순서는 자기해체, 전철, 무통화 장치의 해체로 이어진다.

'무통화 장치'란 무엇인가.

'무통화 장치'란 나의 외부와 내부에 존재하며, 우리들의 '신체의 욕망'을 계속해서 '무통격류'로 끌어들이는 장치다. 무통화 장치란 영원하지 않은 우리들 인생에서 우리가 진정으로 생각해야 하는 것에서 눈을 돌려 장래에 덮쳐올지도 모르는 고통을 예방하여 무통화하고, 인생과 생명과 자연의 운행을 큰 틀에서 관리하게 만드는 장치다. 이 장치는 중환자실과 같은 하드웨어 형태도 있고, 말과 같이 눈에 보이지 않는 형태도 있다. 그것을 '장치'라고 부르는 것은 외부의 영향으로 간단히 파괴되지 않는 안전성을 갖추고 있기 때문이고, 스스로 내부에 인간을 끌어들임으로써 자동적으로 움직이기 시작하기 때문이다. 무통격류가 흐름과 물결이라는 '유체(流體)'라면, 무통화 장치는 그것들이 굳어진 '고체'라고 할 수 있을 것이다. 고체인 무통화 장치가 우리들 안의 '신체의 욕망'을 유체인 무통격류로 편성하거나, 이미 흐르고 있는 무통격류를 더욱더 큰 물결로 바꿔 놓는다. 무통화 장치란 무통격류의 생산장치이고, 무통격류의 증폭장치다. 무통화 장치는 다양한 모습으로 사회와 인간의 마음 구석구석에 흩어져 있다. 어떤 것은 확실히 보이고, 어떤 것은 감춰져 잘 보이지 않는다. 보기 힘든 무통화 장치는 보려고 노력하지 않으면 보이지 않는다.

제5장에서 무통화 장치의 종류로 신체의 욕망을 구체적으로 실현시키는 '실현장치', 무통격류를 점점 확대하려는 '확장장치', 무통격류에서 벗어나려고 할 때 그 사람을 설득하여 되돌아오게 하는 '회수장치'가 있다고 지적하였다. 이번 장에서는 다른 각도에서 무통화 장치에 대해 생각해 보고자 한다.

무통화 장치를 '하드웨어' '제도' '서비스' '관계성' '말·생각'의 다섯 차원으로 나누어 고찰한다. 물론 다섯 가지로 명확히 구분 지을 수는 없지만, 이 고찰을 통해서 무통화 장치의 보다 구체적인 측면이 명확해질 것이다.

첫 번째로 '하드웨어'로서의 무통화 장치가 있다. 이것은 손으로 만질 수 있는 물질로 만들어진 무통화 장치이고, 이 장치 안에 사람이 들어가면 본인의 의지와는 거의 관계 없이 무통화 되어간다. 이 책 서두에서 다룬 중환자실은 하드웨어로서의 무통화 장치의 좋은 예다. 중환자실 침대 위에서 잠든 사람은 혈압·호흡·체온 등의 상태를 관리받게 되고, 아픔을 느끼는 경우에는 조절되며, 영양이나 약을 자동적으로 주입받고, 뇌파도 기록된다. 방의 온도, 습도, 세균 수도 일정하게 유지된다. 변화가 있을 때에는 관리실에서 간호사가 달려온다. 이것이 무통문명의 기본 이미지다. 제6장에서 서술한 거대한 수족관이나 바이오토프도 이러한 의미에서 무통화 장치라고 할 수 있겠다.

그것들이 인간사회를 감싸는 형태로 발전한다면 어떠한 것이 될까. 물, 공기, 식품 등을 초거대공간 내부에서 리사이클 하고, 의료설비나 오락시설을 충분히 갖춘 거주 공간. 디즈니랜드나 쇼핑몰을 더욱더 정밀하게 만드는 것. 그것을 폐쇄공간에서 실험한 미국의 바이오스피어(biosphere) 계획 또한 하드웨어로서의 무통화 장치를 고려하고 있다. 오늘날 가장 거대한 무통화 장치는 '대도시'일 것이다. 자연의 위협이나 외부의 적들로부터 인간을 지키고, 건물 안에는 일정한 온도가 유지되고, 식료품은 언제든지 공급받을 수 있고, 거의 정확한 교통체계와 정보 시스템이 완비되어 있다. 대도시 내부에는 잘 갖춰진 공원과 숲이 있어서 도시를 파괴하지 않을 정도로 관리되는 자연이 숨쉬고 있다. 인간들은 그 건물로 출퇴

근 하고, 같은 시간대에 식사를 하고, 밤에는 오락산업을 이용하고, 지쳐서 집으로 돌아간다. 늙을 때까지 이것을 반복한다. 이 대도시가 더욱 확장되어 대자연이나 날씨를 이중관리구조로 에워쌌을 때, 제대로 된 혹성관리가 출현한다. 하드웨어로서의 무통화 장치는 드디어 지구 전체를 덮게 될 것이다. 혹성 바깥으로 장기간 여행하는 우주선 또한 무통화 장치의 특징을 갖추고 있다고 볼 수 있다.

두 번째로, '제도로서의 무통화 장치'가 있다. 이것은 제도나 관습 혹은 집단행동을 기반으로 인간이 생각하고 느끼고 생활하는 동안에 어느 사이에 인간이 무통화되어 간다는 것이다. 예를 들어 어떤 법률의 존재가 무통화 장치로 작용한다. 세계의 많은 나라에 존재하는 '태아 조항', 즉 태아에 장애가 발견되었을 때, 그것을 이유로 인공 임신중절을 할 수 있다는 법규정은 무통화 장치의 하나의 예다. 왜냐하면 이 법률 때문에 선택적 중절이라는 예방적 무통화 행위가 합법화될 뿐만 아니라, 장애아는 태어나기 전에 그 존재를 없애 버려도 전혀 문제될 것이 없다는 무통문명의 사상이 법률로서 명확히 뒷받침되기 때문이다. [13]

이 법률에 근거하여 살아가는 사람들은 직접적 혹은 간접적으로 이 무통문명의 사상을 정당화하는 분위기에서 생활하는 것이며, 사람들의 생각이나 행동에 영향을 미치게 될 것이다.

혹은 기성 종교의 어떤 측면이 무통화 장치로 작용하기도 한다. 특히 죽은 다음의 삶을 믿는 종교는 그 종교에 의지하는 인간의 무통화 장치가 된다. 사람들은 신앙의 힘으로 죽음의 공포에서 벗어나고, 그 신앙을 확실히 믿기 위해 종교의 가르침이나 규범을 지키면서, 다른 사람들에게 포교를 한다. 나는 종종 종교인들과 토론을 하는데, "자신만을 의지하여 살아가야 한다면, 진정 의지하고 기댈 수 있는 것이 사라지지 않겠는가"라는 말을 여러 차례 들었다. 무엇인가 커다란 존재에 의지하여 불안과 고통에서 벗어나고 싶은 인간들의 마음을 받아들이고, 그들의 생각을 멈추게 하는 약을 주는 제도나 집단은 모두 무통화 장치인 것이다.

교육에도 무통화 장치는 있다. "이러한 방법으로 학습한다면 분명 잘될 것"이라는 처방전을 제공하는 교육은 그러한 방법을 찾는 사람들의 무통화 장치가 되는 것이다. 체제형 교육을 비판하는 대안교육도 마찬가지다. 학습자의 자율적인 사고를 기른다고 하지만, 실제로 어떤 특정 세계관이나 사상의 훌륭함을 강조하는 교육 시스템은 때때로 무통화 장치가 되기도 한다.

국민의 삶을 관리하고 안정을 보장하고 복지를 제공하고, 정체성의 귀속 근거가 되는 '국가' 역시 무통화 장치로 작용할 것이다. 전쟁의 주체가 사실은 우리들 자신의 '신체의 욕망'이라는 것을 감추고 책임을 전가시키기 위한 도구로 국가가 이용된다.

세 번째로 '서비스'로서의 무통화 장치가 있다. 우리가 그것을 구매하고 사용하는 순간에 무통화 장치가 작동하기 시작한다. 출생 전 진단과 선택적 중절 기술은 좋은 예다. 고령임신을 한 여성이 출생 전 진단을 희망하여 검사를 받을 때, 거기에 예방적 무통화로 가는 하나의 통로가 펼쳐진다. 태아에 장애가 없다면 출산하겠지만 장애가 있다면 출산을 포기하고 중절을 택한다는 것이 높은 확률로 설정되어 있다. 이에 대해서는 이미 제2장에서 서술한 바 있으므로 여기에서는 생략하기로 한다.

서비스로서의 무통화 장치는 하드웨어로서의 무통화 장치와 달리 거기에 모이는 사람들을 자동적으로 무통화하는 것은 아니다. 서비스로서의 무통화 장치를 선택할지 안 할지는 기본적으로 개개인에게 달려 있기 때문이다. 우리에게는 무통화 기술을 선택하지 않아도 되는 길이 있다. 물론 우리 사회에는 무통격류가 넘쳐나고 그것을 거스르는 결정을 할 수 있는 가능성은 매우 희박하다. 그러나 선택은 최종적으로는 개인의 자율적인 결정에 달려 있고, 이 점에 주목하지 않는 한 무통문명과 싸울 수 있는 가능성 또한 열리지 않을 것이다.

현대의료는 많든 적든 서비스로서의 무통화 장치라는 성격을 갖고 있다. 생명윤리의 모든 문제는 이 측면에서 재검토할 필요가 있다. 아무리 무통화가 진행되어도 불안이나 우울, 공포나 무기력 등 인간 마음의 괴로움은 남을 것이라고 한다. 그러나 뇌를 미세하게 조절하는 의료기술이 등장함에 따라 마음의 괴로움 대부분도 인공적으로 없앨 수 있을 것이다. 이러한 의료도 무통화 장치다.

또는 오락산업도 우리들을 아주 간단히 무통화시킨다. 대중적인 오락산업의 문제점은 여러 가지로 지적되어 왔다. 여기에서 생각해야 할 점은 두 가지다. 먼저 대부분의 오락산업은 우리들 자신의 인생을 정면으로 생각해야 하는 데서 눈을 돌리게 하여 당장의 감각적인 쾌락과, 조작된 거짓 감동과, 인생의 가르침이나 예정조화를 믿을 때 오는 안심 등을 우리에게 심어주고, 그렇게 함으로써 우리로부터 '후회 없는 인생'에 대하여 스스로 생각하는 힘을 빼앗아 간다. 우리들은 오락산업이 제공하는 패턴에 따라 모든 것을 파악하여 사물을 제대로 느끼지 못하게 되고, 세상을 보지 못하게 되고, 인간을 보지 못하게 되고, 인생을 생각하지 않게 된다. 두 번째로 힘든 일이나 가정이나 인간관계로부터 피하려고 텔레비전, 영화, 게임, 음악, 외식, 클럽 등의 오락산업이 제공하는 기분전환에 빠져들어, 그 쾌락에 젖어 들고 그것을 소비하는 것만이 살아가는 의미가 되는 경우가 있다. 내가 오락산업을 이와 같은 형태로 받아들일 때, 그것은 이미 나에게 무통화 장치가 되었다고 할 수 있겠다. 우리들 대부분은 무

통문명에 의해 이미 세뇌되어 있기 때문에 오락산업을 소비하는 것 말고
도 다른 오락이 있다는 생각을 할 수 없는 상태에 빠진 것이다.

　네 번째로 '관계' 로서의 무통화 장치가 있다. 이것은 친한 인간관계 안
에서 작용하는 무통화 장치다. 부모 자식 관계나 부부관계 안에서 작용하
는 자승자박의 관계성이 여기에 해당한다. 서로 상대에게 불만을 가지고
있어도 그것을 지적하게 되면 지금의 쾌적한 생활이 붕괴될 수 있기 때문
에 계속 입을 다물게 되는 경우, 거기에 무통화 장치가 있다고 할 수 있다.
이에 대해서는 이미 제4장에서 상세히 서술했기 때문에 여기에서는 생략
하기로 한다. 공범관계적 지배가 그 대표적인 예다.

　다섯 번째로 '말 · 생각' 으로서의 무통화 장치다. 생각이나 이데올로기
도 강력한 무통화 장치가 된다. 이들 무통화 장치는 우리들이 후회 없는
인생을 살아가기 위해 진정으로 생각해야 하는 것에서부터 눈을 교묘히
돌리게 하고, 문제를 바꿔 놓아 눈앞의 쾌락과 안심을 추구하도록 유도한
다. '눈가림 장치' 의 기능을 하는 것이다. 먼저 가장 개인적인 것부터 말
하자면 '변명' 이 무통화 장치가 된다. 다른 사람에게 하는 변명, 자신에
게 하는 변명. 혹은 좋아하는 사람이 나에게 속삭이는 근사한 변명. 사실
은 지금 직면한 일이나 문제에 정면으로 부딪쳐야 하는데, 변명이 무통화
장치로 작용하여 우리가 생각해야 할 것을 생각하지 않은 채로 마무리하
게 하고, 거기에서 도망치게 한다. 다음으로 대인관계 차원에서는 치료와
카운슬링이 무통화 장치가 되는 경우가 있다. 심각한 문제를 가진 고객에
게 심리치료사가 당신은 나쁘지 않다, 지금 자신을 부정할 필요는 없다고
강조했다고 하자. 고객은 치료된 듯한 느낌을 받는데, 그러한 기분을 계
속 유지하고 싶은 마음에 자신을 긍정적으로 생각해 주는 사람만을 찾게
된다. 이 경우 그 고객에게는 '긍정적인 말' 이 무통화 장치가 되는 것이

다.

그리고 "당신은 자신을 부정하지 않아도 된다" "지금 이대로 자신에게 긍정적이어도 된다" "지금 당신은 충분히 도움을 받고 있다" "이처럼 생각하면 된다" "그렇게 비판하면 된다" "그렇게 살면 된다"는 메시지를 직접 혹은 간접으로 들려주는 커다란 목소리, 커다란 이야기는 모두 이데올로기로서의 무통화 장치다. 이들 목소리는 매스미디어에서, 종교 교리에서, 정치사상에서, 반체제사상에서, 교육사상에서, 대중 드라마에서, 소설에서, 뉴스에서, 감동적인 이야기에서 다가온다. 이것들은 우리들 사고방식이나 감정에 물꼬를 터서 "그렇게 생각하고 느끼고 있는 한 안심해도 되고 안전하다"고 반복해서 가르친다. 무통화하는 현대사회는 그들 목소리로 넘쳐나기 때문에 우리들이 태어났을 때 이미 뿌리 깊게 세뇌되어 있던 것이다.

이와 같이 무통화 장치는 다양한 차원에서 우리들을 기다린다. 무통화하는 현대사회란 이러한 무통화 장치가 사회 여러 곳에 숨겨놓고, 우리들로 하여금 서로 싸우게 하는 것이다. 무통화 장치는 우리들을 둘러싼 모든 것, 우리가 생산해 내는 모든 것에서 발견된다. 우리들이 아무리 조심을 해도 어느 틈엔가 무통화 장치의 덫에 걸려들게 된다. 때로는 스스로 원해서 무통화 장치로 뛰어들기도 한다. 그리고 우리들 자신이 원동력이 되어 기존의 무통화 장치를 활성화시키고 새로운 무통화 장치를 생산하여 무통격류를 점점 강하게 만든다. 인간이란 계속해서 자기 주위에 무통화 장치를 생산해 내는 존재다. 그리고 그 무통화 장치가 집결하여 구조화될 때 무통문명이라는 이름의 '문명'이 서는 것이다.

여기서 한 가지 주의할 것이 있다. 이미 지적한 것이지만, 예를 들어 매스미디어나 교육이나 종교가 언제나 무통장치로 작용하는 것은 아니다.

예를 들어, "한 번뿐인 삶과 죽음에 대해서 진지하게 생각하라"고 말할 때의 종교는 무통문명으로부터 탈출하는 실마리를 줄 가능성이 있다. 무통문명에 대한 의심을 전달하는 장으로서의 매스미디어나 교육도 분명 있다. 그것들이 무통화 장치로서 작용하지 않도록 우리들과의 관계를 모색하지 않으면 안 된다.


## 7. 무통화 장치의 해체

그렇다면 무통화 장치의 해체란 도대체 어떤 작업일까. 그것은 긴 시간 구축되어 온 무통장치나 우리가 평소 주변에서 생산하고 있는 무통장치를 벽돌을 빼내듯 조금씩 해체하는 작업이 될 것이다.

최초의 작업은 이 사회의 구석구석에 존재하고 있을 다양한 무통화 장치를 발견하고, 그 존재를 파헤치고, 그것을 모두가 볼 수 있는 곳에 드러내는 것이다. 무통문명의 대부분은 자기 모습을 감추려 한다. 무통문명의 주인들은 무통화 장치의 존재를 알고 있더라도 그것을 모른 체하고 마치 아무것도 안 보이는 것처럼 행동한다. 그렇기 때문에 우리는 무통화 장치를 찾아내고, "이것이 무통문명이다" "언뜻 보면 그렇게 보이지 않을지 모르지만 여기에 무통화 장치가 숨어 있다"는 말로 사람들에게 말을 걸어, 그 모습을 공공연하게 드러내지 않으면 안 된다. 자기 모습을 감추려고 하는 무통화 장치를 찾아 그 진짜 모습을 파헤쳐야 한다. 앞서 예로 든 태아의 조항처럼 제도가 무통화 장치의 역할을 하는 경우도 보통은 알아차리기 힘들 것이다. 알아차린 사람이 그것을 지적해서 관심 있는 사람들에게 알리는 것이 필요하다. 사회 속에서 무통화 장치가 넘쳐나고 있음을 끊임없이 파헤쳐 가는 것이 필요하다.

두 번째로 이들 무통화 장치를 실제로 붕괴시키지 않으면 안 된다. 몇 가지 사례를 들어보자. 법제도는 실제로 개정이 가능하다. 일본의 태아 조항의 경우 그것을 도입하려는 세력에 맞서 장애자와 여성 단체가 반대 운동을 벌여 도입을 저지했다. 독일에서는 그것을 법률 조문에서 삭제하는 개정이 이루어졌다. 14)

이들의 움직임에 의해 제도로서의 무통화 장치를 (불완전하기는 하지만) 하나 해체한 것이다. 이와 같이 해체할 때의 규칙이 분명한 경우는 해체작업도 알기 쉽다. 물론 제도로서의 무통화 장치를 신설하려고 하거나 부활을 노리는 세력도 존재하기 때문에 해체작업은 그들 세력과의 싸움이 될 것이다.

해체가 눈에 보이기 쉬운 것으로 나 자신에게 달라붙어 있는 무통화 장치가 있다. 그것을 발견하고 스스로 그 장치를 정지시켜 본다. 그리고 내가 어떻게 되는지 모습을 관찰한다. 쾌락과 쾌적함의 유지나 고통의 회피 때문에 내가 매달리고 있는 무통화 장치가 있을 것이다. 그 무통화 장치는 내 재산이고 내 집일지도 모른다. 가족일지도 파트너 관계일지도 모른다. 아이일지도 모른다. 지위일지도 직장일지도 모른다. 섹스일지도 모른다. 그 무통화 장치에 의문을 던지고 무통화 장치를 자신으로부터 떼어 놓아 보는 것. 또는 납득한 다음에 그것을 버리고 돌아서는 것. 후회 없는 인생을 위해 그것을 버리고 돌아서는 것.

나는 타인 앞에서 자신을 정당화한다. 나는 자신을 향해 언제나 변명을 하고 있다. 그것이 나의 무통화 장치일지도 모른다. 내가 자신의 인생을 살고 있지 못하다고 마음 한 구석에서 느낀다면, 그 무통화 장치를 사용하는 것을 스스로 그만두는 것은 어떨까. 그 후에 생길 금단현상을 찬찬히 맛보는 것은 어떤가. 자신의 진정한 문제를 직시하고 싶다고 마음 한 구석에서 생각하지만, 눈앞에 무통화 장치가 있기 때문에 문득 정신을 차리고 보면 나도 모르게 그 쪽으로 손을 뻗어 언제까지나 무통화 장치의 꿀을 핥고 있는 것은 아닌가. 그것을 날카롭게 지적하는 자를 맹렬하게 공격하고 그 자가 사라진 후 울고 있는 것이 나의 모습이 아닌가. 친한 인간관계 속의 무통화 장치의 해체에 대해서는 제4장에서 말한 자승자박 과정과 거의 겹치기 때문에 여기서는 반복하지 않겠다.

이와는 달리 거대한 무통화 장치로 작용하는 것이 명백한 첨단기술이나 하드웨어를 구체적으로 해체하는 것은 대단히 어렵다. 왜냐하면 우리자신의 '신체의 욕망'이 그 해체작업을 강력하게 가로막기 때문이다. 게다가 다음과 같은 점에 대해서도 심각하게 생각하지 않으면 안 된다. 즉 그것을 해체하기 위해서는 기술개발을 그만두게 하거나 도시개발을 중지시키거나 대규모 유원지를 폐쇄시키는 등의 직접적인 행동을 할 필요가있지만, 그러기 위해서는 자발적인 활동가들이 많이 모여 통일된 행동을취해야만 한다. 그러나 반대운동을 조직하고 하나의 목표를 향해서 통일적으로 활동하는 방식 자체가 어떤 목표를 향해서 집단활동을 조절한다는 무통문명의 방식이다. 무통화 장치를 해체하기 위해서 무통문명의 방법을 채용할 수는 없다. 대규모의 하드웨어인 무통화 장치를 직접 해체하기 위해서 또 하나의 무통화 장치를 만들어 싸우는 것은 피해야 한다. 물론 장치를 해체하는 것이 목적이라면 그것을 달성하기 위한 조직을 만들고 활동하는 것이 당연할지도 모른다. 그러나 조직에 조직으로 대항하는방법을 사용해서 당초의 목표를 달성하더라도 중요한 무통문명은 상처 입지 않은 채 새로운 조직을 삼켜 버리고 성장한다는 것을 알아차려야 한다. 무통화 장치의 해체에 종래의 방법은 사용할 수 없다. 새로운 방법이 필요하다.

세 번째로 그러한 방법의 하나로 무통화 장치를 대신할 전혀 다른 대안을 구체적으로 제시하여 사람들을 설득하는 방법이 있다. 무통화 질서에 의지하지 않고 생기 있게 살아갈 수 있는 구체적인 대안을 사람들에게 끊임없이 제공하고, 자신도 그 대안을 선택해 나간다. 그리고 사람들이 이 대안을 좀 더 생기 있는 인생을 보낼 수 있는 방법이라고 생각하게 한다. 그것을 본 사람들은 무통화 장치로부터 조금씩 거리를 두게 될지도 모른다. 이를테면 선택적 중절을 하지 않을 대안을 고르는 사람들의 행위는 그런 일로 망설이고 있는 사람들에게 힘을 실어 줄 것이고, 우리들에게 예방적 무통화의 기술과 거리를 두는 방법을 다시 한번 생각하게 하는 계기를 줄 수 있을 것이다.

요컨대 무통화 장치에 의지하지 않고도 후회 없는 인생을 살아갈 수 있다는 발상을 사람들에게 제시하는 것이다. 물론 그 생각을 강요하는 것도 아니고 그렇게 생각하지 않는 것을 규탄하는 것도 아니다. 해체작업을 하고 있는 나 자신도 무통화 장치에 의지하고 있고, 그것을 지금 손에서 놓을 수 있다고 입을 찢어도 말할 수 없다. 이러한 무통화 장치에 맞서 같은 죄를 짓는 사람의 입장에서 말을 붙이고 설득을 시도해 가는 것이다.

달리 말하면 "무통화 장치를 선택할 수 있지만 자신을 위해서, 혹은 소중한 사람을 위해서 굳이 그것을 선택하지 않는 지혜"를 개발해 나가고자 하는 것이다. 무통화 질서를 선택했다고 해도 법적으로 벌을 줄 수도 없고, 윤리적으로 규탄받는 일이 거의 없음에도 불구하고 무통화 장치 쪽으로 가는 것을 자발적으로 그만두는 지혜를 만들어내고 싶은 것이다. 이 지혜를 누구에게나 강요할 수 있는 것은 아니다. 강요하는 지혜는 이미 지혜가 아니다. 지혜는 스스로의 잘못을 통해 배우는 것으로, 스스로 납득하고 받아들이는 것이다. 과학문명의 세계에서 필요한 것은 이러한 종류의 지혜를 전달해 가는 것이다. 무통화 장치의 해체를 위해서는 이 방법이 중심 역할을 할 것이다. 과학기술이 발달한 현대사회에서 필요한 것은 이런 의미의 '지혜의 복원'이다. 실천에 내재해 있는 이러한 지혜를 깊이 파고들어 그것에 말을 부여하는 것이 현대철학의 역할이다. 나는 이러한 지혜의 개발을 중심으로 성립하는 학문의 하나로 '생명학'을 제창해 왔다. [15]

'무통문명론'도 생명학의 한 부분을 구성한다.

네 번째로 무통화 장치의 내부로 들어가 시한폭탄을 장치하는 방법이 있다. 우리는 무통화 장치인 오락산업을 해체해야만 한다. 그러나 오락산업을 해체하는 것에 찬성하는 사람은 거의 없을 것이다. 그러므로 무엇인가 다른 전략이 필요하다. 무통문명과 싸우는 자신이 오락산업의 현장에 들어가서 오락산업을 생산하는 당사자가 되어, 오락산업의 내부에 무통화 장치를 해체하는 장치를 짜 넣는 방법이다. 즉 오락산업을 소비하는 사람들이 문득 정신을 차려 보니, 자기 자신이 후회 없는 인생에 대해 생각하고 있었다는 결말 장치가 오락산업의 장치나 작품 속에 채워져 있는 것이다. 그렇게 해서 오락산업 속에 존재하고 있던 무통화 장치를 내부로부터 알맹이를 빼 버린다. 이 방식은 다른 분야에도 응용할 수 있다.

다섯 번째로, 무통화 장치의 해체와 동시에 해야 하는 작업으로 '반(反)무통화 장치'의 생산과 보충이 있다. '반무통화 장치'란 무통문명과의 싸움을 배후에서 자동적으로 도와주는 장치다. 그것을 인간의 마음이나 사회 속에 많이 채워 넣으면 전사의 발판이 단단해져 전사의 싸움을 뒷받침할 수 있다. 그것은 무통화 장치와 마찬가지로 하드웨어, 제도, 서비스, 관계성, 담론, 사고방식의 수준에 각각 존재할 수 있다. 반무통화 장치가 채워진 구역에서는 무통격류의 흐름이 약해져서 무통화의 힘이 자동적으로 줄어든다. 예를 들어 무통문명론의 담론은 전사들에게 담론 수준에서의 반무통화 장치로 작용할 수 있을 것이다.

　도시와 오락산업이 무통화 장치로만 작용하는 것은 아니다. 무통화 장치에 의심을 품게 만드는 장치로 작용할 가능성도 갖고 있다. 그렇기 때문에 무통화 장치를 반무통화 장치로 이른바 전철시키는 것이 가능하다는 것이다. 기존의 무통화 장치의 힘을 그대로 이용하면서 반무통화 장치로 다시 조직하는 방법을 개발하지 않으면 안 된다. 무엇보다 규모가 큰 무통화 장치의 하나인 국가를 즉시 반무통화하는 것은 불가능하다. 국가에 이르는 길은 길고 멀다. 국가를 구성하는 다양한 층위의 서브시스템 속에 차례차례 반무통화 장치를 스며들게 하는 것이 현실적인 방법이라고 생각한다.

　반무통화 장치는 확실한 저항감과 일정한 지속성을 가진 장치로서, 어떤 것은 사람의 눈에 띄는 곳에 공공연하게 나타나지만, 어떤 것은 멀리서 보이지 않게 교묘하게 숨겨져 있다. 전사들 자신도 숨겨진 장치를 예상하지 못했던 장소에서 만나게 된다. 전사들이 너무 지쳐서 더 이상은 안 되겠다고 생각할 때, 생각하지도 않았던 방향에서 모습을 드러내고 전사에게 용기를 주는 장치. 우리는 그런 작용을 하는 반무통화 장치를 만들어내서 사회에 채워 넣지 않으면 안 된다. 사람 눈에 띄지 않게 슬며시 채워지고, 정보는 뒤에서 뒤로 건네진다.

　이상 다섯 가지의 해체 방법에 대해서 생각해 보았다. 이에 대해 몇 가지를 보충한다. 우선 사회 속이든 자신의 마음속이든 무통화 장치의 해체 작업은 무통격류가 용광로처럼 뜨겁게 팔팔 끓어오르는 장소에서의 작업이다. 그곳은 말하자면 무통격류의 '열점(熱點)'이다. 중심축에 따라서 살아가려고 결심한 사람들이 다양한 무통화 장치를 차례차례 발견하고 드러내 해체해 나간다. 이를 위해 그들은 무통화 장치가 한데 모여 있는 도시 중심부로, 오락산업의 중심부로, 매스미디어의 중심부로 뛰어들지 않으면 안 된다. 무통화 장치가 부글부글 끓어오르는 그 '열점'에 온몸으로 뛰어드는 것. 자기 자신이 무통문명의 포로가 될 위험성에 빠지면서, 자신의 피부로 무통화 장치의 맛과 매력을 체험하는 것. 무통문명을 무너뜨리기 위해서는 자신이 무통문명 그 자체가 되어 보는 것이 중요하다. 이것이 무통화 장치의 해체의 기본이다. [16]

또 무통화 장치의 해체작업을 하려고 하면, 많은 사람들로부터 "왜 우리들을 방해하려고 하는가. 안정되고 기분 좋은 인생을 선택해서 무엇이 나쁘다는 말인가. 네게 부탁하지도 않았는데 너는 타인의 인생에 쓸데없이 참견하는 설교자 아닌가"라고 비난받을 것이다. 그러한 반감과 분노와 차가운 시선이 몇 번이고 쏟아질 것이다. 그러나 그것은 당연한 것이다. 우리 사회에는 무통격류가 가득 차 있고, 그 무통격류의 흐름을 거슬러 가며 하는 작업이 무통화 장치의 해체작업이기 때문이다. 무통화 장치의 해체작업은 그러한 목소리와의 '싸움'이 되지 않을 수 없다.

좀 더 말하면, 해체 매뉴얼은 아무 데도 없다. 매뉴얼이 존재한다는 것은 예상되는 구체적인 목표가 있다는 것이고, 그것은 우리가 해체해야 할 무통문명에 우리 자신이 빠져 버리는 것이다. 구체적인 해체작업의 내용은, 실제로 해체를 목표로 하는 각 개인이 그곳에서 짜내야만 한다. 지금 말할 수 있는 것은, 무통화 장치 앞에 섰을 때 우리가 어떻게 대응하면 좋을까 하는 그 기본적인 생각뿐이다. 무통화 장치에 맞서는 우리 자신의 자세를 잡는 방법에 대한 것뿐이다.

## 8. 스스로 치유하는 시스템

무통화 장치의 해체를 생각해 보았다. 지금까지 서술한 것은 아직 도입부에 불과하다. 왜냐하면 우리는 아직 무통문명의 핵심 부분에 닿고 있지 않기 때문이다.

만약 앞에 서술한 방법으로 정말 무통화 장치의 해체가 진행된다면 굳이 무통문명론을 쓸 필요도 없었을 것이다. 앞 절에서 서술한 내용은 이미 선행 연구자들에 의해 몇 번이나 지적되고 실천된 것뿐이다.

물론 그 실천은 꼭 필요하다. 그 같은 치밀한 해체작업을 거듭 쌓아가는 것 말고 길은 열리지 않는다. 그러나 거기에 머물러 있다면, 무통문명이 장치해 놓은 함정에 빠질 뿐이다. 왜냐하면 무통문명은 해체작업에 의해 피해를 입으면서도, 즉시 자기 치유를 하기 때문이다. 무통문명은 '스스로를 치유하는 시스템'이다. 우리는 이 메커니즘을 해명해야만 한다.

무통문명은 무통문명과 싸우려는 사람의 힘을 이용하여 '스스로를 치유' 하는 시스템이다. 아무리 '무통화 장치'에 상처를 입히고 그것을 약체화시키려 해도, 상처를 입히고 약화시키려는 사람의 힘을 이용해서 스스로 상처를 치유하고, 스스로를 활성화시키는 장치를 무통문명은 지니고 있다. 무통문명을 해체하려는 힘을 이용하여 해체당한 무통화 장치를 재건하고, 더욱 강한 장치로 바꿔 만드는 일마저 시험하는 시스템이 무통문명이다.

여기에 이르면 우리는 무통문명론의 근본문제에 직면한다. 그것은 스스로 치유하는 무통문명과 어떻게 싸우면 좋을 것인가 하는 문제다. 싸우면 싸울수록 강해지는 적에 맞서서 어떤 싸움을 하면 되는가. 잡으려는 힘을 이용하여 도망가는 상대방을 어떻게 하면 잡을 수 있을까. 스스로를 치유하는 시스템 내부에 싸우는 내가 편입되었을 때, 나는 어떻게 그 시스템과 싸우면 좋은가. 싸우려는 나의 힘을 이용하여 나를 싸안은 시스템이 자기 상처를 치유하고 다시 일어설 때, 나는 어떻게 해야 그 시스템을 쓰러뜨릴 수 있을까. 싸우는 내가 상대방의 자기 치유를 도와주고 있을 때, 나는 무엇을 하고 있는 것인가.

도대체 나는 누구와 싸우고 있는가. 이 싸움의 진정한 의미는 있는가. 정말 '싸움'인가. '싸움'이라는 이름으로 전혀 다른 일을 하고 있는 것은 아닌가. 이 싸움을 하려는 나는 누구인가. 모든 것이 잘못된 것은 아닐까. 어디선가 속은 것은 아닐까. 누군가 나를 막다른 골목으로 유도한 것은 아닐까. 나는 거울세계 안에서 커지고 늘어난 자신에게 스스로 상처를 입히는 우스꽝스러운 허수아비는 아닐까. 이것이 무통문명이 장치한 함정은 아닐까. 무통문명이 교묘하게 장치한 함정에 빠진 나는 무통문명과 싸우도록 예정되어 있는 것은 아닐까.

스스로 치유하는 시스템과 싸우는 나는 이 모든 질문에 하나씩 대답해야 한다. 스스로 치유하는 시스템과의 싸움. 이것은 무통문명론 최대의 수수께끼다. 싸우려고 하면 상대방을 일으켜 세워야 하고, 싸움을 그만두면 내가 진다. 그와 같은 상황에서만 내 존재가 인정될 때, 나는 어떻게 싸우면 좋은가 하는 수수께끼를 신중하게 풀고, 무통문명적인 상황에서 인간이 어떻게 행동하면 좋은가에 대한 새로운 방법을 제시하는 것이 무통문명의 과제다.

이것은 실은 현대사회의 많은 영역에서 사람들이 머리를 싸매고 있는 난문(難問)과도 관련되어 있다. 예를 들면 "그것을 해결하려다 보면 거꾸로 문제점이 커져 버린다"는 경우가 종종 있음을 많은 논자(論者)들이 지적해 왔다. 그러나 이것을 한 덩어리의 메타(meta) 문제로서 묶어 검토하는 시도는 거의 없었다. 이것을 다시 끄집어내 일반이론으로 검토하는 것이 '스스로 치유하는 시스템' 론이라고 말할 수 있다.

왜 무통문명이 '스스로 치유하는 시스템' 이 되는가를 생각해 보자. 가령 우리가 무통문명을 공격하고, 무통화 장치에 피해를 주는 데 성공했다고 하자. 무통화 장치는 우리 내면의 신체의 욕망과 연결되어 있기 때문에, 그 피해는 무통격류를 타고 마치 부메랑처럼 우리들 한 사람 한 사람의 내부로 역류하고, 우리 내부의 '신체의 욕망' 에 피해를 준다. 상처 받은 '신체의 욕망' 은 우리들 한 사람 한 사람의 내부에서 끓어오르는 새로운 신체의 욕망에 의해 다시 제자리를 찾고, 원래의 강함을 되살리고, 활력으로 넘치는 무통격류가 되어 무통화 장치로 흘러 나가 무통화 장치의 피해를 차츰 회복시켜 간다. 무통문명은 이렇게 해서 다시 일어선다.

이처럼 무통문명이 타격을 받으면서도 다시 일어서는 것은 다름 아닌 우리들 한 사람 한 사람의 '신체의 욕망' 이 다시 일어서도록 도와주기 때문이다. 무통문명이라는 시스템은 현대사회를 살아가는 모든 사람들로 구성되어 있다. 무통문명이 입은 타격은 구성원 모두의 '신체의 욕망' 을 고치고 회복시키는 것이므로 '자기 치유' 라 불러야 한다. 바깥쪽에 약을 발라 치유하는 것이 아니라, 자신의 시스템이 지니고 있는 힘에 의해 치유하는 것이다. 무통문명은 스스로를 약체화시키는 전사들을 내재하고 있다는 점에서는 '자기를 해체하는 시스템' 인데, 그것을 고치고 회복할 기구를 갖추고 있다는 점에서는 '스스로 치유하는 시스템' 이다. 그리고 사회 전체의 무통화가 진행되고, 입은 피해도 곧 고치고 회복되는 상황을 보면, 무통문명의 첫째 의미를 '스스로 치유하는 시스템' 으로 파악해도 틀리지 않을 것이다.

'스스로 치유하는 시스템'에 대해서는 엄밀한 이해가 필요하다. 예를 들면 눈앞에 바퀴벌레가 있다고 하자. 내가 이 바퀴벌레에 상처를 입혀 피해를 준다. 바퀴벌레는 약해지지만, 시간이 지나면 바퀴벌레 내부의 자기회복기구가 작동하여 상처는 치유될 것이다. 그러나 이것은 내가 여기서 서술하고 있는 '스스로 치유하는 시스템'과는 별개의 것이다.

그러면 다음과 같은 예를 들면 어떨까. 눈앞에 바퀴벌레가 있다. 이 바퀴벌레는 엉덩이 끝에서 가는 실이 나오고, 실 앞부분은 내 신체에 연결되어 있다. 이 실 속을 체액이 흐른다. 나는 바퀴벌레에게 상처를 주어 피해를 입힌다. 바퀴벌레는 약체화되는데, 그 상처를 치유하기 위한 특수한 생리물질이 내 신체 속에서 길고 가느다란 실을 타고 바퀴벌레의 체내로 들어가고, 그것을 이용해서 바퀴벌레는 상처를 회복한다. 바퀴벌레는 자신에게 피해를 준 인간의 힘을 이용하여 회복되는 것이다. 이 때 바퀴벌레와 나를 상호 의존하는 한 덩어리의 시스템으로 볼 수 있다. 이 시스템이 여기서 말하는 '스스로 치유하는 시스템'에 가장 가깝다. 내가 몇 번 바퀴벌레에 아픔을 주었다 해도 바퀴벌레는 내 신체로부터 생리물질을 흡수하여 무한히 다시 일어선다. 이 예에서 나에게 해당되는 것이 '싸우는 나'이고, 바퀴벌레에 해당하는 것이 '무통화 장치'이고, 생리물질에 해당하는 것이 '신체의 욕망' '무통격류'이고, 시스템에 해당하는 것이 '무통문명'이다(물론 이것은 완전한 비유가 아니다).

이렇게 해서 무통격류의 역습이 시작된다.

무통문명은 다름 아닌 우리들 자신의 내부에서 '신체의 욕망'을 빨아들여 자기 치유를 한다. 싸우는 사람의 힘을 이용해서 싸우는 사람을 자신의 내부로 끌어들인다. 싸우는 사람이 눈치 채지 못할 정도로 교묘하게 싸우는 사람을 함정에 빠뜨린다. 무통문명은 자기 치유를 핵심으로 한 새로운 기술을 반복해서 쏟아내고 있다. 그것들은 용의주도하게 연결된 복합적 기술이다. 이것을 '내부화' '보급' '도주' '빙의(憑依)' 네 가지로 분리해서 생각해 보고 싶다.

'내부화'란 무통문명에 맞서는 싸움을 무통문명이 자신의 한 요소로 집어 넣는 일이다. 마치 인체에 어떤 기생충이나 세균을 집어 넣음으로써 오히려 건강을 유지할 수 있듯이, 무통문명도 또한 자신에 대한 싸움을 내부로 껴안음으로서 보다 더 안정된 시스템이 된다. 사회시스템의 이 같은 성질은 이미 여러 곳에서 지적되어 왔다. 예를 들면 국가가 폭주족을 완전히 소탕하지 않는 것은 폭주족의 사회 질서에 대한 반항 요소를 사회 내부에 남겨두는 편이 사회가 보다 안정된 상태가 된다고 생각하기 때문이다. 만약 폭주족과 같은 젊은이들이 사회 질서에 대해 갖는 반항의 싹을 완전히 잘라버린다면, 젊은이의 에너지가 점점 축적되어 예기치 않은 대폭발에 이를 위험성이 있다. 그렇게 되면 사회 전체의 질서가 위기를 맞게 된다. 그러므로 사회 전체의 질서를 안정시키기 위해서는 폭주족을 일정한 범위에서 '길러' 두는 편이 이득이다. 같은 의미에서 술, 체제 비판 운동, 알기 쉬운 광기, 성의 일탈, 매매춘, 불법 섹스산업 등도 일정한 범위에서 방치된다.

그것들은 현재의 관리사회에 대한 반항의 예인데, 무통문명에 대한 싸움도 같은 형태이고, 무통문명에 의해 처리될 가능성이 있다. 예를 들면 대도시라는 무통화 장치를 버리고, 대자연 속에서 무통화하지 않는 생활을 하자는 운동이 있다. 그러나 무통문명은 곧 대자연 속에서 생활하겠다는 대안을 자신의 서브시스템으로 받아들인다. 그것은 도시인의 동경이 되고, 소비해야 할 이미지가 되고, 강연회는 사람들로 만원을 이루고, 무통문명 속의 사람들은 대자연에서의 생활을 돈으로 도와주면서, 자신은 결코 대도시를 떠나려 하지 않는 것이다. 이렇게 대자연 속에서 자기만족에 빠진 사람들과, 그들을 사육함으로써 소비재를 하나 늘릴 뿐인 사람들 사이의 공범관계가 성립한다. 무통문명은 대자연에서 생활하는 사람들을 이와 같이 내부화하는 것이다. 혹은 체제교육에 맞서서, 체제교육 바깥에 대안교육의 장을 만들려는 운동이 있었지만, 대다수는 이 내부화의 함정에 빠졌다.

무통문명은 자신에 맞서 싸우는 존재를 오히려 승인함으로써, 그 싸움을 자신의 시스템의 일부로 선언하고, 그 싸움으로부터 독기를 없애고, 그 싸움의 힘을 기둥 삼아 자신의 시스템을 정상화한다. 무통화 장치를 해체하려는 전사들의 일을 시스템의 한 요소로서 적극적으로 받아들여 자신의 구조를 다이나믹하게 바꾸고, 시스템 전체를 새로운 균형점에서 정상화하는 것이다. 시스템은 이런 식으로 자기 치유를 해 나간다.

전사 쪽에서 보면, 처음에는 무통격류와 잘 싸우는 것처럼 보인다. 그러나 신체의 욕망이 우리들 안쪽에서 차차 끓어올라 무통격류를 오히려 거꾸로 활성화시킨다. 시스템을 약화시키려는 노력과 시스템을 활성화시키려는 노력이 한 자리에서 만나 정상(定常)상태에 이른다. 정상화가 이루어짐은 우리들의 패배를 의미한다. 싸우다가 왠지 돌파구가 열리지 않는 상황에 이르렀을 때, 전사들이 이 함정에 떨어질 가능성이 높다. 이 함정은 싸우는 본인들도 좀처럼 알지 못하는 함정이다. 주디스 버틀러 (Judith Butler)는 강제이성애(强制異性愛) 이야기에 대해(드러그퀸 {일본의 판타지 소설—옮긴이}에 나오는 것과 같은) 성(gender)의 패러디적이고 교란적인 반복전략을 제창하고 있는데, 이 같은 싸움도 또 체제 시스템에 의해 내부화되고 소비되어 시스템 정상화의 도구가 될 위험성을 안고 있다. [17]

버틀러의 분석은 무통문명적인 상황을 염두에 둔 뛰어난 것인데, 반면 실천적 결론은 안이하다고 말하지 않을 수 없다.

다음으로 '보급'이란 무통문명과 싸우는 사람의 힘을 무통문명이 거꾸로 빨아들여 더 강해지는 것이다. 무통문명과 싸워 무통문명에 타격을 주려던 것이 거꾸로 무통문명에 에너지를 보급할 뿐이라는 것이다. 예를 들면, 무통문명과 싸우기 위해서 단결한 전사들이 많은 에너지와 시간을 자신들의 단결 유지를 위해 쪼개 사용하는 일이 벌어진다. 본인들은 무통문명과 싸우려 하지만, 동시에 단결 유지라는 무통문명적인 행위에 힘을 사용함으로써 내부에서 무통문명을 힘차게 생산하는 셈이 된다. 한편에서는 싸우면서, 다른 편에서는 적에게 힘을 보급하는 구조가 여기에 있다. 이 구조는 체제를 비판하는 집단에서 잘 볼 수 있다. 체제 비판집단 그 자체가 하나의 무통화 장치로 변모하는 것이다.

또는 무통문명과 싸우는 전사의 모습이 상품화되고, 미디어에서 선전되고 소비되면서, 본래 내장하고 있던 독기가 사라질 수 있다. 싸우는 본인들은 그것을 알아차리지 못한다. 대량생산과 소비사회를 비판하는 책이 베스트셀러가 되어 대량으로 팔리는 것을 우리는 이제까지 많이 봐 왔다. 그와 같은 책을 소비하는 사람들은 내용을 납득하는 것 이상으로 실제 행동으로는 옮기지 않는다. 그러므로 이런 책은 대량생산과 소비사회를 저지하는 것이 아니라 그것을 보다 강력하게 만들고 도와주는 결과가 된다.

예를 들면 나는 대도시와 거대 오락산업을 해체시킬 것을 주장했다. 그러나 현실적으로는 직접 해체하는 작업이 거의 불가능하다. 왜냐하면 그것들을 해체해야 한다고 주장하는 내 안쪽에 대도시와 거대 오락산업을 갈망하는 강한 기운이 있기 때문이다. 해체하라는 말은 실제로 내가 부수러 가는 행동을 하는 것이 귀찮다는 생각을 하는 것이고, 실제로 무통화 장치가 해체되어 버리면 곤란하다고 생각하는 내가 있기 때문이다. 실제로 해체되면 곤란하다는 내 생각은 "해체하라고 주장할 뿐이고, 나름대로 평가를 받는 듯한 형태" 혹은 "해체하고 싶지만 실제로 좀처럼 어려운 형태"로 사태를 유도해서 '해체하자'는 내 주장이 단순한 말에 그치고, 결코 실행에 옮겨지지 못하도록 하는 것이다. 이렇게 해서 강력한 자기기만의 구조가 성립한다. 앞 절의 '무통화 장치의 해체작업'의 기술이 어떤 의미에서 소용없는 것은, 이 점을 고려하지 않았기 때문이다.

게다가 대도시와 거대 오락산업의 해체를 주장하는 나는 대도시에 살고 있는 인간이고, 대도시의 모든 설비를 이용해서 무통문명론을 집필하고 있으며, 거대 오락산업을 계속 비판하면서도 그것을 선택적으로 누리는 인간이다. 이 점에 관한 자각 없이 무통화 장치와 싸우려고 하는 것이야말로, 여기서 말하는 '보급' 구조가 되는 것이다.

이와 비슷한 광경은 현재에도 여기저기서 볼 수 있다. 예를 들면 학생들이 떠들고 있는 교실에서 교사가 '조용히 해'라고 소리를 지르면 학생들이 오히려 더 큰 소리로 떠드는 경우가 있다. 학생들을 억누르려고 했지만 도리어 흥분시키는 것이다. 사회심리학에서는 이것을 부메랑 효과라고 한다. 네티즌 게시판에서 참가자끼리 싸움이 일어났을 때, 그것을 진정시키려는 글 때문에 도리어 싸움이 크게 벌어지는 일이 있다. 불을 끄려 했는데 거꾸로 기름을 부은 꼴이 된 것이다. 무통문명에 대한 싸움도 이와 꼭 같은 결과를 초래할 위험성이 있다. 무통문명에 대한 싸움이 어느새 무통문명을 보강하는 작업으로, 무통화 장치를 해체시키라는 외침이 어느새 무통화 장치를 보강하는 결과로 끝날지도 모른다. 싸우는 사람 자신도 모르는 가운데 이 과정이 진행되고 있을지 모른다.

그 이유는 문명을 비판하는 목소리를 더 키우고 싶다는 기분 속에 확대와 소비를 노리는 현대문명과 같은 힘이 작용하기 때문이다. 학생들이 떠들고 싶은 마음의 배후에는 조용히 하라는 힘과 꼭 같은 힘이 작용하기 때문이다.

무통문명 쪽에서 보면, 무통문명과 싸우는 사람의 마음 밑바닥에 있는 무통문명적인 힘을 교묘하게 끄집어내서 자신이 입은 상처를 치유하고, 자신의 힘을 보강하면 되는 것이다. 그렇게 하면 무통문명은 자기 치유를 하고, 잘 되면 자신의 힘을 증대시킬 수 있다. 무통문명은 무통문명론을 주장하는 사람의 내부에서, 무통문명적인 것을 끄집어내는 일까지도 할 수 있다. 무통문명론을 가능한 많은 사람들이 가능한 오래 계속 읽기를 바라는 내 기분은 그야말로 무통문명에 에너지를 보급하고, 타격받은 것을 회복시키는 것이다. 따라서 무통문명과 싸우는 사람은 무통문명론을 길고 안정되게 읽어서는 안 된다. 그것은 일정한 독자를 획득한 후, 읽을 때마다 하나씩 버려지고, 찢기고, 밟히고, 내가 예상치도 못한 형태로 풍화되어 가야만 한다. 그리고 이 같은 결말을 예상하는 나르시시즘이 무통문명의 자승자박 구조를 유지하는 것 중 하나이므로, 이 나르시시즘이 끓어오를 때마다 나는 그것을 전진을 위한 연료로 다 태우고, 없애야만 한다. 그리고 이처럼 길게 반복하는 끝없는 물결과 같은 기술 그 자체에 마침표를 찍어야만 한다. 『무통문명』을 영원히 계속 쓰고 싶다는 기분이야말로 무통문명적 욕망인 것이고, 무통문명이 다시 일어설 에너지를 보급하는 행위이기 때문이다.

무통문명이 자기 치유를 위해 반복해서 내놓는 제3의 기술은 '도주' 다. 무통화 장치의 해체를 시험할 때, 눈앞의 무통화 장치가 운 좋게 해체될 듯하다가도 정신을 차리고 보면 주위 다른 장소에 새로운 무통화 장치가 출현하는 경우가 있다. 모처럼 눈앞의 장치를 없앴는데 바로 옆에 다른 장치가 나타나는 것이다. 예를 들면 안정된 조직 속에서 무통화의 길을 똑바로 나아가고 있던 사람이 어떨 때 자신의 인생을 살고 있지 않다는 것을 깨닫고, 장래가 보장된 상태를 버리고 조직이라는 무통화 장치에서 탈출한다. 그리고 생활양식을 바꾸고, 자신에게 주어진 것을 개화시키려는 라이프스타일로 바꿔 간다. 그러나 그 같은 해체의 싸움을 진행하기 위해, 그 사람은 모르는 사이에 자신을 정신적으로 지탱해 줄 사람을 마음속에서 구하게 되고, 거기에 호응해서 주위에 지지자들이 모이면, 자신의 주위에 '지지자들' 이라는 무통화 장치를 재건하는 것이다. 또 오락산업의 해체를 본격적으로 시도한다고 하자. 오락산업에 몸을 맡겨 나를 잊고 지금 정말 생각해야만 할 일에서 눈가림하는 쾌락을 버려야만 하는 우리들은, 그와 꼭 같은 효과를 기대할 수 있는 '조직형 종교' 나 '전쟁국가' 를 모르는 사이에 사회 속에 강력하게 만들어내게 될 것이다. 교내 폭력을 억제하면 이지메가 급격히 증가하듯이, 하나의 무통화 장치를 해체하는 것과 병행해서, 우리는 모르는 사이에 다른 무통화 장치를 만들어내는 것이다. 무통문명은 이처럼 스스로 치유를 꾀하려 한다. 이 현상은 눈앞에서 해체되던 무통화 장치가 어느새 다른 장소로 순간이동을 해 버린 듯이 보인다. '도주' 라는 말은 여기에서 나왔다. 우리가 사회 시스템에서 도주하는 것이 아니라, 무통문명이 우리로부터 도주하는 것이다. 마치 펄럭이는 나비를 쫓아갈 때처럼 잡았다고 생각하면 순식간에 손바닥을 빠져 나가 다른 곳으로 이동해 버린다. 쫓는 것을 포기하면 돌아와 머리 위에 앉기도 한다.

싸우는 우리가 적을 직접 재건한다는 점에서 '도주' 는 '보급' 과 닮았다. 그러나 '보급' 이 눈앞에서 싸우고 있는 적에게 다시 일어설 힘을 주지만,

'도주'는 눈앞의 적과는 다른 장소로 무통화 장치를 재건할 힘을 보내 주는 것이다. 이 점이 다르다. '도주'는 눈앞의 무통화 장치를 일단 약하게 한다.

그런데 이 '도주'하는 주체는 도대체 무엇인가. 그것은 일종의 무통화 장치라고 생각한다. 상세한 설명을 위해서 다시 '무통화 장치'를 검토해 보고 싶다. '장치'란 빠져 나가려는 것을 체계적으로 다른 것으로 변화시키지만, 자신은 변화하지 않고 일정 기간 동일하게 머문다. 그 전형적인 예가 공장의 기계다. 그것은 원재료를 제품으로 변화시키는데, 자신은 처음과 같은 기계로 머문다. 무통화 장치도 일단 그와 같은 것이다. 무통화 장치는 접촉하는 사람의 욕망을 실현하기도 하고, 무통격류를 확대하고, 무통격류에서 벗어나려는 사람을 설득하기도 한다. 그와 같은 역할을 하는 도시와 오락산업 같은 무통화 장치 자체는 변화하지 않는다.

그러나 '장치'에는 한 가지 종류가 더 있다. 자기 자신의 모습을 차차 바꾸고, 일할 장소를 바꾸면서도, 같은 것을 계속 생산해 가는 장치다. 말하자면 우리들 안팎에 존재하면서 무통격류를 점점 증폭시키는 것인데, 그 장치 자체는 금, 기호물질, 오락작품, 권력, 음식, 음악, 인간관계, 말 등 여러 가지 모습으로 형태를 바꿔 가며 존재한다. 그것은 우리 자신의 '신체의 욕망'의 그림자와 같은 것이고, 내부의 '신체의 욕망'이 일어설 때마다 그것에 대응하여 이 세계의 여기저기에서 탄생한다. 그리고 우리에게서 일어난 무통격류를 멋대로 증폭시켜 버린다. 앞의 자신의 모습을 바꾸지 않는 장치를 '무통화 기반장치'라고 부르고, 나중의 자신의 모습을 끊임없이 바꾸면서 움직이는 장치를 '무통화 노마드(nomad, 유목 · 방랑의 의미) 장치'라 부르기로 하겠다.

무통화 노마드 장치는 무통화 기반장치에서 무통화 기반장치로 끊임없이 옮겨가므로 무통화 기반장치 사이의 연결 역할을 하고 있다고 생각할 수 있다. 몇 개의 무통화 기반장치를 연결하여 새로운 무통화 기반장치를 생산하는 역할도 한다. 그런 의미에서 무통화 노마드 장치는 눈에 띄기 쉬운 무통화 기반장치의 안쪽에 자리잡고, 그것들을 연결하고, 무통화 기반장치를 다시 생산해서 차차 증식시켜 가는 메타 장치라고 볼 수 있다. 이 메타 장치는 '신체의 욕망'의 그림자로서 사회 속에서 생겨나고, 무통화 하는 사회 구석구석에 가득 차고, 한 곳에 머물지 않고 항상 그 모습을 바꾸면서 무통격류에 계속 힘을 주는 것이다.

따라서 무통화 장치를 해체하기 위해서는 무통화 기반장치만이 아니라 그 배후에 숨어 있는 무통화 노마드 장치도 해체해야만 한다. 그러나 항상 그 위치와 모습을 바꾸는 무통화 노마드 장치를 사정권에 넣기는 매우 어렵다. 자신의 위치와 모습을 바꿔 선회하면서도, 항상 동일한 표적을 쏘고, 계속 빠져 나가는 비행장치를 어떻게 포착해서 추격해야 하는가라는 어려운 문제가 생긴다. 즉 "노마드화하고, 산발적으로 대열을 전개하는 무통문명과 어떻게 싸우면 될까" 하는 어려운 문제가 여기에 등장한다.

다시 '도주'로 돌아가자. 싸울 상대를 붙잡으려고 하면 생각하지도 못한 곳으로 순간이동을 해버리는 것은, 상대가 '무통화 노마드 장치'이기 때문이다. 무통격류를 증폭시키는 장치를 몰아넣고 해체하려 할 때, 눈앞에서 해체되는 것은 겉구조물뿐이고, 그 배후 장치의 핵심 부분은 어느새 어딘가로 사라져 버린다. 이 때, 겉구조물이 '무통화 기반장치'이고 사라진 것이 '무통화 노마드 장치'다.

그러므로 아무리 눈앞의 무통화 기반장치를 해체했다 해도 무통화 노마드 장치는 재빨리 도주해 내가 설정한 전쟁터 밖에서 무통격류를 증폭하고, 무통화 기반장치를 결합시켜, 내가 눈앞의 무통화 기반장치를 해체한 것과 같은 힘으로 내 손이 미치지 않는 장소에 다시 건설한다. 이렇게 무통문명은 자신의 피해를 치유한다. 무통화 노마드 장치란 내가 가벼운 발놀림으로 공격하려 할 때, 나보다 더 가벼운 발놀림으로 도주하는 것이다. 이 같은 무통화 노마드 장치가 존재한다고 가정하지 않는 한, 무통문명의 불사조 같은 강력함을 완전히 설명할 수 없다. 그것은 무통문명 내부에서 내가 무통문명과 싸우려 할 때 반드시 출현하는 '나의 그림자' 다. 나의 그림자는 도처에 있고, 나는 결코 나의 그림자를 밟을 수 없다. 무통문명은 그와 같은 구조를 나에게 강요한다. 이것은 필연이고, 싸울 것을 결심한 내가 짊어져야 할 무게다.

여기서 '무통격류' '무통화 기반장치' '무통화 노마드 장치' 의 세 가지 개념을 정리해 둔다. 우선 '무통격류' 란 '신체의 욕망' 이 조절이성과 합쳐져서 유동체가 되어 사회로 흘러 나온 것이다. 사람들을 관통하고, 쾌락과 편안함을 주고, 고통을 없애고, 사람들을 무통문명으로 이끌어 잠재운다. '무통화 기반장치' 란 내 안팎에 모두 있고, 우리의 '신체의 욕망' 을 끊임없이 '무통격류' 쪽으로 편성하려는 장치다. 그것은 하드웨어나 말 등의 여러 모습으로 인간의 마음이나 사회 속에 폭넓게 존재한다. 그리고 무통격류를 사회 여기저기서 붙잡고 멋대로 증폭한다. '무통화 노마드 장치' 란 자신의 모습을 점차 바꾸면서 인간의 마음과 사회를 돌아다니는 장치다. 그것은 '무통격류' 를 여기저기서 증폭하는 역할과 동시에, '무통화 기반장치' 를 결합시켜 새로운 '무통화 기반장치' 를 만들기도 하고, 전혀 새로운 '무통화 기반장치' 를 창조하기도 한다. '무통화 노마드 장치' 는 곳곳에 존재하고 고립되어 있는 듯한 '무통화 기반장치' 를 연결시켜, 그것을 배후에서 정리하는 메타 장치다. '무통화 노마드 장치' 덕분에 무통문명은 서로 결합된 무통화 작업을 전개할 수 있다.

우리는 '무통화 노마드 장치'를 구체적으로 지적할 수 없다. 단지 그 존재를 '무통화 기반장치'의 배후로 느낄 뿐이다. '무통화 노마드 장치'는 움직인다는 점에서는 '무통격류'와 비슷하다. 그러나 '무통격류'보다 더 기반의 위치에 있고, 무통문명 전체를 통괄하는 역할을 하고 있다. 그것을 잡으려 할 때마다 가볍게 도주하는 장치로 무통문명이 짜여져 있는 것이다. 그런 의미에서 볼 때, 무통문명이란 '가벼운 문명'이다. 무통문명을 포착하려는 사람에게는 중력이 걸리고, 무통문명 그 자체는 중력에서 벗어나 가볍게 스텝을 밟는 것이다. 네그리와 하트는 『제국』을 가볍게 도주하는 네트워크형 권력으로 파악했는데, 그 인식은 바른 것으로 생각한다. 무통문명도 그런 성질을 공유하는 것이다.

무통문명이 스스로 치유를 위해서 반복해서 계속 내보내는 제4의 기술은 '빙의(憑依)'다. 이것은 적의 본질이 어느새 싸울 사람 내부로 옮겨가는 것이다. 예를 들면 자연과 생명의 운행을 예측 가능한 범위 내에서 조절하도록 하는 현대문명의 시스템을 해체하려 하고, 생식기술의 현장, 법제도, 관리화되는 생태계 속에서 시스템에 싸움을 걸고, 싸움을 효과적으로 진행하기 위해서 전략을 짜고, 그렇게 싸우다가 정신이 들면 자기 자신이 싸움 전개를 예상 범위 내에서 조절하면서 효과적으로 상대방을 약체화시키고, 자신의 전투력을 무슨 일이 있어도 지키려고 하는 존재가 되는 일이 일어난다. 싸우는 도중에 자신이 무통문명으로 접근해 가는 것이다.

나는 사회 구석구석에 숨겨져 있는 무통화 장치를 계속 파헤쳐 가는 싸움을 수행한다. 감춰진 것을 파헤치는 행위를 계속하다 보면, 어느새 '계속 파헤치는 나'의 정체성을 유지하기 위해서, 그 행위를 계속하게 된다. 자신의 정체성을 지키기 위하여 사회를 둘로 갈라놓고, 마음의 어둠을 해

부해서 사람들 앞에 내 놓고, 상처를 주고, 그렇게 나의 틀을 지키고 유지하기 위해 남을 희생시키는 무통문명 쪽으로 바뀌어 가는 것이다. 또는 사회 속의 무통화 장치를 해체하고 있는 전사에게 좋아하는 사람이 생겼을 때, 그 관계만은 무슨 일이 있어도 계속 유지하고 싶다고 마음속에서 원하게 된다. 무통문명이 빙의하는 것이다.

이와 닮은 현상을 일상생활에서도 체험할 수 있다. 내가 누군가와 말다툼을 하고, 오랫 동안 싸운 끝에 그 사람을 설득시켰다고 하자. 그러나 그 때 내 말투는 나도 모르게 상대의 말투를 확실히 닮는다. 적을 쓰러뜨린 후 이번에는 자신이 적과 마찬가지 사람이 되는 사례도 있다. 싫은 사람을 때려눕힌 다음에, 자신이 그 싫은 사람과 꼭 같이 되고 있음을 아는 것은 기분 좋은 일이 아니다. 이처럼 자신이 패배시킨 적의 본질이 어느새 자신 쪽으로 옮겨 오는 일은 종종 경험할 수 있다. 일찍이 니체는 싸우는 사람의 모습은 적과 닮았다는 의미의 말을 했다. 예를 들면 냉전 시, 초관리국가인 소련과 전력을 다해 싸웠던 미국은 소련 붕괴 후 어느새 세계 제일의 지구관리국가로 변모했다. 통신망에서 정보를 체계적으로 뽑아내고, 미디어에 개입하고, 동맹국 사람들의 의식을 배후에서 관리하려는 모습은 일찍이 보여 주었던 소련의 모습과 아주 닮았다.

이상과 같은 메커니즘이 무통문명과의 싸움 속에서 생겨날 때, 나는 그것을 '빙의' 라 부르고 싶다. 단지 싸울 상대와 닮았다는 것뿐만 아니라, 상대방에게서도 내게 무언가가 옮겨 온다는 생각이다.

나는 무통문명과 싸운다. 눈앞의 무통화 기반장치를 해체를 목표로 한다. 무통문명은 저항하지만, 결국 내가 승리한다. 눈앞에 있던 무통화 기반장치는 붕괴한다. 그러나 이 때 내가 모르는 사이에 무통화 노마드 장치가 내 안으로 옮겨와 어느새 내 자신이 강력한 무통화 장치로 바뀐다.

나는 그것을 좀체 자각할 수 없다. 나는 다음 먹이를 찾아 움직이기 시작하는데, 그 때 내가 접촉했던 인간, 장치, 시스템 등에 강력한 무통격류를 내뿜는다. 그 때 어느새 인간의 체내에 들어가, 나도 모르는 사이에 주위 사람들에게 방사선을 내뿜게 되는 경우와 마찬가지가 된다. 강력한 무통화 장치가 되어 버린 나는 주위에 몇 개의 무통화 장치를 생산한다. 나는 주위에서 만들어낸 새로운 무통화 장치를 발견하고 매우 당황할 것이다. 그리고 그것을 만들어낸 장본인이 다름 아닌 자신임을 알고 허둥댈 것이다. 진정한 전사라면 스스로가 무통화 장치가 되어 있음을 직시하고, 자신의 내부에 있는 무통화 장치를 해체하려고 노력할 것이다. 만약 그것이 성공해서 내부의 무통화 장치가 해체되더라도, 주위에 생산된 새로운 무통화 장치는 상처 없이 남아 있다. 나에게로 옮겨 온 것이 나를 발판 삼아 다른 장소로 빙의한 것이다. 이처럼 '빙의'는 징검돌을 밟고 일어난다. 싸우고 있던 적에게서 나에게로 빙의하고, 나에게서 내 주변으로 빙의한다. '빙의'의 주체는 역시 '무통화 노마드 장치'다. 무통화 노마드 장치가 싸우는 나를 경유하여 다른 곳으로 옮겨간다. 빙의를 계속하는 무통화 노마드 장치 쪽에서 보면, 싸우는 나는 계속 빙의하게 해 준 돌과 다름없다. 무통화 노마드 장치는 그것을 해체하려고 싸우는 사람들을 발판 삼아 스스로 확산하고 증식하는 것이다. 그 같은 방법에 의해 무통문명은 자신이 받은 피해를 회복하고, 자기 치유한다.

'빙의'는 한편 '보급'과 닮았다. 그러나 '보급'은 싸우는 사람 쪽에서 적에게 힘을 공급하는 것이고, '빙의'는 반대로 싸우는 사람을 향해 무통화 노마드 장치를 공급하는 것이다. '빙의'는 '도주'와도 많이 닮았다. 무통화 노마드 장치가 싸우는 사람 쪽으로 도주했을 때의 모습이 '빙의'라고도 생각할 수 있다. 훨훨 나는 나비를 잡으려고 쫓아다녔지만 놓치고,

날이 저물어 집에 돌아오니 자기 머리 위에 나비가 앉아 있다. 자기 몸은 어느새 나비 가루로 덮여 있고. 정신을 차려 보면 내가 돌아다녔던 집과 접촉했던 사람들에게 나비 가루를 엄청나게 많이 뿌려 놓았을 것이다. 나비는 그런 나를 조소하면서 또 훨훨 다른 방향으로 도망간다.

무통화 노마드 장치가 전사에게 빙의되는 이유는 싸우고 있는 전사 내부에서 '신체의 욕망'이 활성화되고, 그것이 무통화 노마드 장치를 불러오기 때문이다. 좀 더 말하면 빙의되는 것은 적의 겉모습이나 싸우는 기술이 아니다. 더 깊은 차원의 것으로, 적이 나의 적이 되는 이유 같은 것, 좀 더 말하면 내가 나에게서 필사적으로 없애려고 하는, 그것을 갖고 있는 적을 증오하는 어쩔 수 없는 마음의 어두운 부분 같은 것. 그것이 적과 싸우는 동안, 어느새 내 안으로 빙의되는 것이다. '빙의'에 대해서는 이미 6장에서 언급한 바 있다. 거기에서는 '거친 자연'을 무통문명의 테크놀로지 시스템에 옮겨다 놓는 것을 '빙의'라고 불렀다. '빙의'란 무통문명이 장치한 자기 치유를 위한 기술이면서 동시에, 무통문명을 혼란시켜 해체로 끌고 갈 가능성을 가진 것이 된다.

무통문명은 이상 네 가지 기술을 교묘하게 결합시키면서 싸우는 사람을 현혹하고, 그 사이에 자신의 피해를 회복하고, 자기 치유를 꾀하려 한다. 싸우는 사람의 공격을 받으면서도 '내부화' '보급' '도주' '빙의'의 기술로 상대방의 힘을 빨아들여 자신을 정상화하고, 보강하고, 상대방의 공격을 가볍게 피하며, 자기가 진 것처럼 보여 상대방을 현혹하고, 상대방을 발판으로 확장해 간다. 이 같은 다중반격으로 싸우는 사람을 공격하고, 정신을 농락하고, 전의를 상실케 한다. "네가 나와 싸우면 싸울수록 나는 네 힘을 이용해서 보다 발 빠르게 다시 일어서고, 내 상처는 네 힘에 의해 치유되고, 나는 원래의 모습으로 몇 번이고 돌아간다"는 메시지를 퍼부어 싸우는 사람을 피곤하게 하고, 정신을 공허하게 몰아붙여 싸우는 사람의 전의(戰意)를 철저히 상실하게 만든다.

무통문명의 반격은 싸우는 사람의 전의 상실을 목표로 한다. 싸우는 사람은 아무리 계속 싸워도 상대방에게 아무런 피해도 줄 수 없다고 생각하게 될 것이다. 싸우는 자기 자신의 내부에서 끓어오르는 에너지를 이용해서 상대방이 끝없이 다시 일어선다면, 자신이 할 수 있는 일은 아무것도 없는 것은 아닐까 하고 생각하게 만든다. 아무리 싸워도 상대방이 자기 힘을 이용하여 다시 서는 구조가 된다면, 싸움이 무의미하다는 결론을 내릴 수 있을 것이다. 차라리 싸움을 멈추고 "모든 것은 있는 그대로가 좋다, 자신과 이 세계를 부정하면서까지 전진할 필요는 없다"고 믿고 싶다. 모든 것은 있는 그대로 구제된다. 조그만 지혜로 반항해 봐도, 결국은 부처님 손바닥 위였음을 깨달을 뿐이다. 이것은 모두가 한 번은 지나는 길이다. 반항해 보았자 이길 수 없다고 해서 자신을 탓할 필요는 전혀 없다.

전의를 상실한 나는 이런 목소리에 의해 가라앉는다. 이대로 져버리면 얼마나 기분이 좋을까 하고 생각한다. 땅에 엎드리면 달콤한 꿀을 빨 수 있을 것이라고 생각한다. 대지를 껴안으면 얼마나 편안해질 것인가, 항복이라고 말함으로써 나는 얼마나 많이 치유될 것인가.

그렇지만 그래도 다시, 나는 한 번 더 싸워 보겠다고 생각한다. 스스로 치유하는 무통문명에 포위되지 않고, 무통문명을 끝까지 해체하고, 지금까지 본 일이 없는 새로운 세계를 눈앞에 개화시켜 보고 싶다. 나는 나의 삶을 싸움으로 마칠 것이다. 나를 뚫고 멀리 뻗어 나가는 중심축 회로망 속에서 새로운 세계를 개화시키고 싶다. 나는 나를 위해서만 싸움을 계속한다. 그런 내가 중심축 회로망에 뚫린다.

나의 속 중심축 회로를 흐르는 생명의 흐름이 끈이 되어 나는 반격을 개시한다. 이제까지 몰리면서도, 마지막으로 조금만 더 전진해 보자고 생각한다. 왜냐하면 생사의 갈림길에까지 몰려 이제 끝났다고 생각했던 모든 사람들의 감정이, 나를 뚫고 뒤에서 지탱해 주기 때문이다. 무통화 노마드 장치가 나를 사석(捨石, 바둑에서는 버릴 셈 치고 작전상 놓은 돌을, 토목공사에서는 물밑에 던져 넣어 기초로 삼는 돌을 가리키기도 한다. ─ 옮긴이)으로 이용할 때처럼 생명의 흐름이여! 나를 뒤에서부터 뚫고 전진하라. 적이 복합기술로 공격해 온다면, 이쪽에서도 복합기술로 막겠다. 적의 자기 치유 과정을 멈추게 하기 위해서는 어떻게 하면 좋을까.


## 9. 스스로 치유하는 시스템과의 싸움과 그 운명


스스로 치유하는 무통문명과 싸우기 위한 공식은 없고, 있어서도 안 된다. 싸우는 사람 한 사람 한 사람이 시행착오를 거듭하면서, 그 때마다 싸움의 방식을 짜내야만 한다.

그 때는 다음 세 가지가 동시에 필요하다. 첫째는 자승자박의 해체다. 사회적 차원, 친한 인간관계 차원, 개인차원의 자승자박 해체를 몇 번이라도 수행해야만 한다. 둘째는 '신체의 욕망'을 '생명의 욕망'으로 전철하는 작업이다. '신체의 욕망'은 끊임없이 끓어오르므로 이 작업이 항상 필요하다. 셋째, '무통화 장치'를 해체하는 작업이다. '무통화 기반장치'를 해체하고, '무통화 노마드 장치'를 해체하는 것. 서로 겹치는 이 세 종류의 작업을 계속 시도하는 일이 싸움의 기본이다.

스스로 치유하는 무통문명에서 이것들은 서로 연결되어 있는 작업이다. 그것을 알고 나서 앞 절에서 서술한 네 가지 자기 치유에 맞서는 방법을 생각해 보고 싶다.

우선 '내부화' 공격에 대해서는 싸움을 시스템의 일부로서 정상화시키지 않기 위한 연구가 필요하다. 즉 싸움이 안정되어 일정한 효과를 올리기 시작할 때, 그 싸움 방식을 버리고 다른 전법으로 바꿀지 아니면 싸우는 일을 일시 중지해서 정상화를 깨뜨리든지 해야 한다. 전사의 움직임을 상대방이 예측해서 거기서 영양분을 빨아들이므로, 전사는 상대방의 예측을 뒤집는 움직임을 그 때마다 해야 한다. 여기서 어려운 점은 상대방은 정상화의 선전포고를 하고 공격해 오는 것이 아니라는 것이다. 정상화의 함정은 배후에서 살며시 다가온다. 전사들은 싸우려다가 어느새 정상화의 함정에 빠지므로, 중요한 것은 이미 정상화의 함정이 기다리고 있을지도 모른다고 끊임없이 의심하면서 자신을 경계하는 일이다. 싸우고 있지만, 여러 번 싸워도 앞으로 나아가지 않는 상태는 위험신호다. 모든 각도에서 자신의 싸움을 점검하고, 자신이 떨어지고 있을지도 모를 정상화를 끊임없이 발견하려고 노력하는 것이 '내부화' 공격에 대한 최대 방어다.

내가 시스템으로 내부화될 때, 나와 시스템이 공범관계에 빠지는 일이 많다. 예를 들면 전사들이 대자연 속에서의 생활을 선택했을 때, 무통문명은 그들을 상품으로 내부화하고 이용하는데, 동시에 전사들도 미디어에서 얻은 수입으로 땅을 사거나, 생활비로 쓰면서 무통문명을 이용한다. 이 같은 공범관계가 된 경우, 자신들이 정상화의 함정에 빠지고 있음을 이해할 수 있다 해도, 거기서 빠져 나오는 것은 매우 어렵다. 그들이 정말로 싸우려면, 이 정상상태에서 꿈을 빨고 있는 자신들을 어둠 속에서 자기해체 해야만 한다. 무통문명과 싸우다가 함정에 떨어지지 않는 사람이 드물다. 벗어났다고 생각해도 정신을 차려 보면, 또 함정에 빠져 있다. 스스로 치유하는 시스템과 싸우는 이상, 완전 탈출은 없다. '내부화'와의 싸움은 기본적으로 방어하는 싸움이다. 함정에 떨어지지 않도록, 이용당하지 않도록, 피하고 또 피할 수밖에 없다. '보급'에 대해서는 싸움을 일단 중지해서 보급을 중단하는 방법, 과잉 에너지를 보급하여 상대방을 내부에서 혼란시키는 방법, 보급 상황을 오히려 자각하면서 살아가는 세 가지 방법이 있을 것이다. 첫째 케이스는 '내부화' 때와 같다. 둘째 케이스는 과잉보급에 의해 상황에 혼란이 일어나기를 기대하는 것이다. 모두 결정적이지는 않다.

주목할 것은 세 번째 경우다. 이것은 무통문명과 싸우면서 그 안쪽에서는 자신이 무통문명을 도와주고 있는 상황을 충분히 자각하고 자율적으로 산다는 대안이다. 주의할 것은 이 경우에 전사가 자신의 모순된 상황을 자각해야만 한다는 것이다. 흔히 자신이 '보급'하는 것을 잘 모르고, 알았다 해도 눈가림을 하는 것이 보통이기 때문이다. 그러므로 이 대안은 자신이 무통문명과 싸우고 있음에도 불구하고, 동시에 무통문명을 '보급'하는 자기모순을 계속 큰 소리로 공언하는 것이다. '싸우면서의 보급'이라는 자기모순을 안고 살아감으로써, 이 같은 '불쾌'를 사회 속으로 계속 퍼뜨린다는 전략이다. 이 작업을 철저하게 함으로써 자기기만이 점점 부풀어 오를 위험성을 견제할 수 있다. 그와 동시에, 싸우면서의 보급과 단지 무통문명의 달콤한 즙을 빨 만큼의 상태를, "아무 문제도 없다"로 자기정당화하려는 사람들을 찔러 무너뜨릴 수 있게 된다. 싸우면서의 보급, 내가 싸우면서 무통문명을 자율적으로 탐내는 일, 그것을 자신에게 내밀고, 타인에게 공언하고, 모든 사람들을 불쾌하게 하는 일, 자신을 정당화시키지 않고, 자신을 불쾌하게 하는 일, 이것은 '보급'에 대한 하나의 대항 전략이 될 수 있다. 이것을 '자각적 보급'이라 부른다.

'자각적 보급'의 대안을 받아들이면, 무통화 장치의 해체작업에 여유가 생긴다. 즉 싸움의 기본은 무통화 장치를 해체하는 것인데, 해체가 아무리 해도 진행되지 않는 경우에는 일단 '자각적 보급' 쪽으로 대피한다. 거기서 무통문명을 자각적으로 탐내면서, 불쾌감을 계속 뿌리고, 틈나면 다시 출격해서 무통화 장치를 해체하기 시작한다. '자각적 보급'과 '무통화 장치의 해체작업'의 양극을 왕복하는 것에 의해서, 스스로 치유하는 무통문명과의 싸움을 전개하는 방법이 있을 수 있다.

'도주'와 '빙의'에 맞서려면 훨씬 더 다이나믹한 반격을 해야만 한다. 이 두 가지는 무통문명이 스스로를 치유하는 핵심 부분이다. 애초 무통문명이 '도주'와 '빙의'로 반응하는 경우는 싸우는 사람이 무통화 기반장치를 직접 공격하고 해체하려고 할 때다. 무통화 기반장치가 있는 장소는 무통문명이 가장 활성화된 장소이기도 하다.

도주하고, 빙의하는 무통문명을 궁지로 몰아넣기 위해서, 우리는 무통문명이 가장 생생하고 활성화되어 있는 곳으로 뛰어들어야 한다. 무통문명 주변부에서 싸우고 있는 한, 우리의 싸움은 항상 '내부화'되고, '보급'의 원천이 될 뿐이다. 정말로 무통문명의 숨통을 끊어 놓고 싶다면, 무통문명의 중심부, 그 열점(熱點)으로 뛰어들어야 한다. 스스로 치유하는 시스템과 싸우기 위해서는 시스템이 자신을 치유하는 열점으로 전사 자신이 뛰어들어 시스템의 자기 치유 과정 자체를 계속 해체해야만 한다.

전사들이여, 무통문명을 살고 있는 사람들이 모이는 무통문명의 열점에 뛰어들어, 너희들 자신이 무통문명이 되어라. "나는 무통문명과 싸우기 위해 무통문명이 된다"는 길을 자각적으로 선택하는 것이다. 열점은 도시 중심부에 있다. 오락과 쾌락과 쾌적함이 장치된 도시 한복판으로 돌입하라. 도시를 싫어해서 시골에서 유기농업에 종사할 것이 아니라, 가장 무통화가 진행된 도시 한복판에 자신을 던져 자신의 신체의 욕망을 거기에 거듭 맞추고, 자기 내부에서 비대화시켜 열점을 자기 신체 전체로 가득 채우고, '나야말로 무통문명'이라고 말할 수 있을 만한 상황을 만들어 낸 후에, 자기 온몸에 흡착지처럼 빨아들인 무통격류를 전력으로 계속 전철하고, 자기해체를 계속하고, 자기 변용을 계속해 가는 것이다. 전사들은 열점을 점령하고, 열점에 계속 머물고, 싸우는 자신마다 열점을 진화시킨다.

우선 '빙의'는 '흡착전철(吸着轉轍)' 전략을 구사한다. 무통화 기반장치를 점령한 전사들은 열점에 가득찬 무통격류를 자기 몸에 들러붙게 하고, 그것을 계속 생명의 흐름으로 전철해 가는 것이다. '빙의'란 무통문명과 싸우는 전사 자신이 무통문명을 구현하는 인간이 되는 것이다. 전사는 자기에게 무통화 노마드 장치가 빙의해 온 것을 우선 민감하게 관찰해서 파악해야만 한다. 그 다음에 전사는 무통화 기반장치의 해체작업을 계속하면서, 그와 동시에 자기 내부로 흘러 들어온 무통화 노마드 장치를 적극적으로 들러붙게 한다. 그리고 들러붙은 무통화 노마드 장치를 확실하게 자각적으로 움켜쥔다. 지금 자신의 이 부분을 무통화 노마드 장치에게 빼앗기고, 자신의 이 부분이 무통격류에 먹히려 한다는 것을 생생하게 파악하는 것이다.

그 다음에 두 작업을 한다. 하나는, 전사는 자신의 안에 침입한 무통화 노마드 장치를 방출한 강력한 무통격류로 전철하고, 생명의 흐름으로 변환하여 외부로 방출한다. 자기 안쪽에 숨어 있던 무통화 노마드 장치에서 나오는 에너지를 '생명의 욕망' '생명의 흐름'으로 전철하여, 사회 속으로 다시 흘러가게 하는 것이다. 또 하나는, 내부에 들러붙은 무통화 노마드 장치의 처리인데, 그것이 자신 외부로 벗어나지 않도록 확실히 자기 속에 가둔다. 그것이 자기 내부에서 꿈틀거리고 있음을 끊임없이 선명하게 자각하면서, 그것을 죽이지 않고, 그렇다고 자신의 행동을 통해 외부로 전염시키는 일도 하지 않는다. 자기 속에서 그것을 움직여서 무통격류를 발생시키는 것인데, 외부로 결코 나올 수 없도록 감시한다. 자기 밖으로 유출하고, 다른 사람이나 사회장치로 빙의하는 것을, 이 지점에서 저지한다. 바깥쪽으로 나올 수 없게 된 무통화 노마드 장치의 힘을 활동원으로 하면서, 싸움을 진행시킨다. 전사들은 빙의하는 무통화 노마드 장치를 계속해서 내부에 가두어 두고, 정상화해서 스스로 먹이가 된다. 이것이 '빙의'에 대한 싸움 방식의 기본이다.

전사가 열점에서 이 같은 싸움을 자각적으로 수행하는 한, 무통문명은 '빙의' 기술을 간단하게 사용할 수 없다. 왜냐하면 '빙의'가 가능하게 되는 것은, 전사가 "나는 지금 싸우고 있다. 나는 무통문명의 포로가 아니다"라고 확신하는 바로 그 때이기 때문이다. 이에 대해, "나야말로 무통문명인데, 나는 지금 싸우려 한다"고 자각하는 사람에게 '빙의'하는 것은 매우 어려운 일이다.

'빙의'에 맞서 이렇게 싸울 수 있는 전사들은 무통화 기반작업의 해체작업에도 독자적인 역할을 할 수 있을 것이다. 결국 전사들이 힘을 합쳐 무통화 기반장치를 점령하고, 그 장치의 기능을 자신의 존재를 이용해 마비시켜 간다. 예를 들면 사람들에게 눈가림을 제공하는 오락산업을 전사들이 점령하고, 그 통솔권을 빼앗은 다음, 오락산업을 몰락시키는 것이다. 오락산업을 부수는 것이 아니라, 그 내용을 변질시켜 사람들이 서서히 방치하도록 만든다. 이 경우에 오락산업을 지탱하고 있던 무통화 노마드 장치는 다른 산업으로 도망가려고 할 것이다. 전사들은 서로 통신을 교환하면서, 그것을 추적해야만 한다.

열점에서 '빙의'를 막는다고 해도, 무통화 노마드 장치는 해체되어 가는 무통화 기반장치로부터 가볍게 도주하고, 생각지도 못한 장소에 새로운 무통화 기반장치를 재건한다. 새로운 무통화 기반장치는 전사 주위에 재건될지도 모르고, 전사들은 보지 못하는 곳에 재건될지도 모른다. 무통화 기반장치가 재건된 장소는 곧 다른 무통화 기반장치가 모이고, 새로운 열점이 된다. 말하자면 열점 그 자체가 도주하고, 스스로를 재건하는 것이다. 그러므로 전사들은, 이처럼 계속 도주하는 열점 패턴을 끊임없이 추구하고, 찾아가는 자율분산형 '열점 사냥꾼'이 되어야만 한다.

우리가 '자승자박'을 내걸고 있는 무통문명과 싸우기 위해서는 무통문명을 '자승자박'으로 몰아갈 수밖에 없다. 스스로 치유하는 무통문명은 자기 치유의 중독에서 해체되어야만 한다. 무통문명은 전사들의 반격을 물리치고 도주하면서 "나는 이렇게 멋지게 도주할 수 있다, 이렇게 스스로 치유할 수 있다"고 자화자찬을 반복하고, 그것에 의해 어느새 자승자박으로 포박된다. 사람들이 물가에 겨우 도달하고, 떠내려가는 사람이 아무도 없는 수영장 속에서 의연히 무통격류가 거대한 소용돌이를 일으키는 상태로 무통문명을 유도하는 것이다. 소용돌이를 일으키는 무통격류는 이미 거기에 떠내려가는 사람이 없다는 것을 모르고, 단지 소용돌이를 일으키는 행위에 몰두한다. 무통격류는 자신이 만든 흐름 속에서, 점차 소용돌이를 일으키는 일인 쾌락과 잠으로 떨어져 간다.

자승자박 상태에 있던 나는 중심축에 따라 살겠다고 결심하고 자승자박의 자기해체를 시작한다. 내 몸과 마음에 붙어 있던 자신을 묶는 끈은 천천히 풀면서 반전하고, 이번에는 무통문명 쪽으로 붙기 시작한다. 무통문명에 붙는 맛을 나는 실감할 수 있다. 무통문명에 자승자박의 새끼줄을 묶기 위해서, 나는 무통문명의 열점으로 뛰어들어가 나 자신이 무통문명이 된다. 그 때 나는 무자각한 무통문명에서 자각적인 무통문명으로 변모한다. 그렇게 해서 자기 자신의 일부를 함정에 빠뜨리고 새끼줄로 묶어 간다.

무통문명을 묶는 의식(儀式)은 무통문명의 한가운데에서 자승자박의 길로 따라 들어가는 인간의 과정과 매우 비슷하리라. 자승자박의 고통을 체험한 인간은 무통문명을 자승자박으로 빠뜨리는 과정을 자기 것처럼 생생하게 실감할 수 있다.

열점이 있는 무통문명과 싸우는 자의 자세는 무통격류의 소용돌이 속에서 편하게 떠내려가는 인간과 구별되지 않을 것이다. 물론 내면의 상황은 근본적으로 다르다. 그러나 타인의 눈에서 보았을 때, 그 전사가 진짜 전사인지, 아니면 교묘하게 위장한 무통문명의 사람인지를 구별할 수는 없다. 열점에서 쾌락으로 비대해진 사람과 비대하면서도 싸우고 있는 사람을 밖에서 구별할 수는 없다. 좀 더 말하면 열점에 맞서 싸우고 있는 자의식이 어느새 무통문명의 스스로 치유하는 에너지 보급원이 될 위험성이 있다. 그뿐만 아니라 밖에서 구별할 수 없는 것을 다행스럽게 여기고 싸우고 있다고 공공연히 말하면서 실제로는 싸움을 포기하고, 단지 무통문명의 달콤한 꿀을 빨고 있을 뿐인 인간이 될 위험성이 항상 존재한다. 그러므로 원점에서 무통문명과 계속 싸우기 위해서 가장 필요한 것은, "자신은 싸우고 있는 것인가" 하는 자의식이다.

그리고 무통문명과의 싸움은 원리적으로는 "누가 진짜 전사인가"를 알 수 없다. 누가 정말로 싸우고 있는지, 누가 함정에 빠졌는지, 누가 자신의 상황을 잘못 인식하고 있는지, 누가 내 편이고 누가 적인지, 그런 일을 전혀 모르는 채 자율적으로 싸우고 있는 다른 전사들과 조용히 통신하면서 자신의 부서에서 싸움을 계속 한다. 무통문명은 가볍게 네트워크 형으로 전열을 전개하는 것이므로, 전사들은 어디까지나 자신의 부서에 뿌리를 뻗어 고독하게 자신과 싸우고, 자신을 관통하는 것과 싸워야만 한다. 네트워킹은 전사들의 최종 무기가 아니다. 그것은 환영일지도 모른다. 한 번 더 말하겠다. 적이 네트워크 형으로 전열을 전개하므로, 전사는 네트워크에 기대지 않고, 고독하게 '지금 여기'에서 싸워야만 한다. 믿을 수 있는 것은 중심축에 따라 살려고 하는 내 자신. 그리고 어디엔가 반드시 있을 내 동지들. 내가 싸우고 있다는 확증은 그러나 누구에게도 줄 수 없다. 자신도 확증할 수 없다. 싸우고 있는 것일까 하는 무한한 불안 속에서, 어디에 있는지 알지 못할 다른 전사들에게, 이 외침을 계속 전해 가는 일이 무통문명이다.

스스로 치유하는 무통문명에 맞서, 우리는 이상과 같은 다양한 복합기술을 구사해서 싸움을 계속한다. 이 자기 치유 측면에 대한 특수한 양식의 싸움을 수행하면서, 우리는 동시에 스트레이트로 무통화 기반장치의 해체를 계속 해야 한다. 우리 자신이 끊임없이 재건할 무통화 장치를 묵묵히, 그러나 절망하지 않고 해체해야 한다.

나는 실제로 싸워서는 안 된다. 이 장에서 내가 하려고 했던 것이 추상론과 선언문으로 끝나 버려서는 아무런 의미도 없다. 지금 여기서 구체적인 삶의 방식으로 반영시킬 필요가 있다. 다름 아닌 자기 자신을 위해 그것을 수행하는 것이다.

자기해체와 전철과 무통화 장치의 해체작업을 계속함으로써, 우리는 정말 넓은 사회를 변혁할 수 있을까. 무통문명론은 그렇다고 답한다. 단지, 나와 동시대의 독자들이 살아 있을 동안은 불가능할 것이다. 불가능하다고 해도 나는 그것을 수행해야만 한다. 나는 내 자신의 변혁에 대해 말하고, 내 주변 사람들과의 관계와 공간의 변혁에 대해 말했다. 그것들은 넓은 사회의 변혁으로 가는 연결다리다. 앞으로 남은 것은 넓은 사회를 변혁하기 위해 필요하게 될, 여기서는 말할 수 없었던 모든 방책에 대한 논의다. 그것은 지난 사회변혁론과는 아주 다른 차원의 것이 될 것이다. 나는 자신의 실제 인생과 계속 싸우면서 이 과제를 수행해야만 한다. 그것은 무통문명론을 전향적으로 뛰어 넘는 것을 의미할 것이다.

그러나 그런 것이 정말 가능할지 모르겠다. 나는 욕심 많은 보통 사람이므로 그런 싸움을 계속할 자신은 아무 데도 없다. 숨을 헐떡거리면서 항상 생각한다. 이제 이런 영문 모를 도전은 그만두고, 친절하고 편안한 세상을 살고 싶다. 자기기만을 파헤치는 싸움 따위는 이제 질렸고, 그 끝에 퍼져 가고 있는 사막과 같은 광경을 이제 더 이상 보고 싶지 않다. 이제져도 좋으니 나는 자신을 덮쳐 누르는 이 하중을 제거하고, 잘라버리고 싶다. 무통문명론이, 무통문명이 되어 나를 쫓아온다.

무통문명과의 싸움은 언제 끝날 것인가.

싸우는 나와 싸워야 할 상대가 뿌리를 나누기 어렵게 연결되어 있을 때, 싸우는 내가 승리한다는 것은 도대체 무엇을 의미하는 것일까. 애초 이 싸움에서 우리는 무엇을 노리면 좋은가. 자신의 '신체의 욕망'에 의해 계속해서 스스로 치유하는 무통문명을 쓰러뜨릴 수 있을까? 무통문명과의 싸움은 우리가 아직 체험한 적이 없는 싸움이다. 왜냐하면 거기에서는 목표를 설정해서 그 계획대로 상대방을 격파한다는 통상의 방법으로 이기는 일은, 즉 무통문명에 지는 것을 의미하기 때문이다.

그러므로 무통문명에 대한 싸움은 지는 싸움을 계속한다는 스타일을 관철하는 것 이외에는 없다. 우리들은 우리를 그 일부로 에워싸는 것과 싸우는 것이므로, 우리들에게 처음부터 전면적인 승리란 있을 수 없다. 이것이 무통문명에 대한 싸움의 논리다.

우리들에게 필요한 것은 무통문명과의 싸움에서 계속 지고 또 지면서도 결코 태도를 바꾸지 않고 또 싸워서 지고, 그 계속 지기만 하는 과정 자체를 다음 세대의 전사들에게 전해 주는 것이다. 그 한없는 연속 뒤에, 이러한 승패 그 자체가 의미를 잃는 차원에 이르는 것을 유일한 희망으로, 우리들은 지금 여기에서 지고만 있다. 이 치열한 싸움의 미래에 '이 싸움의 구조' 그 자체가 자기를 붕괴하는 지점에 이르기까지 우리들은 계속 싸우고 계속 지는 것을 반복하지 않으면 안 된다. 무통문명이 이기는 일도 없이, 전사들이 이기는 일도 없이, 같이 패전만을 반복하는 동안에 '싸움의 구도'가 붕괴되고, 사회 전체가 예상도 할 수 없는 어떤 것으로 변모될 가능성이 있다. 그 때 무통문명과의 싸움은 종결된다. 무통문명과의 싸움은 무통문명과의 싸움이 의미가 없다는 형태로 종말을 고한다. 구체적인 모습이 확실하지 않아 아직 보이지 않는 희망을 가슴에 품으면서, 지금 계속 싸우는 것 밖에 선택은 없다. 싸우는 것을 그만두었을 때 무통문명은 승리한다. 우리들은 무통격류의 심해에 천천히 내려가 눌리는 일 없이 거기에 단지 계속 존재한다는 것을 싸움으로 받아들인다. '항복하는 일'도 '태도를 바꾸는 일'도 없고, 단지 거기에 우왕좌왕하면서 존재하는 것을 싸움으로 받아들인다.

무통문명은 해체되어야 한다. 무통문명에 관계되는 것은 무통문명론에의 중독을 유발하거나, 무통문명론이라는 명칭을 억압적으로 타인을 향해 행사하는 것 밖에 만들어내지 않는다. 계속하려고 하면 얼마든지 계속할 수 있는 이 무한한 반복을 나는 더 이상 반복하지 않겠다. 반복하는 것이 무통문명을 유지하는 지점까지 왔기 때문에, 이제 그 반복을 중단하는 것이다. 반복과 미미한 전진이라는 이 꿀 같은 쾌락에서 자기 자신을 떼어내는 것이다. 무통문명이라는 구조가 존재하므로, 보이지 않게 된 것이 많이 있다. 우리들은 그것을 깨달아야 한다. 이렇게 하여 무통문명론은 종착점에 이른다.


## 10. 페너트레이터(penetrator)

마지막으로 무통문명의 부산물로 태어난 맹아(萌芽)적인 아이디어에 대해 말해 두고 싶다.

무통문명의 고찰에서 우리들은 어떤 하나의 흥미 있는 개념을 끄집어 낼 수 있다.

무통문명이란 다음과 같은 것이다.

우선 내용에 관해 말하면, 무통문명이란 우리들의 '신체의 욕망'을 기점으로 전개되는 큰 물결로 이 사회에 살아가는 모든 사람들을 삼키려고 한다. 그것은 우리들에게 쾌락과 편안함과 준비된 자극과 모험을 주고, 괴로움을 감소시키고, 생명을 마비시키고, 졸음으로 유인하고, 죽은 채로 살아가는 화석의 삶으로 유인한다. 그것은 이중관리구조, 예방적 무통화, 눈가림 구조, 자승자박에 의해 우리들의 삶을 관리하려고 한다.

다음에 동태(動態)적인 측면에 대해 말하면, 무통문명이란 내 존재를 필수 요소로 해서 흐르는 물결이다. 무통문명은 내 자신의 내부에서 일어나는 모든 일을 흡수하여 자신의 원동력으로 삼는다. 무통문명은 우리들의 힘을 이용하여 스스로를 유지하고, 예를 들어 상처 받았다고 해도 우리들 자신의 힘을 이용하여 무한하게 다시 일어서고, 자기를 치유해 가는 시스템이다.

여기서 후자를 다른 각도에서 생각해 본다. 무통문명에서는 내 존재 자체가 무통문명의 결정적인 일부로 구성되어 있다. 무통문명은 이런 나의 힘을 이용하여 확대되어 간다. 엄밀하게 생각해 보면, 이러한 것을 '시스템'으로 부르기에는 무리가 있다. 이것은 중요한 점이므로 신중하게 생각하고 싶다.

일반적으로 시스템으로 불리는 것, 예를 들어 '경제 시스템'이나 '물류 시스템'에는 시스템을 구축하는 요소가 '인간'이다. 그러나 그 인간이 지금 이 문장을 쓰고 있는 '내 자신'일 필요는 없다. 시스템 요소로서의 인간은 단지 한 인간이면 된다. 인간들을 계층화하거나 분류하여 복잡한 시스템을 구상할 때라도 거기에는 그러한 속성을 가진 일반적인 인간을 생각할 수 있고, 지금 여기에 살고 있는 더할 나위 없이 소중한 내 존재가 시스템 요소로서 요청되는 것은 아니다. 지금 여기에 살고 있는 더할 나위 없이 소중한 나는 시스템 관찰자 혹은 연구자로, 소위 괄호 안에 넣어져 있다.

이에 대해 무통문명의 본질은 그러한 구도에서는 파악할 수 없다. 무통문명에서는 지금 여기에 살고 있는 더할 나위 없이 소중한 나의 존재라는 것이 결정적인 역할을 하기 때문이다. 왜냐하면 무통문명은 '내 자신'에게만 나타나고 무통문명과의 싸움도 또 '내 자신'에게만 나타나기 때문이다. 바꿔 말하면, 무통문명이란 "우주에 단 하나밖에 없는 내 자신"이라는 존재를 스스로 필수 요소로 포함하려는 시스템이 된다. 그러나 일반적으로 '시스템'이란 이러한 종류의 강력한 자기 언급성을 염두에 둔 개념이 아니다. 일반적으로 일컬어지는 '자기 언급성 시스템'의 '자기'란 단지 재귀적으로 지시되는 본체로, 결코 '내 자신'을 의미하지는 않는다. 따라서 '시스템'이라는 말은 무통문명의 동태를 파악하는 데 적절한 말이 아니다. [18]

만약 무통문명이 '시스템'이 아니라면 그것은 도대체 무엇일까? 오토포이에시스(Autopoiesis, 자기생산성)의 개념은 내재성을 강조하므로, 우리들이 원하는 것에 가까울지도 모른다. 그러나 나는 무통문명의 모든 특징을 기반으로 더욱 더 새로운 개념을 제안하고 싶다. 그것은 '내 자신'을 관통하는 경우에만 존재할 수 있는 '페너트레이터(penetrator는 우주선에 탑재되는 장치의 하나로 달 또는 행성 표면에 발사되어 그 내부구조를 탐사하는 관측장치를 가리킨다. ─ 옮긴이)'라는 개념이다. 무통문명은 페너트레이터의 일종이다. 그럼 그것은 어떠한 것일까?

'페너트레이터'란 지금 여기에서 살고 있는 '내 자신'이라는 것과의 관계성에서밖에 규정할 수 없는 개념이다. 그것은 내 자신을 필수적인 중핵으로 포함하면서, 내 자신을 떠나 한없이 전개되는 어떤 것이다. 페너트레이터에는 네 가지 특징이 있다.

첫째, 페너트레이터는 내 자신을 몇 번이나 관통하여 운동하는 관통체다. 비유적으로 말하면 그것은 가는 바늘에 붙은 긴 실 같은 비행체로, 나를 목표로 날아와 나를 관통하고, 내 밖으로 날아간다. 날아간 페너트레이터는 나의 외부를 이동하거나 다른 인간을 관통하면서, 또 다시 내 쪽으로 와 나를 관통한다. 페너트레이터란 언제나 내 자신에게 되돌아와 내 자신을 관통하면서 전개하는 이동체다. 페너트레이터에는 단수와 복수의 구별이 없다. 많이 있다고도 할 수 있고, 전부가 하나라고도 할 수 있다.

페너트레이터는 내 자신을 관통하는 것이므로 반드시 페너트레이터와 접촉할 수 있다. 그리고 나는 나의 내부로 들어온 페너트레이터와 교섭할 수 있다. 마침 무통격류를 생명의 흐름으로 전철할 때처럼, 나는 페너트레이터에 개입하여 그것을 변모시킬 수 있다.

둘째, 나는 페너트레이터에 대해 '관찰자'가 될 수 없다. 내 자신이 페너트레이터에 관계된 순간, 내 자신은 페너트레이터에 관통되어 버려 관찰자의 위치를 상실하게 된다. 페너트레이터는 '관찰자'적인 시선에서 무한히 도망가는 어떤 것이다. 페너트레이터는 더할 나위 없이 소중한 일회성을 갖고 살아 있는 당사자들을 실로 묶어 결합시키는 접합자로서의 역할이라고도 할 수 있다.

내 자신의 내실은 항상, 나를 관통하는 페너트레이터와의 구체적인 관계에 의해 만들어져 간다. 우선 내 자신이 존재하고 그것이 페너트레이터에 관통되는 것은 아니다. 내 자신은 페너트레이터에 관통되면서 자기를 형성하는 것으로 이 의미에서 내 자신은 이미 페너트레이터와 함께 있는 것이다.

셋째, 나는 페너트레이터에 대해 항상 그 끄트머리에서밖에 관계될 수 없다. 페너트레이터는 내 자신을 중핵으로 하여 그물코 상태로 전개되지만, 그것이 어디까지 전개되는지, 어떠한 구조를 하고 있는지 알 수 없다. 내가 파악할 수 있는 것은 나의 내부에 침입한 페너트레이터 모습과 내 근처에서 이동하고 있는 페너트레이터 모습뿐이다. 페너트레이터의 본체는 항상 어둠 속에 숨겨져 있고, 내 자신은 그것을 막연하게 예감할 뿐이다. 전체상을 잡으려고 하면 페너트레이터는 어디까지나 도망간다. 쫓는 것을 포기하면 다가와서 끄트머리를 제시한다. 어둠의 화신으로서의 페너트레이터. 페너트레이터는 내 자신을 관통하고 에워싸 그물코 상태로 전개하는 이동체다. 'web of moving penetrator', 즉 이동관통망이다. 강 근처에 무리를 이루는 무수한 인공 반딧불처럼, 그것은 나를 에워싸 나를 관통하고, 아득한 저편에까지 그물코 상태로 이어진다.

넷째, 나는 페너트레이터를 소유할 수 없고, 조절할 수도 없다. 페너트레이터는 그것을 포획하려는 내 손바닥을 나비처럼 빠져 나가 저편으로 사라져 버린다. 물론 앞에서 서술했듯이 내 자신은 페너트레이터에 개입하여 그것을 변모시킬 수는 있지만, 결코 그것을 소유하거나 조절할 수는 없다. 페너트레이터는 멀리서 다가와 나에게 침입하여, 내 자신이 살아 있는 동안 나를 계속 관통하고, 나의 죽음과 함께 나를 버리고 사라져 간다. 끄트머리에서 보는 한 그러한 것으로서밖에 생각할 수 없는 어떤 것이다. 페너트레이터는 유한한 나를 추월하여 존재하는 것처럼 내게 보인다. 스스로의 유한성을 뛰어넘는 실마리를 거기에서 얻고 싶은 기분을 유발하는 것으로, 페너트레이터는 이런 내 앞에 서고 싶어 한다. 더구나 페너트레이터 쪽이 내 자신보다도 근원적으로 힘이 있다.

페너트레이터는 우리들과 무관하게 태고적부터 존재해 온 것은 아니다. 페너트레이터는 우리들 인간들이 만들어 온 어떤 것이다. 우리들이 페너트레이터를 분명히 만들었는데도, 어느 순간에 페너트레이터 쪽이 우리들보다 우위에 서서 우리를 관통하여 농락하고, 우리들을 장식용으로 이용하여 그물코를 전개하려고 한다. 그것을 만든 장본인들이 이미 처분할 수도, 조절할 수도 없게 된 듯한 생산물, 그것이 페너트레이터다.

페너트레이터는 내가 보면 이해할 수 없는 자율운동을 하고 있고, 내 예측을 넘는 변화를 하여 나를 갖고 논다. 페너트레이터를 부수려는 행위 속에 새로운 페너트레이터가 생산되는 경우도 있다. 페너트레이터의 이 성질은 다양한 형태로 나타난다. 무통문명의 경우는 전사들의 힘을 이용하여 자기를 치유하려는 형태로 나타난다.

이상 네 가지 특징을 가지는 것으로, 나는 '페너트레이터' 개념을 제창하고 싶다. 네 개의 특징은 각각 '관통' '끌어들임' '끄트머리를 열어 놓음' '조절 불가능'으로 부를 수 있을 것이다. 페너트레이터란 나를 관통하고, 사회 전체에 전개되는 운동을 하는 그물코 상태의 이동관통체다.

무통격류나 중심축 회로망은 페너트레이터의 전형적인 예이다. 이 외에도 페너트레이터는 존재한다. 예를 들면 '언어' '자연' '시간'은 우리들 존재와는 무관하게 존재하고, 언뜻 보기에 페너트레이터가 아닌 것처럼 생각할 수 있지만, 실은 페너트레이터로서의 성질을 갖고 있다. 집단적 무의식으로 불리는 것, 종교가 사로잡으려고 해 온 것, 초월자의 소리 등이 페너트레이터일 가능성도 있다. 페너트레이터는 시스템론과 실존주의 양쪽 관점을 내재한 개념일지도 모른다. '페너트레이터'의 개념은 아주 큰 가능성을 숨기고 있어 다양한 학문 영역에도 적용할 수 있다. 여기에 하나의 보물이 파묻혀 있다.

## 주(註)

1) 大澤眞幸『文明の內なる衝突』, NHKブックス 2002, 109쪽.
2) ニクラス ルーマン『社會システム論』, 恒星社厚生閣, 原著 1984.
3) 미셸 푸코『감시와 처벌:감옥의 탄생』, 강원대학교 출판부 1993.
4) 미셸 푸코『성의 역사』, 나남 1990.
5) 미셸 푸코『감시와 처벌:감옥의 탄생』, 강원대학교 출판부 1993.
6) 안토니오 네그리 · 마이클 하트『제국』, 이학사 2001.
7) 자크 라캉「에크리」, 『욕망이론』, 문예출판사 1994.
8) 쥘르 들뢰즈 · 펠릭스 가타리『앙띠 오이디푸스:자본주의와 정신분열증』, 최명관 옮김, 민음사 1994.
9) 자크 라캉「에크리」, 『욕망이론』, 문예출판사 1994.
10) 같은 책.
11) 같은 책.
12) 鷲田淸一『死なないでいる理由』, 小學館 2002, 78쪽.
13) 이 점에 대해서는 拙著『生命學に何ができるか』제6장 제7절 이하 참조.
14) 장애를 가진 태아의 중절이 금지되는 것은 아니다. 같은 책, 참조.
15) 같은 책, 마지막 장 참고.
16) 아놀드 민델(Arnold Mindell)은 과정 워크에 있어서 결정적이 되는 들끓는 상황을 '열점 hot spot'이라 부르고 있어 좋은 참고가 된다. アーノルド ミ

ンデル『紛爭の心理學—融合の炎のワーク』, 講談社現代新書 2001,

17) ジュデイス・バトラ『ジェンダー・トラブル』, 靑土社 1999, 257~258쪽 참조.

18) '우주에 단 하나밖에 없는 나'에 대해서는 拙論「이 우주 안에 혼자만 특수한 형태로 존재하는 의미 – '독재성' 철학비판서설」, 池上哲司·永井均 外 編『自己と他者』, 昭和堂 1994, 110~132쪽 참조. '生命學 홈페이지'에서도 공개하고 있다.

# 저자 후기

나는 이 책을 쓰기 위해 태어났다고 생각한다.

내용에 대해서는, 본문에 다 썼기 때문에 아무것도 남아 있지 않다.

지금 사람들이 관심을 가지고 있는 몇 가지 문제, 예를 들면 대(對)테러리즘 전쟁, 복제인간과 인체개조 의료기술, 소년들에 의한 엽기적범죄 등도 '무통문명'과 깊은 관계가 있다. 이들을 이 책에서는 상세하게 다룰 수 없었지만, 이 책을 참고하면서 독자 자신이 생각하기 바란다.

내가 제창해 온 것은 '생명학'과 '무통문명론'인데, 이『무통문명(원제 무통문명론)』은 '생명학'의 여러 시도 가운데 하나로서 쓰인 것이다. 생명학과 무통문명론에 대해서는, 내 생명학 홈페이지(http://www.lifestudies.org/jp)에서 정보를 제공할 예정이다. 또한첫 번째 나온 잡지 연재물은 kinokopress.com(http://www.kinokopress.com)에서 PDF 화일로 간행될 예정이다.「무통문명론」의 연재를 시작한 것은 1998년경으로, 그 3년 전인 1995년부터 98년까지 나는「찢겨진 생명」이라는 글을 연재하고 있었다. 이「찢겨진 생명」에 도움받아 『무통문명』은 태어났다. 되돌아보면 8년이 넘는 집필 작업이 된 셈이다(「찢겨진 생명」도 kinokopress.com에서 PDF화일로 간행되어 있다). 같은 시기에 『생명학으로 무엇을 할 수 있을까』(勁草書房 2001)도 집필하고 있었으므로 꽤 부담스러웠다. 이것으로 겨우 일단락 짓고, 새 세계로 발을 디뎌 갈 것이다.

원고 단계에서 귀중한 코멘트를 주신 이시하라 아키코(石原明子), 이노우에 하루코(井上治子), 이노우에 유이치(井上有一), 구보 후미히코(久保文彦), 시모지 마키(下地眞樹), 쓰치야 다카시(土屋貴志), 누마오카 리에(沼岡理央), 마키노 마사코(牧野雅子) 씨 등 모두에게 진심으로 감사드린다.

2003년 7월

모리오카 마사히로

# 옮긴이 후기

　내가 대학을 다니던 1970년대 한국 사회에서는 키르케고르로 대표되는 실존주의와 함께 에리히 프롬의 책이 유행이었다. 그와 관련된 책들이 여러 권 번역되어 나와, 나는 독서회에 참가해 일주일에 한 번씩 토론회를 벌이곤 했다. 하지만 나는 물론 함께 토론하던 친구들도 사실 내용을 잘 이해하지 못해 헤맸다. 내용의 번역도 별로 좋은 편이 못 되어서 도대체 무슨 말인지 이해하기 어렵기도 했고, 한편으로는 자본주의 사회를 살아가는 인간의 내면을 파고들면서 욕망의 문제, 생명의 문제를 분석하는 사회심리학적 작업이 남의 일로만 여겨지기도 했다. 다만 지성인이라면 이 정도 책은 읽어야 한다는 압박 속에서 그저 우쭐거리기만 했던 것은 아니었나 싶다.

　실존주의 철학은 물론 자본주의 사회에서의 인간 소외의 문제를 생생하게 파헤치던 에리히 프롬에 대한 관심과 열기는 이제 거의 다 식었다. 지적 유행이 지나갔기 때문이다. 나도 대학원 시절 이후로는 잊고 지냈다.

　요즘은 푸코와 부르디외가 유행이다.

모리오카 마사히로의 『無痛文明』을 처음 보았을 때 고통 없는 문명이라니 도대체 무슨 뜻으로 이런 제목을 정했을까 하는 의문이 들었다. 목차를 들추어 보면서 내가 가졌던 책에 대한 첫 느낌은 마치 에리히 프롬을 다시 대하는 듯한 것이었다. 반갑기도 했지만, 동시에 케케묵은 낡은 책을 다시 꺼내든 느낌도 있었다. 하지만 글을 읽어 내려갈수록 오는 느낌이 매우 달랐다.

모리오카는 프롬의 문제의식을 받아들인 위에, 그동안 달라진 시대적 · 지구적 상황의 변화를 충분히 반영하면서 논의를 전개하고 있다. 그는 프로이트나 프롬과는 크게 다르다. 프롬은 어디까지나 정신분석학에 기초하여, 그리고 자신이 철저하게 관찰자의 시점에서 논의를 전개한다. 오래 전 내가 프로이트나 프롬의 글을 읽으면서 막연히 느꼈던 것은 거리감이었다. 그들은 철저한 관찰자였지, 문제에 자기를 담그면서 또는 몸으로 느낀 것을 외치는 글은 아니었다.

그런 점에서 모리오카의 글 쓰는 방식은 다른데, 그 핵심은 자기 몰입이다. 자기 자신의 경험과 느낌을 글 속에 쏟아 붓고 담아내는 것이다. 어떤 때는 독백을 하듯이, 어떤 때는 자신이 갖고 있는 비밀스런 계획을 독자들에게 속삭이듯이 말을 하고 있다. 그런 점이 때때로 당황스럽기도 하다. 하지만 그는 자신의 내면을 깊숙하게 파고드는, 그래서 내보이지 않아도 될 치부까지 드러내는 분석을 하고 있다는 점에서 매우 매력적이다.

이 책은 모리오카가 그 동안 펼쳐온 자신의 철학의 결정판이라고 할 수 있다. 그는 그동안 꾸준히 생명의 문제를 제기해 왔다. 특히 그는 이 책에서 자본주의 문명에 대해서 아주 새로운 방식으로 문제를 제기한다. 현대 자본주의 산업사회가 가는 길을 그는 무통문명이라고 표현한다. 그리고 신체의 욕망, 소유의 욕망의 결과인 무통문명과 대비되는 것으로 생명의 기쁨을 이야기한다. 그는 자본주의 문명이 신체의 욕망에 기초한 무통문명이 되고 있다고 지적하면서, 생명의 기쁨을 맛보기 위해서는 고통을 참고 견디면서 생명을 소중히 여겨야 한다는 점을 강조한다.

모리오카는 일본을 대표하는 매우 인기 있고 중요한 현대 사상가 중 한 사람이다.『생명학으로 무엇을 할 수 있을까』를 비롯해 그의 저서는 열 권이 넘고, 그의 생명학 홈페이지는 방문자들로 줄을 잇는다. 왜 그럴까. 그것은 모리오카가 자신만의 독창적인 사상으로 새로운 생명학을 제시하는 데 성공했기 때문이며, 동시에 독자들에게 솔직하고 감성 있는 문체로 다가갔기 때문이라고 본다.

나는 이 책을 통해서 한동안 잊고 지냈던 대학시절의 문제의식을 다시 되살릴 수 있었고, 에리히 프롬과도 만날 수 있었다. 그리고 모리오카가 현대 산업문명의 핵심을 분석하고 대안을 제시하는 과정을 읽으면서, 새삼 생명에 대한 관심을 배울 수 있었다. 고통을 피하지 않고 오히려 정면에서 받아들여 겪을 때, 비로소 성숙해 가는 사랑도 배울 수 있었다. 그리고 그런 이야기를 유럽인이 아닌 같은 아시아 학자의 목소리로 들을 수 있었기에 행복했다.

조성윤

# 무통문명

초판1쇄 : 2005년 2월 25일
지은이 : 모리오카 마사히로
옮긴이 : 이창익 · 조성윤

펴낸이 : 박경애
펴낸곳 : 모멘토
등록일자 : 2002년 5월 23일
등록번호 : 제1-3053호
주 소 : 서울시 마포구 공덕동 242-85  2층
전 화 : 711-7024, 711-7043
팩 스 : 711-7036
ISBN 89-91136-05-2  03150

잘못된 책은 구입하신 곳에서 바꿔 드립니다.

MUTSU BUNMEI RON
by MORIOKA Masahiro
Copyright ⓒ 2003 MORIOKA Masahiro
All rights reserved.
Originally published in Japan by TRANSVIEW, Tokyo.
Korean translation rights arranged with
TRANSVIEW, Japan through THE SAKAI AGENCY
and BOOKPOST AGENCY.
이 책의 한국어판 저작권은 북포스트를 통한
일본의 TRANSVIEW와의 독점 계약으로 도서출판 모멘토가 소유합니다.
신저작권법에 의하여 한국 내에서 보호를 받는 저작물입니다.